TIERRA FIRME

LA CONSTRUCCIÓN DEL PASADO

Traducción de
MARIANA PODETTI

LOIS PARKINSON ZAMORA

LA CONSTRUCCIÓN DEL PASADO

La imaginación histórica en la literatura americana reciente

FONDO DE CULTURA ECONÓMICA
MÉXICO

Primera edición en inglés, 1997
Primera edición en español, 2004

Parkinson Zamora, Lois
La construcción del pasado. La imaginación histórica en la literatura americana reciente / Lois Parkinson Zamora ; trad. de Mariana Podetti . – México : FCE, 2004
303 p. ; 23 × 17 cm – (Colec. Tierra Firme)
Título original The Usable Past. The Imagination of History in Recent Fiction of the Americas
ISBN 968-16-7244-5

1. Literatura – Crítica e interpretación 2. Literatura – Teoría I. Podetti, Mariana, tr. II. Ser III. t

LC PN81 Dewey 801.95 P534c

Comentarios y sugerencias: editor@fce.com.mx
Conozca nuestro catálogo: www.fondodeculturaeconomica.com

Diseño de portada: José Francisco Ibarra Meza

Título original:
The Usable Past. The Imagination of History in Recent Fiction of the Americas

ISBN 968-16-7244-5

Impreso en México • *Printed in Mexico*

Para Kathleen Haney,
amiga y guía

A medida que envejezco, me voy dando cuenta de que la historia, al final, tiene más imaginación que uno mismo.

Gabriel García Márquez

AGRADECIMIENTOS

Algunas partes de *La construcción del pasado* ya han sido usadas anteriormente. Le agradezco a Reynolds Smith el haberme permitido publicar partes de dos ensayos que aparecieron en obras de la Duke University Press. Una versión preliminar del capítulo 1 apareció, en 1989, en *Do the Americas Have a Common Literature?* [*¿Tienen las Américas una literatura común?*], editado por Gustavo Pérez Firmat; parte del capítulo 3 apareció en *Magical Realism: Theory, History, Community* [*Realismo mágico: teoría, historia, comunidad*], que coedité con Wendy B. Faris. NOVEL: *A Forum on Fiction*, *The Journal of Aesthetics and Art Criticism* y *Comparative Literature Studies* también me dieron la posibilidad de hacer un recorrido por mi propio pasado y repensar lo que ya había repensado. ¿Cómo podía teorizar una tradición crítica americana utilizable sin descubrir primero la mía?

PREFACIO

La construcción del pasado surgió cuando yo estaba escribiendo un libro sobre el historicismo apocalíptico en la literatura contemporánea de los Estados Unidos y América Latina. Mientras trabajaba en ese proyecto descubrí que el tema me llevaba a investigar otras actitudes hacia la historia y la tradición literaria además de la apocalíptica; en parte para poner a prueba mis hipótesis sobre el apocalipticismo americano y en parte, sin duda, para equilibrar la peculiar intensidad de esa corriente. A medida que me alejaba de Armagedón, encontraba una y otra vez la tendencia contraria: es decir, hacia la creación de precursores más que hacia su supresión. Esta segunda tendencia contenía una conciencia histórica característica –que llamo *angustia de los orígenes*– con respecto a las historias y las tradiciones culturales del Nuevo Mundo. En la introducción de este libro establezco relaciones entre esta angustia y las energías narrativas que constituyen historias y tradiciones utilizables. El tema de los capítulos siguientes es el modo como operan estas energías en una selección de obras de ficción estadunidenses y latinoamericanas.

El título que elegí proviene del ensayo de Van Wyck Brooks, "On creating a usable past" ["Sobre la creación de un pasado utilizable"], y señala la ambivalencia (a menudo irónica) de la historia en un mundo "nuevo".[1] El término "utilizable" supone el compromiso activo de uno o de varios usuarios a través de los cuales se construyen las historias personales y colectivas. De este modo, el término niega la posibilidad de la historia inocente, pero no la posibilidad de la historia autén-

[1] Aunque algunos críticos han tendido a considerar la novedad de la cultura americana como una desventaja, Brooks la considera una oportunidad literaria: "El presente es un vacío, y el escritor americano flota en ese vacío porque el pasado que pervive en la mente común es un pasado sin valor viviente. Pero ¿es éste el único pasado posible? Si necesitamos tanto otro pasado, ¿es inconcebible acaso que podamos descubrir alguno; que podamos, incluso, inventar alguno?" (citado por Russell Reising, *The Unusable Past: Theory and the Study of American Literature*, Nueva York, Methuen, 1986, p. 13). Estoy en deuda con ambas fuentes, y me refiero implícitamente a ambas al usar la frase.

En *History and Value* (Oxford, Clarendon Press, 1988, p. 116 [trad. esp.: *Historia y valor: ensayos sobre literatura y sociedad,* Barcelona, Península, 1990]), Frank Kermode emplea la frase "pasado utilizable" (aunque sin remitirse a Brooks), caracterizándolo como "un pasado que no es meramente pasado, sino también siempre nuevo". No se ocupa de las problemáticas americanas de una "nueva" historia (como sí lo hace Brooks), pero en la medida en que el término "nuevo" sugiere "actual", "presente" o "pertinente", el calificativo se aplica a mi análisis.

tica cuando es imaginada activamente por su(s) usuario(s). Lo que se considera utilizable es valioso; lo valioso se constituye de acuerdo con necesidades y deseos personales y culturales específicos. Cómo se producen esos juicios de valor y cómo operan para dar forma a textos literarios y tradiciones en América son puntos esenciales de mi exposición.

Aun así, podría preocuparnos el riesgo de que la palabra "utilizable" entrañara algún tipo de funcionalismo unilateral que pudiera oscurecer la naturaleza polisémica de la historia y de la literatura. En tal caso, yo sugeriría un término análogo que despierta mayores expectativas: el pasado "útil". Lo utilizable –el conjunto de artefactos disponibles de una cultura– será útil cuando corresponda a los deseos y las instrucciones de los usuarios. La literatura de la que me ocupo aquí se caracteriza por esta dialéctica entre determinaciones históricas e intenciones literarias.

También se hilvanan otras metáforas en mi exposición. La "angustia de los orígenes" *[anxiety of (about) origins]* está en consonancia con el "pasado utilizable" por su referencia a las particulares tensiones de la conciencia histórica en un mundo "nuevo". El Aleph de Borges, el "aura" de Walter Benjamin y su Angelus Novus proporcionarán un abordaje metafórico a la necesidad americana de expresar la disyunción o la ausencia de la historia. La metáfora que Roberto González Echevarría utiliza para la fuerza motivadora de la tradición literaria latinoamericana me estimula a proponer otra como complemento: a su impulso archivístico *[Archival impulse]*, agregaré las operaciones, que considero más fuertes, de un impulso ancestral *[Ancestral impulse]*. La idea de final propuesta por Frank Kermode sugiere la idea americana complementaria de apertura y falta de límites; por lo tanto, la idea de una continuación. La "historia modesta" de Borges junto con la "historia excéntrica" de Fuentes codifican formas de resistencia reconociblemente americanas frente a las jerarquías históricas importadas. Concluyo mi trabajo con la sugerencia de que lo barroco es una metáfora útil (y, hasta ahora, subutilizada) para estos modos literarios de imaginar la historia del Nuevo Mundo.

En síntesis, en los capítulos que siguen abundan las metáforas, como suele ocurrir en los análisis de la conciencia histórica. Dado que lo que llamamos historia es un complejo de estructuras interpretativas, las metáforas resultan inevitables, ya sean espaciales (la historia lineal, circular, en espiral), conceptuales (la historia escatológica, dialéctica, material, mítica) o existenciales (el Aleph de Borges, el Angelus Novus de Benjamin, el viejo gordo con un mameluco descolorido de Charles Simic). Utilizo estas y otras metáforas en mi desarrollo para orientar mejor al lector hacia una consideración comparativa de mi metáfora de amplio alcance: la imaginación histórica americana.

Estas formulaciones metafóricas tendrán, espero, el efecto colectivo de sugerir que mis preocupaciones críticas son más amplias y diversas que las que normalmente supone el término "literatura histórica". Los autores de los que me ocupo aquí escriben, por cierto, literatura histórica, pero en ninguno de los sentidos habituales. Seymour Menton, en un trabajo sobre la "nueva novela histórica" en América Latina, limita sus parámetros críticos a las novelas que ubican "la acción [...] en un periodo anterior al del autor".[2] Ésta es, claro está, la definición tradicional de la literatura histórica, pero será necesario complicar considerablemente la categoría para poder abordar la obra de Fuentes, Borges, Hawthorne, Goyen, García Márquez, Vargas Llosa, Cisneros y otros. Aunque estos escritores puedan tomar como base de sus obras, o de partes de ellas, las historias registradas de las naciones y los individuos, no siempre lo hacen, o no siempre lo hacen en forma explícita. Ellos reconocen que el concepto de historia en sí debe ser ubicado históricamente, ya utilicen el pretérito como tiempo verbal, ya el presente, el futuro o, si se quiere, el futuro retrospectivo, como en dos de las novelas de García Márquez: *Cien años de soledad* (1967) y *Crónica de una muerte anunciada* (1981). También reconocen que la obra literaria es en sí misma un agente y artefacto de la historia, es en sí misma un acontecimiento histórico condicionado por circunstancias históricas, que también condiciona. De modo que la obra puede llegar a ser un hecho en la historia que interpreta: *Cien años de soledad* es, sin duda, un hecho adicional en la desordenada historia de Colombia que se desarrolla en Macondo. Como lo ejemplifica claramente la novela de García Márquez, la recuperación de hechos y de personajes históricos es sólo una dimensión de la empresa literaria de estos novelistas.

He organizado mi exposición en dos partes. La primera parte, "La angustia de los orígenes", se ocupa de las dimensiones divergentes de la historia americana *en* obras literarias seleccionadas. En la segunda parte, "Intertextualidad y tradición", lo que me interesa es la historia *de* la literatura y la forma literaria. Si se pudiera separar el contenido de la forma, diría que los capítulos de la primera parte se ocupan de la historia como objeto, y los de la segunda, de las estrategias y las estructuras formales que son, en sí mismas, recursos de historización. Pero ambas partes están animadas por la común convicción de que las obras literarias son portadoras privilegiadas de la historia de una cultura.

En los capítulos 1 y 3 exploro los usos de las concepciones europeas e indígenas de la historia en las tradiciones americanas del realismo y del antirrealismo literario, respectivamente. Dos parejas –Carlos Fuentes y Willa Cather, por un lado, y Jorge Luis Borges y Nathaniel Hawthorne, por otro– me permiten, en el primer capítulo, contrastar las tradiciones historiográficas que impulsan el realismo literario y, en el tercero, comparar el realismo mágico latinoamericano con la

[2] Seymour Menton, *Latin America's New Historical Novel*, Austin, University of Texas Press, 1993, p. 16.

tradición del *romance* estadunidense. El capítulo 2 sirve como puente entre estos debates. Allí analizo textos que yuxtaponen las concepciones de "hecho" y de "ficción" con el objetivo de poner a prueba la capacidad de la novela de representar realidades históricas. En términos de Linda Hutcheon, este tipo de ficción es "metaficción historiográfica" en la medida en que cuestiona la naturaleza de la historia como tal, la capacidad (y las limitaciones) de los medios narrativos para representarla y los procesos por los que los lectores interpretan historias textuales, inmersos en la experiencia histórica que están viviendo.[3] ¿Cómo podemos conocer el pasado? ¿Cómo podemos hablar de él por medio de formas literarias? ¿Por qué querríamos hacerlo?

R. B. Kershner ha observado que el historiador se orienta hacia la diacronía y el crítico literario hacia la sincronía.[4] En la segunda parte me ocupo de autores que ponen en escena tradiciones culturales sincrónicas, descentradas y, con frecuencia, conflictivas, y que lo hacen por medio de estructuras narrativas intertextuales que incluyen múltiples órdenes temporales míticos y reales/realistas. Los capítulos 4 y 5, "Estructuras sincrónicas" y "Ficciones fragmentarias", tienen en común el análisis de estas estrategias narrativas. El capítulo 6, "Clichés y comunidad", se ocupa de otro elemento intertextual: los clichés son estructuras literarias y lingüísticas ya utilizadas pero, en potencia, todavía utilizables, de modo que su uso (o su prescindencia) proporciona una indicación elocuente de la posición histórica y cultural del autor. En cada uno de los capítulos de esta segunda parte mi objetivo es develar las operaciones históricas de las formas y de los lenguajes literarios y rastrear los modos como participan conscientemente los autores seleccionados en la construcción de un canon americano utilizable.

Los capítulos de la segunda parte son más específicos en el análisis de las técnicas narrativas que los de la primera parte, y disparejos en sus énfasis comparativos. En ellos presto más atención a la literatura contemporánea publicada en español que a la escrita en inglés, por razones históricas: los autores latinoamericanos contemporáneos han tendido, en mayor medida que los escritores estadunidenses contemporáneos, a ostentar estrategias narrativas intertextuales porque han sentido con mayor fuerza la necesidad de crear sus propios precursores y tradiciones, y la literatura es considerada un vehículo idóneo para hacerlo. Mi compromiso en estos capítulos es, no obstante, comparativo. Aun la afirmación precedente supone plantear preguntas comparativas: ¿de qué manera, y por qué, las estrategias narrativas latinoamericanas se diferencian de las de los escritores estadunidenses en este aspecto?

[3] Linda Hutcheon elabora este concepto en "Telling stories: fiction and history", en *The Politics of Postmodernism*, Londres, Routledge, 1989, pp. 47-61.

[4] R. B. Kershner, "Dances with historians", en *Georgia Review*, núm. 45, otoño de 1991, p. 591.

La relativa escasez de estudios comparativos de literatura en América conlleva la dificultad de establecer bases adecuadas para la comparación. La producción literaria en el hemisferio es vasta y diversa; sus tradiciones y sus formas no se desarrollaron en tándem, ni sus propósitos políticos y sociales son paralelos. Es probable que los estudiosos descubran bases críticas comparables pero no equivalentes; diferentes, pero no de manera simétrica. Por lo tanto, me propongo explorar las diferencias con el objetivo de reconocer los lineamientos de la identidad, y considerar la diversidad histórica y cultural frente a las formas compartidas de expresión literaria. Las diferencias también acercan los textos, los autores, los lectores y las culturas, pues al reconocer diferencias específicas también reconocemos la experiencia de la diferencia que compartimos: la finitud, la limitación, la localidad.

En este libro, entonces, utilizo el término *americanos* en su sentido geográfico e histórico más amplio, para referirme a las historias, diferentes pero relacionadas, de los Estados Unidos y de América Latina, a sus influencias mutuas –aunque disparejas– de norte a sur y a sus diversas manifestaciones literarias. Mis criterios de comparación, como ya he mencionado, son las actitudes americanas hacia el pasado que condicionan los modos literarios de la imaginación histórica. En todos los casos me acerco a autores que destacan las convergencias y las divergencias entre la historia y la literatura al mismo tiempo que cuestionan su respectiva naturaleza, y que lo hacen en contextos culturales conscientemente americanos. Con una frecuencia que puede parecer desproporcionada, vuelvo una y otra vez a ciertas voces americanas esenciales: Borges, Hawthorne, Emerson, Williams, Paz, Carpentier, Fuentes. Lo hago para establecer contextos literarios para otros autores americanos de imaginación histórica comparable: Cather, García Márquez, Cortázar, Garro, Goyen, Rulfo, Cisneros, Puig, Sánchez, Vargas Llosa. Las obras de estos autores están ubicadas (ya sea de modo directo u oblicuo) en el espacio y el tiempo americanos, ubicaciones que ofrecen una penetración en las visiones/versiones literarias americanas de la historia. Emplean las experiencias históricas americanas temáticamente –la colonización y la independencia, el mestizaje y el crisol de razas, la dominación y la autodeterminación– y también cuestionan cómo estas experiencias históricas han creado y nutrido las formas literarias y las tradiciones americanas. Me interesa, entonces, cómo estos escritores tematizan los pasados americanos utilizables, y cómo su obra llega a formar parte de esos pasados utilizables.

Primera Parte

LA ANGUSTIA DE LOS ORÍGENES

Si la Muerte y la Libertad
se pueden personificar,
¿por qué no la Historia?

Debe ser un viejo gordo
que viste un overol descolorido
junto a una casa rodante
en un camino fangoso hacia algún lugar
        llamado Pittsfield o Babilonia.

Dibuja el círculo mágico
de modo que los pollos no puedan salir,
luego, renquea hacia la cocina,
para buscar el cuchillo y el balde.

Hoy ha vuelto cargando
una bolsa de maíz amarillo.
Se oye cloquear a las gallinas,
los gallos jóvenes apuntalan sus cosas.

CHARLES SIMIC, "Severe figures"*

Ese viejo gordo vestido con un overol descolorido es muy adecuado para presentar este estudio de la imaginación histórica en la literatura de los Estados Unidos y de América Latina.** Sin duda, la historia ha sido uno de los personajes más severos de la imaginación colectiva americana. El corral huele bastante a esa angustia histórica familiar, motivación y tema de gran parte de nuestra literatura. Ahí va ahora, empuñando sus instrumentos, atemorizando a esos tontos cloqueantes cuyo destino colectivo sella. Luego, retoma su inconstancia para que mañana tengamos maíz. Pero ¿qué es esto? ¿La historia cojea? ¿O los escritores que la crearon la hacen cojear? Después de todo, ellos también viajan por ese camino apocalíptico hacia Pittsfield o Babilonia. Podríamos confundir fácilmen-

* "If Death and Liberty / Can be personified, / Why not History? // It's got to be a fat old man / In faded overalls / Outside a house trailer / On a muddy road to some place / called Pittsfield or Babylon. // He draws the magic circle / So the chickens can't get out, / Then he hobbles to the kitchen / For the knife and pail. // Today he's back carrying / A sack of yellow corn. / You can hear the hens cluck, / The young cocks strut their stuff."

** La falta de la flexión de género en los sustantivos del inglés permite a Charles Simic representar a la historia como "un viejo gordo" *(a fat old man)*, metáfora que resulta algo extraña en español. [N. de la T.]

te al viejo de Charles Simic con el octavo pecado capital de alguna comedia moralista medieval, listo para subir al escenario junto a sus pares, la gula, la lujuria y la avaricia. Pero no. Es, en realidad, el primer pecado capital de la novela.

De modo que comienzo recordando que el surgimiento de la novela coincidió con el impacto de la idea de la historia sobre la conciencia moderna. La lectura y la escritura de la historia fueron rasgos prominentes de la cultura europea del siglo XVIII. La *Historia de Carlos XII*, de Voltaire, y la *Historia de la decadencia y caída del Imperio Romano*, de Gibbon, fueron *best-sellers* internacionales, como las historias fraguadas de Macpherson y Chatterton. En referencia a Inglaterra, Hume declaró: "Creo que ésta es la edad histórica y ésta es la nación histórica", una afirmación que bien podría haberse enunciado respecto de Francia y de Alemania.[1] La Sociedad de Anticuarios fue fundada en Londres en 1718, pero la sorprendente innovación que llegaría a ser característica de todas las filosofías modernas de la historia no se produjo hasta el último tercio del siglo XVIII, y se apartó claramente del pensamiento histórico de Voltaire, Gibbon y Hume. La idea de que el significado de la historia reside y se revela en el proceso histórico en sí más que en los acontecimientos aislados tiene sus raíces en el pensamiento historiográfico de Hobbes y Vico, pero encontró su expresión culminante en la filosofía de Hegel. Hannah Arendt asegura que el concepto central en toda la metafísica de Hegel es la historia: "Este hecho por sí solo la ubica en el extremo opuesto de todas las metafísicas anteriores. A partir de Platón, éstas habían buscado la verdad y la revelación del Ser eterno en todas partes excepto en el ámbito de los asuntos humanos, al que Platón se refería con tanto desprecio precisamente porque no podía encontrarse ninguna permanencia en él y, por lo tanto, de él no podía esperarse que revelara la verdad".[2] La idea revolucionaria de que la ocurrencia particular obtiene su inteligibilidad del proceso de la historia como un todo tuvo una gran influencia sobre la novela, el género que se estaba desarrollando en ese momento. En su clásica exposición sobre esa relación, Georg Lukács se refiere específicamente a los fundamentos hegelianos de la novela histórica de fines del siglo XVIII y principios del XIX, y mucho de lo que dice puede relacionarse con el desarrollo de todo el género.[3]

Lukács se ocupa de la representación novelística, que es histórica de un modo radical y único; asocia el desarrollo de la novela histórica directamente con la pri-

[1] David Hume, *Letters to William Strahan*, Oxford, Clarendon Press, 1888, p. 155.

[2] Hannah Arendt, "The concept of history", en *Between Past and Future*, 1961; reeditado en Nueva York, Viking Press, 1969, p. 68.

[3] Georg Lukács, *The Historical Novel*, trad. Hannah y Stanley Mitchell, 1962; reeditado en Nueva York, Penguin, 1981. Este trabajo fue escrito entre 1936 y 1937, publicado en ruso poco tiempo después, y traducido al inglés por primera vez en 1962. [Ed. orig.: Georg Lukács, *Der Historische Roman. Probleme des Realismus*, Berlín. Trad. esp.: *La novela histórica*, traducido por Jasmin Reuter, México, Era, 1966.]

mera guerra europea generalizada, es decir, moderna. Si la *idea* de la historia había sido revolucionada a fines del siglo XVIII, la *experiencia* de la historia pronto cambiaría también. Lukács describe la "experiencia masiva de la historia" producida por la Revolución Francesa y las guerras napoleónicas subsiguientes, cuando por primera vez el individuo se enfrentó a la realidad directa de la historia del mundo. El comienzo de los reclutamientos masivos y las guerras sin límites geográficos llevó a los europeos a pensar de un modo global e histórico. Se dieron cuenta de que se estaban produciendo trastornos similares en otros lugares, una conciencia, afirma Lukács, que debe de haber fortalecido enormemente, "primero, el sentimiento de que existía algo como la historia; en segundo lugar, de que [se trataba de] un proceso ininterrumpido de cambios; finalmente, que [tenía] un efecto directo sobre la vida de todos los individuos" (Lukács, *The Historical Novel*, *op. cit*, p. 20).* El conflicto generalizado también despertó sensibilidades nacionales en Europa. Hubo invocaciones completamente nuevas al carácter nacional y a la historia nacional, a la grandeza y las ignominias del pasado; en síntesis, a las particularidades del patrimonio étnico y cultural. Así, tanto las comunidades como los individuos iban tomando conciencia de su relación con la historia mundial, una relación en la cual el cambio se percibía cada vez más tanto en forma cuantitativa como cualitativa. Esta naciente ideología del progreso encontró su expresión en la filosofía de Hegel, específicamente en su visión del "espíritu del mundo" corporizada en la dialéctica del desarrollo histórico. Lukács vincula directamente esta idea hegeliana al desarrollo de la novela: "De acuerdo con la nueva interpretación, la racionalidad del progreso humano aumenta continuamente su desarrollo a partir del conflicto interno de las fuerzas sociales en la historia; de acuerdo con esta interpretación, la historia misma es la portadora y la realizadora del progreso humano" (*ibid.*, p. 25). En un análisis crítico demasiado conocido como para que sea necesario reiterarlo aquí, Lukács nos hace tomar conciencia de los modos como las condiciones y las características genéricas básicas de la novela se desarrollaron junto con el concepto hegeliano del carácter histórico de la existencia.

Si, en la segunda mitad del siglo XVIII, el desarrollo de la conciencia histórica moderna y el desarrollo de la novela chocan y se cruzan, yo debería decir que *son paralelos* al surgimiento de las identidades nacionales en el continente americano. Lukács ignora por completo la posible influencia de América sobre la historiografía y la literatura histórica europeas, y Hegel considera a América una excepción a su teoría de la dialéctica histórica. En sus clases recogidas en *La filosofía de la historia*, Hegel se refiere primero al Nuevo Mundo en general, luego

* Excepto en los casos en que se indica, los textos en inglés fueron traducidos especialmente de la edición en inglés de este libro; es decir que no fueron tomados de las traducciones al español mencionadas en las notas al pie. [N. de la T.]

compara la América inglesa con la española, y finalmente vuelve a generalizar sobre la falta de un pasado utilizable en América: "A América le toca abandonar el fundamento sobre el que, hasta el momento, se ha desarrollado la historia del mundo. Lo que ha ocurrido en el Nuevo Mundo hasta hoy es sólo un eco del Viejo Mundo, la expresión de una vida extranjera; y en tanto tierra del futuro, no tiene interés para nosotros aquí, ya que [...] nuestra preocupación debe concentrarse en lo que ha sido y lo que es".[4] Para participar en el movimiento dialéctico de la historia, una nación debe asimilar y conservar su pasado negándolo, proceso que le permite a una nación liberarse de su pasado y ubicarlo, al mismo tiempo, como parte integral de la continuidad presente de la existencia. Para Hegel, América carecía de un pasado asimilado, y, por lo tanto, de cualquier posibilidad de continuidad histórica o identidad nacional: ¿acaso el mismo término "Nuevo Mundo" no contiene y confirma este hecho? Hegel concluye: "América es, entonces, la tierra del futuro, en la que, en las edades que se ofrecen ante nosotros, se revelará el peso de la Historia del Mundo, quizás en una contienda entre América del Norte y del Sur" (Hegel, *The Philosophy of History*, p. 86).

Pasaré por alto la ceguera de Hegel respecto del pasado cultural indígena de América –después de todo, todavía existían innumerables culturas históricas en América mientras Hegel escribía– y señalaré, en cambio, que él anticipó acertadamente el que sería un tema principal de la literatura americana: la cuestión de la identidad histórica. También anticipó, aunque en forma inconsciente, que la angustia histórica de América estaría íntimamente vinculada a los usos que el Nuevo Mundo haría de sus predecesores del Viejo Mundo, es decir, a los procesos históricos de colonialismo e independencia en este hemisferio. Porque si bien los conceptos europeos de historia y nacionalidad a los que me he referido evolucionaron sin referencia sustancial a América, lo inverso, sin duda, no es verdadero. Las ideas de América sobre la historia y su propia identidad histórica están, por supuesto, profundamente enraizadas en la filosofía europea: casi doscientos años se han agregado a la historia americana desde la afirmación de Hegel, pero la relación de la identidad americana con los modelos culturales europeos continúa siendo problemática. Por cierto, sostengo que Hegel mismo ha demostrado ser uno de nuestros precursores europeos más difíciles de negar y de asimilar.

[4] Georg Wilhelm Friedrich Hegel, *The Philosophy of History*, trad. J. Sibree, Nueva York, Willey Book Co., 1944, p. 87. Las clases que constituyen este libro fueron dictadas por primera vez entre 1822 y 1823; nuevamente, entre 1824 y 1825, y en 1831, el año de su muerte. [Estas clases fueron publicadas después de su muerte en la primera edición de sus obras completas, en 19 volúmenes, 1832-1887, a cargo de K. L. Michelet, J. Schulze, L. von Henning, L. Boumann, E. Gans, Karl Hegel, H. G. Htho, Ph. Marheineke, Bruno Bauer, Karl Rozenkranz. Georg Wilhelm Friedrich Hegel, *Vorlesunger die Philosophie der Geschichte*, en el volumen IX, editado por Gans. Trad. esp.: *Lecciones sobre la filosofía de la historia universal*, Barcelona, Círculo de Lectores, 1996, Madrid, Alianza.]

Hay aún otra idea pertinente que coincide con los desarrollos históricos que he mencionado aquí a manera de introducción, es decir, la idea de literatura comparada. La percepción creciente de la relación entre el proceso histórico y la identidad nacional en Europa planteó preguntas sobre cómo definir la cultura nacional y cómo interpretar las diferencias entre culturas. Durante el último cuarto del siglo XVIII (principalmente en Alemania), Herder, los Schlegel y otros críticos desarrollaron influyentes teorías que concebían la literatura como la voz de una nación o una cultura –incluso como una fuerza que las modelaba– y promovieron el análisis comparativo de la literatura por período y etnicidad en estos términos. La creciente valoración de diversas literaturas folclóricas y el estudio comparativo de las literaturas antiguas, orientales y extranjeras modernas contribuyeron a la idea de la literatura como una expresión privilegiada de una cultura dada. Aunque, en la actualidad, los temas de la identidad nacional y cultural son relativamente poco frecuentes en los estudios comparativos de las literaturas europeas occidentales, son habituales en regiones en las que la identidad nacional se encuentra en estadios más formativos de desarrollo –como en América Latina– y en los lugares donde está experimentando una diversificación profunda e histórica, como en los Estados Unidos. En estas regiones, la crítica literaria está redefiniendo efectivamente los conceptos de canonicidad y de identidad colectiva. Por cierto, los teóricos poscoloniales que cuestionan la posibilidad misma de la identidad colectiva han utilizado reiteradamente las prácticas culturales americanas como su campo de pruebas.[5]

Mi proyecto comparativo es expandir el territorio de la investigación en literatura comparada desde sus parámetros europeos originales, que eran nacionales, a parámetros hemisféricos en América. He dicho que voy a referirme a la literatura "americana" en su sentido más amplio. Utilizaré "Nuevo Mundo" para identificar un conjunto particular de actitudes literarias hacia los contextos americanos. La novedad del Nuevo Mundo es aparente, por supuesto, pero es una de nuestras tradiciones colectivas más antiguas. Los autores de los que me ocupo rechazan en forma unánime este mito del Nuevo Mundo de que los americanos no cargan con el peso de la historia porque tienen la libertad de crear la propia. Por el contrario, ponen en escena el hecho de que la historia puede ser más pesada –y más significativa– cuando es uno el que debe crearla, circunstancia tan probable en el Nue-

[5] Varios trabajos han explorado este tema en América. Véase, por ejemplo, David M. Jordan, *New World Regionalism: Literature in the Americas*, Toronto, University of Toronto Press, 1994; Amaryll Chanady (comp.), *Latin American Identity and Constructions of Difference*, Minneapolis, University of Minnesota Press, 1994; George Yúdice, Jean Franco y Juan Flores (comps.), *On Edge: The Crisis of Contemporary Latin American Culture*, Minneapolis, University of Minnesota Press, 1992; y Sylvia Spitta, *Between Two Waters: Narratives of Transculturation in Latin America*, Houston, Rice University Press, 1995.

vo Mundo como heredar una historia de una familia o una comunidad conocida. Cuando las tradiciones culturales están separadas o destruidas, y el potencial para la proyección histórica es aparentemente interminable, esa historia se vuelve problemática y la literatura, instrumental. Lo que dice Jorge Luis Borges sobre los escritores argentinos es aplicable a muchos escritores americanos: "He observado que en nuestro país, precisamente por ser un país nuevo, hay un gran sentido del tiempo".[6] Y, más específicamente, un gran sentido del tiempo *americano*: "la expresión americana" ha sido tematizada por la literatura latinoamericana desde el periodo colonial, y por la crítica literaria, en las dos últimas décadas.[7] También los escritores estadunidenses han participado durante mucho tiempo en procesos de autodefinición histórica que pueden distinguirse en forma consistente de los propios de los escritores europeos. En diversas maneras que mi abordaje comparativo mostrará, estos escritores postulan la historia no sólo como antecedente y causa, sino también como la condición generadora de su obra.

¿Acaso el modo de imaginar la historia en esta literatura tiene rasgos reconociblemente americanos? Puesto que acabo de afirmar que los tiene, en los capítulos que siguen examinaré varios de esos rasgos. Subyace en todos ellos una condición compartida que llamo "angustia de los orígenes", expresión que evoca la angustia de las influencias descrita por Harold Bloom. Como la mía, la formulación de Bloom señala, a la vez, un proceso histórico y una actitud cultural hacia los propios precursores. Sin embargo, el concepto de Bloom deriva por completo de fuentes europeas –el historicismo hegeliano, la filosofía de Nietzsche, la psicología freudiana–, un eurocentrismo que resulta tanto más notable teniendo en cuenta la referencia inicial a Borges que hace Bloom.[8] Mientras que el argumento de Bloom subraya la resistencia del escritor europeo moderno a un pasado que se experimenta cada vez más como opresivo y, más específicamente, como un bloqueo para la creatividad individual del yo psicologizado, la fórmula que utilizo señala una tendencia contraria en los escritores americanos. Observo, en forma

[6] Jorge Luis Borges, "El escritor argentino y la tradición", en *Discusión*, 1932; incluido en *Obras completas*, Buenos Aires, Emecé, 1989, vol. 1, p. 272.

[7] La frase pertenece al novelista cubano Lezama Lima. Una útil exposición sobre este tema puede leerse en Brett Levinson, "Possibility, ruin, repetition: Rereading Lezama Lima's american expression", en *Revista Canadiense de Estudios Hispánicos*, 18, núm. 1, 1993, pp. 49-66.

[8] Bloom se refiere (sin citarla) a la observación de Borges de que "los poetas crean a sus precursores". Véase *The Anxiety of Influence*, Londres y Nueva York, Oxford University Press, 1973, p. 19 [trad. esp.: Harold Bloom, *La angustia de las influencias*, Caracas, Monte Ávila, 1991]. Las tres primeras oraciones del trabajo de Bloom se refieren a Shelly, Borges y Eliot respectivamente.

John T. Irwin comenta que "Bloom siempre ha reconocido que uno de sus principales precursores para la teoría de la influencia fue Borges en su ensayo sobre Kafka"(*The Mystery to a Solution: Poe, Borges, and the Analytic Detective Story*, Baltimore, Johns Hopkins University Press, 1994, p. 429).

sistemática, que una angustia acerca de los orígenes impulsa a los escritores americanos a buscar precursores (en nombre de la comunidad) más que a escapar de ellos (en nombre de la individuación); a vincularse con las tradiciones y las historias (en nombre de un pasado utilizable) más que a disociarse de ellas (en nombre de la originalidad). Obviamente, esta angustia, como la de Bloom, también cuestiona la narrativa anterior: imaginar e incluir precursores aceptables es, con frecuencia, deponer o suplantar otros menos aceptables. Pero la angustia de los orígenes es cuestionadora en modos dialógicos (múltiples y coexistentes) más que competitivos (singulares y sucesivos). Sus síntomas textuales no son el cuidado o la contención, como podría esperarse, sino más bien la complejidad narrativa y la exuberancia lingüística: energías que describiré, eventualmente, en términos del barroco del Nuevo Mundo. Esta angustia americana genera estructuras literarias incluyentes, relativas, heterogéneas, sincrónicas. Estas estructuras rechazan la hegemonía de las más nuevas.

La angustia de los orígenes: por *orígenes*, entonces, entiendo fuentes aceptables de autoridad cultural, coherencia comunitaria y acción individual; por *angustia*, entiendo los esfuerzos de los escritores americanos para establecer esas fuentes mediante estrategias diversas de investigación, restitución, revaluación, renovación y resistencia. Esta letanía de *res*[*] tiene como objetivo subrayar lo obvio: por angustia de los orígenes no entiendo una vaga nostalgia de una unidad mítica originaria, aunque la dinámica propia del romance entre el viaje y el regreso, entre la separación y la reunión puedan acompañarla. La angustia de los orígenes tampoco se limita a lo que Djelal Kadir ha identificado correctamente como la "búsqueda del inicio" en gran parte de la literatura latinoamericana, porque el término que yo empleo supone el desplazamiento de las hegemonías y las jerarquías que sostendrían cualquier versión singular de esa búsqueda o ese inicio.[9] Los *res* corresponden al impulso intertextual de los escritores americanos de los que me ocupo: su interjuego, a veces virtuoso, de textos y tradiciones puede crear un aura de mito (originario), pero también cifra las interacciones históricas de sistemas de signos y formaciones sociales. Sus estrategias intertextuales sugieren, de manera consciente, que los orígenes son múltiples e indeterminados, nunca fijos o completamente decididos.

Esta respuesta intertextual a la angustia histórica americana trasciende, obviamente, la mera "nostalgia moderna de los orígenes", una fórmula utilizada por varios postestructuralistas europeos para caracterizar (y condenar) esos esfuerzos de (re)construcción cultural e histórica. Tampoco se corresponde con el otro

[*] Téngase en cuenta que "investigación" en inglés es *research* [N. de la T.]

[9] Véase Djelal Kadir, *Questing Fictions: Latin America's Family Romance*, Minneapolis, University of Minnesota Press, 1986.

polo de la cuestionable dicotomía propuesta por estos teóricos: el "abandono posmoderno de cualquier tipo de continuidad".[10] Aunque es posible reconocer varias estrategias narrativas y posiciones filosóficas que pueden describirse, provisoriamente, como modernas y/o posmodernas, la obra de los escritores latinoamericanos contemporáneos no es fácil de ubicar dentro de esas categorías. Tampoco, en ese aspecto, lo es la obra de los escritores estadunidenses contemporáneos que comento: como sus colegas latinoamericanos, ellos también buscan validar las comunidades culturales americanas. Tómense, por ejemplo, las reconstrucciones históricas de Toni Morrison en *Beloved* y en *La canción de Salomón* o las tradiciones culturales entretejidas en *El arroyo de La Llorona*, de Sandra Cisneros. Seguramente no están impulsadas ni por una "nostalgia moderna de los orígenes" ni por el abandono posmoderno de "cualquier tipo de continuidad", sino por la necesidad de ubicar precursores y antecesores históricos utilizables. Su búsqueda de los orígenes puede ser, al mismo tiempo, irónica y "auténtica"; simultáneamente, vacilante y subversiva. En cambio, *no* es ahistórica: esta literatura no refleja "la desaparición de la idea de la historia", un rasgo distintivo de los artefactos culturales posmodernos, de acuerdo con el influyente argumento de Fredric Jameson.[11] Lo que quiero decir es lo siguiente: el desafío para el análisis comparativo de la literatura americana es aplicar las abundantes taxonomías de la modernidad y de la posmodernidad en forma cuidadosa y selectiva como para subrayar los supuestos ideológicos de las actividades historizantes de estos autores. Su angustia de los orígenes no corresponde a categorías críticas generales sino a imperativos culturales particulares.

Están en discusión, entonces, las ideas heredadas sobre la estructura del pasado y los usos potenciales de esas estructuras en el presente. Así, el narrador de Julio Cortázar en *Rayuela* celebra el jazz con una letanía de *res* al describir un proceso histórico tan americano como el músico al que rinde homenaje, Louis Armstrong: "Con su don de ubicuidad [...], es una nube sin fronteras [...], algo de antes, de abajo, que *reconcilia* mexicanos con noruegos y rusos y españoles, los *reincorpora* al oscuro fuego central olvidado, torpe y mal y precariamente los *devuelve a un origen traicionado*".[12] Cortázar describe la música de Satchmo y sus propios objetivos y procesos literarios, así como las dificultades inevitables que

[10] La primera frase pertenece a Alan Wilde (*Horizons of Assent: Modernism, Postmodernism, and the Ironic Imagination*, Baltimore, Johns Hopkins University Press, 1981, p. 44); la segunda es de David Lodge ("Modernism, Antimodernism and Postmodernism", en *Working with Structuralism*, Londres, Ark Paperbacks, 1986, p. 14). En este punto, ambos siguen el argumento que Derrida expone en *De la gramatología*, como lo hacen prácticamente todas las teorías posmodernas.

[11] Fredric Jameson, "Postmodernism and consumer society", en *The Anti-Aesthetic: Essays on Postmodern Culture*, ed. Hall Foster, Port Townsend, Washington, Bay Press, 1983, p. 125.

[12] Julio Cortázar, *Rayuela*, Buenos Aires, Sudamericana, 1963, p. 88. Las cursivas son mías.

encuentra la ejecución de este proyecto del artista americano ("torpe y mal y precariamente").

El homenaje de Cortázar a las técnicas de regreso, reconciliación e inclusión de Satchmo subraya la diferencia entre la angustia de las influencias de Bloom y la angustia de los orígenes de los escritores americanos. Bloom no diferencia efectivamente entre los escritores de culturas *colonizadas*, cuya relación con sus padres culturales es radicalmente diferente de la de los escritores que trabajan en culturas *colonizadoras* (que son, en algún sentido, los padres de los anteriores, cualquiera que sean las cargas filiales que también puedan llevar).[13] Bloom está preocupado por una tradición occidental opresivamente continua, preocupación que es, en sí misma, una tradición europea que se remonta al menos a Shakespeare, quien se preguntaba si la repetición implicaba esterilidad y lamentaba que cargáramos "por segunda vez el peso de un primer hijo".[14] Pero los escritores de culturas colonizadas saben que los primeros hijos pueden desaparecer tanto como regresar, que sus tradiciones tienen tanta probabilidad de ser opresivamente *dis*continuas como opresivamente continuas. Mientras que la historia de Bloom, basada en Hegel, es progresiva y agonística, y supone que las culturas producirán (y privilegiarán) lo nuevo en forma activa, la historia colonizada del Nuevo Mundo es, a menudo, diferente.[15] Aunque, ciertamente, operan supuestos hegelianos en América –sus operaciones constituyen el tema del primer capítulo de este libro y son mencionadas en el segundo–, sin embargo, las culturas difieren unas de otras en el modo de valorar la novedad e interpretar la tradición en sí. Algunas culturas son más tradicionales que otras y, en consecuencia, menos afectas a la origina-

[13] Para una exposición convincente de un crítico que *sí* considera los procesos particulares de la formación de un canon en América Latina, véase Walter D. Mignolo, "Cannons a(nd) cross-cultural Boundaries (or, Whose canon are we talking about?)", en *Poetics Today*, 12, núm. 1, 1991, pp. 1-28 [trad. esp.: "Los cánones y (más allá de) las fronteras culturales (o ¿quién es el canon del que hablamos?)", en Enric Sulla (comp.), *El canon literario*, Madrid, Arco-Libros, 1998].

[14] El primer cuarteto del Soneto 59 dice: "If there be nothing new, but that which is/Hath been before, how are our brains beguil'd/Which, labouring for invention, bear amiss/The second burden of a former child" ["Si no hay nada nuevo, sino que lo que es/ya ha sido antes, cómo se engaña nuestra mente/cuando, empeñada en busca de invenciones,/carga por segunda vez el peso de un primer hijo"] (*New Cambridge Edition*, Nueva York, Houghton Mifflin, 1944).

[15] De hecho, la matriz explicativa freudiana del complejo de Edipo está basada en esta historia lineal, progresiva, en la que cada generación "engendra" una nueva generación que, a su turno y a tiempo, "mejora" la anterior. En el capítulo 3, comento varias nociones no freudianas del yo que operan en las tradiciones americanas del antirrealismo y sugiero, por medio de la metáfora de la tierra animada, que el modelo del conflicto intergeneracional freudiano no ha sido tomado por los autores latinoamericanos, en parte, a causa de su oposición al positivismo. En las novelas que comento aquí, las generaciones no se sustituyen unas a otras, sino que circulan. En este contexto, veáse Graciela Maturo, *Fenomenología, creación y crítica: sujeto y mundo en la novela latinoamericana*, Buenos Aires, García Cambeiro, 1989.

lidad que lo que da por sentado el modelo de Bloom, y están, ciertamente, menos comprometidas con el supuesto de que lo nuevo es preferible a lo conocido. (Sin duda, algunas culturas podrían considerar incomprensible la opción binaria.) En contraste con el modelo de Bloom, los autores americanos de los que me ocupo no subvierten ni rehúyen la influencia, sino que la incluyen y la interrogan. Su angustia no es una respuesta al peligro de la individuación imaginativa inadecuada, sino más bien al conocimiento de que las fuentes legítimas de la identidad comunitaria han sido destruidas o no son igualmente accesibles en todos los casos.

Para mis propósitos comparativos, es pertinente la distinción heideggeriana entre miedo y angustia. Mientras que el miedo tiene un objeto específico, la angustia no lo tiene: el miedo implica el miedo *de* algo, mientras que la angustia se enraiza en la percepción de la ausencia, de la falta de ser. En *El Ser y el Tiempo*, Heidegger escribe: "La angustia está angustiada frente a la 'nada' del mundo".[16] De acuerdo con esta definición, el concepto de la angustia de Bloom no es realmente angustia, sino miedo. Bloom postula el miedo a los precursores conocidos y una resistencia freudiana/nietzscheana frente a ellos; mientras que el concepto que utilizo supone la oscuridad o la ausencia de precursores y una necesidad historizante de identificarlos e incluirlos. Los autores latinoamericanos contemporáneos han heredado tradiciones culturales y lingüísticas que les han sido impuestas. Aunque se han distanciado de ellas y manifiestan su escepticismo sobre ellas de diversas maneras, su resistencia suele estar motivada menos por el deseo de abolir lo que se les ha impuesto que por identificar lo que es originario en sentido histórico y mítico. Esto no significa que no sean plenamente conscientes de las mistificaciones ideológicas del deseo utópico ni que posean el completo dominio de las estrategias poscoloniales y postestructurales para desenmascarar tales mistificaciones. No obstante, en la literatura latinoamericana contemporánea, el énfasis se suele colocar tanto en las fuentes de legitimidad cultural desplazadas o desaparecidas como en las ilegitimidades heredadas. En su ensayo sobre la "escritura excéntrica", Carlos Fuentes sugiere que "el papel de las culturas marginales es el de guardianas de la memoria. Una memoria de lo que Occidente sacrificó en otras culturas a través de la expansión imperialista y de lo que sacrificó dentro de su propia cultura".[17] Los escritores de culturas colonizadas deben imaginar lo que ha sido sacrificado. Deben escribir sobre lo que *no* es.

[16] Martin Heidegger, *Being and Time*, trad. John Macquarrie y Edward Robinson, San Francisco, Harper, 1962, p. 393. [*Sein und Zeit*, Tübingen, Max Niemayer Verlag, 1957; trad. esp.: *El Ser y el Tiempo*, México, Fondo de Cultura Económica, 1974.]

[17] Carlos Fuentes, "Central and eccentric writing", en *Lives on the Line: The Testimony of Contemporary Latin American Authors*, ed. Doris Meyer, Berkeley, University of California Press, 1988, p. 122.

Mi intención no es presentar una revisión sistemática del modelo de la tradición-formación de Bloom o de otros modelos similares.[18] Hacerlo hablaría más sobre la lucha intergeneracional de los críticos académicos que sobre las actitudes hacia los orígenes y la influencia en la literatura americana. De todos modos, varios críticos han cuestionado ya la universalización de la modernidad europea propuesta por Bloom, junto con su sobrevaloración de la individualidad y la originalidad y su investidura del patriarcado no reconocida.[19] Mi argumento es más obvio: en América, los orígenes a menudo están ocluidos o contaminados, o son lejanos o contradictorios o insatisfactorios o inaccesibles, circunstancia que ha hecho mucho más apremiante la angustia de los orígenes de los escritores americanos y más ingeniosas sus estrategias narrativas para abarcar los orígenes múltiples o para imaginar los ausentes.

[18] Geoffrey Hartman, otro influyente teórico estadunidense de la tradición y la formación del canon, sostiene (junto con Bloom) que su mecanismo principal es el conflicto, un argumento que deriva, como el de Bloom, de las concepciones posrománticas europeas de la originalidad y el genio individual. Véase "Towards literary history", en *Beyond Formalism: Literary Essays, 1958-1970*, New Haven, Yale University Press, 1971, pp. 356-386.

[19] Mark Edmundson expresa lúcidamente su escepticismo respecto de los supuestos freudianos y nietzscheanos de Bloom en su capítulo "Under the influence", en *Literature Against Philosophy, Plato to Derrida*, Cambridge, Cambridge University Press, 1995, pp. 199-239. Véase también la exposición de Perry Meisel acerca del "mito" de la originalidad en *The Myth of the Modern: A Study in British Literature and Criticism After 1850*, New Haven, Yale University Press, 1987; la exploración de John Guillory del desarrollo conceptual acerca del individuo (y la individualidad) en *Poetic Authority: Spenser, Milton, and Literary History*, Nueva York, Columbia University Press, 1983; el estudio de Raphael Falco sobre la construcción de la genealogía literaria en la Inglaterra de los siglos XVI y XVII en *Conceived Presences: Literary Genealogy in Renaissance England*, Amherst, University of Massachusetts Press, 1994; el comentario de Alicia Ostriker sobre las determinaciones de género freudianas en *Stealing the Language: The Emergence of Women's Poetry in America*, Boston, Beacon Press, 1986; y Elizabeth Gregory, *Quotation and Modern American Poetry: "Imaginary Gardens with Real Toads"*, Houston, Rice University Press, 1996.

Algunas influyentes reconsideraciones de la matriz explicativa freudiana de la rivalidad intergeneracional incluyen a Giles Deleuze y Felix Guattari, *Anti-Oedipus: Capitalism and Schizophrenia*, trad. Robert Hurley, Mark Seem y Helen R. Lane, Nueva York, Penguin, 1974 [*Capitalisme et schizophrenie. L'Anti-Oedipe*, París, Minuit; trad. esp.: *El antiedipo: capitalismo y esquizofrenia*, Barcelona, Barral, 1973]; Juliet Mitchell, *Psychoanalysis and feminism*, Nueva York, Penguin, 1974; y Nancy Chodorow, *The Reproduction of Mothering: Psychoanalysis and the Sociology of Gender*, Berkeley, University of California Press, 1978. El modelo intergeneracional de la psicodinámica familiar también es cuestionado como modelo interpretativo para los relatos bíblicos. Véase, por ejemplo, Yael Feldman, "'And Rebecca loved Jacob', but Freud did not", en *Freud's Forbidden Knowledge*, ed. Peter Rudnytzky y Ellen Spitz, Nueva York, New York University Press, 1994, pp. 7-25. Feldman sostiene que, a diferencia de las fuentes griegas de Freud, tanto míticas como dramáticas, los relatos bíblicos desplazan los instintos agresivos de la relación entre padres e hijos a las relaciones entre hermanos. Aquí, evidentemente, prevalecen las interacciones sincrónicas más que las diacrónicas y generacionales.

D. Emily Hicks ha reconocido esta angustia histórica en su metáfora de la "escritura de frontera", fórmula que se refiere a la literatura y a los procesos literarios en contextos multiculturales. Ella toma sus ejemplos principalmente de Hispanoamérica, pero argumenta que "lo que hace a la escritura de frontera una literatura mundial con un atractivo 'universal' es su énfasis en la multiplicidad de lenguajes dentro de un único lenguaje; al elegir una estrategia de traducción más que de representación, los escritores de frontera *socavan*, en definitiva, la distinción entre la cultura original y la ajena".[20] En esta afirmación, Hicks destaca el hecho de que las antinomias ("cultura original y cultura ajena") son desplazadas por las estrategias narrativas que "traducen" los múltiples códigos lingüísticos y culturales en la obra misma. Aunque su proyecto crítico va en la misma dirección que el mío, yo subrayaré las antinomias no resueltas. Sostendré que muchos escritores latinoamericanos rechazan explícitamente la integración histórica y cultural que supone la "traducción" subrayando, en cambio, la coexistencia de sistemas semióticos discretos, contradictorios e igualmente necesarios. Estos códigos coexistentes se ubican en estructuras narrativas que colocan en primer plano (en lugar de socavar) las antinomias de las múltiples historias y tradiciones latinoamericanas. Una de las antinomias más importantes es el hecho de que los "orígenes", con frecuencia, son en sí mismos "ajenos".

Para Fuentes y muchos otros escritores americanos, el problema de los orígenes está vinculado al gesto primigenio de nombrar, que ellos ven como un acto profundamente americano. "La historia", sostiene Fuentes en un ensayo sobre García Márquez, "está vinculada más explícitamente a la lengua en América".[21] Pero ¿a qué lengua(s)? Acerca de su país, México, escribe: "El paso de la lengua de la nación azteca a un silencio parecido a la muerte –o a la naturaleza– y el paso de la lengua española a una condición políticamente victoriosa pero culturalmente

[20] D. Emily Hicks, *Border Writing*, Minneápolis, University of Minnesota Press, 1991, p. XXIII (las cursivas son mías). Hicks también recurre a su término "escritura de frontera" para resolver la antinomia planteada por el término "realismo mágico": "A diferencia del término 'realismo mágico', que mantiene la oposición binaria entre mágico y real, el término 'escritura de frontera' connota una perspectiva que deja de estar dominada por las regiones que no son de frontera" (Ibid., p. XXVII). Si bien es cierto que el término "realismo mágico" ubica a su usuario fuera del sistema ontológico que describe (en el cual la realidad *es* mágica y el término es, por lo tanto, irrelevante), me pregunto si "frontera" no tiene también connotaciones propias de los críticos y los lectores estadunidenses, si la distinción entre los países "de frontera" y los que no lo son no es una simple inversión del binarismo que Hicks quiere eliminar. La pregunta más básica –si es deseable que el crítico proponga un término que medie entre las interacciones de culturas e historias divergentes o las armonice– es formulada con perspicacia por Amaryll Chanady en *Magical Realism and the Fantastic: Resolved Versus Unresolved Antinomies*, Nueva York, Garland, 1985.

[21] Carlos Fuentes, "Gabriel García Márquez and the invention of America", en *Myself with Others*, Nueva York, Farrar, Straus and Giroux, 1988, p. 188.

sospechosa y corrupta no sólo es el fundamento de la civilización del Nuevo Mundo: también la cuestiona eternamente mientras repite una historia que se transforma en mito" (Fuentes, "Gabriel García Márquez...", p. 188). Crear los propios precursores exige que uno (re)cree la lengua misma de esos precursores para que puedan hablar(nos). El poeta moderno americano William Carlos Williams compartía esta percepción: "Los americanos nunca se han reconocido a sí mismos. ¿Cómo podrían hacerlo? Eso es imposible hasta que alguien invente los términos ORIGINALES. En la medida en que nos contentemos con ser nombrados por los términos de otro, no podremos más que engañarnos a nosotros mismos".[22] "Los términos ORIGINALES" de Williams pueden hablar de los orígenes, pueden captar significados culturales pasados e incluirlos en formaciones culturales presentes. Esto es consistente con el argumento de Fuentes, quien continúa describiendo la angustia americana de los orígenes como un terror mudo: "De repente, aquí, en los vastos territorios de la selva amazónica, las alturas andinas o las llanuras patagónicas, estamos nuevamente en el mismo vacío de terror del que hablaba Hölderlin: el terror que nos golpea cuando nos sentimos [...] privados de habla y de identidad" (*ibid.*, p. 187). El terror hölderliniano reemplaza la angustia heideggeriana; la metáfora cambia, pero la respuesta no. Ambos autores describen su intuición americana de privación (Fuentes dice "vacío", Williams dice "engaño") y el consiguiente impulso a crear o descubrir orígenes e influencias utilizables.

En su ampliamente difundida clase inaugural de 1983 en Harvard, Fuentes vuelve a insistir en la problemática ubicación histórica de América Latina con respecto a Europa. Observa que América Latina "recibió el legado de Occidente de un modo incompleto" y, lo que es peor, lo abrazó acríticamente:

> América Latina ha intentado encontrar soluciones para sus viejos problemas agotando las sucesivas ideologías de Occidente: el liberalismo, el positivismo y el marxismo. Hoy estamos a punto de trascender este dilema reeditándolo como una oportunidad de ser, por fin, nosotros mismos: *sociedades que no son nuevas ni viejas*, sino sólo auténticamente latinoamericanas, mientras ajustamos [...] los beneficios y las desventajas de una tradición que ahora parece más rica y más aceptable que hace cien años de soledad.[23]

Esta afirmación, por supuesto, rinde homenaje a García Márquez y también evoca a Octavio Paz, que hizo una observación similar hace casi medio siglo: "En

[22] William Carlos Williams, *In the American Grain*, 1925; reeditado en Nueva York, New Directions, 1967, p. 226 (las mayúsculas son del autor) [trad. esp.: *En la esencia americana*, Madrid, Turner, 2002].

[23] Fuentes, "A Harvard Commencement", en *Myself with Others*, *op. cit.*, p. 206 (las cursivas son mías).

suma, la cuestión del origen es el centro secreto de nuestra ansiedad y angustia. Vale la pena detenerse un poco en el sentido que todo esto tiene para nosotros".[24] El mismo Paz volvió repetidamente sobre este punto: "La historia de México es la del hombre que busca su filiación, su origen. Sucesivamente afrancesado, hispanista, indigenista, 'pocho', cruza la historia como un cometa de jade, que de vez en cuando relampaguea. En su excéntrica carrera, ¿qué persigue?" (Paz, *El laberinto de la soledad*, pp. 18-19). Los escritores de los que me ocupo en los próximos capítulos ponen en escena la persecución, sin agotar la pregunta de Paz. Ellos, como este autor, señalan la historia de la influencia en América Latina, digresiva y desviada, que, en otro lugar, Paz llamó la "tradición de la ruptura" latinoamericana.[25]

Éstas son versiones de la conciencia histórica americana, y encarnan el impulso concomitante de reconstituir las múltiples historias de América en formas utilizables/útiles (la palabra de Fuentes es "auténticas"). Fuentes y Paz son muy conscientes de que la "autenticidad" y los "orígenes" son constructos ideológicos y que usarlos acríticamente es repetir los errores de los colonizadores europeos. Pero para el crítico estadunidense, descartar como ingenuo el impulso historizante cifrado en estos constructos es arriesgarse a imponer una posición postestructuralista inadecuada para contextos en los que los escritores todavía consideran la (re)construcción de los relatos fundacionales una tarea necesaria y urgente. Implica también subestimar el vínculo consciente que estos escritores establecen entre la "autenticidad" y los "orígenes", por un lado, y la creación literaria, por otro.[26]

Dado que los procesos de colonización han sido más onerosos y obvios en muchas partes de América Latina que en los Estados Unidos, y por una serie de razones que trataré en los próximos capítulos, el tema de la autoridad y los orígenes culturales ha sido tradicionalmente más apremiante para los escritores latinoamericanos. Pero los escritores estadunidenses también han tenido sus angustias históricas. Sin duda, los Estados Unidos pueden haber sido los únicos en ocupar simultáneamente una posición dual y profundamente contradictoria como colonizadores y colonizados a lo largo de este siglo. Ciertamente, han reemplaza-

[24] Octavio Paz, *El laberinto de la soledad*, México, Fondo de Cultura Económica, 1950; 7ª ed., 1969, p. 72.

[25] Octavio Paz, "La tradición de la ruptura", en *Los hijos del limo*, Barcelona, Seix Barral, 1974, capítulo 1; 3ª ed., 1981. Esta frase ha sido (desafortunadamente) traducida al inglés como "tradition against itself" en *Children of the Mire*, trad. Rachel Phillips, Cambridge, Massachusetts, Harvard University Press, 1974.

[26] Fuentes reitera este punto en una entrevista, al referirse a los escritores latinoamericanos "que están restaurando nuestra civilización, los hechos de nuestra civilización, que están creando nuestra identidad cultural". Su reconocimiento de este proyecto como profundamente político se explicita en el comentario que hace a continuación: reconstruir la historia latinoamericana "no es lo mismo que ofrecer fantasmas ideológicos para el consumo político" ("An interview with Carlos Fuentes", en *Kenyon Review*, 5, núm. 4, 1983, p. 113).

do a Europa como principales colonizadores económicos y políticos de América Latina; sin embargo, han seguido estando profundamente colonizados por las tradiciones culturales y las formas de expresión europeas. Walt Whitman fue el primero en reconocer este doble vínculo, y este hecho ha influido en los escritores latinoamericanos, que tienen a Whitman (junto con Faulkner) como precursor americano esencial reconocido universalmente. En un discurso pronunciado en 1972, un año antes de su muerte, Pablo Neruda dijo de Whitman: "El bardo se quejaba de la todopoderosa influencia europea que continuaba dominando la literatura de su tiempo. De hecho, fue él, Walt Whitman, en el personaje de una geografía específica, quien por primera vez en la historia honró un nombre americano".[27] Más recientemente, y en un registro bastante distinto, Donald Barthelme también reconoció la colonización cultural de los Estados Unidos. En *The Dead Father*, Barthelme escribe: "Muertos, pero aún con nosotros, aún con nosotros, pero muertos... Los padres son como bloques de mármol, cubos gigantes, bien lustrados, con vetas y hendiduras, ubicados de frente en tu camino [...]. Uno no puede trepar ni deslizarse por ellos para el otro lado".[28] El hecho de que la novela de Barthelme haya sido leída principalmente como una parábola psicológica (angustia de las influencias) más que como una metáfora extendida para el problema de establecer identidades y tradiciones comunitarias significativas (angustia de los orígenes) sugiere la importancia de crear contextos críticos comparativos americanos en los que las angustias históricas compartidas resulten evidentes. La universalidad de Berthelme, como la de Withman, la de Neruda y la de Borges, depende de su aguda conciencia de la ubicación histórica paradójica del escritor del Nuevo Mundo.

Comenzaré el capítulo 1 observando que, algunas veces, la angustia histórica ha llevado a los escritores estadunidenses a concebir América como culturalmente débil en comparación con Europa. Henry James, Henry Adams, T. S. Eliot, Ezra Pound, Gertrude Stein, James Baldwin y Richard Wright invirtieron el itinerario de Huck Finn y salieron en búsqueda no de tierras desconocidas, sino, en cambio, del Viejo Mundo, donde esperaban encontrar historias más utilizables

[27] Neruda prologó este homenaje con otro que celebra y proclama la influencia de un modo que considero particularmente americano: "La grandeza tiene muchos rostros, pero yo, un poeta que escribe en castellano, aprendí más de Walt Whitman que de Cervantes". El impulso incluyente de Neruda no traiciona ningún rasgo bloomiano; la inclusión de Whitman no sustituye ni entierra a Cervantes. Véase Pablo Neruda, "El albatros asesinado", en *Para nacer he nacido*, Buenos Aires, Seix Barral, 2003, p. 380.

Se encuentran referencias paralelas a Whitman en la afirmación de Octavio Paz: "Whitman es el abuelo de la vanguardia latinoamericana" (*Los hijos del limo*, p. 164); y en el último verso del poema "Camden 1892", de Jorge Luis Borges: "La vida y su esplendor. Yo fui Walt Whitman" (*El otro, el mismo*, Buenos Aires, Emecé, 1969).

[28] Donald Barthelme, *The Dead Father*, Nueva York, Penguin, 1975, pp. 129-133.

que las que tenían. Ésta es la angustia histórica americana en grado sumo, pero la partida de estos escritores hacia Europa no significó que pudieran aliviarla o escaparse de ella. Por fortuna, continuaron escribiendo a partir de su angustia. Casualmente, me concentraré en los escritores modernos estadunidenses que no se fueron: William Carlos Williams, Willa Cather, William Faulkner y William Goyen, entre otros. Si Williams, Cather, Faulkner y Goyen fueron excepciones por el hecho de considerar la historia de los Estados Unidos un campo fértil, actualmente esas excepciones se están transformando en la regla a medida que los escritores estadunidenses contemporáneos cuestionan las historias hegemónicas desde posiciones periféricas. Algunos "guardianes de la memoria", tales como Toni Morrison, Leslie Marmon Silko, John Edgar Wideman, Denise Chávez, Jamake Highwater, Maxine Hong Kingston y muchos otros, imaginan e incluyen historias sepultadas: profundas y, con frecuencia, trágicas. Estos escritores "minoritarios" están completando los espacios en blanco de la historia estadunidense y alterando los términos de la inclusión. Su proyecto de validar las comunidades culturales americanas reconstruyendo las historias americanas "auténticas" hace que algunas comparaciones aparentemente improbables se vuelvan justificables y necesarias: José María Arguedas y James Welch, Rosario Castellanos y Louise Erdrich, Isabel Allende y Toni Morrison, José Donoso y Vladimir Nabokov. Menciono estas posibilidades de comparación no porque vaya a explorarlas aquí, sino porque espero que posteriormente lo hagan otros comparatistas.[29] Por mi parte, al considerar esas historias americanas sepultadas, tendré en cuenta las obras de Juan Rulfo, Elena Garro, William Goyen y Sandra Cisneros, entre otros.

Claro que muchos escritores latinoamericanos también se han ido de sus países y han elegido Europa o los Estados Unidos. Esta circunstancia todavía es objeto de un duro debate en América Latina, donde la responsabilidad política y social del escritor hacia su propia cultura y su país, asociada a su residencia, se da por sentada. (El hecho de que la angustia histórica que motiva ese debate sea específicamente americana se confirma, me parece, si uno trata de imaginar un debate similar en Francia, Alemania o Inglaterra.) Los escritores latinoamericanos del siglo XIX y principios del XX abandonaron sus respectivos países por razo-

[29] De hecho, se ha publicado un ensayo que compara los relatos paralelos de construcción comunitaria en las obras de Morrison y Allende. Véase P. Gabrielle Foreman, "Past-on stories: history and the magically real, Morrison and Allende on call", en *Magical Realism: Theory, History, Community*, ed. Lois Parkinson Zamora y Wendy B. Faris, Durham, Duke University Press, 1995, pp. 285-303. José Saldívar también desarrolla un eje comparativo pertinente: "Escritores afroamericanos como [Toni] Morrison y [Ntozake] Shange participaron comprometidamente en una audaz conversación cultural con la tradición afrocaribeña y latinoamericana del realismo mágico". Su análisis de la escritura chicana también muestra las diversas rutas que la influencia ha seguido en su viaje de sur a norte por América (*The Dialectics of Our America: Genealogy, Cultural Critique, and Literary History*, Durham, Duke University Press, 1991, p. 89).

nes parecidos a las de los escritores modernos estadunidenses: su concepción (errónea, pensamos ahora) de la novedad histórica de América y, en consecuencia, de su vacuidad cultural. Los escritores latinoamericanos contemporáneos que se han ido lo hicieron, en general, por razones políticas o económicas más que culturales.[30] Los escritores ya no sienten que sus historias son demasiado recientes para ser utilizables, en parte porque han sido los beneficiarios de una tradición historiográfica adaptada a objetivos latinoamericanos a lo largo de este siglo. El antipositivismo y la política indigenista se superpusieron en América Latina en los años veinte y treinta; filósofos y escritores adaptaron los modelos historiográficos europeos a la experiencia histórica americana o rechazaron de plano los modelos europeos mientras buscaban modos de incluir su propio pasado indígena.

Aquí, las observaciones de Pablo Neruda vuelven a resultar útiles. En un pasaje de sus cuadernos de la Isla Negra de fines de la década de 1960, el más cosmopolita de los poetas locales comenta un enfrentamiento entre el escritor argentino Julio Cortázar, que vivía y escribía en París, y José María Arguedas, que vivía en su Perú nativo y escribía sobre la cultura mestiza de los Andes. Cortázar había sido acusado de abandonar América Latina y, por lo tanto, su responsabilidad como escritor latinoamericano. Pero, pregunta Neruda, "¿por qué cortar los nudos de la elegancia que nos atan [a Europa]?".[31] Neruda sabía que una "imperiosa y tantalizante [...] Europa puede derivarnos hacia la superficialidad pasajera". También sabía que "es fácil para el criollista, y aun para el medular americano, sumergirse no en el océano, sino en la charca, y limitarse en la forma hasta repetir sin remordimientos la dirección del pasado" (*idem*). Pero, escribe Neruda, este segundo peligro es muy diferente del primero: "Ese peligro no cortará nuestras raíces. Sucede que cuanto más nos ahondemos más nos renovaremos, y cuanto más locales seamos, podemos llegar a ser los más universales. Un pequeño gran libro no se preocupó sino de una mínima región de España, llamada La Mancha. Y llegó a ser la novela más espaciosa que se ha escrito en nuestro planeta" (*idem*).

En la visión de Neruda, el "peligro" de abrazar el pasado es, en realidad, algo que debemos desear. La angustia histórica que ha impulsado a estos escritores –obsérvese el uso generalizador del término "americano" en el primer pasaje de Neruda que citamos– no es negativa sino necesaria y, por cierto, no meramente nostálgica.

[30] En su ensayo *Roots*, de 1963, el escritor de Barbados Kamau Brathwaite complica la cuestión aduciendo que el escritor de las Antillas es "un excéntrico en casa y un exiliado en el extranjero". Estos escritores se sienten desubicados tanto en sus hogares, lejos de sus fuentes culturales africanas y europeas, como en Europa o en África, donde extrañan el hogar (*Roots*, Ann Arbor, The University of Michigan Press, 1993, p. 37).

[31] Pablo Neruda, "Con Cortázar y con Arguedas", en *Para nacer he nacido*, *op. cit.*, p. 254.

Es, en cambio, la tensión generada por la conciencia histórica, los imperativos comunitarios y la creación literaria, y ha operado a través de América.[32]

He preguntado si la imaginación histórica americana tiene rasgos reconocibles. ¿Debo preguntar también si *todos* los escritores americanos, por definición, comparten estas angustias historizantes americanas? Vera Kutzinski dice que no, y estoy de acuerdo con ella. En su libro *Against the American Grain*, sostiene que una angustia de ese tipo es la condición preexistente del escritor del Nuevo Mundo, pero que *no todos* los escritores americanos son escritores del Nuevo Mundo en el sentido que ella le da al término. Sólo lo son aquellos que integran una conciencia de las condiciones y las consecuencias históricas contradictorias de la novedad americana.[33] Borges, por ejemplo, no suele ser considerado un escritor del Nuevo Mundo en el sentido de Kutzinski; sin embargo, está realmente obsesionado con la naturaleza del tiempo y la tradición en modos peculiarmente americanos. Su observación, tantas veces citada, de que los escritores crean a sus propios precursores es con seguridad una versión –quizás *la* versión principal– de la angustia de los orígenes en la literatura americana, ya que reconstituye la naturaleza de la originalidad y, por lo tanto, nuestra comprensión de las operaciones del pasado en el presente. Mientras que la devoción por la originalidad de la modernidad europea es esencialmente hostil hacia la historia, la concepción borgeana de la originalidad consiste no en la novedad sino en una relación compleja y enriquecida con los orígenes y las tradiciones culturales, relación que requiere revisar la interpretación de la influencia como tal. Tal concepción es adecuada a la ubicación histórica de los escritores americanos; de hecho, es el producto de su ubicación histórica.

Considérese la famosa afirmación que hace Borges en "Kafka y sus precursores":

> En el vocabulario crítico, la palabra *precursor* es indispensable, pero habría que tratar de purificarla de toda connotación de polémica o de rivalidad. El hecho es que cada escritor *crea* a sus precursores. Su labor modifica nuestra concepción del pasado, como

[32] La afirmación comparativa de Octavio Paz refuerza la mía: "Hay una curiosa semejanza entre la historia de la poesía moderna en castellano y en inglés: angloamericanos e hispanoamericanos dejan casi en los mismos años su tierra natal [...]. Las oscilaciones entre cosmopolitismo y americanismo revelan nuestra doble tentación, nuestro común espejismo: la tierra que dejamos, Europa, y la tierra que buscamos: América. La semejanza entre la evolución de la literatura angloamericana y la hispanoamericana proviene de ser ambas literaturas escritas en lenguas trasplantadas. Entre nosotros y la tierra americana se abrió un espacio vacío que tuvimos que poblar con palabras extrañas. Incluso si somos indios o mestizos, nuestro idioma es europeo. La historia de nuestras literaturas es la historia de nuestras relaciones con el espacio americano, pero asimismo con el espacio en que nacieron y crecieron las palabras que hablamos" (*Los hijos del limo*, *op. cit.*, pp. 198-199).

[33] Vera Kutzinski, *Against the American Grain*, Baltimore, Johns Hopkins University Press, 1987. Kutzinski toma a William Carlos Williams como principal ejemplo de su afirmación.

> ha de modificar el futuro. En esta correlación nada importa la identidad o la pluralidad de los hombres. El primer Kafka de *Betrachtung* es menos precursor del Kafka de los mitos sombríos y de las instituciones atroces que Browning o Lord Dunsany.[34]

Borges vuelve a esta idea en su ensayo sobre Nathaniel Hawthorne, que comento en el capítulo 3. Allí, como aquí, la tradición literaria es histórica pero no cronológica: la influencia se mueve hacia atrás y hacia adelante en el tiempo porque los textos existen de manera simultánea y no secuencial en la mente del autor (y del lector), y en relación sinecdóquica con la tradición como un todo. De acuerdo con Borges, el texto individual contiene todos los textos, y un autor individual compendia una tradición entera. Esta sincronía no es una adopción pacífica de todo por parte de todo o una totalidad que homogeneiza la diferencia, ni sugiere la lucha de Edipo o la síntesis hegeliana. Más bien, la posición antipositivista de Borges –su "historia modesta"– requiere que las contradicciones históricas circulen, que las corrientes literarias choquen, se unan y se reconfiguren.

El cuento de Borges "Pierre Menard, autor del *Quijote*" describe este proceso. Su personaje lee, olvida o sublima, y luego escribe partes del *Quijote* de Cervantes al pie de la letra. Realiza esta proeza, se nos dice, por medio de la " técnica nueva del anacronismo deliberado y las atribuciones erróneas" y consigue crear un "*Quijote* 'final'", "una especie de palimpsesto".[35] "El anacronismo deliberado y las atribuciones erróneas" son respuestas estratégicas a la angustia histórica americana: en su "palimpsesto", el narrador demostrará que las historias y las valoraciones divergentes existen en relación sincrónica y excéntrica. Considérese, insiste el narrador de Borges, la diferencia de significado entre la frase de Menard "la verdad, cuya madre es la historia" y la frase idéntica de Cervantes: "La historia, *madre* de la verdad; la idea es asombrosa. Menard, contemporáneo de William James, no define la historia como una indagación de la realidad, sino como su origen. La verdad histórica, para él, no es lo que sucedió; es lo que juzgamos que sucedió" *(idem;* las cursivas son de Borges).

Nuevamente, la cuestión de los orígenes. A pesar de la ficticia nacionalidad francesa de Pierre Menard, ha adoptado la angustia de los orígenes de su creador y su necesidad americana de crear un pasado utilizable: "lo que juzgamos que sucedió".

[34] Jorge Luis Borges, "Kafka y sus precursores", en *Otras inquisiciones*, 1952; incluido en *Obras completas*, Buenos Aires, Emecé, 1989, vol. 2, pp. 89-90 (las cursivas son de Borges). Esta observación es recurrente en la obra de Borges.

[35] Borges, "Pierre Menard, autor del *Quijote*", en *Ficciones*, 1944; incluido en *Obras completas*, Buenos Aires, Emecé, 1989, vol. 1, p. 450.

El análisis de John T. Irwin sobre la duplicación que Borges lleva a cabo de los cuentos policiales originales de Poe se aplica también al proyecto de Pierre Menard (y de Borges) de (re)crear el *Quijote*, la más intimidatoria de las novelas españolas. Escribe Irwin: "En un sistema circular, temporalmente reflexivo, en el que el final conduce nuevamente al principio, el final suele parecer anterior al principio, original o más original que el origen. [...] La dificultad que experimentó Borges al duplicar la historia original provino, según hemos sugerido, del hecho de que el origen ya no existía para él de un modo incontaminado".[36] El llamado borgeano a dar origen a los propios orígenes –en definitiva, a crear e interpretar los propios significados culturales– desconstruye la representación mimética concentrándose no en *lo que* se representa, sino en cómo, quién lo hace y para quién: este proceso insiste en la complicidad del lector en la constitución de la autoridad cultural. Por qué este desafío borgeano (con los resultados de su "técnica nueva" y "el palimpsesto") debería ser particularmente atractivo para los escritores y los lectores americanos es lo que he intentado sugerir en las páginas precedentes y ocupará mi atención a lo largo de los próximos capítulos.

[36] John T. Irwin, *The Mystery to a Solution*, *op. cit.*, p. 429.

1. LA CONSTRUCCIÓN DEL PASADO

La historia como idea en América

> Nosotros nos preocupamos por la redención del pasado.
> Ellos están acostumbrados a proclamar el futuro.
> ....
> Ellos han asimilado su pasado; y, con demasiada
> [frecuencia, simplemente lo olvidan.
> El nuestro todavía está luchando por nuestras almas.
>
> Carlos Fuentes, *Latin America: At War with the Past*[1]

En estas oraciones esquemáticas, desplegadas tipográficamente tal como las he reproducido aquí, Carlos Fuentes presenta una oposición entre lo que él considera las concepciones actuales de la historia en los Estados Unidos y en América Latina. Y en *El laberinto de la soledad* (1950), el análisis comparativo de las culturas de América más influyente aún después de cuatro décadas, Octavio Paz precede a Fuentes en el contraste entre las visiones históricas de los Estados Unidos y de México. Paz también atribuye a los Estados Unidos el carácter histórico que Hegel imputaba al hemisferio entero: un lugar sin pasado, sólo portador de futuro.[2] Pero si la visión latinoamericana del pasado se presenta al principio como estrictamente opuesta a la de los Estados Unidos, una segunda mirada revela que ambas visiones comparten una característica: su falta de resolución. Sorprenden-

[1] "We are worried about redeeming the past./They are accustomed to acclaiming the future. [...]/ /Their past is assimilated; and, too often, it is simply forgotten./Ours is still battling for our souls." Carlos Fuentes, *Latin America: At War with the Past*, Montreal, CBC, 1985, p. 9. Esta obra consiste en una serie de conferencias emitidas por la Canadian Broadcasting Company en 1984. Fuentes define explícitamente el término "norteamericano" con el significado de "estadunidense"; al comentar la oposición de Fuentes, yo también me refiero sólo a los Estados Unidos.

[2] Octavio Paz encarna las actitudes opuestas hacia el pasado y el futuro al comparar las actitudes hacia el presente: "Para los norteamericanos el mundo es algo que se puede perfeccionar; para nosotros, algo que se puede redimir" (*El laberinto de la soledad. Posdata. Vuelta a El laberinto de la soledad*, México, FCE, 1994, p. 27). Paz continúa desarrollando esta oposición en su ensayo de 1979 incluido en la edición revisada de *El laberinto*: "La realidad a la que damos el nombre de civilización no nos permite una definición sencilla. Es la visión del mundo de cada sociedad y también su sentimiento sobre el tiempo; hay naciones que se apresuran hacia el futuro, y otras cuya mirada está fija en el pasado" (pp. 358-359 de la edición en inglés: Nueva York, Grove Press, 1985).

temente, Fuentes sigue a Hegel en su aserción de que el pasado todavía no es utilizable en ningún lugar de América: si los Estados Unidos ya han asimilado su pasado por completo, y lo han vuelto inaccesible, América Latina, en cambio, ha asimilado su historia en forma incompleta con el mismo resultado.

Fuentes elabora la "batalla por nuestras almas" de la historia en América Latina afirmando que ninguna etapa de su pasado ha sido aún asimilada por completo. "Cada nuevo proyecto histórico no sólo reemplaza al anterior: lo aniquila, lo niega y así se obliga a partir, cada vez, desde cero. La Conquista pretende negar totalmente al mundo indígena, la Independencia al mundo colonial, la Revolución al positivismo decimonónico. Proclamando su orfandad, cada proyecto histórico mexicano queda abierto, de buena o mala gana, a la secreta contaminación de las tradiciones negadas."[3] América Latina no ha negado adecuadamente su pasado, de modo que no puede integrarlo por completo en el presente para realizar lo que Hegel definió como la continuidad de su ser. Casi todas las novelas de Fuentes retratan el pasado de México y el de América Latina como una serie de rupturas, de fragmentos discontinuos. De hecho, la historia ha proporcionado las tensiones e ironías de gran parte de la mejor literatura latinoamericana reciente, por ejemplo: *Pedro Páramo*, de Juan Rulfo (1955); *Recuerdos del porvenir*, de Elena Garro (1962); *Sobre héroes y tumbas*, de Ernesto Sabato (1962); *Los pasos perdidos* (1953) y *El siglo de las luces* (1962), de Alejo Carpentier; *Cien años de soledad*, de Gabriel García Márquez (1967); *El mundo alucinante*, de Reynaldo Arenas (1969); *Yo el Supremo*, de Augusto Roa Bastos (1974); *Casa de campo*, de José Donoso (1978); *La guerra del fin del mundo*, de Mario Vargas Llosa (1981), y *La casa de los espíritus*, de Isabel Allende (1982), entre muchas otras obras. Estas exploraciones novelísticas del pasado nacional y regional suelen proyectar historias míticas expansivas de su territorio americano. Fuentes sostiene que sólo una visión mítica incluyente y los modos narrativos que se derivan de ella pueden dar cuenta de la historia no resuelta de América Latina.

Si Fuentes describe el dilema histórico de América Latina en términos innegablemente hegelianos, rechaza con firmeza el idealismo dialéctico como solución para ese dilema, y se remonta, antes de Hegel, a la *Ciencia nueva* de Giambattista Vico (1744). Como Hegel, Vico ubica la significación histórica en el proceso de la historia como un todo; pero, a diferencia de Hegel, el proceso histórico de Vico no es lineal ni privilegia una dialéctica progresiva. En la metáfora de la historia como una espiral propuesta por Vico, Fuentes descubre un modelo capaz de abarcar el tiempo lineal del pensamiento occidental y los tiempos circulares de la mitología indígena que se encuentran en México. Y en la investigación y la pre-

[3] Carlos Fuentes, "La violenta identidad de José Luis Cuevas", en *Casa con dos puertas*, México, Joaquín Mortiz, 1970, p. 242.

sentación que hace Vico de los orígenes "poéticos" de la historia humana y en la importancia que les atribuye a los textos de ficción (de las cinco secciones de la *Ciencia nueva*, dedica una entera a Homero y a las fábulas griegas), Fuentes encuentra apoyo para su creencia de que la historia puede –y debe– ser escrita por novelistas. Fuentes utiliza la historiografía de Vico en forma explícita en *Terra nostra* (1975) y en *Una familia lejana* (1980); ambas novelas tratan los orígenes históricos europeos de la cultura mexicana y latinoamericana, y ambas se mueven de modo oscilante entre el Viejo y el Nuevo Mundo.[4] Volveré sobre *Una familia lejana*, pero para los fines de este panorama comparativo, basta con decir que el rechazo que manifiesta Vico hacia el empirismo científico de su propio siglo y hacia la concepción cartesiana de que el intelecto puede aprehender los primeros principios de manera intuitiva, sin remitirse a la experiencia histórica, coincide con el rechazo manifestado por Fuentes hacia ideas similares de este siglo, ideas que él sintetiza como la "bastardización de la filosofía del Iluminismo"[5] y que implícitamente asocia a lo que considera la cancelación de la historia en los Estados Unidos.

Pero ¿son nuestras sensibilidades históricas en América tan divergentes como Fuentes aduce? ¿Sostenemos seriamente la oposición esquemática que él propone, o accedemos a su idea de que la historia norteamericana es sólo la historia del olvido? ¿Es que acaso Fuentes y nosotros mismos no hacemos más que cumplir la profecía hegeliana, oponiendo América del Norte y del Sur con el objetivo de alcanzar una autodefinición histórica?

[4] Para un análisis más completo de la obra de Fuentes con este enfoque, véase el capítulo 7 de mi libro *Writing the Apocalypse: Historical Consciousness in Contemporary U.S. and Latin American Fiction*, Cambridge, Cambridge University Press, 1989, pp. 148-175 [trad. esp.: *Narrar el apocalipsis: la visión histórica en la literatura estadounidense y latinoamericana*, México, Fondo de Cultura Económica, 1995].

El novelista cubano Alejo Carpentier también fue influido por la historiografía de Vico. De acuerdo con Roberto González Echevarría, Vico reemplazó a Spengler como base historiográfica de la obra posterior de Carpentier: "Mientras que Spengler postulaba una historia circular cuyos ciclos se repetían a través del universo, Vico ofrece una idea del retorno que no niega la historicidad, sino que la afirma" (*Alejo Carpentier: el peregrino en su patria*, México, UNAM, 1993).

[5] Fuentes a Jonathan Tittler, *Diacritics*, 10, núm. 3, 1980, p. 49. La frase aparece en el contexto de la definición de Fuentes de la temporalidad mexicana: "Es un tiempo que se concibe a sí mismo como un presente perpetuo, que no está alienado por la búsqueda del futuro, un futuro que nunca podemos alcanzar. [...] Esta bastardización de la filosofía del Ilumnismo es común a los sistemas burocráticos capitalista y socialista: la promesa de un futuro, del paraíso terrenal. El tiempo mítico, que como digo es un presente, no admite el pasado como tal. Considera lo que llamamos pasado –en el sistema lineal occidental– un presente que aumenta, que enriquece constantemente el momento, el instante. El pasado nunca está condenado al pasado en un sistema mítico".

Un conjunto de ensayos sobre la conciencia histórica de los grupos indígenas norteamericanos sugiere que existe una diferencia radical también en Norteamérica entre los conceptos indígena y occidental del tiempo. Véase *The American Indian and the Problem of History*, ed. Calvin Martin, Oxford, Oxford University Press, 1987.

Fuentes hace una excepción a su generalización para el caso de Faulkner y los escritores sureños de los Estados Unidos, basándose en el hecho de que el Sur, a diferencia del resto del país, comparte con América Latina la experiencia histórica de la explotación colonial y el fracaso político.[6] Y reconoce que los Estados Unidos no es el único lugar donde el pasado puede subsumirse en un futuro ilusorio. Uno de sus personajes mexicanos en *Una familia lejana* habla globalmente sobre la costumbre de este siglo de divorciar el pasado del presente, "con el propósito de que el pasado sea siempre algo muerto a fin de que nosotros mismos seamos siempre algo nuevo, diferente del pasado despreciable, nuevos y en consecuencia hambrientos de novedades en el arte, la ropa, la diversión, las máquinas. La novedad se ha convertido en el certificado de nuestra felicidad".[7] En México, como en gran parte del mundo, la novedad es publicitada, empaquetada, comercializada y consumida, aunque fueron los Estados Unidos los que le enseñaron al mundo cómo hacerlo. También es cierto que el triunfo de la tecnología tiende a subrayar la innovación más que la conservación, y, nuevamente, sin duda los Estados Unidos indican el camino. ¿No fue Henry Ford, uno de los más importantes portavoces estadunidenses del progreso, quien declaró que "la historia es puro palabrerío"?

Aun así, Fuentes no deja de tener conciencia de que la relación del presente con el pasado es uno de los temas principales de la literatura estadunidense y no una preocupación exclusiva de esos escritores del Sur. En el siglo XIX, basta con pensar en los principales escritores para reconocer una corriente continua de angustia histórica en su literatura: la furia con que Cooper defiende la historia indígena y los recursos naturales de América; la culpa con que Hawthorne explora el pasado puritano; la nostalgia que siente Twain por la libertad de la tierra sin confines (una ficción basada en la ilusión del pasado paradisíaco americano, en cuya creación intervino el mismo Twain y que encontró su expresión lírica culminante cuarenta años más tarde, en la famosa conclusión de *El gran Gatsby*, de Fitzgerald); y el lamento nostálgico de Henry James por la ascendencia cultural europea, que nunca aceptó del todo al Nuevo Mundo.

En este siglo, la concepción de la historia estadunidense presente en la literatura ha cambiado de modos significativos. La inquietud histórica de muchos escritores norteamericanos modernos era menos un resultado de la presencia torrencial e irresuelta del pasado (éste era, después de todo, tanto el dilema de Hawthorne como el de Faulkner y Fuentes) que de aquello que se percibía como

[6] Fuentes a Christopher Sharp en *W*, suplemento de *Women's Wear Daily*, 29 de octubre de 1976, p. 9. Véase también el ensayo de Fuentes "La novela como tragedia: William Faulkner", en *Casa con dos puertas*, México, Joaquín Mortiz, 1970, pp. 52-78.

[7] Fuentes, *Una familia lejana*, México, Era, 1976, pp. 163-164.

la debilidad del pasado, o incluso como su ausencia. Había un sentido agudo de la falta de historia entre los estadunidenses modernos; he sugerido ya que su modelo de exilio voluntario puede interpretarse como una manifestación de la angustia histórica. Henry James fue el primero en emigrar a Europa –y Eliot y Pound lo siguieron–, en busca de un pasado que no parecía encontrar en América. Gertrude Stein se refería a Oakland pero hablaba por toda una "generación perdida" de escritores estadunidenses cuando concluyó: "No existe un allá". Henry Adams, a quien Alfred Kazin llama "el Gibbon, el Voltaire, el Proust y el Oswald Spengler lleno de destino" de su tiempo, también se sintió impulsado a rastrear los orígenes históricos de los Estados Unidos, y los encontró en la Europa medieval más que en la historia nacional más reciente, que su propia familia tanto había contribuido a construir. Muchos estadunidenses modernos llegaron a ver su historia como un negativo fotográfico o el reverso de un tapiz. Las siluetas revelaban lo que *no* había pero debería haber habido.

En los treinta años que siguieron a la Segunda Guerra Mundial se produjo un desplazamiento en la literatura estadunidense de las preocupaciones históricas colectivas hacia espacios más interiores (o más literarios). Las "metaficciones", "sobreficciones" o "antificciones" experimentales subrayaron las capacidades autorreflexivas de la literatura más que sus capacidades miméticas e historiográficas. Pero el movimiento por los derechos civiles, la Guerra de Vietnam, el feminismo y una creciente conciencia del multiculturalismo llevaron a que, en los años setenta, la literatura estadunidense volviera a responder a imperativos históricos (e historizantes). Me referiré brevemente a algunos escritores estadunidenses contemporáneos que tienen como uno de sus proyectos principales imaginar la historia.

Seguramente es un error decir, como lo han hecho Fuentes y Paz, que los escritores estadunidenses son afectos al futuro y carecen, en gran medida, de conciencia del pasado. Debemos preguntarnos por qué la mayoría de los críticos han aceptado de buen grado sus caracterizaciones en este sentido. Existen, creo, dos explicaciones generales para la tendencia a estar de acuerdo con Fuentes y Paz a pesar de las numerosas pruebas que permiten cuestionar la simplificación de su oposición.

La primera reside en la naturaleza de la crítica literaria estadunidense, no de su literatura. Hasta fines de la década del setenta, el pensamiento crítico dominante en los Estados Unidos –la Nueva Crítica, el formalismo y el estructuralismo– alentó las lecturas ahistóricas (o *trans*históricas) de la literatura americana, que minimizaban las complejas influencias del contexto histórico en y sobre el texto literario. Estas teorías críticas destacaban los aspectos estéticos y psicológicos de la obra más que los aspectos históricos y sociales que la rodeaban. A lo largo de gran parte de este siglo, influyentes críticos y teóricos de la literatura estadunidense han intentado definir lo que Nina Baym llama el "mito de América":

> El mito narra un enfrentamiento entre el individuo americano, el puro yo americano desligado de circunstancias sociales específicas, y la promesa ofrecida por la idea de América. Se trata de la promesa, profundamente romántica, de que en esta nueva tierra, sin las restricciones de la historia y los accidentes sociales, una persona pueda alcanzar su completa autodefinición. Tras esta promesa yace la seguridad de que los individuos preceden a la sociedad, de que existen, en algún sentido significativo, antes y aparte de las sociedades en las que por casualidad se encuentran.[8]

Baym es sólo una de numerosos críticos materialistas que han reaccionado contra la "desrealización" de la literatura estadunidense y se están concentrando en sus temas y contextos sociales e históricos.

Sorprendentemente, sin embargo, continúa el impulso para sobresimplificar o descartar ("olvidar", como lo habría dicho Fuentes) los imperativos históricos de la literatura estadunidense. Así, un prominente crítico estadunidense lamenta "la inconmensurabilidad entre el sistema de signos y la base material" y "la brecha aparente entre la historia y el lenguaje" en los Estados Unidos. Este autor refleja y refuerza, a la vez, la angustia histórica moderna cuando escribe: "Podemos recordar los comienzos de la civilización americana. Es reciente, fechable, relativamente simple. No se ha acumulado lo suficiente para adquirir profundidad".[9] Los análisis críticos actuales de la posmodernidad en los Estados Unidos han hecho poco para corregir esta idea, puesto que la teoría posmoderna tiende a deshistorizar los artefactos culturales, a tratarlos sin respeto por el motivo o el propósito histórico. Los críticos literarios latinoamericanos también han observado las discontinuidades históricas entre la cultura latinoamericana contemporánea y sus raíces europeas e indígenas. Sin embargo, es mucho menos probable, en comparación con sus colegas estadunidenses, que separen su literatura de esas historias o que supongan, como en el texto que citamos arriba, que la cultura americana fue creada *ex nihilo*, en un gesto topológico más que a través de un proceso histórico.[10] Los críticos latinoamericanos tampoco se apresuraron a entrar en el análisis crítico de la posmodernidad, en parte a causa de su ahistoricismo latente, en parte porque la posmodernidad es vista como una ideología diseñada en otra parte en respuesta a otras necesidades históricas.

La segunda explicación –y la más importante– para la dicotomía percibida entre la interpretación de la historia en los Estados Unidos y en América Latina

[8] Nina Baym, "Melodramas of Beset Manhood", en *The New Feminist Criticism*, ed. Carolyn Heilbrun, Nueva York, Pantheon, 1985, p. 71.

[9] J. Hillis Miller, "Presidential address 1986: The triumph of theory, the resistance to reading, and the question of the material base", en PMLA, 102, núm. 3, 1987, p. 287.

[10] Roberto González Echevarría comenta el aspecto análogo de la teoría literaria latinoamericana (lo que él llama el "concepto de cultura") en *The Voice of the Masters*, Austin, University of Texas Press, 1985, pp. 36 y ss.

reside en nuestras concepciones y tradiciones del proceso histórico. Estados Unidos y América Latina tienen diferentes linajes filosóficos y, particularmente en el siglo XX, un patrimonio historiográfico diferente. Dedicaré el resto de este capítulo a estas diferencias.

I

El idealismo alemán se desarrolló durante el período en que se estaba definiendo la identidad nacional en los Estados Unidos: su dialéctica esencialmente progresiva primero apoyó y luego suplantó el sentido puritano de América como la última etapa de un proceso histórico universal.[11] A mediados del siglo XIX, en los Estados Unidos, el registro de la historia universal se convirtió en el modo de explicar su destino secular, como para los puritanos había sido el modo de explicar su destino divino. Siguiendo a Hegel, Lessing y Herder aplicaron a la historia el concepto de desarrollo, y Friedrich Schlegel y Schiller abrazaron la idea de que los seres humanos dejan atrás sus formas de creencia y buscan expresiones del espíritu más nuevas y adecuadas; se llegó a imaginar que el proceso mismo de la historia tenía un propósito interno y activo que lo hacía inteligible y aseguraba su avance hacia la verdad. Estos pensadores encontraron en la experiencia pasada el depósito de la sabiduría común, pero es el futuro el que inevitablemente recibe un énfasis sistemático en sus historiografías dialécticas. Desde mediados del siglo XIX hasta la actualidad, los profetas del progreso estadunidenses han interpretado que el acento puesto por los filósofos alemanes en el movimiento ideal de la historia indicaba la primacía que otorgaban al futuro. Un ejemplo evidente es este fragmento de un discurso titulado "The progress of mankind" [El progreso de la humanidad], pronunciado por el historiador estadunidense George Bancroft en un

[11] Me refiero aquí a la historiografía americana posterior a Hegel. Antes de Hegel, es decir, antes de la independencia de los Estados americanos respecto de España e Inglaterra, es posible hablar en términos relativamente uniformes de la interpretación histórica en la América colonial. A pesar de las enormes diferencias en los modelos sociales e institucionales de la colonización católica y protestante en América, existía, sin embargo, una concepción historiográfica común basada en la historiografía lineal, teleológica y apocalíptica judeocristiana. John Leddy Phelan comenta la similitud entre la idea que España tenía, en el siglo XVI, de su misión histórica mesiánica en el Nuevo Mundo y las visiones teológicas de los puritanos de un nuevo cielo y una nueva tierra, aunque observa que las fuentes inmediatas de las visiones eran diferentes. La idea que tenía España de su misión histórica era una extensión del mito joaquinita del emperador Mesías de fines de la Edad Media, mientras que los colonos ingleses eran alentados, sobre todo, por las interpretaciones apocalípticas que Martín Lutero hizo durante la Reforma. Véase *The Millennial Kingdom of the Franciscans in the New World*, 1956; edición revisada en Berkeley, University of California Press, 1970, p. 21.

encuentro de la Sociedad Histórica de Nueva York en 1854: "Todo está en movimiento, y para mejor. El último sistema filosófico es siempre el mejor. [...] El último estado político del mundo es, asimismo, siempre más excelente que los anteriores".[12] Cito este ampuloso discurso futurístico para marcar el contraste con las complejidades que conocemos de la conciencia histórica en la literatura estadunidense, y también para reconocer la innegable conversión del idealismo alemán en una doctrina superficial del progreso en los Estados Unidos: en otras palabras, tanto para contradecir como para confirmar la aserción de Fuentes sobre la orientación extrema hacia el futuro en los Estados Unidos.

La obra literaria de Willa Cather también confirma y contradice esta afirmación. Geoffrey Hartman nos recuerda los peligros de "esas aventuras picarescas de seudocausalidad que reciben el nombre de historia literaria", pero no dejaría de suscribir la afirmación de que existen ejemplos de influencias y de confluencias que los trabajos de literatura comparada se ocupan de señalar.[13] El idealismo filosófico alemán fue importado directamente a la literatura británica por Coleridge y Carlyle, y, a través de Carlyle, a la literatura americana por Emerson. Éste, a su vez, influyó sobre gran parte de la literatura estadunidense posterior en forma directa, e indirectamente, mediante su influencia sobre la psicología fenomenológica de William James.[14] Esta importación alemana ve la historia como impulsada hacia delante por una fuerza progresiva y universal que puede concebirse en términos religiosos, biológicos, psicológicos o estéticos, o todo ello a la vez: Carlyle funde la historia, la poesía y la religión; Emerson acopla las creencias evolucionistas lamarckianas con su concepción de la sobrealma, que opera, a la vez, en la historia y en el arte; el "fluir de la conciencia" de William James avanza mientras, a cada instante, acumula la historia completa del individuo. Aunque Willa Cather no era una pensadora sistemática o programática (como lo son, por ejemplo,

[12] George Bancroft, "The progress of mankind", en *Literary and Historical Miscellanies*, Nueva York, Harper and Brothers, 1855, p. 517. Bancroft, por supuesto, está siguiendo la larga tradición americana de la *translatio*: la convicción de que lo mejor de la civilización del Viejo Mundo había sido transferido al Nuevo Mundo. Frank Kermode rastrea esta tradición desde los puritanos, a través del neoclasicismo de Washington y Jefferson, hasta Hawthorne y James. Véase el capítulo 3 de *The Classic*, 1975; reeditado en Cambridge (Massachusetts), Harvard University Press, 1983, pp. 83-114.

[13] Geoffrey Hartman, "Towards literary history", en *Beyond Formalism: Literary Essays, 1958-1970*, New Haven, Yale University Press, 1971, p. 356.

[14] Pueden encontrarse útiles estudios comparativos del historicismo alemán y angloamericano del siglo XIX en Charles Frederick Harrold, *Carlyle and German Thought: 1819-1834*, Hamden (Connecticut), Archon Books, 1963, y en Kenneth Marc Harris, *Carlyle and Emerson: Their Long Debate*, Cambridge (Massachusetts), Harvard University Press, 1978. Como fuentes adicionales sobre la historiografía de Carlyle, mencionaré los libros de John D. Rosenberg, *Carlyle and the Burden of History*, Cambridge (Massachusetts), Harvard University Press, 1985, y de Hill Shine, *Carlyle's Fusion of Poetry, History, and Religion by 1834*, 1938, reeditado en Port Washington (Nueva York), Kennikat Press, 1967.

Fuentes y muchos escritores latinoamericanos contemporáneos, con más imperativos políticos), leía, admiraba y citaba a Carlyle, a Emerson y a James, y sus retratos novelísticos de la realidad histórica estadunidense reflejan claramente este linaje de idealismo trascendental.[15]

Elijo, entonces, comentar la obra de Cather porque me permite considerar el patrimonio historiográfico europeo de la modernidad estadunidense. Más aún, que yo sepa, la literatura de Cather no ha sido ubicada en un contexto americano comparativo, a pesar de que sus escenarios sudoccidentales son en sí interamericanos por su análisis de la mezcla de culturas y de personajes indígenas, hispanoamericanos y europeos.[16] Su obra fue muy popular en el momento de su publicación, y continúa resultando atractiva tanto para lectores populares como eruditos: un público dual menos común en el caso de la literatura estadunidense que en el de la literatura latinoamericana de los últimos años. No obstante, me parece que la obra de Cather ha comenzado hasta hace poco tiempo a recibir la atención que merecía de los círculos académicos, en parte, tal vez, porque su carácter profundamente histórico no se adecuaba fácilmente a los criterios de la crítica americana a los que me he referido. En los Estados Unidos, Cather ha sido tratada como una escritora regional o doméstica; en América Latina, ha sido completamente opacada por los escritores modernos ingleses y americanos cuyos temas son más abiertamente políticos y cuyas estrategias narrativas son más experimentales que las de ella. Aunque, actualmente, la crítica feminista y los nuevos abordajes críticos, historicistas y materialistas, de la literatura estadunidense están reparando este descuido o relegamiento temprano, sigue siendo una razón para poner en primer plano la obra de Cather en este amplio análisis comparativo de la literatura americana.

[15] Cather reconoce implícitamente su afinidad con la tradición alemana al principio de su ensayo sobre Carlyle: "Quizás no exista ningún autor que se haya presentado al público como inglés [tan] completamente no inglés como Thomas Carlyle. Su vida, sus costumbres y su literatura eran decididamente alemanas" ("Concerning Thomas Carlyle", en *The Kingdom of Art: Willa Cather's First Principles and Critical Statements, 1893-1896*, ed. Bernice Slote, Lincoln, University of Nebraska Press, 1966, p. 421).

Véanse los análisis de Patricia Lee Yongue sobre Carlyle y la historiografía de Cather en *Death Comes for the Archbishop [La muerte llama al arzobispo]* en "Willa Cather on Heroes and hero-worship", en *Neuphilologische Mitteilungen*, 79, núm. 1, 1978, pp. 59-66; véase también su "Search and research: Willa Cather in quest of history", en *Southwestern American Literature*, 5, 1975, pp. 27-39. William M. Curtin comenta a William James y a Cather en "Willa Cather and *The Varieties of Religious Experience*", en *Renascence*, 27, 1974, pp. 115-123. La formación de Cather en el romanticismo inglés y americano se documenta en Susan Rosowski, *The Voyage Perilous: Willa Cather's Romanticism*, Lincoln, University of Nebraska Press, 1986.

[16] Aunque no se trata de estudios comparativos, dos análisis temáticos pertinentes de la literatura estadunidense que incluyen la obra de Cather son Cecil Robinson, *Mexico and the Hispanic Southwest in American Literature*, Tucson, University of Arizona Press, 1977, y Raymond Arthur Paredes, *The Image of the Mexican in American Literature*, tesis de doctorado, University of Texas, 1973.

Cather escribió doce novelas y varios libros de cuentos entre 1905 y su muerte, en 1947. La mayor parte de ellos se sitúan en el siglo XIX o antes. Su impulso narrativo básico es reflexionar sobre las raíces indígenas y europeas de la cultura americana y, luego, seguir sus complejas ramificaciones históricas a través del tiempo en un personaje o lugar en particular. Excepto en dos de sus novelas sobre el pasado americano, el marco narrativo de sus textos es ubicado en un escenario contemporáneo, o bien la historia continúa hasta el presente; evidentemente, ella quería evitar una imagen romántica del pasado en virtud de su alejamiento del presente, una tendencia del relato histórico popular que ella reconocía y rechazaba. Entre los escritores estadunidenses, el único que al igual que ella se preocupó por construir una memoria cultural a partir de las matrices nativas e importadas fue William Goyen, cuya obra, como la de Cather, no ha sido lo suficientemente apreciada. (También Faulkner crea brillantes piezas literarias a partir de fuentes nativas e importadas, pero a diferencia de Cather y Goyen narra el eclipse de la cultura americana más que su presencia mítica.) Y Cather no tiene igual, en mi opinión, cuando combina los problemas de la conciencia histórica con los de la actividad artística en lo que aún era una cultura relativamente joven y en formación. Su búsqueda de un pasado utilizable la une a los principales escritores de su tiempo, aunque nunca compartió la sospecha moderna de que el pasado americano era débil o no existía. Podríamos considerar esta diferencia en los términos que sugiere la crítica feminista. Aquellos que no han poseído una historia –aquí no nos referimos a los americanos, sino a las mujeres– prefieren, naturalmente, recuperar el pasado antes de descartarlo como inadecuado. La recuperación de la historia perdida se vuelve una parte esencial del proceso de liberación, puesto que un pasado que no se analiza opera como destino más que como revelación. Aunque esta observación se aplica no sólo a las mujeres, sino también a muchos escritores poscoloniales contemporáneos –es un tema esencial que recorre la literatura latinoamericana contemporánea–, sigue siendo cierto que los personajes de Cather mejor delineados son mujeres, a menudo artistas o aspirantes a artistas, que buscan con dificultad un lugar en el aún incipiente paisaje histórico y social americano.

Las mejores novelas de Cather se sitúan en el Oeste y el Sudoeste; sin embargo, no glorifican el movimiento hacia el oeste según una concepción nacionalista del destino manifiesto, como lo hicieron Whitman y Frederick Jackson Turner,[17]

[17] Cather escribió durante los años de mayor aceptación de Turner. La tesis de Turner, publicada en 1893, según la cual la democracia estadunidense se formó en el crisol de la frontera, proveyó una explicación fácilmente aceptable de la diferencia entre los americanos y los europeos. Como Turner y Whitman (y Crèvecoeur antes que ellos), Cather formula la pregunta: "¿Qué es un americano?". Sin embargo, su respuesta novelística es más compleja que la tesis histórica de Turner porque sus preocupaciones no sólo son territoriales sino también metafísicas. Es, asimismo, más compleja que la

ni según una concepción progresista propia del materialismo científico, como Bancroft y muchos otros. Más bien, lo presenta de acuerdo con la concepción carlyleana del héroe y sus capacidades históricas.[18] Sus inmigrantes europeos no suelen ser masas amontonadas anhelantes de libertad ni encarnan la banalidad de huir hacia América para canjear sus pasados del Viejo Mundo por futuros del Nuevo Mundo. Los colonos checos del territorio de Nebraska en *Mi Antonia [My Antonia]* (1918), los suecos en *Los colonos [O Pioneers!]* (1913), los colonos franceses de Quebec en *Shadows on the Rock* (1931) y los sacerdotes misioneros del sudoeste de México en *La muerte llama al arzobispo [Death Comes for the Archbishop]* (1927) son, al mismo tiempo, fugitivos y creadores de la historia. Sienten nostalgia (en uno de los textos, en forma trágica) de la civilización que dejaron atrás, e intentan trasplantarla o, en los casos más exitosos, adaptarla a sus circunstancias americanas. Cather atribuye la fuerza de la cultura de frontera a la especial interacción entre el carácter europeo y la tierra americana.[19] Sin embargo, desprecia los pueblos creados y poblados con posterioridad por inmigrantes de segunda y de tercera generación, porque sus diversos patrimonios europeos han sido despilfarrados, y no ha surgido nada que los reemplace. Cather se une a Hegel y a Fuentes en su juicio histórico: en estos pueblos fronterizos se ha negado el pasado de manera inadecuada y, por lo tanto, se lo ha asimilado también de manera inadecuada en una cultura genuinamente americana. Pero Cather no se detiene aquí: sus novelas presentan individuos –con frecuencia, artistas o personajes con sensibilidades estéticas especiales– que *son* héroes en un sentido carlyleano y, por lo tanto, capaces de la asimilación histórica. Son ellos los que

de Whitman, porque ella postula tanto la atracción que ejerce el Viejo Mundo como la del Nuevo, tanto la repulsión del Oeste como su seducción. Con frecuencia, Cather es asociada a Whitman –el título *O Pioneers!* proviene, por supuesto, del poema de Whitman "Pioneers, O Pioneers", escrito en 1865–, pero su pintura de los problemas históricos de la frontera es considerablemente más sutil que la de Whitman.

[18] De acuerdo con Carlyle, "la historia de lo que el hombre ha logrado en este mundo es, en definitiva, la Historia de los Grandes Hombres que han trabajado aquí" (Thomas Carlyle, *On Heroes, Hero-Worship, and the Heroic in History*, ed. Archibald MacMechan, Boston, Ginn, 1901, p. 1) [trad. esp.: *Tratado de los héroes: de su culto y de lo heroico en la historia*, Barcelona, A. Núñez, 1946].

[19] Esta interacción no tiene, en realidad, un paralelo histórico en América Latina. Ángel Rama compara las dos regiones de mayor inmigración europea en la América del siglo XIX, los Estados Unidos y el Río de la Plata, y señala que los inmigrantes y sus descendientes no marcaron la ideología nacional de Argentina como lo hicieron en los Estados Unidos. Esto es evidente, según Rama, "si uno evoca la extraordinaria difusión del mito del pionero en los Estados Unidos [...] y luego busca alguna entidad equivalente en América del Sur. Su ausencia nos obliga a darnos cuenta de la fuerza constrictora que ejercieron los oligarcas terratenientes. La 'conquista del desierto' en Argentina se parece mucho a la 'conquista del Oeste' en los Estados Unidos, pero la primera fue realizada por el ejército y la oligarquía, mientras que la última se debe, en gran parte, a los inmigrantes, que obtuvieron tierra a cambio de sus esfuerzos" (*La ciudad letrada*, Hanover, N. H., Ediciones del Norte, 1984, p. 76).

participan en lo que Carlyle (y, después de él, Emerson) concebía como el alma de la historia, los que aseguran que "una forma pase a otra, nada se pierda [...] y el Presente sea la suma total viviente de todo el Pasado".[20]

Thea Kronberg, en *El canto de la alondra* (*The Song of the Lark*, 1915; edición revisada en 1937), nació de padres suecos de segunda generación residentes en el pequeño pueblo de Moonstone en las llanuras del oeste de Colorado. La novela narra la lucha de Thea por liberarse de la cultura superficial (y, sin embargo, molesta) de Moonstone, y por realizarse como artista; consigue hacerlo por medio de la música y de su capacidad para intuir e integrar su pasado cultural en su propia actuación creativa. Tiene la fortuna de encontrar dos profesores de música europeos, un alemán y un húngaro, que la inician en la tradición estética europea que se ha perdido en Moonstone.[21] Durante un concierto en Chicago (gracias a una entrada que le regala su profesor de música húngaro), experimenta su primera intuición, casi mística, de la naturaleza y los imperativos históricos del arte. Mientras escucha la Sinfonía en mi menor de Dvorak, siente "el asombro de una nueva alma en un nuevo mundo; un alma nueva y sin embargo vieja, que había soñado algo desesperante, algo glorioso, en la oscuridad, antes de su nacimiento; un alma obsesionada con lo que no sabía, bajo la nube de un pasado que no podía recordar".[22] Finalmente, ella viaja a Alemania a estudiar canto, comienza allí su carrera operística y, luego, regresa para interpretar los grandes papeles de la ópera alemana para el público americano en Nueva York, Chicago y San Francisco.

Si Thea intuye los imperativos históricos de su arte en la sinfonía *Nuevo Mundo* de Dvorak, encuentra la fortaleza para actuar sobre ellos –para ir a Alemania y dedicarse por completo a su arte– en las ruinas de una antigua ciudad de indios moradores de barrancos en Arizona. La breve sección intermedia de la novela, "El antiguo pueblo" ["The ancient people"], contiene el relato de la estadía de Thea en Panther Canyon (en realidad, Walnut Canyon, el sitio de la antigua ciudad de los indios sinagua, cerca de Flagstaff). En las majestuosas ruinas arquitectónicas, ella encuentra trozos de cerámica bellamente trabajada, los "fragmentos del deseo" de esta civilización desaparecida; en estos fragmentos, reconoce una continuidad, la "obligación más antigua y más alta" de todas las que alguna

[20] Thomas Carlyle, "Characteristics", en *Critical and Miscellaneous Essays*, 1839, 4 vols., Nueva York, Charles Scribner's Sons, 1899, vol. 3, p. 39.

[21] El apellido del profesor alemán de piano de Thea es Wunsch, que significa "deseo" en alemán. El nombre puede relacionarse con la descripción que hace Carlyle en "The hero as divinity", incluido en *Heroes and Hero-Worship*, texto en el que se refiere a la mitología escandinava: "Pero quizás el dios más notable del que hablamos es aquel cuyo rastro halla Grimm, el etimologista alemán: el dios Wunsch, o Deseo" (*op. cit.*, p. 28).

[22] Willa Cather, *The Song of the Lark*, 1915; edición revisada en 1937; Nueva York, Houghton Mifflin, 1983, p. 251 [trad. esp.: *El canto de la alondra*, Valencia, Pre-textos, 2001].

vez sintió. Intuye sus orígenes de un modo místico en los sueños y susurros de "la noche de las edades" que la rodea, en las visiones de un joven indio y un águila. Luego, entra imaginativamente en esa historia. Mientras se baña en el arroyo que corre al fondo del cañón, se une a "una continuidad de la vida que alcanzaba el viejo tiempo. La hebra resplandeciente del arroyo tenía una personalidad de las que se llevan fácilmente, de tejido flojo, llena de risa y gracia. El baño de Thea adquirió una gravedad ceremonial. La atmósfera del cañón era ritualista" (Cather, *The song of the Lark*, p. 378). Thea reconoce que "debajo del mundo humano había un mundo geológico, que llevaba adelante sus silenciosas, inmensas operaciones indiferentes al hombre" (ibid., pp. 388-389). Las "silenciosas, inmensas operaciones" del proceso histórico, registradas en la marca arqueológica de Panther Canyon, trascienden la conciencia individual y proporcionan la continuidad que ni los individuos ni las civilizaciones pueden mantener.

Evidentemente, en esta sección Cather está haciendo mucho más que introducir antecedentes históricos para su personaje. Está poniendo en escena un concepto de la historia americana como memoria inconsciente o inconsciente racial, una modalidad temporal que encarna y hace visible en un espacio inconfundiblemente americano (lo mismo hace en *The Professor's House* [1925], donde utiliza el sitio de los moradores de barrancos de Mesa Verde, en Colorado, como espacio crucial para su protagonista historiador). La descripción de Cather de la experiencia de Thea en Panther Canyon reproduce explícitamente la teoría del inconsciente de William James tal como fue presentada en *Principios de psicología* (1890), particularmente en el capítulo titulado "La corriente de la conciencia". Las ideas y las imágenes de James están presentes de modo explícito en las descripciones de Cather de las experiencias de Thea en Panther Canyon.

Para William James, el pasado es irrepetible, pero siempre está presente en el inconsciente: "La experiencia nos remodela a cada momento, y nuestra reacción mental sobre cada cosa dada es, en realidad, un resultado de nuestra experiencia de todo el mundo hasta esa fecha".[23] Thea tiene la impresión de haber estado en el cañón con anterioridad. James analiza y rechaza esas sensaciones basándose en el hecho de que la experiencia psíquica es temporalmente continua: la historia psíquica no es estática, sino que está siendo modificada constantemente por su inte-

[23] William James, *The Principles of Psychology*, 2 vols., Londres, Macmillan, 1890, 1, p. 234 [trad. esp.: *Principios de psicología*, Buenos Aires, Emecé, 1947]. De acuerdo con un contemporáneo, Cather fue "una discípula devota" de James. Véase George Seibel, "Miss Willa Cather from Nebraska", en *New Colophon*, 2, parte 7, 1949, p. 202. William M. Curtin, en "Willa Cather and *The Varieties of Religious Experience*", observa que "el periodo de aprendizaje de Willa Cather coincidió con la influencia dominante de William James sobre toda su generación, desde la publicación de *The Principles of Psychology* en 1890 hasta su muerte, en 1910, cuando su ensayo 'The moral equivalent of war' apareció en *McClure's Magazine*, cuya editora, por entonces, era Cather" (*op. cit.*, p. 115).

gración en la corriente de la conciencia actual. Cada "estado cerebral" es, por lo tanto, un registro de toda la historia de su poseedor: está fuera de discusión, asegura James, la posibilidad de que un "estado cerebral total" pueda volver a producirse de modo idéntico. James estaba polemizando con la psicología funcionalista de su tiempo, que dividía las percepciones en unidades discretas. Es en este contexto disciplinario donde formula su definición actualmente célebre de la corriente de la conciencia como un fluir continuo, en constante movimiento. Thea se baña en el arroyo que corre en el fondo de Panther Canyon, y allí intuye, de un modo jamesiano, que el pasado no es discontinuo o fragmentado, sino una corriente continua que fluye en el presente de la experiencia mental. Ella puede imaginar la presencia de la antigua civilización de los moradores de barrancos e integrarlos a su propia historia psíquica acumulativa. La intuición y la imaginación son las bases de su interpretación histórica, los medios por los cuales "los moradores de barrancos habían prolongado el pasado de ella" (*ibid.*, p. 383). El patrimonio cultural americano otorga a Thea una antítesis mística del racionalismo europeo. De este modo, Cather escenifica la síntesis artística que hace Thea a partir de la historia cósmica y colectiva (Carlyle, por un lado), y del tiempo fenomenológico y psíquico individual (James, por otro); una síntesis que ella sólo puede obtener en la *terra firme* del propio territorio cultural de América.

Los artistas americanos, entonces, no sólo deben descubrir el pasado europeo y dominar su legado artístico y cultural; también deben contemporizar con el pasado americano –algo que la aspirante a artista de Cather en *Lucy Gayheart* (1935) es trágicamente incapaz de hacer. Puesto que Thea ha abandonado el presente empobrecido de Moonstone y ha regresado a las ricas raíces comunitarias y míticas de América, tiene la posibilidad de reunirse con la cultura americana contemporánea y enriquecerla. Se nos dice que, mientras está en Panther Canyon, se aferra a "todo lo que quedaba de Moonstone en su mente"; finalmente, regresa a Moonstone, no en persona, sino en la memoria común del pueblo. La novela concluye con las noticias de Thea que han llegado a Moonstone a través de su tía:

> Sus anécdotas les dan un tema para hablar y sobre el cual conjeturar, desconectadas como están de las inquietas corrientes del mundo. Los numerosos bancos de arena, pequeños y desnudos, que se extienden entre Venecia y la tierra firme, en el agua aparentemente estancada de las lagunas, se vuelven habitables y saludables sólo porque, cada noche, medio metro de marea sube con sigilo desde el mar y reparte su fresca agua salada a través de la red de brillantes canales. Del mismo modo, en todos los pueblitos de gente silenciosa, las mareas de noticias de lo que sus hijos e hijas están haciendo por el mundo les llevan frescor; a los viejos, recuerdos, y a los jóvenes, sueños [*ibid*, p. 581].

Esta última metáfora geográfica y topográfica ubica en un contexto comunitario la dialéctica entre el pasado y el presente, y entre Europa y América, que hemos seguido a través de la vida y el arte del personaje individual. Las aguas renovadoras de la marea reiteran la propia experiencia de Thea de la fuerza regenerativa del pasado y recuerdan la lucha diaria de una comunidad (que no está formada ni por artistas ni por héroes) para asimilar los pasados divergentes y a menudo sepultados a su propio presente en curso.

Al establecer una suerte de "conocimiento absoluto" hegeliano –una unión de sujeto y objeto, conciencia individual y colectiva– para Thea en Panther Canyon, Cather refleja el final del siglo XIX más que las primeras décadas del XX, aunque ella era una escritora contemporánea de Faulkner, Fitzgerald, Hemingway y Dos Passos. Es cierto que ella aún creía en la posibilidad de encontrar un centro histórico que se mantuviera firme, una posibilidad descartada por la mayor parte de los europeos y los estadunidenses modernos. También es cierto que su obra no es alcanzada por la física de la relatividad o la mecánica de la entropía, una metáfora científica para el proceso histórico que Henry Adams introdujo en la literatura estadunidense en 1907, en *La educación de Henry Adams*. Y aunque abundan las ironías y las ambigüedades narrativas sutiles, sus textos no cuestionan en forma autoconsciente o autorreflexiva las capacidades miméticas del lenguaje, como lo hizo, repetidas veces, la obra de sus contemporáneos. No obstante, la obra de Cather sí contiene y ejemplifica el patrimonio historiográfico europeo de la modernidad literaria estadunidense, y sí sugiere los modos en los que ese patrimonio ha sido –debe ser– asimilado para resultar útil en América. Más aún, sugiere las preocupaciones históricas e historiográficas esenciales de muchos de sus sucesores. Flannery O'Connor, Saul Bellow, Walker Percy, Robert Coover y otros han seguido trabajando tanto a través de la tradición que la obra de Cather encarna tan claramente como en su contra; en sus escritos, como en los de Cather, el pensamiento filosófico se vuelve, inevitablemente, pensamiento histórico. Es relevante el hecho de que el mismo patrimonio filosófico europeo haya servido como base de una importante reorientación historicista en la crítica literaria estadunidense. La "crítica dialéctica" de Fredric Jameson está, por supuesto, profundamente enraizada en el historicismo hegeliano de acuerdo con la modificación impuesta por Marx y las interpretaciones de Lukács, Adorno, Benjamin y Marcuse.

II

Puede parecer que la tradición estadunidense del idealismo histórico que acabo de trazar difiere considerablemente de la visión de la historia que impulsa la práctica novelística reciente en América Latina. Por ejemplo, compárese la aceptación de Cather del historicismo trascendental de Carlyle con su explícito rechazo por parte de Augusto Roa Bastos en *Yo el Supremo* (1974). Roa Bastos hace un uso irónico del "Ensayo sobre el Dr. Francia" de Carlyle (1843) para socavar la concepción carlyleana de la historia épica y profética; la historia latinoamericana es representada como un proceso que ha producido pocos héroes, y mucho menos una progresión dialéctica hacia la verdad. Sin embargo, Roa Bastos trata la historia sistemáticamente no como un registro de la civilización, sino como el proceso mismo de la civilización, cuya corporización necesaria es el arte. Sin duda, éstas son las intuiciones que se encuentran en el centro del idealismo histórico carlyleano y alemán, así como la convicción de que el pasado siempre está presente y de que la historia es necesariamente acumulativa. En realidad, ya he observado que los escritores latinoamericanos modernos suelen incorporar la historia como fuerza primaria y primordial. De este modo, resulta que Roa Bastos está influido por el idealismo histórico, no obstante su abandono de Carlyle. Pero antes de seguir adelante, quiero trazar los lineamientos básicos del linaje historiográfico europeo de la América Latina moderna, tal como acabo de trazar los de la literatura estadunidense moderna.

Las fuentes de la historiografía latinoamericana del siglo XIX están bien documentadas. El positivismo europeo fue repetidamente adoptado, como ha demostrado Leopoldo Zea, para sugerir modelos de gobierno y de educación más racionalistas y democráticos que los provistos por la tradición española de la cultura y el poder centralizados.[24] El abarcador idealismo trascendental de la historiografía alemana fue rechazado, por lo general, en beneficio de los métodos más científicos del positivismo francés. Sin embargo, el carácter progresista de la historiografía alemana también era atractivo para los líderes políticos de toda América Latina en el siglo XIX, porque permitía quitar importancia a los errores de los gobiernos anteriores, justificar nuevos órdenes y someter las reformas a criterios empíricos. En su estudio de la cultura literaria latinoamericana titulado *La ciudad letrada*, Ángel Rama describe las diferencias entre estas importaciones francesas y alemanas. Se ocupa menos de las diferencias entre sus modelos historiográficos que de sus actitudes hacia la identidad individual y colectiva. En América Latina,

> no tuvimos el romanticismo idealista e individualista alemán, sino el romanticismo social francés, haciendo de Victor Hugo un héroe americano; del mismo modo, el sociologismo positivista engranó con enorme éxito en la mentalidad latinoamericana, siendo Comte y Spencer pensadores a quienes se rindió culto, no sólo por sus claras

[24] Leopoldo Zea, "The new order", en *The Latin American Mind* (*Dos etapas del pensamiento en Hispanoamérica*, 1949), trad. James H. Abbot y Lowell Dunham, Norman, University of Oklahoma Press, 1963, pp. 135-289. Otros trabajos pertinentes de Leopoldo Zea son *El positivismo en México* (1943) y *Apogeo y decadencia del positivismo en México* (1944).

virtudes explicativas, sino porque esa doctrina se adaptaba a los patrones colectivizados de la cultura regional, permitía interpretarla por grupos y por clases como se había hecho desde siempre. [Rama, *La ciudad letrada*, *op. cit.*, p. 78.]

Rama se concentra en la orientación colectiva y empírica del positivismo francés, pero no descarta por completo el historicismo alemán como influencia en América Latina. Comte no estaba menos convencido que los idealistas alemanes de que los fenómenos podían interpretarse filosóficamente sólo si primero eran interpretados históricamente a través de una demostración de sus derivaciones y destinos temporales, es decir, por medio de sus posiciones relativas en el curso completo de la historia. Más aún, como sus predecesores, Condorcet, Turgot, Saint-Simon, Comte fue un evolucionista social con una fuerte fe secular en el progreso y en la perfectibilidad humana.[25] Lo mismo puede decirse de Spencer, cuyas afirmaciones acerca de la superioridad del futuro sobre el pasado están en la misma línea que el ampuloso discurso futurístico del historiador estadunidense Bancroft.[26] En realidad, fue Spencer más que Marx quien inspiró a la clase obrera argentina a fines del siglo XIX: su meta era el socialismo, no el comunismo. La historiografía marxista fue considerada abstracta y filosófica en comparación con el empirismo spenceriano, a pesar del repetido rechazo de Marx de la abstracción intelectual del idealismo hegeliano en beneficio del materialismo dialéctico. (Marx llegó a ser una fuente historiográfica importante para la literatura latinoamericana sólo durante las décadas de 1920 y 1930, cuando muchos artistas y escritores latinoamericanos se comprometieron con el movimiento comunista internacional, entre ellos, Pablo Neruda y Diego Rivera.) Existen, entonces, más similitudes que diferencias en las importaciones de la historiografía europea del siglo XIX a América, a pesar de la orientación sociológica de las opciones latinoamericanas. Sólo en el siglo XX, los filósofos y escritores latinoamericanos han cuestionado conscientemente el positivismo y lo han rechazado en forma sistemática. En esta negación y esta asimilación relativamente recientes, podemos encontrar (*pace* Hegel) una historiografía americana genuina.

En las primeras décadas del siglo XX, América Latina dejó de ser el monólogo de Europa (tal como lo formuló Leopoldo Zea) e intervino en un diálogo y, luego, en una polémica con los conceptos importados de la historia progresiva. Los polemistas más visibles fueron Alejandro Korn en la Argentina, Carlos Vaz Ferreira

[25] Véase Karl Löwith, *Meaning in History*, Chicago, Phoenix Books, 1949, pp. 67 y ss.

[26] De acuerdo con Spencer, "siempre hacia la perfección se dirige el poderoso movimiento: hacia un desarrollo completo y un bien menos mezclado, que subordina en su universalidad todas las pequeñas irregularidades y retrocede, como la curvatura de la Tierra subordina las montañas y los valles" (*Social Statistics*, 1851, reeditado en Nueva York, Robert Schalkenback Foundation, 1954, p. 263).

en Uruguay, Alejandro Deústua en Perú, Enrique Molina en Chile, y Antonio Caso, José Vasconcelos y Octavio Paz en México. Los mexicanos tenían más razones que la mayor parte de los latinoamericanos para rechazar el positivismo porque, aunque había sido la base de las reformas educativas durante el gobierno de Benito Juárez a mediados del siglo XIX, también proveyó la justificación filosófica de la dictadura de Porfirio Díaz que vino a continuación, acompañada por sus teorías raciales y sociales de la dominación intelectual y política.[27] Más aún, el modelo de los Estados Unidos fue invocado con frecuencia en el México del siglo XIX para sugerir las ventajas del positivismo científico y de una mentalidad con la vista puesta hacia adelante, hecho que, sin duda, dio ímpetu al posterior rechazo del positivismo como tal, y a la afirmación de Paz y de Fuentes de que las actitudes históricas en los Estados Unidos y en América Latina son diametralmente opuestas. Durante la primera mitad del siglo XX, establecer y mantener distancia con respecto a las historias importadas e impuestas llegó a ser considerado esencial para el proceso de la autodefinición nacional en toda América Latina.

Durante este período, también hubo una reacción contra el positivismo empírico en los Estados Unidos, denominada de modos diversos, tales como "mecanicismo", "racionalismo" y "materialismo". A diferencia de la reacción latinoamericana, sin embargo, la reacción estadunidense no se basaba en una concepción específica de la necesidad histórica nacional. Tampoco desembocó en un desplazamiento coherente de las actitudes historiográficas basado en la evolución de la identidad nacional, un fracaso que podría explicar el sentimiento de muchos escritores estadunidenses modernos de que carecían de una historia utilizable en América. Lo que les puede haber faltado es una historiografía utilizable.[28]

[27] Véase Zea, *The Latin American Mind*, *op. cit.*, pp. 269-289. Octavio Paz argumenta que el positivismo estaba contaminado políticamente desde su primera aparición en América Latina: "El positivismo en América Latina no fue la ideología de una burguesía liberal interesada en el progreso industrial y social como en Europa, sino de una oligarquía de grandes terratenientes. En cierto modo, fue una mixtificación, un autoengaño tanto como un engaño. Al mismo tiempo, fue una crítica radical de la religión y de la ideología tradicional. El positivismo hizo tabla rasa lo mismo de la mitología cristiana que de la filosofía racionalista. El resultado fue lo que podría llamarse el desmantelamiento de la metafísica y la religión [...]. No era la plena modernidad, sino su amargo *avant-goût*: la visión del cielo deshabitado, el horror ante la contingencia" (*Los hijos del limo*, *op. cit.*, pp. 127-128).

[28] Véase H. Stuart Hughes, "The decade of the 1890's: The revolt against positivism", en *Consciousness and Society: The Reorientation of European Social Thought, 1890-1930*, Nueva York, Knopf, 1958, pp. 33-66. Hughes observa la antipatía hacia el positivismo europeo y, a pesar de eso, la confianza que depositaban en él los teóricos de principios del siglo XX que intentaron liberarse de su herencia filosófica decimonónica.

Barbara Foley revisa los rechazos filosóficos del positivismo que modelaron las estrategias de representanción de la novela modernista en Europa y los Estados Unidos en *Telling the Truth: The Theory and Practice of Documentary Fiction*, Ithaca, Cornell University Press, 1986, pp. 212-221.

En contraste, el positivismo importado por América Latina en el siglo XIX encontró una amplia resistencia en el siglo XX. Michael Weinstein ha analizado la reacción filosófica y humanística contra el positivismo agrupando a los antipositivistas mexicanos más influyentes y explorando sus respectivas filosofías de la historia, relacionadas entre sí.[29] Según Weinstein, estos autores rechazaron las actitudes positivistas existentes, que se centraban en el uso eficiente de los medios para alcanzar fines materiales y sociales y, en cambio, desarrollaron una doctrina de la acción humana que privilegiaba la realización de los valores humanos intrínsecos:

> Las filosofías evolucionistas de la historia propugnadas por pensadores como Comte, Marx y Spencer se concentraban en el control progresivo y autoconsciente de los seres humanos sobre sus circunstancias materiales. El principio para conquistar la naturaleza es la regla de la economía, encarnada en las tecnologías derivadas de la ciencia natural aplicada [...] Los finalistas mexicanos estaban bien instruidos en las filosofías evolucionistas del siglo XIX, ya que las doctrinas de Comte y Spencer habían provisto los fundamentos de la educación pública durante la época de Díaz, y el marxismo fue utilizado para legitimar muchas de las acciones de los gobiernos posrevolucionarios. Su antipositivismo se basaba en la observación de que la situación de la sociedad en el siglo XX no estaba evolucionando en dirección del amor, la justicia, la paz, y en cambio estaba marcada por la emergencia de técnicas más refinadas de dominación. El perfeccionamiento de la ciencia, la socialización de la producción y el desarrollo económico (la industrialización) parecían desembocar en la apropiación de los seres humanos como instrumentos por parte de las elites más que en la liberación de la humanidad, el proletariado o el individuo. [Weinstein, *The polarity of Mexican Tought*, pp. 4-5.]

Los antipositivistas mexicanos también rechazaron los conceptos según los cuales la historia humana se desarrollaba de acuerdo con una norma inmanente o predeterminada, ya fuera por medio de un mecanismo metafísico (Hegel), ya sociológico (Comte). Buscaban crear una filosofía nacional analizando la personalidad mexicana en su contexto histórico e invocando los preceptos humanísticos

---

Véase también James Logenbach, *Modernist Poetics of History: Pound, Eliot, and the Sense of the Past*, Princeton, Princeton University Press, 1987, para un análisis del antipositivismo o "historicismo existencial" de Pound y Eliot, que no se manifestó en un interés por los modelos históricos comunitarios, sino más bien en la relación entre el intérprete individual y el pasado.

[29] Michael A. Weinstein, *The Polarity of Mexican Thought: Instrumentalism and Finalism*, University Park, Pennsylvania State University Press, 1976. Entre los intelectuales mexicanos, Weinstein analiza a José Vasconcelos, Antonio Caso, Samuel Ramos, Lucio Mendieta y Núñez, Emilio Uranga, Agustín Basave Fernández del Valle, Leopoldo Zea y Octavio Paz.

En este contexto, véase también Abelardo Villegas, *Cultura y política en América Latina*, México, Extemporáneos, 1978, especialmente el capítulo 3, "José Gaos y la filosofía hispanoamericana", y el capítulo 6, "Idealismo contra materialismo dialéctico en la educación mexicana".

y éticos que condicionarían ese contexto. Pero ni siquiera este proyecto específicamente americano fue llevado adelante sin que se mezclaran en él corrientes filosóficas europeas.

Weinstein menciona al filósofo español José Ortega y Gasset y al filósofo francés Henri Bergson como dos de las influencias europeas más importantes en el pensamiento historiográfico mexicano y latinoamericano del siglo XX. A través de una breve exposición de sus filosofías del tiempo, me acercaré a la naturaleza más específica del antipositivismo latinoamericano. Más aún, dado que estoy comparando las fuentes europeas de la conciencia histórica en América, voy a considerar por un momento la idea de que Ortega y Bergson han cumplido *funciones* en la cultura literaria latinoamericana contemporánea análogas a aquellas que cumplieron Carlyle y James en la cultura literaria estadunidense moderna, aunque la sustancia de sus concepciones historiográficas difiere considerablemente. También parece posible, en este contexto comparativo, yuxtaponer a los ensayistas y poetas Paz y Emerson: Paz adaptó una tradición historiográfica europea para que se adecuara a la imaginación literaria latinoamericana del siglo XX, tal como hizo Emerson en los Estados Unidos en el siglo XIX.

III

La influencia de Ortega sobre la literatura y la filosofía latinoamericanas ha sido motivo de controversia, en parte a causa de sus ideas políticas y culturales conservadoras, en parte por su actitud condescendiente (o, quizás con mayor precisión, paternalista) hacia América Latina.[30] Paz y el novelista cubano Alejo Carpentier han afirmado que Ortega fue una influencia esencial en toda su generación, pero aquí me interesa su función de mediador entre culturas.[31] Ortega actuó como el

[30] Sin embargo, Ortega hizo extensas visitas a la Argentina (una de ellas duró desde 1939 hasta 1942) y declaró que se consideraba "medio argentino". Véase Franz Niedermayer, *José Ortega y Gasset*, trad. Peter Tirner, Nueva York, Ungar, 1973, p. 94 [edición original: *José Ortega y Gasset*, Berlín, Colloquium Verl., 1959].

[31] A la muerte de Ortega, en 1955, Carpentier declaró: "La influencia de Ortega y Gasset en el pensamiento, las orientaciones artísticas y literarias de los hombres de mi generación fue inmensa". Borges, por otra parte, afirmó que él apenas conocía los escritos de Ortega, afirmación contradictoria con las referencias que hace al filósofo español en su propia obra: "Los estoicos declararon que el universo forma un solo organismo; es harto posible que yo, por obra de la secreta simpatía que une a todas sus partes, deba algo o mucho a Ortega y Gasset, cuyos volúmenes apenas he hojeado". Aquí, el rebuscado homenaje a Ortega y su abandono pueden atribuirse, en parte, a la actitud problemática de Ortega hacia América que mencioné antes. Citado en Roberto González Echevarría, "Borges, Carpentier y Ortega: Dos textos olvidados", en *Revista Iberoamericana*, 43, 1977, pp. 697-704.

Paz ha reiterado la opinión de Carpentier sobre Ortega: "Su influencia marcó profundamente la vida cultural de España y de Hispanoamérica. Por primera vez, después de un eclipse de dos conducto esencial para la filosofía alemana en las culturas española y latinoamericana en el siglo XX, como lo hizo Carlyle (a quien Ortega admiraba enormemente) en las culturas inglesa y norteamericana en el siglo XIX. Como editor de la *Revista de Occidente*, que fundó en 1923, Ortega introdujo filósofos (ingleses y alemanes) y también escritores (Valéry, Kafka, Huxley, Lawrence, Proust, Joyce) en España y, lo que es más importante, en la lengua española.[32] Sus propias opiniones llegaron a América Latina en sus voluminosos escritos –en particular, *Meditaciones del Quijote* (1913), *El tema de nuestro tiempo* (1923), *La rebelión de las masas* (1930), *En torno a Galileo* (1933)– y también por medio de la migración de intelectuales españoles a las universidades latinoamericanas durante la Guerra Civil Española. Todos ellos debían conocer la obra de Ortega, y muchos de ellos habían sido sus alumnos. Si la naturaleza específica de la influencia de Ortega permanece abierta a interrogantes, su presencia ampliamente difundida en la cultura latinoamericana moderna, en cambio, no lo está.

Ortega no fue un filósofo sistemático, sino un ensayista que expresaba su profundo interés en la naturaleza de la cultura hispánica en términos persistentemente historiográficos. En su ensayo "La historia como sistema" (1935), resume el concepto de historia que atraviesa su obra: "El hombre es lo que le ha ocurrido, lo que ha hecho. [...] *El hombre, en una palabra, no tiene naturaleza; lo que tiene es* [...] *historia*. Dicho de otro modo: lo que la naturaleza es a las cosas, la historia, *res gestae*, es al hombre".[33] Atribuir a la historia humana un carácter intrínseco o necesario es un error: cada hombre es "un drama": "cada uno, a su turno, no es otra cosa que acontecimiento" (Ortega y Gasset, *History as a System*..., p. 200). Como Vico, Ortega insiste en la primacía de la investigación y la experiencia históricas, rechazando de modo explícito la identificación que hace Descartes de la verdad con la certeza subjetiva; y, como Heidegger (con quien asociaba su obra), rechaza la culminación de la tradición cartesiana, la identificación de Hegel

siglos, el pensamiento español fue escuchado y discutido en los países hispanoamericanos. No sólo se renovaron y cambiaron nuestros modos de pensar y nuestra información: también la literatura, las artes y la sensibilidad de la época ostentan las huellas de Ortega y Gasset y su círculo. Entre 1920 y 1935, predominó entre las clases ilustradas, como se decía en el siglo XIX, un *estilo* que venía de la *Revista de Occidente*. Estoy seguro de que el pensamiento de Ortega será descubierto, y muy pronto, por las nuevas generaciones españolas" ("José Ortega y Gasset: el cómo y el para qué", en *Hombres en su siglo y otros ensayos*, Barcelona, Seix Barral, 1984, p. 104; las cursivas son del autor). Para una consideración general de la relación de Paz con la literatura y la filosofía españolas del siglo XX, véase Peter G. Earle, "Octavio Paz y España", en *Revista Iberoamericana*, núm. 141, 1987, pp. 945-953.

[32] Niedermayer comenta: "Alrededor de la *Revista*, Ortega reunió a un grupo de traductores, de un modo no muy diferente del famoso Colegio de Traductores de Toledo del siglo XII" (*José Ortega y Gasset*, *op. cit.*, p. 45).

[33] José Ortega y Gasset, *History as a System and Other Essays toward a Philosophy of History*, trad. Helena Weyl, 1941; Nueva York, W.W. Norton, 1962, pp. 216-217; las cursivas son del autor).

entre el sujeto y el objeto en un conocimiento totalmente inclusivo. En cambio, propone una "desintelectualización de lo real" fenomenológica: su teoría de la razón vital de la historia depende de una comprensión del contexto social e histórico. Ortega se aleja del idealismo hegeliano (y carlyleano) y adopta, en cambio, una visión que se parece a la insistencia fenomenológica husserliana (y bergsoniana) en la existencia del mundo objetivo así como en su percepción subjetiva. Esta visión se sintetiza en su famosa frase: "Yo soy yo y mi circunstancia".[34] Para Ortega, el proceso histórico no es ideal sino fenomenológico; no es metafísico, sino que está ubicado en el espacio geográfico y político en forma específica.

A los antipositivistas mexicanos embarcados en el intento de crear una historia y una historiografía genuinamente americanas, esta idea de la especificidad de la experiencia histórica les dio un impulso esencial. Octavio Paz escribe que, para los intelectuales latinoamericanos, Ortega insertaba ideas en un contexto vivido y vivo, transformando así las abstracciones en "instrumentos, armas, objetos mentales que usamos y vivimos. [...] Su enseñanza consistió en mostrarnos para qué servían las ideas y cómo podíamos usarlas: no para conocernos a nosotros mismos ni para contemplar las esencias, sino para abrirnos paso en nuestras circunstancias, dialogar con nuestro mundo, con nuestro pasado y con nuestros semejantes".[35] La contribución de Paz, desde luego, puede entenderse exactamente en estos mismos términos. Más aún, los relatos con perspectivas múltiples, tales como *Pedro Páramo* (1955), de Rulfo; *Crónica de una muerte anunciada* (1981), de García Márquez; o *La guerra del fin del mundo* (1981), de Vargas Llosa, son orteguianos en su concepción de la historia circunstancial. Como mostraré en los capítulos que siguen, estas novelas filtran la historia a través de las interpretaciones divergentes de los grupos o los individuos representativos, mostrando cómo la circunstancia histórica condiciona las vidas y las naciones. No obstante la referencia de Paz al diálogo, la historiografía de Ortega forzosamente conjura la idea del monólogo; los individuos y los grupos están inevitablemente encerrados y aislados por sus circunstancias históricas, en sus propios laberintos de soledad. Esta idea, corriente en la literatura latinoamericana contemporánea, puede contribuir también a dicotomías como las propuestas por Paz y Fuentes, que oponen las actitudes culturales estadunidenses y latinoamericanas sin considerar la posibilidad de un tercer término sintetizador. En el resumen que hace Paz de la visión histórica

[34] Ortega escribió esta frase muchas veces, la primera en su primer libro extenso, *Meditaciones del Quijote* (1914), incluido en *Obras completas*, Madrid, Revista de Occidente, 1966, vol. 1, pp. 51-52. Para un análisis de la relación de Ortega con Husserl y Heidegger, véase Philip W. Silver, *Ortega as Phenomenologist: The Genesis of "Meditations on Quixote"*, Nueva York, Columbia University Press, 1978.

[35] Paz, "José Ortega y Gasset: el cómo y el para qué", *op. cit.*, p. 102.

de Ortega, vemos nuevamente su propia visión histórica, que es la de muchos escritores latinoamericanos contemporáneos: "Visión prometeica y también trágica. [...] La historia es nuestra condición y nuestra libertad: es aquello en que estamos y aquello que hacemos" (Paz, "José Ortega y Gasset...", *op. cit.*, pp. 103-104).

Los antipositivistas mexicanos encontraron adecuado, junto con el concepto de Ortega de la historia circunstancial, su rechazo de la historia lineal y progresiva. Ortega concebía la historia como una serie de eras –y, dentro de ellas, generaciones– que reiteran ciertos esquemas básicos de civilización, un modelo de recurrencia emparentado con los de Vico, Spengler o Nietzsche en su concepción cíclica de la civilización humana y su descripción de períodos de plenitud y de crisis históricas.[36] Ortega se negó a postular un movimiento intrínseco de la historia, pero, no obstante, observó la naturaleza recurrente de la actividad humana. Cada generación discute y colabora con las generaciones que le preceden y la siguen; cada generación es, a la vez, una continuación y un comienzo. El pasado está activo en el presente –"El pasado soy yo, es decir, mi vida" (Ortega y Gasset, *History as a System...*, p. 223)– en formas que no son tan progresivas como acumulativas: uno casi podría decir rítmicas, como en su referencia al "pulso vital" de la historia humana. La razón vital de Ortega no es dialéctica en un sentido hegeliano o carlyleano, y él tiene el cuidado de diferenciar su propio concepto de "las anticipaciones frívolas de la lógica dialéctica": "La idea de progreso, que ubica la verdad en un vago mañana, ha demostrado ser un narcótico para la humanidad. La verdad es lo que es verdadero ahora y no lo que queda por ser descubierto en un futuro indeterminado" (*ibid.*, p. 182).

La referencia indirecta que Ortega hace a Marx en esta cita es reveladora porque, aunque él no era marxista y rechazaba la discontinuidad histórica contenida en el utopismo revolucionario del marxismo, sin embargo, coincidía con Marx en el cuestionamiento del idealismo hegeliano fundado en argumentos materialistas. Ortega sigue a Marx, que elogia a Hegel ("ese gran pensador") y, luego, niega y asimila el idealismo hegeliano para "descubrir el núcleo racional que se oculta bajo la envoltura mística".[37] Es más, Ortega y Marx coinciden en su interpretación esencialmente hegeliana de la alienación como una función de la

[36] Estoy en deuda con Ewell E. Murphy Jr. por haberme permitido acceder a su trabajo inédito, "Waiting for the barbarians: The future of the West in the Historical Philosophy of José Ortega y Gasset", que fue presentado ante la Sociedad Filosófica de Houston el 16 de febrero de 1978. Véase también Harold Raley, *José Ortega y Gasset: Philosopher of European Unity*, Alabama, University of Alabama Press, 1971.

[37] Karl Marx, epílogo a la segunda edición alemana de *Das Kapital* (1873), en *The Marx-Engels Reader*, ed. Robert C. Tucker, Nueva York, Norton, 1978, p. 302 [trad. esp.: *El capital. Crítica de la economía política*, México, Siglo XXI, 1975 (16ª ed. de 1987), tomo I, vol. I, p. 20].

circunstancia histórica y material. Repetidas veces, Ortega insiste en que la circunstancia histórica puede ser el origen de la alienación social y política, así como la causa de una eventual integración social y política. Precisamente, Paz cita esta idea de Ortega para concluir los ensayos de *El laberinto de la soledad*: "La esterilidad del mundo burgués desemboca en el suicidio o en una nueva Forma de participación creadora. Tal es, para decirlo con la frase de Ortega y Gasset, el 'tema de nuestro tiempo': la sustancia de nuestros sueños y el sentido de nuestros actos" (Paz, *El laberinto de la soledad*, p. 191). La concepción de la historia de Ortega complementa y refuerza con claridad otras concepciones historiográficas en la literatura y en la cultura latinoamericanas modernas. No solo Paz, sino también Carpentier, García Márquez y Cortázar pueden ser analizados con provecho a partir de las ideas orteguianas de la alienación histórica y la recurrencia cíclica. En el caso de Fuentes, sostengo que la presencia de Ortega en el pensamiento historiográfico latinoamericano en general, y en la obra de Paz en particular, crea el medio intelectual por y en el cual Fuentes puede rechazar los modelos históricos progresivos y dialécticos en beneficio de la historia en espiral de Vico.

Si la *razón vital* de Ortega ha sido asimilada en las versiones literarias latinoamericanas contemporáneas de la historia *comunitaria*, el vitalismo creativo de Bergson ha sido asimilado en las versiones literarias latinoamericanas contemporáneas del tiempo *individual*, subjetivo. Ambos filósofos conciben la historia en términos vitalistas. La teoría de Bergson de *la durée* propone una corriente temporal continua de experiencia psíquica que, al mismo tiempo, es diferente de la experiencia histórica comunitaria y está condicionada por ella. Aunque no necesito exponer en detalle las ideas de Bergson, puede ser necesario comentar el tema de su *función* cultural en América Latina. Weinstein afirma simplemente: "Henri Bergson fue el líder de la rebelión contra el absolutismo del siglo XIX en Occidente. Su noción de la evolución creativa espontánea e imprevisible liberó el concepto del desarrollo de su subordinación a los sistemas de verdad estáticos".[38] El vitalismo de Bergson, como la razón vital de Ortega, proveyó una base filosófica europea esencial para apoyar la crítica latinoamericana de las estructuras lineales y normativas de la historiografía positivista del siglo XIX.[39] Así como

[38] Weinstein, *Polarity*, *op. cit.*, p. 17. Weinstein cita a Alejandro Korn, "Bergson en la filosofía contemporánea", en *Filósofos y sistemas*, Buenos Aires, Colección Claridad, s.f., y a Alejandro O. Deústua, "El orden y la libertad", en *La filosofía latinoamericana contemporánea*, editado por Aníbal Sánchez Reulet, Washington D.C., Unión Panamericana, s.f., como testimonios importantes de la influencia de Bergson en el antipositivismo latinoamericano.

[39] Las ideas de Bergson han influido mucho más sobre la literatura que sobre la política o la psicología. En las historias corrientes de la psicología moderna, rara vez se las menciona (y, en ese caso, sólo se lo hace en forma breve), mientras que su presencia en la literatura europea y americana ha sido voluminosamente documentada. Véase, por ejemplo, Shiv Kumar, *Bergson and the Stream-of-Consciousness Novel*, Londres, Blackie, 1962, y Leon Edel, *The Modern Psychological Novel*, Nueva

la psicología fenomenológica de William James complementa los modelos, más amplios, carlyleano y hegeliano de la historia universal en la obra de Willa Cather, la teoría de Bergson de la experiencia temporal individual acompaña y condiciona los modelos orteguiano y viquiano de la experiencia histórica colectiva encarnados en la obra de Carlos Fuentes. *Una familia lejana* de Fuentes refleja implícitamente este linaje historiográfico europeo de la literatura latinoamericana así como *El canto de la alondra* de Willa Cather refleja el linaje de la literatura estadunidense, diferente del anterior, pero relacionado con él. Como *El canto de la alondra*, *Una familia lejana* pone en escena los modos en los que el patrimonio cultural indígena de América modifica y condiciona la tradición europea que ha recibido.

IV

En *Una familia lejana*, la cultura americana contiene el pasado europeo y, en algún sentido, también está contenida por él. Si las arias alemanas resuenan magistral y simbólicamente en *El canto de la alondra*, es un aria francesa la que provee el *leitmotif* de *Una familia lejana*: "À la claire fontaine, en m'allant promener, j'ai trouvé l'eau si belle que je m'y suis baigné. Il y a longtemps que je t'aime, jamais je ne t'oublierai" ["En la clara fuente, mientras paseaba, el agua me pareció tan bella que allí me bañé. Te amo desde hace mucho tiempo, nunca te olvidaré"]. La fuente de la canción infantil sugiere simbólicamente las *fuentes* francesas de la cultura literaria latinoamericana que detalla la novela, así como las fuentes americanas renovadoras para la literatura francesa. Porque Fuentes muestra (cosa que Cather, setenta años antes, no podía hacer) que la corriente intelectual ahora fluye con fuerza también de oeste a este. *Una familia lejana* alude principalmente a los escritores latinoamericanos de los siglos XIX y XX influidos por la literatura francesa y que también viajaron a Francia para agregar sus voces hispánicas a la tradición literaria francesa. Isidore Ducasse, Conde de Lautréamont ("el francés de Montevideo"), José María de Heredia ("el francés de La Habana, el conquistador entristecido que regresa al viejo mundo [...] ebrio del sueño del continente nuevo, la pesadilla del continente viejo" [Fuentes, *Una familia lejana*, p. 121]), Alejandro Dumas (cuyo padre viajó a Francia desde Haití), Jules Laforgue (que fue a Francia "a apresurar el paso de su 'juventud triste y hambrienta' junto al Plata a esa trama temprana de la ilusión universal que se llama la muerte junto

York, Grosset and Dunlap, 1964. Wendy B. Faris analiza la influencia de Bergson, a través de Proust, en la obra de Carpentier: "Alejo Carpentier À *la recherche du temps perdu*", en *Comparative Literature Studies*, 17, núm. 2, 1980, pp. 133-154.

al Sena" [ibid., pp. 120-121]). Un poema de Jules Supervielle, otro "francés de Montevideo", sirve como epígrafe de la traducción inglesa de la novela. La relación entre Europa y América cierra el círculo: los poetas latinoamericanos se van a Europa y vuelven; los nuevos mundos envejecen y los viejos mundos se renuevan en la historia en espiral de Fuentes.

Los personajes de Fuentes no viven en la frontera nueva, habitada en forma dispersa, sino en la ciudad más grande del mundo, una de las más viejas. Los Heredia, una familia mexicana, tienen raíces y ramas en Francia y España, y conocen la historia de la explotación francesa y española en el Caribe, una historia en la que sus antepasados participaron con provecho. Ellos mismos viajan con frecuencia a Europa y la conocen de manera íntima, si no cómoda; como las influencias culturales, el turismo ahora se mueve en ambas direcciones a través del Atlántico, hecho que no hace más que aumentar la dificultad de la asimilación histórica para Hugo, el padre de los Heredia mexicanos. Hugo Heredia es un arqueólogo, y mientras habla sobre el pasado precortesiano de México, un francés que lo está escuchando piensa (no con condescendencia, sino con admiración) que Heredia tiene "esa característica de los latinoamericanos cultos: sentirse obligados a saberlo todo, leerlo todo, no darle al europeo cuartel ni pretexto, conocer igualmente bien lo que el europeo ignora y lo que considera propio, el *Popol Vuh* y Descartes. Sobre todo, demostrarle que no hay excusa para desconocer a los demás" (*ibid.*, p. 15).

Hugo siente sobre sí el peso de la ironía de su propia herencia española en México: cree que los fundamentos de la tierra y sus mayores logros culturales deben encontrarse en los mismos monumentos sepultados o destruidos por los invasores españoles, los monumentos de las culturas indígenas de México. Heredia lamenta la expulsión de los antiguos dioses de la ciudad moderna y la sustitución del tiempo mítico por la mera secuencia cronológica; ya no hay un presente en crecimiento que podría recuperar y revitalizar el mítico pasado mexicano. No obstante, insiste en que las ruinas de las antiguas civilizaciones mexicanas dan testimonio del hecho de que "las civilizaciones no mueren del todo; perduran, pero sólo si no progresan" (ibíd, p. 12). Desafortunadamente, Hugo, como otros mexicanos, no ha asimilado adecuadamente este pasado; cuando intenta enseñarle a su hijo a honrar el pasado, sacrifica el presente, enseñándole a despreciar a sus contemporáneos. El intento de Hugo de encontrar una posición satisfactoria entre el colonizador y el colonizado fracasa. No es una devoción de anticuario hacia los monumentos de piedra lo que debería determinar la propia relación con la historia cultural, sugiere Fuentes, sino más bien la convicción de que el presente continuará siendo incomprensible e incompleto *excepto* en el contexto del pasado.

En la novela de Fuentes, como en la de Cather, aparece un antiguo sitio en particular que los personajes deben reconocer e internalizar para poder participar de modo pleno y consciente en la realidad histórica americana. El sitio es Xochicalco, las ruinas de una ciudad de pirámides que se encuentran cerca de Cuernavaca. En un país en el que hay cientos de sitios excavados, el hecho de que Fuentes elija a Xochicalco es revelador. Xochicalco refleja una mezcla tardía de culturas: en una cámara de ofrendas, se han encontrado objetos que dan testimonio de la presencia de elementos de las culturas maya, teotihuacana, mezcal, totonaca, zapoteca y nahua. Más aún, se sabe que Xochicalco fue un importante centro de investigación astronómica y, por lo tanto, historiográfica; se cree que las congregaciones de astrónomos se reunían allí para determinar el "siglo" azteca de cincuenta y dos años. Para calcular los ciclos solares, se utilizaba una cueva con una perforación hexagonal en la cima de la montaña; el 22 de septiembre, los rayos solares penetran en forma perpendicular, iluminando por completo la cámara subterránea. El visitante contemporáneo de este sitio queda sorprendido no sólo por los vestigios de su genio astronómico y diversidad cultural, sino también por la cantidad de artefactos y edificios que aún yacen sepultados bajo el sedimento de siglos. Las formas arquitectónicas han sido suavizadas, redondeadas, disimuladas por la acumulación de polvo, vegetación y piedras extrañas sobre las construcciones originales. El pasado parece estar esperando literalmente la recuperación y la asimilación en el presente, como sugiere continuamente la novela.

Así, comprendemos que si las culturas francesa y alemana son *fuentes* de los mundos americanos representados por Fuentes y Cather, las antiguas culturas de Xochicalco y Panther Canyon son su *génesis*. Si sus fuentes europeas se pueden visitar y estudiar, sus orígenes americanos deben ser soñados; las primeras son un asunto de educación, los últimos, un asunto de energía física. Sin una recreación imaginativa del sustrato nativo, ninguna cultura europea puede ser asimilada de modo fructífero en América, ni tampoco el proceso puede funcionar en la dirección contraria.

El hecho de que Fuentes represente la identidad nacional contemporánea de México como imbricada en su pasado indígena refleja la idea orteguiana de la absoluta especificidad de la circunstancia histórica, una idea sólo presentada en forma consistente, como he dicho, en los ensayos de Octavio Paz. Éste ha escrito que "cada historia es una geografía y cada geografía una geometría de símbolos"; las antiguas pirámides de México representan el tiempo cíclico del mito, "el fin y el principio del movimiento. Una inmovilidad en la que se acaba y se reengendra la danza del cosmos".[40] En *Una familia lejana*, Fuentes representa esta traducción del tiempo en el espacio de un modo más específico que Cather en *El canto de la*

[40] Paz, "Crítica de la pirámide", en *Postdata*, México, Siglo XXI, 1970, pp. 116-117 [reeditado en *El laberinto de la soledad*, *Postdata* y *Vuelta a El laberinto de la soledad*, Santa Fe de Bogotá, Fondo de Cultura Económica, 1981, pp. 293-294, que es de donde hemos tomado la cita en español].

alondra. En su ensayo, Fuentes, como Paz, describe la particular configuración cronotópica de México como circular y recurrente:

> Y es que el sentido del arte mexicano antiguo consiste, precisamente, en elaborar un tiempo y un espacio amplísimos en los que quepa tanto el *círculo* implacable de la manutención del cosmos como la *circularidad* de un perpetuo retorno a los orígenes, como la *circulación* de todos los misterios que la racionalización no puede acotar. [...] Y es que en el arte antiguo de México existe una secreta tensión que el pensamiento positivista no puede admitir.[41]

A esta visión del pasado comunitario y racial, Fuentes une una teoría bergsoniana de la memoria personal para sugerir la complejidad del recuerdo histórico. La filosofía bergsoniana se integra a *Una familia lejana* por medio de referencias al pariente literario más cercano de Bergson, Marcel Proust, y también a través de referencias a los múltiples narradores que van a contar y recontar la historia que contiene la novela. En *Evolución creadora* (1907), la obra seminal de Bergson sobre la aprehensión temporal subjetiva, el tiempo se define como "el progreso continuo del pasado que muerde el futuro y se hincha a medida que avanza. Y como el pasado crece sin cesar, no existen límites para su preservación".[42] En *Una familia lejana*, se encuentra una metáfora que refleja conscientemente esta definición y (a pesar del rechazo de Fuentes de la temporalidad lineal) refleja también la descripción de Bergson de la duración como "una corriente contra la cual no podemos luchar". Un personaje le dice a otro, cuyo nombre es Fuentes, que vuelva a contar la historia que acaba de escuchar, porque cada versión es "un río más de esta carta hidrográfica que estamos dibujando, desde hace varias horas, usted y yo; sí, usted también, usted lo sabe, no puede echarse para atrás ahora, usted ya es otro río de esta cuenca cuyos verdaderos orígenes aún desconocemos, como ignoramos la multiplicidad de sus afluentes y el destino final al cual desemboca" (Fuentes, *Casa con dos puertas*, *op. cit.*, p. 157).

La imagen de Fuentes añade renovación narrativa a la renovación topográfica y cultural contenida en la imagen de Cather de los canales de Venecia en el final de *El canto de la alondra*. El pasado es la suma de las modificaciones y las transformaciones narrativas de la conciencia actual, una suma que nunca disminuye, que crece continuamente. Si la idea orteguiana de la especificidad circunstancial de la experiencia histórica contribuye a la soledad que aqueja a los Heredia en *Una*

[41] Fuentes, "La violenta identidad de José Luis Cuevas", en *Casa con dos puertas*, *op. cit.*, p. 249; *El mundo de José Luis Cuevas*, *op. cit.*, p. 14 (las cursivas son del autor).

[42] Henri Bergson, *Creative Evolution*, trad. Arthur Mitchell, 1907; reedición en Nueva York, Modern Library, 1944, p. 45. [Henri Bergson, *L' évolution creatrice*, Presses Universitaires de France, 1948. Trad. esp.: *Evolución creadora*, Madrid, Espasa-Calpe, 1973.]

familia lejana, entonces la narración y renarración bergsoniana de esa experiencia es el antídoto para su soledad. Un personaje dice que la narración es "un desesperado intento por restablecer la analogía sin sacrificar la diferenciación" (*ibid.*, p. 191). La novela de Fuentes pone en escena los modos en los que el proceso regenerativo del recuerdo narrativo hace que las familias lejanas lo sean menos.

Es claro que mi estudio comparativo también intenta "restablecer la analogía sin sacrificar la diferenciación". Enunciaré en forma explícita lo que ya he sugerido: las visiones de la historia en los Estados Unidos y en América Latina me parecen menos distantes que lo que lo permiten las oposiciones de Fuentes y de Paz. A pesar de sus diferentes herencias y contextos, y sus diferentes propósitos políticos, los modos en que Cather y Fuentes incorporan la historia americana a sus novelas sorprenden por su congruencia. La imagen final de Cather de los canales de Venecia, como la imagen fluvial de Fuentes, sugiere el flujo y el reflujo (no el progreso) de la cultura, la mezcla de diversas corrientes culturales (no una única fuente impulsora) y el flujo expansivo de la experiencia histórica individual y comunitaria en formas expresivas (tanto narrativas como musicales). Cather y Fuentes están unidos en su reacción consciente contra la idea tenaz, explicitada por primera vez por Hegel y aún sostenida en América de maneras múltiples y evidentes, de que nuestros pasados americanos han sido poco más que una historia de amor no correspondido con el pasado europeo. Sus novelas no niegan esta historia de amor –de hecho, la reconocen y la incorporan en los modos que he sugerido y en otros que no mencioné–, pero también saben que la experiencia histórica americana se mueve sobre algo más que un mero eje transatlántico. Precisamente porque comparten una conciencia hegeliana de la historia interrumpida del Nuevo Mundo, entienden la consecuente necesidad de descubrir o inventar un pasado utilizable a partir de materiales tanto europeos como nativos. Sus novelas postulan el arte como el medio de recuperar y asimilar los pasados divididos de América, y son ellas mismas ejemplos de ese proceso. Ellas contradicen la afirmación de Fuentes de que el pasado es inutilizable en América; en su forma y en su contenido, enfrentan, niegan y asimilan la angustia histórica tan típica de la autodefinición americana. Obras como éstas, ubicadas en un contexto comparativo, pueden servir por sí mismas como un tercer término sintetizador de la dialéctica necesaria entre la conciencia histórica de los Estados Unidos y la de América Latina.

V

En las novelas que he comentado, ni Cather ni Fuentes insisten en equiparar la historia con sus versiones narradas. Por el contrario, ambos postulan historias externas que preceden a la narración y que deben ser descubiertas por los personajes *antes* que puedan ser narradas. Sin embargo, en unas cuantas obras latinoamericanas y estadunidenses recientes, ese orden ha sido invertido. Como mostraré en el próximo capítulo, con frecuencia se utilizan –y son muy útiles– términos críticos como "literatura documental", "novela sin ficción" y "metahistoria" para describir la literatura en la que la definición textual precede a la definición histórica. Ese tipo de literatura responde claramente a la angustia histórica a la que me refiero, pero pone el acento en la asimilación narrativa más que en la constitución cultural. Sus autores abordan la fusión genérica entre la "historia" y la "ficción" sobre la premisa de que sólo existe el relato, sólo versiones construidas del mundo. Esta percepción puede presentarse como desalentadora porque socava el poder de los agentes históricos o, por el contrario, puede presentarse como liberadora. La coherencia que provee el relato (a diferencia de los acontecimientos) puede servir como consuelo frente a una historia impenetrable (o "destino", como García Márquez suele llamar a la necesidad histórica). La historia como relato puede sugerir a la vez la continuación y la continuidad, esenciales para las culturas en las que las tradiciones indígenas han sido fracturadas y las tradiciones europeas, interrumpidas.

El desvanecimiento de los límites entre los relatos históricos y ficticios y de las distinciones genéricas no pueden considerarse desarrollos recientes ("posmodernos").[43] *Moby Dick* (1851), de Melville; *Facundo o Civilización y barbarie* (1845), de Domingo Faustino Sarmiento; *Los sertones [Os Sertões]* (1902), de Euclides da Cunha; U.S.A. (1938), la trilogía de John Dos Passos; o *Elogiemos ahora a hombres famosos [Let Us Now Praise Famous Men]* (1941), de James Agee, desmentirían una sugerencia de ese tipo. Lo que sí quiero sugerir aquí es que el desplazamiento del énfasis de las cuestiones históricas a las narrativas puede ser una indicación de que la pregunta de Hegel sobre la naturaleza del pasado americano ha sido sustituida por preguntas barthesianas o derridianas sobre la naturaleza misma del lenguaje. Este desplazamiento implica que el concepto de proceso histórico universal, que Lukács creía fundamental para la novela, ha sido reemplazado por procesos lingüísticos y literarios más que históricos en el sentido de Lukács. Este desplazamiento ha sido destacado en las teorías recientes de la posmodernidad, aunque –insisto– el fenómeno en sí no sea en absoluto nuevo; las novelas que incluyen conscientemente estas cuestiones se remontan a los orígenes de la novela, cuando Cervantes enfrentó las convenciones de la novela de caballerías a

[43] La relatividad de la narrativa fáctica y ficcional era, hacia mediados del siglo XVIII, una idea bien establecida. Véase Ian Haywood, *The Making of History: A Study of the Literary Forgeries of James Macpherson and Thomas Chatterton in Relation to Eighteenth-Century Ideas of History and Fiction*, Rutherford (N.J.), Farleigh Dickinson University Press, 1986, pp. 31-35.

supuestos y convenciones más realistas, aún sin denominación. Jorge Luis Borges me permitirá desarrollar estas generalizaciones y concluir mi exposición.

La obra de Borges presenta una investigación asidua de los orígenes culturales de América. "El escritor argentino y la tradición" es su ensayo más conocido y explícito sobre el tema, pero no es el único que explora las tradiciones históricas y culturales heredadas por el escritor americano.[44] Volveré sobre este ensayo en el capítulo 3. Por ahora, permítaseme reiterar la afirmación que hice en la introducción de este libro: la obra de Borges encarna, de un modo consistente y brillante, la imaginación histórica del Nuevo Mundo. En su caso, no es común que describa geografías tan específicas como las de Cather y Fuentes u oposiciones ideológicas y culturales tan localizadas como las propuestas por Fuentes y Paz. Más bien, su acercamiento a la definición histórica queda sugerido en los oxímoron presentes en títulos como *Historia de la eternidad* (1953) y "Nueva refutación del tiempo" (1952). Estos títulos (y las obras mismas) señalan la característica oscilación de Borges entre los polos de la particularidad fenomenológica y la abstracción filosófica, entre lo finito y lo infinito; refuerzan esa sensación que solemos tener, cuando lo leemos, de estar entrando en un análisis al mismo tiempo de América y del cosmos. Las ideas, los textos, los acontecimientos y los escenarios que aborda Borges están situados en el espacio y el tiempo y, al mismo tiempo, operan en un plano universal. En la introducción de *Discusión*, su recopilación de 1932, afirma que sus ensayos son "*resignados ejercicios de anacronismo; no restituyen el difícil pasado: operan y divagan con él*".[45] Su imaginativa historiografía, que llamaré anacronismo filosófico, rechaza los paradigmas europeos abarcadores de los procesos históricos mundiales y, en cambio, universaliza modestamente los fragmentos de la historia sentida.

"El pudor de la historia", un ensayo de Borges de 1952, comienza con Goethe. El 20 de septiembre de 1792, después de presenciar una batalla en la que un puñado de milicianos franceses vencieron sorpresivamente al ejército alemán, se dice que Goethe afirmó: "En este lugar y el día de hoy, se abre una época en la historia del mundo y podemos decir que hemos asistido a su origen".[46] Al citar

[44] El ensayo de Borges "El escritor argentino y la tradición" fue recopilado en *Discusión* (1932); reeditado en *Obras completas*, Buenos Aires, Emecé, 1989, vol. 1, pp. 267-274. Las reseñas periodísticas de Borges confirman su concepción de la literatura americana en términos comparativos e intertextuales. Véase *Textos cautivos: ensayos y reseñas en "El Hogar" (1936-1939)*, ed. Enrique Sacerio-Garí y Emir Rodríguez Monegal, Barcelona, Tusquets, 1986. En sus reseñas, la actividad de Borges como mediador cultural resulta paralela y, a veces, coincide con el trabajo de transmisión textual que realiza Ortega en la *Revista de Occidente*. Este paralelo vuelve más intrigante la confesión de Borges sobre su ignorancia acerca de Ortega.

[45] Borges, "Prólogo" de *Discusión* (1932); incluido en *Obras completas*, *op. cit.*, vol. 1, p. 177 (el destacado es del autor).

[46] Borges, *Otras inquisiciones*, 1952; incluido en *Obras completas*, *op. cit.*, vol. 2, p. 132.

la afirmación de Goethe, de la que lo último que se puede decir es que sea modesta, Borges acepta la historiografía positivista alemana de fines del siglo XVIII, fundamental para la modernidad americana, y también la rectifica, al indicar que esos acontecimientos históricos hoy son fabricados normalmente por los gobiernos, los periódicos y Cecil B. DeMille. La "historia real", según Borges, es más modesta y es, principalmente, textual. Una frase de la *Poética*, otra de las *Tusculanas* y aun una tercera de los *Siete pilares de la sabiduría* sugieren que la historia es una cuestión de uso lingüístico más que de datos empíricos. Y el heroísmo es una cuestión de *ficciones* heroicas: el *Poema del Mio Cid*, la *Eneida*, la *Chanson de Roland*, Whitman, Hugo, Faulkner y Housman transmiten al autor "el elemental sabor de lo heroico" (Borges, *Otras inquisiciones*, *op. cit.*, p. 133). Aquí también aparece Carlyle; sin embargo, Borges relega al escritor que proveyó un arquetipo literario del heroísmo histórico a Emerson y a Cather a una nota al pie que documenta su traducción inadecuada de una frase de la saga islándica *Heimskringla*. Así, modestamente, Borges deja a un lado la importante corriente hegeliana del orden histórico universalizador que representa Carlyle.

El ejemplo central de Borges de la modestia de la historia está tomado de la *Heimskringla*. El escritor cita un pasaje que detalla un cambio de palabras previo a una batalla entre los ejércitos sajones y los noruegos en 1225, en la que los noruegos resultaron vencidos. No es la batalla, sin embargo, con su intercambio verbal precedente lo que Borges considera significativo, sino el hecho de que haya sido registrada, puesto que el autor del relato era un islandés, "un hombre de la sangre de los vencidos" (*ibid.*, p. 134). Snorri Sturlason registró la derrota de su propio pueblo, un gesto que Borges toma como profético de una época en que se borrará la distinción entre las naciones, en que se establecerá "la solidaridad del género humano" (*idem*). Después de haber destruido la historiografía hegeliana, Borges termina, no obstante, observando la dialéctica hegeliana de negación y asimilación que encarna el texto de Snorri. La refriega entre los sajones y los noruegos da testimonio del interés nacionalista; el *registro* del acontecimiento da testimonio de la trascendencia de este interés propio: "Snorri, por el hecho de referirla, lo supera y trasciende" (*idem*). Es el texto en sí lo que existe en la relación dialéctica con la historia, incorporándola, transformándola, renovándola. La historia avanza, no a través de la historia sino de la narrativa, que "supera y trasciende" los hechos que describe. El lenguaje del escritor no representa la historia tanto como la significa.

En consonancia con el antipositivismo latinoamericano que he analizado aquí, la historia de Borges es circunstancial más que ideal, está sometida a numerosos ajustes menores y a numerosas lecturas: los *loci* de la cultura son muchos y ampliamente difundidos. La historia de Borges opera por medio de pequeños desplazamientos en un mundo en el que las interacciones históricas son excéntricas, no progresivas o causales; una historia de ese tipo puede ser comprendida en términos del anacronismo filosófico de Borges, y narrada por medio de la "técnica nueva" del "anacronismo deliberado y las atribuciones erróneas". Ésta no es una causa de desencanto sino de recuperación y revitalización imaginativas. Como la personificación de la historia de Charles Simic, el viejo gordo vestido con un overol descolorido, la historia modesta de Borges también está revestida de ropas de trabajo, pero es menos severa; en lugar de un cuchillo y un balde, lleva libros, y su círculo mágico delinea el infinito, no el apocalipsis. Su mirada distraída no hace más que aguzar su visión histórica, ya que él sabe que la historia es mítica y maleable y que la forma narrativa responde y es responsable por esa historia. En su descentramiento creativo del proceso histórico y en su insistencia en la historicidad de todo relato, la metáfora de Borges puede señalar el pasado americano más utilizable de todos.

2. PARA QUE QUEDE REGISTRADO
NOVELAS, PERIÓDICOS, NARRACIÓN

> Aun si toda la información que nos ha llegado sobre el pasado, hasta el día de hoy, fuera cierta y estuviera en poder de alguna persona, sería menos que nada en comparación con lo que no sabemos.
>
> MICHEL DE MONTAIGNE, "Sobre los vehículos"[1]

> La imposibilidad de penetrar el esquema divino del universo no puede, sin embargo, disuadirnos de planear esquemas humanos, aunque nos conste que éstos son provisorios.
>
> JORGE LUIS BORGES, "El idioma analítico de John Wilkins"[2]

En la introducción, me referí a la observación de Georg Lukács sobre el desarrollo paralelo de la novela y la concepción moderna de la historia en el siglo XVIII. El historicismo hegeliano encontró su forma literaria apropiada (o, mejor, la produjo) en la novela realista. La "historia modesta" borgeana que concluyó el capítulo anterior y los fantasmas del realismo mágico que aparecerán en el próximo son circunstancias atenuantes, quiebres en las estructuras narrativas lineales, causales, hegelianas ("realistas").[3] En este capítulo, considero algunas novelas

[1] Michel de Montaigne, "On vehicles", en *Essays*, traducción de J. M. Cohen, Nueva York, Penguin, 1958, p. 275. [Título original: *Essais*. Trad. esp.: *Ensayos*, Madrid, Cátedra, 1996.]

[2] Jorge Luis Borges, "El idioma analítico de John Wilkins", en *Otras inquisiciones*, incluido en *Obras completas*, Buenos Aires, Emecé, 1989, vol. 2, p. 86.

[3] J. Hillis Miller se ocupa del historicismo hegeliano que está en la base de la novela como género en "Narrative and history", en *ELH*, 41, 1974, pp. 455-473. Mientras que Lukács acepta la necesidad de que la novela incluya formalmente los supuestos del historicismo hegeliano (trama teleológica, causalidad racional, continuidad del personaje, homogeneidad y linealidad del tiempo, etcétera), la posición histórica de Miller lo lleva a cuestionar (como muchos escritores y teóricos literarios estadunidenses y latinoamericanos contemporáneos) el modelo hegeliano de historia nacional que está profundamente imbricado, se quiera o no, en las convenciones formales del género.

En su capítulo introductorio, "Hegel, Stendhal, and posthistorical existence", Michael Valdez Moses se ocupa de la perdurable vitalidad de los supuestos hegelianos, a pesar de la vehemente hostilidad teórica contemporánea hacia estos supuestos. Véase *The Novel and the Globalization of Culture*, Nueva York, Oxford University Press, 1995, pp. 3-25.

realistas y otros esquemas "provisorios", para usar el término de Borges que cito en el epígrafe, significativos para el registro de la historia: los periódicos y la fotografía periodística. El centro de mi preocupación son las interacciones entre la narración novelística y estos modos narrativos no ficcionales (verbales y visuales). Comienzo con *Gringo viejo* (1985), de Carlos Fuentes, concentrándome primero en la ficcionalización que hace Fuentes de Ambrose Bierce y, luego, en sus usos narrativos y temáticos de las famosas fotografías de la Revolución mexicana tomadas por Agustín Víctor Casasola. *Crónica de una muerte anunciada* (1981), de García Márquez, y *La guerra del fin del mundo* (1981), de Vargas Llosa, proporcionan ejemplos concluyentes de las relaciones entre las novelas y los periódicos en la cultura literaria americana.

La novela de Carlos Fuentes tiene como protagonista a un periodista y escritor estadunidense que está en México. También yo cruzaré las fronteras territoriales para abordar algunas comparaciones y contrastes históricos generales entre las actitudes literarias hacia el periodismo en los Estados Unidos y en América Latina. Mi análisis comparativo se basa en la hipótesis de que la integración explícita del discurso periodístico a la narración literaria plantea preguntas precisas sobre la referencialidad narrativa, y pone en primer plano lo que el esteticista Nelson Goodman llama la exigencia de verdad de la obra.[4] Estamos habituados a la fusión crítica actual entre los relatos "fácticos" y los "ficticios", y a la idea cercana a ésta, de que el pasado es la suma de sus versiones narradas (o registradas de algún otro modo). Las razones para pretender suspender la distinción entre las exigencias narrativas de la historia y la ficción se mueven a lo largo de un *continuum* cuyos polos existen en relación inversa. Uno de los polos es el privilegio moderno de la conciencia autónoma y, por lo tanto, de la versión individual del pasado, verdadera por definición porque la realidad existe en tanto su existencia es *percibida*. El otro polo es el privilegio postestructuralista de los efectos ideológicos y materiales de los discursos tal como operan colectivamente, condicionando (obviando) las versiones individuales. En este polo, la realidad existe en tanto su existencia es *concebida*: la historia es un producto del lenguaje y de otros sistemas de control y poder, ya esté presentada como historia, ya como ficción, como periodismo o como mito. El primer polo considera la interpretación histórica inevitablemente singular; el segundo, inevitablemente no singular. El primero es fenomenológico y constructivista; el segundo, político y desconstructivista. En ambos extremos, la historia y la ficción chocan entre sí.

[4] Nelson Goodman, *Ways of Worldmaking*, Indianápolis, Hackett, 1978. Véanse especialmente los capítulos "The fabrication of facts" y "On rightness of rendering". También es pertinente aquí Mario J. Valdés, *World-Making: The Literary Truth-Claim and the Interpretation of Texts*, Toronto, University of Toronto Press, 1992.

Las obras que analizo aquí operan entre estos polos, reconocen ambos y mantienen una tensión entre ellos; las relaciones variables entre la verdad histórica y la verdad narrativa son su tema, una fuente primaria de su energía narrativa y la base de su crítica de la narrativa como tal. Al establecer una dialéctica explícita entre los modos discursivos periodístico y novelístico, reconocen y a menudo encarnan versiones múltiples, simultáneas y conflictivas del mundo, y piden a los lectores que distingan entre estas versiones. Veremos que estas distinciones, como las actitudes hacia el periodismo, varían de modo considerable en América desde el norte hasta el sur. Comencemos por América Latina.

Ángel Rama sostiene que los periódicos han cumplido un papel indispensable en el desarrollo de la cultura literaria de la América Latina moderna.[5] Le atribuye a la prensa el mérito de anunciar y de acelerar a la vez los profundos cambios políticos y sociales que estaban en el horizonte del siglo XX en América Latina. En México, durante las dos últimas décadas del siglo XIX y la primera del siglo XX, además de los periódicos existían las gacetas populares, de formatos grandes y pequeños, como las publicadas por Antonio Vanegas Arroyo e ilustradas por José Guadalupe Posada. La dictadura de Díaz, que estaba en el poder durante este período, reconoció el potencial subversivo de la prensa mexicana y subsidió sistemáticamente diversos periódicos y gacetas en un intento de neutralizar su carácter opositor. En Argentina, las revistas gauchescas y los diarios importantes, como *La Nación* y *Crítica* en Buenos Aires, también estaban llegando a un público recientemente alfabetizado como ningún otro medio gráfico podía hacerlo. La extensión de los sistemas educativos en las últimas décadas del siglo XIX y las primeras del XX no sólo generó un aumento en la cantidad de lectores, sino también en la de escritores, para quienes los diarios y las revistas eran un mercado importante. Hacia 1900, ciertos grupos que habían accedido recientemente a la educación y, por lo tanto, a las estructuras del poder social y político, estaban cuestionando esas mismas estructuras. La prensa, en sus formas diversas y a menudo pintorescas, era un vehículo importante para este cuestionamiento y los procesos posteriores de modernización en América Latina.

Hasta ese momento, de acuerdo con Rama, el segmento alfabetizado de la sociedad latinoamericana había estado casi exclusivamente al servicio de las estructuras de poder de los estamentos burocráticos y eclesiásticos, primero como administradores coloniales y, luego, como funcionarios de los gobiernos nacionales centralizados del período independiente. Sin duda, Rama acierta al subrayar el papel democratizador que tuvo la prensa a fines del siglo XIX; este énfasis, empero, no debería atenuar nuestro reconocimiento de la función crucial que de-

[5] Ángel Rama, *La ciudad letrada*, Hanover (N. H.), Ediciones del Norte, 1984, pp. 71, 79, 122-123.

sempeñó el periodismo con anterioridad, durante y después de los movimientos independentistas de principios del siglo XIX. El venezolano Andrés Bello es, quizás, el mejor exponente de un intelectual y literato cuyos escritos periodísticos contribuyeron a modelar la identidad cultural y política de la América Latina recién independizada.[6] Desde mediados de la década de 1830 hasta mediados de la de 1850, Bello escribió, en Santiago de Chile, artículos que exhiben abiertamente el sello retórico e ideológico de su autor. Lejos de la objetividad y el acento reporteril de los periodistas estadunidenses, Bello y muchos otros dirigentes de América Latina fijaban su posición sobre temas políticos y culturales, y los discutían de un modo conscientemente literario en las páginas de los periódicos. Sus ensayos y artículos periodísticos participaron en la construcción de las instituciones nacionales, y también en la construcción del periodismo literario polémico, que hoy sigue existiendo en América Latina.[7]

La participación de escritores contemporáneos en el debate público es tan esperada hoy como antes, a pesar de que sus posiciones políticas puedan ser tanto

[6] La larga carrera periodística de Bello es comentada por Federico Álvarez O. en *Labor periodística de don Andrés Bello*, Caracas, Universidad Central de Venezuela, 1962. Otros ejemplos de estadistas literatos del siglo XIX que concibieron el periodismo como una parte integral de sus actividades intelectuales y políticas son Domingo Faustino Sarmiento, José María Heredia, Juan Montalvo, Justo Sierra y Enrique José Varona. Véase el análisis de la cultura literaria y la prensa en la América Latina colonial que presenta José Torre Revelo en *El libro, la imprenta y el periodismo en América durante la dominación española*, Buenos Aires, Universidad de Buenos Aires, 1940. Los vínculos más recientes entre la literatura y el periodismo son analizados por Mario Castro Arenas en *El periodismo y la novela contemporánea*, Caracas, Monte Ávila, 1969, y por Alceu Amoroso Limo en *O jornalismo como gênero literario*, Río de Janeiro, AGIR, 1960. Para un estudio sobre la tradición latinoamericana del novelista/periodista, véase Aníbal González, *Journalism and the Development of Spanish American Narrative*, Cambridge, Cambridge University Press, 1993. La novela "testimonial", que suele mediar entre la literatura y el periodismo, es tratada con inteligencia por Elzbieta Sklodowska en su artículo "The spanish american testimonial novels: some afterthoughts", en *New Novel Review*, 1, núm. 2, 1994, pp. 31-47.

[7] Las estadísticas de la circulación de periódicos y otras publicaciones pueden consultarse en el *Anuario estadístico de la Unesco*. El volumen de 1994 consigna las cifras de la circulación de diarios *cada mil habitantes* en 1992 en América Latina. Los países con mayor circulación son los siguientes: Uruguay (240), Venezuela (208), Argentina (144), Cuba (122), México (116). Las cifras acerca de periódicos que no son diarios muestran lo siguiente: México (318) y Cuba (264 en 1990). La circulación de diarios en otros países latinoamericanos es considerablemente menor: Bolivia (52), Brasil (55). La circulación diaria de periódicos en los Estados Unidos *cada mil habitantes* es de 240; no se cuenta con datos acerca de periódicos que no son diarios. La circulación relativamente baja de diarios en la mayor parte de los países latinoamericanos no refleja plenamente la cantidad de lectores (con frecuencia, los periódicos se leen en sitios comunitarios, especialmente en las zonas rurales) ni la importancia de la prensa como vehículo de la opinión y el debate públicos. Más aún, debe observarse que el público y la influencia de escritores/periodistas latinoamericanos tales como Vargas Llosa y Carlos Fuentes son mayores que lo que estas estadísticas pueden indicar, ya que, a menudo, ellos escriben sobre América Latina en diarios y periódicos estadunidenses y europeos de gran circulación.

opositoras como oficiales. Casi todos los novelistas latinoamericanos de primera línea son también periodistas o llegan a serlo a través de la práctica constante y apasionada. Gabriel García Márquez y Mario Vargas Llosa, cuyas "novelas periodísticas" comentaré enseguida, han vinculado específicamente sus escritos novelísticos y periodísticos a la responsabilidad política del intelectual en América Latina.[8] Estos escritores nos sugieren que el periodismo y la literatura pueden estar menos tajantemente separados en América Latina que en otros lugares, y dan a entender que la novela, como el periódico, debe ocuparse de cuestiones políticas y sociales si va a servir como instrumento de conocimiento y, por lo tanto, como instrumento para el cambio social.

Por cierto, en los últimos años, la literatura latinoamericana respondió muchas veces cuando la prensa no se ocupó (o no se le permitió ocuparse) de las condiciones políticas y sociales reales. Las novelas de los periodistas brasileños Márcio Souza (*Galvez, o Imperador do Acre*, 1976 [Gávez, el emperador del Amazonas, 1981]) e Ivan Ângelo (*A festa*, 1976) son ejemplos de textos de ficción escritos para difundir información que estaba siendo censurada por un régimen autoritario. Si los censores gubernamentales crean obras de ficción al distorsionar la realidad, escritores como Souza y Angelo invierten el proceso, y escriben textos de ficción que documentan los hechos reales aun cuando los disimulen en vívidas sátiras elípticas. Donde los periódicos no pueden publicar todas las noticias que deberían, la ficción puede llegar a ser el medio para cumplir esa función. Por diversas razones y de diversas maneras, los escritores latinoamericanos contemporáneos están tomando en cuenta la importancia crucial de la prensa, por más dudas que tengan sobre su eficacia para corregir los abusos políticos y sociales que deben enfrentar continuamente.

Dada la importancia de la prensa en la cultura literaria y política de América Latina, no resulta sorprendente que los periodistas y/o el periodismo sean *el tema* de varias novelas latinoamericanas recientes y que, con mayor razón, sean narradas por periodistas. Además de *Crónica de una muerte anunciada*, de García Márquez, y de *La guerra del fin del mundo*, de Vargas Llosa, están *Conversación en La Catedral* (1969) –sobre la que volveré en el capítulo 4– e *Historia de Mayta* (1984), también de Vargas Llosa. Otros ejemplos son *Libro de Manuel* (1974), de Julio Cortázar; *De amor y de sombra* (1984), de Isabel Allende; *Morir en el golfo*

[8] Mario Vargas Llosa, "Social commitment and the Latin American writer", en *The Modern Experience*, vol. 2 de *Readings in Latin American History*, ed. John J. Johnson, Peter J. Bakewell y Meredith D. Dodge, Durham, Duke University Press, 1985, pp. 455-464; Marlise Simmons, "A talk with Gabriel García Márquez", en *New York Times Book Review*, 5 de diciembre de 1982, p. 7. El ensayo de Vargas Llosa y varios otros ensayos relevantes para conocer la situación política actual de los escritores en América Latina han sido reunidos en *Lives on the Line: Testimony of Contemporary Latin American Authors*, ed. Doris Meyer, Berkeley, University of California Press, 1988.

(1987), de Héctor Aguilar Camín; así como el periodismo creativo de Elena Poniatowska en *Noche de Tlatelolco* (1971). Estas obras utilizan las estrategias de la narración realista al mismo tiempo que cuestionan los supuestos del realismo.[9] En este sentido, se sitúan entre el realismo narrativo al que me referí en el capítulo precedente y el realismo mágico del que me ocuparé en el próximo capítulo, puesto que comparten con la literatura realista mágica una preocupación esencial por la naturaleza de la realidad y su representación. Aunque la narrativa periodística podría parecer la antítesis de las tramas míticas y los escenarios fantásticos/fantasmagóricos asociados al realismo mágico, no siempre es así. De hecho, García Márquez ha vinculado su escritura periodística al realismo mágico, cuando se refirió a "los trucos necesarios para transformar algo que parece fantástico, increíble, en algo plausible, creíble, los aprendí del periodismo. La clave es decirlo directamente. Se hace por medio de periodistas y campesinos".[10] La ficción periodística integra a sus estructuras narrativas los supuestos periodísticos y las técnicas de la entrevista propias de los periódicos, para cuestionar mejor los supuestos miméticos de la novela realista.[11]

Las diversas estrategias para integrar los géneros ficcionales y no ficcionales hacen a la relación entre los "hechos" y el lenguaje el núcleo tanto temático como estructural de estas novelas. La distinción establecida por Nelson Goodman entre la "verdad" y la "representación correcta" es pertinente aquí porque no privilegia la supuesta facticidad del texto (su "verdad"), sino más bien su "coherencia, solidez y extensión, la capacidad informativa y el poder organizador de todo el sistema", esto es, su "corrección" (Goodman, *Ways of Worldmakng, op. cit.*, p. 19). Con ejemplos tomados de la historia de la ciencia, Goodman demuestra que la "verdad" está, con frecuencia, arraigada en la "creencia" cultural, y que lo que se considera verdadero (en el sentido de que informa sobre aspectos

[9] Las preocupaciones metahistóricas de estas novelas se relacionan con el debate filosófico sobre la narración y el conocimiento que se desarrolla actualmente entre historiadores y psicólogos. Véase Hayden White, *Metahistory*, Baltimore, Johns Hopkins University Press, 1973 [trad. esp.: *Metahistoria*, México, FCE, 1992]; Donald P. Spence, *Narrative Truth and Historical Truth: Meaning and Interpretation in Psychoanalysis*, Nueva York, W. W. Norton, 1982; y Peter Brooks, "Fictions of the Wolfman: Freud and narrative understanding", en *Diacritics*, 9, núm. 1, marzo de 1979, pp. 72-81.

[10] Simmons, "A talk with Gabriel García Márquez", *op. cit.*, p. 60.

[11] Esta literatura llega a emplear (en los casos de Cortázar y Poniatowska) la tipografía idiosincrática y la disposición visual de un periódico, un formato que afecta al lector en formas significativamente diferentes del medio impreso del libro, como Marshall McLuhan hizo bien en recordarnos. McLuhan escribe: "El formato de la página del libro ofrece una perspectiva lineal, no pictórica. Favorece un tono y una actitud únicos entre un escritor, un lector, un tema, mientras que el periódico quiebra esta linealidad y esta unicidad de tono y perspectiva, ofreciendo varias páginas de libro al mismo tiempo. [...] El periódico es un paisaje espacio temporal de muchos tiempos, muchos lugares, dado como experiencia única" (*Counterblast*, Nueva York, Harcourt, Brace and World, 1969, pp. 112-113 [trad. esp.: *Contraexplosión*, Buenos Aires, Paidós, 1971]).

verificables de un mundo verificable) puede no ser adecuado a los criterios básicos de la "representación correcta". Inversamente, las versiones "correctas" no necesariamente son "verdaderas". Goodman propone que, en lugar de imaginar versiones fácticas y ficcionales del mundo, deberíamos preocuparnos por la "representación relativamente correcta" de esos mundos. Una "corrección" como la que propone Goodman motiva claramente las novelas latinoamericanas que acabo de mencionar, e impulsa a sus autores a explorar por caminos innovadores los límites vacilantes entre la narración ficcional y no ficcional. Precisamente en relación con estos límites es que quiero comentar *Gringo viejo* y, luego, ubicarlo en el contexto comparativo americano, un contexto más amplio que el que la novela misma propone.

I

La novela de Fuentes trata sobre Ambrose Bierce, un escritor y periodista estadunidense nacido en 1842, que viajó a México ya viejo, en 1914, para ver por sí mismo la revolución de Pancho Villa. Murió allí, aunque no se conocen las circunstancias de su muerte. Fuentes ha dicho que esta novela fue inspirada por un comentario epigramático atribuido a Bierce al estallar la Revolución mexicana: "Ser un gringo en México: ah, eso es eutanasia". Por cierto, la novela retoma la disposición de Bierce hacia la muerte, pintándolo como demasiado consciente de sí mismo –y demasiado consciente de la historia– para conceder el punto final sin una reverencia. Como el gringo viejo y amargado está deseoso de encontrarse con la muerte más que a mitad de camino, pronto adquiere fama de valiente, aunque el lector sabe que no es el valor sino la desesperación lo que lo impulsa. Inevitablemente, Bierce tienta a la muerte con demasiada frecuencia. Quema los papeles que, se supone, permitirían a los revolucionarios reclamar legítimamente las tierras que han trabajado durante generaciones, papeles que ellos no saben leer. Pero aunque los revolucionarios no sepan leer, sí saben que la palabra escrita ha sido siempre la base de la legitimidad institucional en el Nuevo Mundo hispánico. Se niegan a tolerar el gesto de Bierce, a pesar de que ellos mismos han participado con entusiasmo en esas actividades incendiarias. Lo matan por la espalda, aunque unos días después, en una maravillosa escena épico-burlesca, el mismo Villa desentierra el cadáver de Bierce y da la orden de que se le fusile de frente, como corresponde.

La proyección ficcional de Fuentes del destino ignorado de una figura histórica hace a esta novela candidata al rótulo de literatura documental. La literatura documental incorpora material histórico en su estructura ficcional, poniéndolo al servicio activo de la ficción en lugar de utilizarlo como mero telón de fondo de la acción, como ha hecho siempre la literatura realista (lo que Barbara Foley llama literatura "seudofáctica").[12] Al poner en primer plano a personas y hechos reales del mundo *exterior* en el mundo ficcional, y al integrarlos, al mismo tiempo, en la estructura de modos que sugieren una multiplicidad de posibilidades narrativas para esas personas y esos hechos, la ficción documental pone en cuestión las convenciones del realismo. El ajuste conceptual de la relación entre la verdad histórica y la verdad narrativa que requiere la ficción documental se refleja en la insistencia de E. L. Doctorow en que no puede hablarse de textos ficcionales y no ficcionales, sino sólo de versiones narrativas, construidas, del mundo.[13] Aunque esta idea es la premisa obvia de la literatura documental, me niego a dejar de lado las distinciones esenciales entre los diversos medios narrativos de llevar a cabo esa premisa y las consecuencias éticas y estéticas de las realizaciones. Nelson Goodman argumenta convincentemente que nuestra aceptación de múltiples versiones "correctas" del mundo no nos releva de la obligación de distinguir entre "versiones que refieren y versiones que no lo hacen, y de hablar sobre las cosas y los mundos, si los hay, a los que ellas se refieren" (Goodman, *Ways of Worldmaking*, *op. cit.*, p. 96). El lector no debe aceptar fusiones genéricas en forma sumaria o simplista.

En *Gringo viejo*, el límite problemático entre los territorios culturales y geográficos representa temáticamente el ambiguo límite entre la verdad narrativa y la verdad histórica. El Bierce de la ficción atraviesa la frontera en El Paso, que la novela propone como línea divisoria entre la razón y la pasión, el orden y el caos, entre un código de la ley y un código del honor, y entre los hechos y la ficción. Antes de su muerte, el viejo gringo es descrito como "aturdido por el quebradizo planeta que separa a la realidad de la ficción" y consciente de que tendrá que "optar entre la *noticia* dirigida a Hearst y sus lectores, o la *ficción* dirigida al padre y a la mujer".[14]

Norman Mailer, al referirse a su propia práctica en su "novela no ficcional" *Los ejércitos de la noche* (1968), comenta que "escribir una historia íntima sobre

[12] La literatura documental es analizada inteligentemente por Barbara Foley en *Telling the Truth: The Theory and Practice of Documentary Fiction*, Ithaca, Cornell University Press, 1986.

[13] Véase E. L. Doctorow, "False documents", en *American Review*, 26, noviembre de 1977, pp. 215-232. Roland Barthes y Jacques Derrida también han expuesto posiciones fuertemente antigenéricas. Véase Roland Barthes, "Historical discourse", en *Introduction to Structuralism*, editado por Michael Lane, Nueva York, Basic Books, 1970, pp. 145-155 [el artículo fue publicado por primera vez en francés en 1967, en *Information sur les siences sociales*, e incluido posteriormente en *Le bruissement de la langue* (1984); fue traducido al español como "El discurso de la historia", en AAVV, *Estructuralismo y lingüística*, Buenos Aires, Nueva Visión, 1970, y en *El susurro del lenguaje*, Barcelona, Paidós, 1987]; y Jacques Derrida, "Limited inc abc", en *Glyph: John Hopkins Textual Studies*, 2, Baltimore, Johns Hopkins University Press, 1977, pp. 162-254.

[14] Carlos Fuentes, *Gringo viejo*, México, FCE, 1985, p. 60 (las cursivas son mías).

un hecho que focaliza una figura central que no es central para el hecho es provocar preguntas inmediatas sobre la competencia del historiador. O, ciertamente, sobre sus motivos honorables. La figura que ha elegido puede ser conveniente para él más que crucial para la historia".[15] *Gringo viejo* no trata más que sobre la competencia del historiador y la naturaleza del relato histórico, de modo que bien podemos preguntar cómo Bierce –uno de los personajes principales de la novela y uno muy menor en la Revolución mexicana– es "conveniente" para Fuentes. Bierce es caracterizado en la novela como periodista, y en realidad ejerció una enorme influencia en el periodismo norteamericano a través de H. L. Mencken y otros. Bierce también escribió obras de ficción, y sus mejores cuentos se sitúan en la Guerra Civil, el acontecimiento de la historia estadunidense análogo al conflicto mexicano fratricida (y parricida) del que se ocupa Fuentes en *Gringo viejo*. Peleó para el ejército de la Unión, sufrió graves heridas y fue profundamente afectado por la trágica experiencia de la masacre, tal como lo atestiguan sus escritos de guerra, incluyendo su notable relato de la batalla de Shiloh.[16] Varios de sus cuentos de guerra son ejemplos de realismo mágico *avant la lettre*, y es tentador formular la paradoja de que, como García Márquez, el periodismo de Bierce lo inspiró para escribir relatos de ficción fantástica. "El puente sobre el río del búho" ["An occurrence at owl creek bridge"] suspende la muerte de un joven soldado de la Guerra Civil hasta que su historia puede ser imaginada y concluida, estrategia narrativa que se anticipa a las similares suspensiones de la historia que Borges lleva a cabo en "El milagro secreto". "Un jinete por el cielo" ["A horseman in the sky"] de Bierce es repetidamente invocado en *Gringo viejo*; el cuento describe a un soldado de la Confederación que le dispara a una visión aérea y mata a su propio padre. Una vez más, la preocupación del periodista/escritor es la naturaleza de la realidad y la imaginación, y los modos como ambas chocan y se superponen, a veces fatalmente, como en este cuento.

El espíritu satírico de Bierce también es apropiado para los propósitos novelísticos de Fuentes. Bierce odiaba la pompa y la corrupción características de las décadas posteriores a la Guerra Civil, y manifestaba su oposición a los abusos políticos y sociales en sus artículos. Este espíritu se condensa en *El diccionario del demonio*, obra que, una vez más, parece predecir a Borges en su de-

[15] Norman Mailer, *The Armies of the Night*, Nueva York, New American Library, 1968, p. 65 [trad. esp.: *Los ejércitos de la noche*, Barcelona, Anagrama, 1989].

[16] Carey McWilliams, introducción a *The Devil's Dictionary*, Nueva York, Hill and Wang, 1957, p. x. [Hay traducción española del libro de Bierce: *El diccionario del demonio*, Madrid, M. E. Editores, 1997.]

Los cuentos de Bierce sobre la Guerra Civil fueron reunidos en *Tales of Soldiers and Civilians* (1892) [trad. esp.: *Cuentos de soldados y civiles*, Barcelona, Bibliotex, 1998]; una recopilación parcial de sus escritos no ficcionales sobre la Guerra Civil se encuentra en *Battlefields and Ghosts* (1931).

pendencia de fuentes apócrifas y antepasados imaginarios, así como en su supuesto formato académico y anotado. Comenzado en 1881 como una serie de definiciones que aparecían en un periódico de San Francisco llamado *The Wasp [La avispa]* ("nacido para picar") y publicado como unidad en 1906, el diccionario le permitió a Bierce ofrecer en orden alfabético los "verdaderos" significados de la práctica y las instituciones sociales. La entrada correspondiente a *Historiador* es "chismoso de gran alcance" y la definición de *Historia* es "relato en su mayor parte falso, de hechos en su mayor parte sin importancia, llevados adelante por gobernantes en su mayor parte malvados y soldados en su mayor parte estúpidos". A esta definición de la historia, agrega la siguiente copla del desconocido Salder Bupp:

> Sobre la historia de Roma, el gran Niebuhr ha demostrado
> que nueve décimos son mentiras. Por mi fe, quisiera que supiéramos,
> antes de aceptar al gran Niebuhr como guía,
> en qué se equivocó y cuánto mintió.[17]

Bierce sembró la duda tanto sobre la historia como sobre el historiador, y, aparentemente, su misma existencia fue puesta en duda durante su vida. Su biógrafo consigna que "Ambrose Bierce fue descubierto varias veces para ser olvidado enseguida hasta el punto que surgió la duda de si efectivamente existía alguien con ese nombre".[18] Su misteriosa desaparición en México puso el signo de interrogación final a la pregunta, y esto lo convierte en una persona/un personaje profundamente apropiado para la novela documental de Fuentes sobre la Revolución.

El Bierce histórico trabajó para varios periódicos de California –incluyendo el *Sunday Examiner* de San Francisco, que formaba parte del imperio periodístico de Randolph Hearst– y, luego, como corresponsal del *American* en Washington. No fue el único entre los periodistas y otros hombres ambiciosos de los medios estadunidenses que bajó a México para conseguir la primicia de la Revolución. El Bierce novelizado de Fuentes tiene la certeza de que llegará "un enjambre de periodistas como él, venidos de ambas costas, revoloteando alrededor del ejército de Pancho Villa" (Fuentes, *Gringo viejo*, *op. cit.*, p. 28), y varias escenas de la novela describen grupos de periodistas gritando preguntas cuyas respuestas, aparentemente, ya conocen. La muletilla "Noticias. Noticias nacionales" puntúa sus entrevistas. Hay también una escena en la novela que muestra a Raoul Walsh, camarógrafo y actor de la película *La vida del general Villa* (1914), de D. W. Griffith, que convirtió a Villa en estrella de Hollywood. Vemos a Walsh pidiéndole a Villa con frialdad que posponga las ejecuciones diarias hasta el amanecer para poder

[17] Bierce, *The Devil's Dictionary*, *op. cit.*, p. 7.

[18] Carey McWilliams, introducción a *The Devil's Dictionary*, *op. cit.*, p. v.

filmar los pelotones de fusilamiento en plena tarea. El general, benevolente, concede el pedido. Y si a Villa le complace que los medios lo transformen en mito, Porfirio Díaz, el dictador derrocado por la Revolución, no es menos cooperativo. Fuentes lo describe como "el deleite de los periodistas, un viejo tirano con genio para las frases publicables" (*ibid.*, 27). El ejemplo que viene a cuento es la desconsolada expresión: "¡Pobre México, tan lejos de Dios y tan cerca de los Estados Unidos!". Se espera, así, que recordemos que Díaz y Villa estuvieron entre los primeros líderes políticos que reconocieron el poder de los medios de información, un poder que sólo fue explotado *sistemáticamente* veinte años después por Adolf Hitler y Franklin Delano Roosevelt.

Fuentes condena directamente la intervención de la prensa norteamericana en la Revolución mexicana. En una escena de *Gringo viejo*, se evoca la redacción del *Chronicle* de San Francisco y se la describe metonímicamente mediante una acumulación de titulares llenos de "estereotipos instantáneos" destinados al consumo masivo fácil: "En México, unos bandidos llamados Carranza, Obregón, Villa y Zapata se habían levantado en armas [...] con el propósito principal de robarle sus tierras al señor Hearst. Wilson habló de la Nueva Libertad y dijo que les enseñaría la democracia a los mexicanos. Hearst exigía: Intervención, Guerra, Indemnización" (*ibid.*, pp. 27-28). Estas yuxtaposiciones patrioteros critican la participación de los periódicos de Hearst en la determinación de la política intervencionista de los Estados Unidos en México. Más aún, las repetidas referencias de la novela a la guerra entre España y los Estados Unidos, que según la mayor parte de los historiadores fue declarada y dirigida por la prensa estadunidense, constituyen un refuerzo enfático de la tesis de Fuentes.

El novelista estadunidense Gore Vidal hace un uso novelístico explícito del papel de Hearst en la política hemisférica en su novela histórica *Imperio* (1987). En realidad, Vidal abarca los mismos límites geográficos y narrativos que Fuentes, límites fijados por las relaciones de poder. La escena final de *Imperio* se sitúa en la Casa Blanca, en la que Vidal pone a Hearst y a Teddy Roosevelt frente a frente. Ambos son hombres vanos y poderosos que tienen la intención de extender sus respectivos imperios, tanto el periodístico como el nacional; sus objetivos coinciden, pero no así sus evaluaciones acerca de quién debe ser el emperador. Hearst se jacta de haber librado la guerra con España y de haber ganado, y, luego, de haber escrito toda la historia estadunidense. Roosevelt objeta:

> Roosevelt dejó ver su sonrisa deslumbrante. "Puede que yo sea un hipócrita, Mr. Hearst, pero no soy un pícaro."
>
> "Ya lo sé", dijo Hearst, con fingida tristeza. "Después de todo, lo inventé yo, ¿no?"
>
> "Mr. Hearst", dijo el Presidente, "la historia me inventó, no usted".
>
> [...]

> "La verdadera historia", dijo Hearst, con una sonrisa que era, por esta vez, casi encantadora, "es la ficción definitiva. Pensaba que hasta usted sabía eso". [19]

Vidal trata el tema de los límites entre la historia y la literatura, pero a diferencia de Fuentes, nunca logra hacerlos estructuralmente problemáticos. *Imperio* nunca perturba su propio estatuto referencial multiplicando las representaciones de la realidad histórica frente a una realidad postulada más allá de esas representaciones. La mayor parte de las novelas realistas presentan la literatura como si fuera historia; las novelas históricas como la de Vidal invierten el modelo referencial y presentan la historia como si fuera literatura. El resultado es el mismo. *Imperio* ofrece su versión de la historia como la única, la verdadera; el lector no cuenta con fundamentos narrativos o estructurales para pensar que podría ser de otro modo.

En la medida en que *Gringo viejo* es una crítica seria del imperio de Hearst y de las políticas imperialistas de los Estados Unidos en América Latina (más que su mera representación irónica, como la novela de Vidal), se relaciona estrechamente con una generación literaria anterior en los Estados Unidos, que también satirizó la falta de ética de las prácticas del periodismo estadunidense. Durante las primeras dos décadas del siglo XX, varios escritores estadunidenses fueron periodistas activos además de novelistas, y publicaron artículos y novelas sobre injusticias sociales y económicas en particular, con el objetivo –muchas veces alcanzado– de llevar a cabo reformas políticas y sociales. Upton Sinclair y Theodore Dreiser conocían los abusos del mundo periodístico desde adentro y escribieron novelas para señalar esos abusos, como lo había hecho William Dean Howells en la década de 1880.[20] John Dos Passos, en las secciones "de noticiero" de su trilogía de los años treinta, USA, utiliza el formato de los periódicos con objetivos satíricos, yuxtaponiendo titulares y fragmentos de fatuas crónicas y avisos publicitarios para sugerir la incoherencia –la mera obstinación en el error– de las definiciones contemporáneas de las "noticias".[21] Durante las primeras décadas de este siglo,

[19] Gore Vidal, *Empire*, Nueva York, Random House, 1987, p. 485 [trad. esp.: *Imperio*, Barcelona, Edhasa, 1998].

[20] Algunos análisis generales del tratamiento de este tema en la literatura estadunidense pueden encontrarse en Thomas Elliott Berry, *The Newspaper in the American Novel, 1900-1969*, Metuchen, (N. J.), Scarecrow Press, 1970; y en Howard Good, *Acquainted with the Night: The Image of Journalists in American Fiction*, Metuchen, (N. J.), Scarecrow Press, 1986. En la novela de William Dean Howells, *A Modern Instance* (1882), el mundo de los periódicos que Howells conocía por su actividad de toda la vida se utiliza principalmente como telón de fondo para las cuestiones morales. Las denuncias de Upton Sinclair en relación con el periodismo se encuentran en *Love's Pilgrimage* (1911) y su combinación de autobiografía y reportaje en *El tablero de latón [The Brass Check]* (1919). En *Una tragedia americana [An American Tragedy]* (1925), Theodore Dreiser condena a la prensa por obtener noticias a cualquier costo y por mezclar irresponsablemente hechos con ficciones sensacionalistas.

[21] Fuentes ha reconocido su deuda con Dos Passos en una entrevista reeditada en Emmanuel Carballo, *Diecinueve protagonistas de la literatura mexicana del siglo XX*, México, Empresas Editoriales, 1965, p. 434.

entonces, escritores socialmente comprometidos combinaron sus carreras en el periodismo y la literatura, y utilizaron estructuras periodísticas y estrategias narrativas en su obra de ficción, una práctica que James Agee continuó en los Estados Unidos en los años cuarenta. Ambrose Bierce fue el primero en asociar consistentemente estas actividades literarias en los Estados Unidos.

El personaje de Bierce construido por Fuentes es una amalgama de su práctica periodística, su obra literaria y su biografía. Considerado conservador en su época porque se oponía a la causa "democrática" del naciente imperialismo estadunidense, ahora lo vemos claramente iluminado por la percepción retrospectiva de la historia como un astuto crítico del tipo de retórica que en el siglo XX ha continuado inspirando y justificando las actividades expansionistas de los Estados Unidos. El Bierce de Fuentes viaja a México con un ejemplar del *Quijote*, y él mismo es visto por otros en la novela como el Quijote envejecido. El proyecto de autodefinición política puede ser tan quijotesco cuando se cruza la frontera de norte a sur como cuando se la cruza en la dirección inversa. Sin duda, la oposición de Bierce a los intereses políticos de los Estados Unidos en México debe ser interpretada como quijotesca y necesaria. Bierce escribió contra el expansionismo estadunidense en los periódicos de Hearst, el bastión y el vehículo mismo de esa política, y en la novela de Fuentes reconoce a regañadientes su complicidad con el colonizador al mismo tiempo que rechaza enfáticamente el colonialismo. Esta dialéctica entre el deseo del colonizador y la resistencia del colonizado está presente en muchos de los escritos de Fuentes; dada su tendencia a la autorrepresentación, no es insensato aventurar que el autor pueda haber inscrito una versión de sí mismo en su caracterización de Bierce.

Tal inscripción autoral es una hipótesis y no insistiré sobre ella, pero sí lo haré, en cambio, sobre los supuestos culturales y políticos de la novelización que hace Fuentes del Bierce histórico. He dicho que la mirada retrospectiva de la historia nos permite percibir a Bierce bajo una nueva luz, pero, en realidad, sólo conozco una revaloración crítica de la obra de Bierce.[22] A pesar de la cantidad de antologías que han incluido dos o tres de sus cuentos de la Guerra Civil, rara vez se considera a Bierce un escritor de ficción de primera línea; su obra no ficcional tampoco suele ser debatida en foros académicos. En la literatura estadunidense

[22] La excepción es la reconsideración que hace Cathy Davidson de la obra ficcional de Bierce en términos del posmodernismo borgeano. Véase *The Experimental Fictions of Ambrose Bierce: Structuring the Ineffable*, Lincoln, University of Nebraska Press, 1984. Los escritos políticos de Bierce han sido editados recientemente por Lawrence I. Berkove, *Ambrose Bierce: Skepticism and Dissent: Selected Journalism from 1898-1901*, Ann Arbor, Delmas Books, 1980. Todavía están por escribirse las reconsideraciones críticas de la actividad periodística antiintervencionista de Bierce a la luz del expansionismo estadunidense posterior, y de sus textos históricos a la luz de los escritos recientes contrarios a la guerra.

del siglo XIX, su obra ha sido casi totalmente eclipsada por escritores más preocupados por grandes cuestiones psicológicas y metafísicas que por estrategias políticas específicas. Aunque no negaré la superioridad del genio de Hawthorne, de Emerson, de Thoreau y de James en comparación con Bierce, sí propondré, en cambio, que la relativa oscuridad de Bierce refleja las actitudes estadunidenses hacia la función social y política del escritor y, por lo tanto, hacia la escritura periodística. La revitalización que hace Fuentes de los escritos de Bierce es un testimonio de la actitud diferente hacia el discurso periodístico que existe en América Latina y, por extensión, de los diferentes imperativos políticos que los escritores tienen en esa región. Una breve incursión en la historia literaria de los Estados Unidos será necesaria para explorar adecuadamente esta premisa.

II

Sinclair, Dreiser y Dos Passos, como Bierce, se parecen a los escritores latinoamericanos contemporáneos en el uso del discurso y la práctica del periodismo con objetivos sociales y políticos. Pero sería un descuido (dado mi proyecto comparativo) no observar que también se parecen a muchos de sus propios contemporáneos y precursores literarios estadunidenses en su desconfianza o menosprecio de la prensa. Hasta hace poco, la mayor parte de los escritores estadunidenses que habían tratado el discurso periodístico en su obra literaria lo habían hecho de manera satírica. Los escritores decimonónicos canonizados –Melville, Hawthorne, Emerson, James– estaban menos preocupados por los hechos políticos del momento que por las definiciones más generales de la condición humana, y puede concluirse de esto (como también de cierto provincianismo cuidadosamente construido) que ellos no estaban particularmente interesados en el periodismo. No es que sospecharan de la agenda política del periodismo; por el contrario, era más probable que actuaran en forma condescendiente hacia lo que veían como su efímera vulgaridad. En su propio e inimitable estilo patriotero, H. D. Thoreau nos ordena leer no el *Times* sino la eternidad, exclamando: "¡Qué novedades! ¡Cuánto más importante es conocer lo que nunca fue viejo!".[23] Continuamente,

[23] En la sección de *Walden* titulada "Where I lived, and What I lived for" ["Dónde viví y para qué viví"], Thoreau ubica a los periódicos en la misma clase que la oficina de correo, puesto que considera despreciables ambas cosas; llama "chismes" a las noticias e insiste en que él "nunca leyó una noticia memorable en un periódico". *Thoreau: Walden and Other Writings*, Nueva York, Bantam Books, 1962, pp. 175-176 [trad. esp.: *Walden o mi vida entre bosques y lagunas*, Buenos Aires, Espasa-Calpe, 1949].

Tal declaración sugiere que las referencias tópicas de Thoreau tienen por única función provocar la especulación filosófica. Los impuestos para la Guerra de México lo llevaron a escribir "Desobe-

James encontraba en los periódicos el lugar de la decadencia lingüística; es evidente que entendía el poder de la prensa no en términos políticos sino estéticos. Vale la pena citar *in extenso* las fuertes críticas que dirige a los periódicos en "The question of our speech" ["La cuestión de nuestro discurso"]:

> Desde la mera visión ruidosa de su página ubicua, erizada con efigies e imágenes groseras, con "titulares" vociferantes, con inscripciones, con negras erupciones de tinta, medidas, al parecer, por metros más que por centímetros, que impresionan en forma tan positiva como el rugido de un monstruo de mil caras; como las muecas, los gritos, aullidos y alaridos, que cubren toda la gama de fealdad, falta de pertinencia, disonancia de un maníaco poderoso que se acaba de escapar y corre frenéticamente a través de esferas similares de sentido y sonido. Es así, seguramente, cómo nuestra maravillosa prensa diaria nos da una vívida lección de los valores, de la justa proporción y del reconocimiento.[24]

El hecho de que la palabra *cliché* provenga del nombre del tipo ya hecho utilizado en la impresión corriente de periódicos y sea una variante de *cliquer*, el verbo francés onomatopéyico que significa "dar un golpecito", sugiere el traqueteo de las máquinas de composición, las prensas de impresión y (metafóricamente) el ruido del lenguaje periodístico que James tanto odiaba.

Los comentarios de estos escritores pueden reflejar con precisión las características de la crónica de la segunda mitad del siglo XIX en los Estados Unidos: James reacciona contra la patriotería y la prensa amarillista, y Thoreau, contra la ética de la objetividad sin mediación que se estaba desarrollando en ese momento. En cualquier caso, la opinión culta estaba siendo apartada y quedaba en segundo plano con respecto a la crónica, una práctica que ha continuado en el siglo XX y que ha contribuido a estandarizar el lenguaje periodístico y sus estructuras

---

diencia civil" ["Civil disobedience"] (1849), pero no podría decirse que ése sea el tema del texto. Por cierto, en el contexto de su breve referencia directa a México en ese ensayo, Thoreau da a entender que leer el diario puede inhibir, incluso, las acciones justas: "Hay miles que [...] leen en silencio la tendencia de los precios junto con los últimos consejos desde México, después de la cena y, tal vez, se duerman sobre ambos" (p. 89).

Hawthorne es menos condescendiente que Thoreau, pero también distingue nítidamente el periodismo del "genio" literario, desvalorizando el primero en comparación con el segundo. En "The old manse sketch" ["El boceto de la vieja rectoría"], escribe: "Es la edad misma la que escribe los periódicos y los almanaques, la que, por lo tanto, tiene un propósito determinado y significativo en ese momento, y una suerte de verdad inteligible para todos los momentos. [...] El genio, sin duda, funde varias edades en una, y así produce algo permanente. [...] Una obra de genio no es otra cosa que el periódico de un siglo, o tal vez el de cien siglos" (en *Mosses from an Old Manse*, Londres, Frederick Warner, 1844, p. 20 [trad. esp.: *Musgos de una vieja rectoría*, Madrid, Valdemar, 1994].

[24] Henry James, "The question of our speech", en *The Question of Our Speech and The Lesson of Balzac: Two Lectures*, Nueva York, Hougthon Mifflin, 1905, p. 42.

retóricas. El ideal de objetividad (aunque sea inalcanzable) es ampliamente sostenido en los Estados Unidos –y por buenas razones–, pero representa una ética y una estética periodísticas que han limitado efectivamente la discusión intelectual y la creatividad literaria a las páginas editoriales de los periódicos estadunidenses o las han desplazado a las revistas literarias y a los periódicos trimestrales. Como he dicho, la tradición periodística en América Latina era notablemente distinta en este aspecto en el siglo XIX y todavía lo es.

Las reacciones de Thoreau y de James también parecerían formar parte de un proyecto más amplio orientado a preservar, para la novela, un territorio a salvo de la invasión del lenguaje popular y de los medios masivos. (En el capítulo 6, demuestro que este proyecto aún condiciona la literatura estadunidense.) Entre los prosistas estadunidenses del siglo XIX, además de Bierce, sólo Edgar Allan Poe y Mark Twain consideraron innecesario trazar una división enfática entre los periódicos y las novelas. Poe consolidó su reputación como crítico publicando ensayos sobre estética literaria en periódicos; Twain formó parte de la tradición humorística local que utilizaba los periódicos para comunicar pequeñas dosis de vida diaria y sentido común. Comenzando por Benjamin Franklin y su *Almanaque del pobre Richard* [*Poor Richard's almanack*] e incluyendo a Twain y a Ambrose Bierce, los humoristas norteamericanos llegaron a un público muy amplio publicando en periódicos sus relatos moralistas sobre las actitudes y las actividades de clases y regiones enteras del país.[25] La popularidad y la influencia de escritores como Art Buchwald, Calvin Trillin y Erma Bombeck pueden entenderse como una extensión de este modo de comentario social peculiarmente estadunidense.

La visión pragmática de los periódicos por parte de los humoristas, sin embargo, no es común, puesto que los escritores estadunidenses serios se han resistido, por lo general, a asociar sus formas literarias con los medios periodísticos. Willa Cather dejó su trabajo en la revista *McClure's* cuando comenzó a escribir ficción, declarando que el periodismo, para ella, era incompatible con la escritura literaria.[26] Fitzgerald y Faulkner no se oponían a los medios populares, pero preferían a Hollywood antes que a Hearst, porque allí podían seguir siendo escritores más que periodistas. Y Hemingway, a pesar de su estilo conciso, "periodístico", no se ocupó de los problemas metaficcionales generados por la inclusión explícita del

[25] Algunos nombres hoy olvidados acompañaron alguna vez la firma de Twain. Véase Walter Blair y otros, *American Literature: A Brief History*, Nueva York, Scott Foresman, 1964, pp. 106-107.

[26] Cather escribió que la "novela es una forma de arte imaginativo" y, en consecuencia, "no puede ser al mismo tiempo una forma vívida y brillante de periodismo". "The novel demeublé", en *The New Republic Supplement*, abril de 1922. En la novela de Cather *Mi enemigo mortal* [*My mortal enemy*] (1926), la joven narradora rechaza la sugerencia de hacerse periodista, aduciendo que ella odia esa profesión. Véase también James Woodress, "*McClure's* Magazine: 1906-1912", en *Willa Cather: Her Life and Her Art*, Lincoln, University of Nebraska Press, 1970, pp. 119-149.

estatuto referencial específico del periodismo. Los escritores que hemos ubicado en las posiciones de mayor prestigio entre los estadunidenses modernos (siguiendo el ejemplo de los escritores estadunidenses decimonónicos canonizados) han preferido, por lo general, no mezclar los medios ficcionales con los no ficcionales, sino más bien distinguir su propia tarea como novelista de las formas periodísticas consideradas más públicas, impersonales, convencionales y, por lo tanto, de menor valor.

Más recientemente, los portadores de la idea de la "novela de no-ficción" –Truman Capote, Norman Mailer, Hunter S. Thompson– y el "nuevo periodismo" –Joan Didion, Tom Wolfe, Joyce Carol Oates– sí parecen haber adoptado una actitud periodística. Sus experimentos genéricos han planteado muchos de los interrogantes que también planteó la literatura documental, preguntas focalizadas en los dos títulos de sección de *Los ejércitos de la noche* (1968), de Norman Mailer: "La historia como novela" y "La novela como historia"; esta última, bastante más larga. Estos autores sí están de acuerdo con la práctica literaria latinoamericana habitual de usar la crónica periodística para cuestionar cómo puede representarse la realidad. Pero tienden a ocuparse de temas públicos o políticos mucho menos que los escritores latinoamericanos contemporáneos: una diferencia reveladora, porque sugiere que escriben de un modo menos periodístico que autobiográfico. Aun cuando estén "informando" sobre hechos u ocurrencias, su tono es esencialmente el del ensayo personal extendido. Suelen describir hechos y escenarios históricos no tanto para elucidarlos como para estructurar y focalizar el personaje que quieren construir, una estrategia narrativa típica del ensayo personal. Considérese, por ejemplo, la centralidad y la subjetividad de la voz autoral en *Música para camaleones [Music for Chamaleons]* (1980), de Capote; *Miedo y asco en Las Vegas [Fear and Loathing in Las Vegas]* (1971), de Thompson; *Miami* (1987), de Didion; o *Del boxeo [On Boxing]* (1986), de Oates. Incluso un observador político y social agudo como Mailer escribe desde una perspectiva conscientemente irónica, y toda la indignación política que pueda haber tenido la intención de expresar se incorpora, en definitiva, a su propia ostentación personal. Mailer sólo deja a sus lectores algunos vestigios de sus reclamos iniciales de compromiso social y político.

Vuelvo, entonces, a mi afirmación comparativa. El concepto del escritor de la responsabilidad política y social afectará su utilización del discurso periodístico. Evidentemente, los escritores estadunidenses han aprovechado el potencial político y literario de la escritura periodística en menor medida que los escritores latinoamericanos. Ya he mencionado la posición pública asumida por muchos escritores latinoamericanos contemporáneos y los modos en que la ficción y el periodismo aparecen menos claramente separados cuando se subvierten o se silencian los canales de la expresión pública. Mi argumento para una revaloración contemporánea de la obra de Bierce se inspira en los escritores latinoamericanos contemporáneos que se niegan a separar sus actividades periodísticas de la literatura y que conciben la escritura periodística como un modo ideológico más que reporteril (o autobiográfico). Aunque también he mencionado a varios escritores estadunidenses que, como los latinoamericanos, sí han respondido a los imperativos políticos y sociales combinando prácticas y modos periodísticos y novelísticos, lo que sostengo aquí es que en la cultura estadunidense, en la que no se suele asignar una función política a la literatura, estas combinaciones son la excepción más que la regla. Después de esta generalización comparativa, deseo volver a *Gringo viejo*, de Fuentes, y vincularla con la que es, en mi opinión, la más importante de esas excepciones en la literatura estadunidense: *Elogiemos ahora a hombres famosos* [*Let Us Now Praise Famous Men*] (1941), de James Agee. Ambos escritores utilizan el periodismo gráfico como una prueba final de su "correcta representación" literaria: Fuentes de manera implícita, Agee explícita y enfáticamente.

La Revolución mexicana fue "cubierta" por algo más que los reporteros de Hearst.[27] Además de la perspectiva y del pasado periodísticos de Bierce, *Gringo viejo* incorpora a su estructura descriptiva la documentación del reportero gráfico mexicano Agustín Víctor Casasola. Casasola ha sido llamado el Mathew Brady de la Revolución mexicana, pero la similitud reside más en el hecho de que ambos cubrieron guerras civiles que en sus logros fotográficos. En realidad, sería más correcto comparar la obra de Casasola con la brillante fotografía documental social de su contemporáneo norteamericano Lewis Hine o con los últimos trabajos de Dorothea Lange y Walker Evans. Es más, Casasola no sólo tomaba fotos sino que también encargaba y reunía las fotografías de otros reporteros gráficos, gracias a lo cual dejó un registro visual de la Revolución mexicana que constituye un logro artístico y documental irreemplazable. Su trayectoria siguió a los tiempos: desde 1900, trabajó como redactor y fotógrafo en uno de los periódicos oficiales de la dictadura de Díaz. Cuando la oposición a Díaz se cristalizó alrededor de las elecciones presidenciales de 1910, Casasola entró a trabajar para el principal competidor de Díaz, Francisco Madero. Y en 1911, mientras la Revolución barría el país, formó una agencia periodística. Después de la Revolución, Casasola

[27] Una recopilación de artículos publicados originalmente en periódicos del estado de Jalisco, en su mayor parte sin indicación de autor, da cuenta de la excelente cobertura de la Revolución que hizo la prensa mexicana. Véase Jaime Olveda, Alma Dorantes y Agustín Vaca (comps.), *La prensa jalisciense y la revolución*, México, Instituto Nacional de Antropología e Historia, 1985. Los títulos de algunos de los artículos sugieren la combinación de pasión, análisis y profecía que los caracteriza, y mucho periodismo latinoamericano, además: "Evolución no debe ser anarquía", "Después de la Revolución sigue la Revolución", "¿Cuál es la teoría del poder público revolucionario?", "Babel revolucionaria" y, el 19 de junio de 1920, "La fiera aún ruge".

fue empleado por agencias del nuevo gobierno democrático para tomar fotografías de fábricas, cárceles, hospitales, cortes, artistas populares. Después de su muerte, en 1938, su colección de fotografías pasó a su hijo. Su familia todavía tiene un local en México en el que se copian y se venden fotografías a partir de los negativos de vidrio originales de Casasola.[28]

Se podría argumentar que las fotografías de Casasola condicionaron el curso de la Revolución mexicana, y es innegable que han condicionado permanentemente las formas en que los historiadores, y cualquier otra persona, la juzgan. Ejercieron influencia sobre José Guadalupe Posada, el ilustrador de la Revolución mexicana, que a menudo copiaba las imágenes de Casasola para hacer los grabados que publicaba la prensa popular. Décadas más tarde, sirvieron como modelos (a veces, a través de los grabados de Posada) para los murales de Diego Rivera y de José Clemente Orozco que representan la historia mexicana. Y parece seguro que condicionan tanto la forma como el contenido de la novela de Fuentes (que fue publicada en México, originalmente, con una fotografía de Casasola en la tapa). Los hechos de la novela son filtrados por la conciencia de una mujer estadunidense que se hallaba en México durante el levantamiento. Los recuerdos del personaje, como las fotografías de Casasola, congelan el tiempo y el espacio en dramáticas instantáneas. Para ella, el pasado tiene un tono sepia y bordes suaves; sus imágenes estáticas reflejan la misma acosadora ironía que invade las fotografías de Casasola. Vemos en la memoria de Harriet Winslow las imágenes visuales de la Revolución que todos llevamos con nosotros, las imágenes captadas por la cámara de Casasola: los líderes revolucionarios con el pecho atravesado por cananas con cartuchos, sus tropas campesinas y sus seguidores, las soldaderas y los niños abrumados de manera antinatural por atavíos de acero y de cuero contra fondos de trenes y caminos polvorientos que sugieren los desplazamientos continuos de la guerra (figuras 1 y 2). Así, una fotografía típica de Casasola muestra a un joven soldado indígena a la espera del momento del despliegue, sentado junto a las vías del tren con su esposa y su hijito. Un rifle los divide verticalmente, a ellos y a la fotografía. Están en pose y compuestos de un modo atemporal, ceremonial. Sus cuerpos describen círculos suaves de carne y tela contra los rieles de acero de la guerra.

[28] Véase la información introductoria que ofrece el catálogo de la exposición de 1985 *Tierra y libertad: Photographs of México, 1900-1935 from the Casasola Archive*, Oxford, Oxford Museum of Modern Art e Instituto Nacional de Antropología e Historia de México, 1985. Otro catálogo de una exposición es *The World of Agustín Víctor Casasola: Mexico, 1900-1938*, Washington D.C., The Fondo del Sol Visual Arts and Media Center, 1984. Las mejores reproducciones de fotografías del archivo de Casasola han sido publicadas en *Jefes, héroes y caudillos*, México, FCE, 1986.

FIGURA 1. *Emiliano Zapata con rifle y sable. Fotografía de Agustín Víctor Casasola.*

FIGURA 2. *Soldado federal con su esposa y su hijo. Fotografía de Agustín Víctor Casasola.*

En las imágenes verbales de Fuentes, como en las imágenes visuales de Casasola, detrás de la juvenil inocencia de los revolucionarios percibimos las sombras de las batallas, los pelotones de fusilamiento y los asesinatos. En sus representaciones de los jóvenes revolucionarios, se nos recuerda el dicho de Cyril Connolly de que nada marca tanto a una persona como su ignorancia de los horrores almacenados. Sus imágenes parecen tumbas, bellos monumentos dedicados a los remotos mecanismos de la historia, saboreados por los sobrevivientes, no previstos aún por los difuntos. En una de las primeras escenas de la novela de Fuentes, Bierce le pregunta a un grupo de soldados sentados en un furgón cómo llegar al campamento de Villa. Como respuesta a la consulta, gritan a coro: "¡Villa! ¡Villa! ¡Viva Villa!". Y un soldado, que por la descripción narrativa parece recién salido de una fotografía de Casasola, grita: "¡Todos somos Villa!". Pero el optimismo desafiante de esta frase, como el desafío encarnado tan a menudo en las fotografías de Casasola, es socavado por los hechos que vienen a continuación: la perversión posrevolucionaria de los ideales aparece en forma explícita en una novela anterior de Fuentes, *La muerte de Artemio Cruz* (1962), en la que, no por casualidad, el instrumento de corrupción política más efectivo del personaje es el periódico que posee y edita. Cuando el mismo Villa aparece finalmente en *Gringo Viejo*, es un camafeo en sentido literal: el narrador describe su cabeza tal como la recordamos de las fotografías de Casasola. La presencia de Casasola en la iconografía de la Revolución a la que recurre Fuentes queda implícita en esta novela, pero se hace explícita en la novela que la sigue. En *Cristóbal Nonato* (1987), Fuentes describe a un personaje con "ojos de un guerrillero de una foto de Casasola".[29]

La utilización de imágenes fijas para estructurar el medio móvil de la narración verbal no es nueva en la literatura latinoamericana, como tampoco lo es, según he dicho, la mezcla de modos de ficción y de no-ficción.[30] Sin embargo, el uso que hace Fuentes de fotografías documentales preexistentes y bien conocidas sí es único y puede ser un principio de explicación de algunas de las debilidades de su novela así como de sus numerosas fortalezas. La tendencia de su lenguaje al exceso romántico puede originarse, en parte, en la tentación (no resistida suficientemente) de reiterar el lirismo fotográfico de Casasola en la prosa narrativa. Más aún, la segmentación temporal de la novela también parece estar conceptualmente condicionada por las imágenes fotográficas. Las fotografías, por muy expresivas que sean, sólo pueden ser cortes transversales de la historia, y en el caso de esta novela, la analogía narrativa con ellas puede engendrar la cualidad estática de los personajes y de la acción que percibimos algunas veces. Para una novela que se ocupa de acontecimientos históricos y de sus consecuencias potenciales, el desarrollo a través del tiempo es sorprendentemente escaso: las relaciones de Harriet Winslow con Bierce y los revolucionarios avanzan abruptamente, a menudo sin suficiente continuidad o causalidad psicológica, como si estuviéramos siguiendo sus historias en un viejo álbum familiar, mirando primero una fotografía y luego otra.

La interacción entre la narración histórica de Fuentes y las fotografías de Casasola puede compararse con la interacción entre la prosa de James Agee y las fotografías de Walker Evans en *Elogiemos ahora a hombres famosos*. La revista *Fortune* les encargó a Agee y a Evans que hicieran una serie de artículos ilustrados sobre la situación de los aparceros blancos en Alabama durante la Gran Depresión. Cuando *Fortune* rechazó su trabajo, lo publicaron en la forma en que hoy lo conocemos.[31]

[29] Carlos Fuentes, *Cristóbal Nonato*, México, FCE, 1987, p. 120.

[30] Véase, por ejemplo, mi artículo sobre el uso que hace Julio Cortázar de las estructuras fotográficas: "Movement and stasis, film and photo: temporal structures in the recent fiction of Julio Cortázar", en *Review of Contemporary Fiction*, 3, núm. 3, 1983, pp. 51-56.

[31] Entre 1934 y 1941, se publicaron, de hecho, varios libros que combinaban fotografías y texto verbal, todos ellos orientados a documentar los problemas sociales causados por los desastres naturales y el colapso económico internacional de ese período. El medio democrático y democratizador que era la fotografía resultó oportuno. Además de *Elogiemos ahora a hombres famosos*, otros documentos foto-textuales que responden a imperativos sociales y políticos son *You Have Seen Their Faces* (1937), de Erskine Cladwell y Margaret Bourke-White; *Land of the Free* (1938), de Archibald MacLeish; *An American Exodus* (1939), de Paul S. Taylor y Dorothea Lange; y *12 Million Black*

El libro comienza con las sesenta y dos clásicas fotografías de Walker Evans de tres aparceros y sus familias, las casas, la tierra. Las fotos no van precedidas por ningún título o portada, tampoco llevan epígrafes ni sus páginas están numeradas, como para insistir en que se les permita hablar en su propio lenguaje visual antes de que se insmiscuyan los signos identificadores del medio impreso. Después de las fotos, siguen las 471 páginas de James Agee, con descripciones de objetos, habitaciones y rostros –incluso los contenidos de los cajones asiduamente catalogados– detalladas casi hasta la obsesión, que atestiguan su deseo de igualar mediante la prosa las capacidades documentales de las fotografías de Evans. En su "Preámbulo", escribe Agee:

> Si pudiera hacerlo, no escribiría aquí nada en absoluto. Serían fotografías; el resto serían fragmentos de tela, pedazos de algodón, terrones de tierra, registros de habla, trozos de madera y de hierro, frascos con olores, platos de comida y de excremento. Los libreros lo considerarían bastante novedoso; los críticos murmurarían, sí, pero es arte; y yo confiaría en que la mayoría de ustedes lo usaría como se usa un juego de salón.[32]

Aquí, obviamente, están en discusión la naturaleza y la adecuación (o inadecuación) de este medio escrito. Agee pensaba que la cámara era, "junto con la conciencia sin ayuda y sin armas, el instrumento central de nuestro tiempo" (Agee y Evans, *Let Us Now…*, *op. cit.*, p. 11). A través de su relato, él da a entender que la cámara puede hacer lo que las palabras no pueden hacer nunca, que la lente es una ventana al mundo transparente y, por lo tanto, sincera, como nunca lo son las palabras. Aunque él sabe (como nosotros) que la cámara sí media entre los objetos y su expresión, insiste, no obstante, en que las palabras, a causa de su relación simbólica (conceptual) con sus objetos, nunca pueden alcanzar la inmediatez expresiva de las imágenes fotográficas, que existen en relación icónica (sensorial) con sus objetos. En términos de Goodman, Agee consideraba que la "verdad" (aun imperfecta) de la fotografía era preferible a la "corrección" potencial pero elusiva de las palabras. Por cierto, las imágenes de Evans de la Gran Depresión en los Estados Unidos han marcado nuestra memoria comunitaria de la his-

---

Voices (1941), de Richard Wright. Entre estas obras, *Elogiemos ahora a hombres famosos*, de Agee y Evans, es quizás el registro más explícito de la lucha del arte con la responsabilidad social durante la Depresión.

En este contexto, véase también John Rogers Puckett, *Five Photo-Textual Documentaries from the Great Depression*, Ann Arbor, UMI Research Press, 1984; Carol Schloss, *In Visible Light: Photography and the American Writer, 1840-1940*, Nueva York, Oxford University Press, 1987; y Jeffrey Hunter, *Image and Word: The Interaction of Twentieth-Century Photographs and Texts*, Cambridge, Harvard University Press, 1987.

[32] James Agee y Walker Evans, *Let Us Now Praise Famous Men*, Boston, Houghton Mifflin, 1941, p. 13 [trad. esp.: *Elogiemos ahora a hombres famosos*, Barcelona, Seix Barral, 1993.]

toria como no lo ha hecho ningún documento escrito del período, incluyendo el de Agee.

El abismo entre la narración verbal y las imágenes fotográficas no es el único que desalienta a Agee. Él también opone la novela a la literatura de no-ficción, y el Arte (con A mayúscula) a su propia empresa periodística. Si para Agee, la fotografía tiene una inmediatez expresiva mayor que la narración, la literatura de no-ficción tiene una expresividad más inmediata que la novela. Escribe:

> En una novela, una casa o una persona adquieren todo su significado, toda su existencia, a través del autor. Aquí, una casa o una persona sólo tienen a través de mí una porción limitada de su significado: su verdadero significado es mucho mayor. Es que esa persona *existe*, en su ser real, como existimos ustedes y yo, como ningún personaje de la imaginación puede existir nunca. Su gran peso, misterio y dignidad residen en este hecho. En cuanto a mí, sólo puedo decirles sobre esa persona lo que vi, con la precisión que me permiten mi conocimiento y mis términos; y esto, a su vez, no reside principalmente en alguna habilidad mía sino en el hecho de que yo también existo, no como obra de ficción, sino como ser humano. A causa de su peso inconmensurable en la existencia real, y a causa del mío, cada palabra que digo sobre esa persona tiene inevitablemente un tipo de inmediatez, un tipo de significado no necesariamente "superior" al de la imaginación, sino un tipo tan diferente que una obra de la imaginación (no importa con cuánta intensidad se acerque a "la vida") puede, a lo sumo, sólo imitar débilmente una porción mínima de él. [*Ibid.*, p. 12; las cursivas son del autor.]

Aquí, el argumento de Agee a favor de la literatura de no-ficción es evidentemente político más que epistemológico. Puesto que la literatura de no-ficción se basa en la existencia histórica de su objeto, puede tratar las realidades sociales y económicas como no puede hacerlo la ficción. Cuando Agee dice sobre *Elogiemos ahora a hombres famosos*: "Por sobre todas las cosas: en nombre de Dios, no piensen que se trata de Arte" (*ibid.*, p. 15), expresa su temor de que el efecto político de su obra sea neutralizado si recibe la aceptación oficial y el homenaje que se le rinde al "Arte". Es menos probable, da a entender, que este destino le toque a la literatura de no-ficción que a la novela. Dar a conocer lo que toman "los sentidos: en una particularidad tan grande, perfecta y exacta como podamos nombrarlo" (*ibid.*, p. 110) es el programa periodístico de Agee. Apenas es necesario decir que a pesar de esta aspiración al anonimato "sin arte" y, por lo tanto, a la propiedad compartida, politizada, de la literatura de no-ficción, la prosa lírica de Agee es una versión construida (es decir, artística) del mundo.

La centralidad de la escritura periodística en la agenda política de Agee recuerda el compromiso periodístico de los escritores latinoamericanos contemporáneos, aunque dudo de que cualquiera de esos escritores estuviera de acuerdo con la jerarquía de las formas de Agee, que ubica la novela en último lugar. Tampoco estarían de acuerdo con la separación absoluta que establece Agee entre la literatura de ficción y de no-ficción, una idea que ahora nos parece ingenua. Hay, sin embargo, un escritor contemporáneo importante que sí está de acuerdo con Agee: se trata de Elie Wiesel. Aunque Wiesel no sea un escritor norteamericano en el sentido habitual, su inmigración a los Estados Unidos después de la Segunda Guerra Mundial y su consideración de la importancia histórica del escritor me permiten relacionar su práctica literaria con mis preocupaciones teóricas y comparativas.

El objetivo literario de Wiesel, como el de Agee, es explícitamente político. Como Agee, Wiesel aprovecha el potencial del relato para recuperar y comunicar la injusticia social y política. El tema de Wiesel es el Holocausto, un horror histórico que no depende de la imaginación literaria sino que, más bien, la desafía. Por lo tanto, no le preocupan las preguntas metahistóricas en relación con la literatura documental, sino las preguntas periodísticas más básicas: cómo narrar lo que realmente ocurrió. En la literatura sobre el Holocausto, la realidad resulta tan increíble y grotescamente desproporcionada que sustituye a la ficción, la vuelve irrelevante.[33] Así, Wiesel insiste en que "una novela sobre Auschwitz o no es una novela o no es sobre Auschwitz", y sostiene que la "literatura testimonial" es la forma genérica más importante de nuestro siglo.[34] Su obra autobiográfica *La noche* [*Night*] proporciona un ejemplo paradigmático de este género, plenamente comprometido con las resonancias etimológicas de la palabra "testimonial": da testimonio de los acontecimientos no sólo en el sentido de observarlos y documentarlos, sino también en el sentido jurídico y en el religioso.

Agee y Wiesel están de acuerdo en la función mimética de la narración, pero disienten acerca de la capacidad de las palabras para cumplir esa función. Ambos son impulsados por el deseo urgente de dejar que los hechos hablen por sí mismos, sin mediación, pero eligen medios diferentes para alcanzar su objetivo. Agee desconfía de las palabras y atribuye a la cámara la capacidad de restituir la realidad presente, mientras que Wiesel está convencido de que el lenguaje puede recapturar el pasado sin falsificarlo y volverlo disponible en el presente. A pesar de esta diferencia, comparten la creencia implícita de que cualquiera que sea el medio, equiparar la ficción y la escritura de no-ficción es un lujo histórico que uno puede darse sólo en períodos de prosperidad y justicia social, pero no, por cierto, en situaciones extremas como las que ellos esperan documentar. Ambos

[33] También los autores latinoamericanos han utilizado estrategias periodísticas para escribir acerca de acontecimientos inimaginables. Véase mi ensayo "Deciphering the wounds: The politics of torture and Julio Cortázar's literature of embodiment", en *Postcolonial Literature and the Biblical Call for Justice*, ed. Susan Van Zanten Gallagher, Jackson, University Press of Mississippi, 1995, pp. 91-110.

[34] Elie Wiesel, "A plea for the survivors", en *A Jew Today*, Nueva York, Random House, 1978, p. 200.

insisten en que el escritor debe responder a la crisis histórica intentando separar la realidad fáctica del modo como son contados los hechos, aun reconociendo que tal separación contradice la teoría y la práctica epistemológicas y narrativas dominantes y es, además, imposible de alcanzar.

Si la fusión conceptual de las categorías narrativas de la historia y la ficción es un lujo, entonces debemos conceder que las novelas de no-ficción de Capote, Mailer y Thompson se valen del lujo provechosamente, como lo hace *Gringo viejo*, la novela de Fuentes. Así es como debe ser. Además, hemos visto ejemplos en la literatura latinoamericana reciente en los que la mezcla de los modos narrativos *no* es un lujo nacido de la estabilidad política y social, como sugieren Agee y Wiesel, sino más bien una reacción a la inestabilidad y la injusticia.

Al principio de este capítulo, postulé un *continuum* de relaciones conceptuales entre la verdad histórica y la verdad narrativa, entre los polos de las ideologías extremas de la historia colectiva, por un lado, y las ideologías extremas de la autonomía individual, por el otro. Wiesel habría sido consciente de los errores de ambos extremos. En tanto judío, había sufrido la locura de la ideología nazi del destino histórico colectivo, que excluía la posibilidad misma de las versiones individuales; como sobreviviente de esa locura, desea confirmar la experiencia histórica colectiva del Holocausto, no como novelista sino como testigo. De ahí su rechazo de los relatos de ficción sobre el Holocausto frente a su conciencia evidente del valor de tales relatos. Wiesel, creo, estaría de acuerdo en que la historia es una estructura interpretativa –un relato–, pero insistiría en que esa historia debe ser consensual, a diferencia de la ficción, porque la historia no prescinde de los hechos y de los artefactos. *Hecho* deriva de *factum*: lo que se *hace* (es decir, se realiza o se produce, pero, en este caso, no se inventa).* Para Wiesel, la profunda tarea del escritor y del historiador es descifrar un lugar común de los hechos –nunca objetivo pero tampoco totalmente subjetivo– y asignar una significación que participa por sí misma en la construcción del presente compartido.

No es posible sostener que Wiesel o Agee sean representativos de los escritores estadunidenses, pero cumplen la función de recordarnos la idea corriente de que la realidad puede aceptar cualquier construcción que se coloque sobre ella, una idea que puede seducir fácilmente a los novelistas (y a los críticos), en parte porque supone que la realidad es ella misma una ficción, un texto, una construcción lingüística. Mientras que esta idea tiene la virtud de subrayar el hecho de que toda codificación del conocimiento es ideológica y que los modos narrativos, ya sean históricos o ficcionales, verbales o visuales, necesariamente se filtran en

* La autora contrasta aquí los significados de los verbos ingleses *to make* ("hacer", en el sentido de "fabricar", "producir", "crear"), *to make up* ("inventar") y *to do* ("hacer", en su sentido más abarcador: "realizar", "llevar a cabo", "actuar"). [N. de la T.]

las realidades que describen, también ha oscurecido indebidamente y, algunas veces, incluso borrado distinciones necesarias y válidas entre diferentes modos de conocimiento y procedimientos de representación. En este contexto, resultan especialmente interesantes la obra de ficción de Fuentes, la de no-ficción de Agee y las expresiones fotográficas de las historias que cuentan. Como la literatura testimonial de Wiesel, nos enseñan mucho sobre el modo como los diferentes artistas y las formas artísticas interpretan y contienen la realidad, y también nos enseñan (¿hace falta decirlo?) acerca de la realidad misma.

III

"La realidad misma" es el objetivo del periodista/narrador en *Crónica de una muerte anunciada*, de Gabriel García Márquez, y del periodista/personaje en *La guerra del fin del mundo*, de Mario Vargas Llosa. Esta frase –la realidad misma– puede utilizarse en un sentido estricto para aludir a una historiografía positivista inaceptable para cualquiera que no sea ingenuamente devoto del mito del realismo, pero es justo la devoción de sus personajes por este mito lo que estos autores desean poner a prueba. Lejos de combinar categorías narrativas, estas obras destacan sus diferentes deseos y posibilidades miméticas. García Márquez y Vargas Llosa ponen en escena las cuestiones ideológicas y narrativas que he comentado en la primera parte del capítulo: cuestiones que se plantean cada vez que las formas periodísticas y novelísticas compiten por la atención del lector entre las tapas de un único libro. Me referiré primero a la novela de García Márquez, luego a la de Vargas Llosa.

El tema de *Crónica de una muerte anunciada* es el problema de conocer y narrar el pasado, ya sea en el modo supuestamente fáctico del periodismo, ya en el modo supuestamente ficcional de la novela. ¿Se puede saber alguna vez lo que sucedió realmente, o por qué? Si la respuesta es *sí*, ¿es posible comunicar o mostrar alguna vez el propio conocimiento en forma satisfactoria? ¿Qué potencial tenemos para el descubrimiento y la revelación en cualquier medio? Éstas son las preguntas que el periodista/narrador de García Márquez formula obsesivamente. Después de hacer un gran esfuerzo, se ve obligado a aceptar una respuesta ambivalente: descubre que no puede ni conocer el pasado en su totalidad ni narrarlo adecuadamente, pero también cree que es necesario intentarlo, y que vale la pena. En esta novela, entonces, García Márquez subvierte y celebra, a la vez, la problemática equivalencia entre la historia y sus versiones narradas. El pasado no puede recuperarse, pero el proceso de su reconstrucción narrativa proporciona los consuelos de la conclusión y la continuidad que a menudo nos niegan los acontecimientos.

Es en *Crónica de una muerte anunciada* donde la formación periodística de García Márquez llama más claramente nuestra atención.[35] García Márquez nunca ha dejado de escribir para los periódicos, y con frecuencia ha expresado su fascinación con el vínculo entre el periodismo y la literatura, entre la realidad y sus versiones escritas, entre los hechos y su narración y, sobre todo, entre el distanciamiento periodístico y la participación creativa. El paradójico título de la novela anuncia no sólo la percepción retrospectiva del narrador, sino también la problemática relación entre el periodismo y la literatura, y la posición ambivalente del narrador entre (o en) los dos mundos. *Crónica*, después de todo, es una palabra que se suele utilizar para referirse a los periódicos más que a las novelas; sugiere un relato secuencial, no mediado, de los hechos más que un orden determinado por la intención narrativa. Precisamente, una parte de los artículos periodísticos de García Márquez han sido reunidos en una antología bajo el título de *Crónicas y reportajes* (1987).[36]

En un ensayo sobre la naturaleza de la narración histórica, Hayden White analiza la crónica medieval, que se caracteriza por listar en dos columnas verticales paralelas el año y los acontecimientos de ese año. Si no se asigna a ningún acontecimiento la importancia suficiente para que merezca figurar en la crónica de un año dado, el testimonio de esa circunstancia es un espacio vacío al lado de ese año. La crónica, afirma White, "no posee ninguno de los atributos que normalmente consideramos propios de un cuento; no tiene tema central, carece de principio, nudo y final claramente delimitados, no tiene peripecia".[37] Es, sobre todo, la falta de final lo que caracteriza a la crónica; el tiempo se representa como paratáctico e ilimitado. La lista de años en la crónica que analiza White continúa más allá de la lista de acontecimientos, lo que sugiere "la continuación de la serie hasta el infinito, o más bien, hasta el Segundo Advenimiento. Pero el cuento no tiene final" (White, *The valve*..., *op. cit.*, p. 12). Para White, la diferencia entre

[35] La relación entre la práctica periodística de García Márquez y su obra de ficción es comentada por Robert L. Sims en "El laboratorio periodístico de García Márquez: lo carnavalesco y la creación del espacio novelístico", en *Revista Iberoamericana*, 52, núm. 37, octubre de 1986, pp. 979-989, y también en *El primer García Márquez: Un estudio de su periodismo de 1948 a 1955*, Potomac (M. D.), Scripta Humanistica, 1991; véase también Carmen Rabell, *Periodismo y ficción en "Crónica de una muerte anunciada"*, Santiago de Chile, Instituto Profesional del Pacífico, 1985, y Jorge Ruffinelli, "Un periodista llamado Gabriel García Márquez", en *Crítica en marcha: Ensayos sobre la literatura latinoamericana*, México, Premia, 1979, pp. 59-69. Para la consideración genérica de esta novela, son también relevantes Jorge Olivares, "García Márquez's *Crónica de una muerte anunciada* as metafiction", en *Contemporary Literature*, 28, núm. 5, 1987, y David William Foster, "Latin American documentary narrative", en PMLA, 99, núm. 1, 1984, pp. 49-51.

[36] La prosa periodística de García Márquez ha sido recopilada en dos volúmenes: *Crónicas y reportajes*, Bogotá, Oveja Negra, 1978, y *De viaje por los países socialistas*, Bogotá, Oveja Negra, 1979.

[37] Hayden White, "The value of narrativity in the representation of reality", en *Critical Inquiry*, 7, núm. 1, 1980, p. 10.

un cuento y una crónica –el sine qua non de "narrativizar" hechos– es la constitución de un final que les otorga significado a los hechos que ya han ocurrido o que están por ocurrir. Por supuesto, la linealidad temporal y espacial de la crónica, tal como la describe White, está muy alejada de la disposición gráfica del periódico moderno. Marshall McLuhan sostiene que el desarrollo del periódico, con su efecto mosaico de una docena de noticias en una sola página, aumentó significativamente la concepción de la complejidad sincrónica de la historia en los lectores de principios del siglo XIX. Y es de suponer que aún lo hace. El narrador de García Márquez es un periodista, y la "crónica" que crea, en definitiva, es un mosaico sincrónico de tiempos, voces y documentos.

El narrador vuelve para narrar un crimen veintisiete años después de ocurrido, con la esperanza de comprender la muerte de su amigo y la naturaleza de la inevitabilidad histórica mediante el recurso de imponer una conclusión –la narración misma– a los hechos que describe, conclusión que debería haberse alcanzado hace tiempo. Su sentimiento sobre la vida interrumpida de su amigo lo lleva a intentar completar con palabras la vida que la historia se negó a terminar. El narrador asume deliberadamente la posición de "cronista", pero su narración intenta realizar precisamente lo que, según White, le falta a la crónica típica, un final narrativo que otorgue sentido y coherencia a la diacronía sin puntuación. La imposibilidad de su meta –la parcialidad necesaria tanto de la experiencia como del relato– hace a su "crónica" y a su esfuerzo casi insoportablemente irónicos.

La muerte de la que se ocupa la novela ocurrió realmente en el departamento colombiano de Sucre el 22 de enero de 1951. La víctima era, efectivamente, un conocido del autor cuando éste era un joven periodista en la ciudad de Barranquilla, sobre la costa caribeña. El narrador –explícitamente autobiográfico– de esta novela es un periodista de investigación que registra la muerte sin sentido de Santiago Nasar. Oculta su propio compromiso apasionado con las cuestiones morales y éticas del asesinato detrás de la máscara del reportero. Es metódico, distanciado, y rara vez expresa una opinión personal. Su única observación subjetiva sobre el asesinato es que él cree que Santiago murió sin comprender su propia muerte. Ésta no es una opinión idiosincrásica, puesto que todo el pueblo piensa que Santiago era inocente del delito de honor por el que lo mataron, un delito del que no tuvo conciencia hasta momentos antes de morir. La observación del narrador podría generalizarse más allá de Santiago. Menciona a varias "víctimas" de las circunstancias que narra, con lo que alude a un aspecto de intercambiabilidad en el destino de Santiago y en el de la comunidad en su conjunto. De hecho, su observación también se aplica a él mismo, porque él tampoco entiende la muerte de Santiago en ningún sentido filosófico o moral. El hecho de que el narrador sea confundido dos veces con Santiago sugiere su identificación con la víctima, a pesar de su tono de distanciamiento periodístico: su falta de comprensión se aplica a su propia muerte y a la nuestra, también anunciada e imposible de rastrear.

En su papel consciente de reportero imparcial, el narrador documenta sus fuentes en detalle. Minimiza voluntariamente el aparente control que ejerce sobre la estructura de su narración con la continua mención de sus informantes y las citas directas de miles de entrevistas: "él dijo", "ella dijo", "él dijo que ella dijo", "de acuerdo con ellos", y así sucesivamente. Como periodista, escucha y registra a la vez, atribuyéndose el mero papel de medio, de vehículo del relato. Su atención obsesiva a la hora precisa de los acontecimientos que conducen a la catástrofe sirve como recordatorio de su papel de cronista, el que él prefiere. Sabemos minuto a minuto quién hace qué a lo largo de la hora previa a la muerte de Santiago, como si, de algún modo, la secuencia por sí sola pudiera revelar su causa y darle sentido. El narrador niega explícitamente cualquier tipo de discernimiento especial, como lo hace la práctica periodística latinoamericana del editorial. Es como si al negarse a reconocer su papel como *creador* de un orden verbal pudiera obligar a los hechos a hablar por sí mismos, a entregar su propia verdad objetiva. Aquí, comparte con James Agee la nostalgia de un medio transparente, que no requiera la *imposición* de una estructura lingüística o narrativa.

Existe, en la novela, un antecedente del esfuerzo del narrador. Al referirse a una crónica anterior escrita por otro investigador inmediatamente después del asesinato, el narrador describe indirectamente su propio intento: "El juez instructor que vino de Riohacha debió sentir [tantas coincidencias funestas] sin atreverse a admitirlas, pues su interés de darles una explicación racional era evidente en el sumario".[38] Más aún, el juez es "un hombre abrasado por la fiebre de la literatura. Sin duda había leído a los clásicos españoles, y algunos latinos, y conocía muy bien a Nietzsche" (García Márquez, *Crónica...*, *op. cit.*, pp. 103-104). De modo que refleja las preferencias literarias y filosóficas declaradas por el propio García Márquez. En este mundo anunciado, aun el narrador y su relato están prefigurados.

La explicación de la muerte de Santiago *no* está contenida en los detalles menudos que presenta el periodista (o el juez investigador), como bien sabe el narrador. A pesar de las convenciones periodísticas a las que se adhiere cuidadosamente, la estructura de su relato no llega a ser una crónica en el sentido original que le otorga Hayden White. Las entrevistas y los hechos reales a los que ellas se refieren se superponen a medida que el narrador, con frecuencia y sin aviso, desplaza su foco hacia atrás y adelante en el tiempo, desde el día del asesinato hacia sus posteriores versiones verbales. El tiempo de la narración se transforma en una capa temporal sobreimpuesta a los acontecimientos que ocurrieron veintisiete años antes: la diacronía se transforma en sincronía en la medida en que los re-

[38] Gabriel García Márquez, *Crónica de una muerte anunciada*, México, Diana, 1981, p. 16.

cuerdos de los sobrevivientes incluyen la eventualidad histórica. La narración, insiste García Márquez, es siempre una apropiación de los hechos, incluso cuando resalta su impotencia para poseerlos o deshacerlos.

Crónica de una muerte anunciada, como gran parte de la obra de García Márquez, se ocupa de la relación problemática de la inevitabilidad histórica con su narración: es decir, la relación entre lo predestinado y lo anunciado. En *Cien años de soledad*, el futuro anunciado de Macondo sólo es enunciado en las últimas páginas de la novela, cuando nos enteramos de que Melquíades ha escrito la historia de la comunidad cien años antes de la fecha. En *El otoño del patriarca*, las descripciones prematuras de la muerte del patriarca inician y concluyen varios de los capítulos, destacando el poder y la traición del dictador. Él logra, aparentemente, escapar para siempre a su destino. En *Crónica de una muerte anunciada*, en cambio, no se cancela el futuro anunciado en el título y en la primera oración: "El día que lo iban a matar, Santiago Nasar se levantó a las 5:30 de la mañana para esperar el buque en que llegaba el obispo" (*ibid.*, p. 7). A diferencia de Aureliano Buendía, cuya muerte inminente ante un pelotón de fusilamiento se describe en la primera oración de *Cien años de soledad*, y a diferencia del patriarca, que puede reemplazar su muerte con las de sus subordinados, Santiago no es beneficiado con la suspensión de la pena. Antes del acto, uno de los asesinos le dice al otro: "Esto no tiene remedio: es como si ya nos hubiera sucedido" (*ibid.*, p. 66). Es esta irrevocabilidad lo que más le preocupa al periodista/narrador; precisamente *porque* la muerte de Santiago ha sido anunciada, *porque* todos comparten el conocimiento anticipado de su fin, es que el narrador emprende su investigación. ¿Por qué nadie impidió su muerte? ¿Es que nadie podía interceder en el guion "anunciado" de los hechos que llevaron a la catástrofe? ¿Acaso el anuncio implica la irrevocabilidad? ¿Y acaso el relato escrito del narrador (la muerte narrada después de ocurrida) modificará el futuro aun cuando no pueda deshacer el pasado?

El narrador se resiste a reconocer su papel como creador, pero sí reconoce que las "astillas dispersas" de la memoria con la que trabaja son peligrosamente resbaladizas, y que el retroceso de la mente en el tiempo es mucho menos seguro que el avance del reloj y del calendario hacia la muerte anunciada que él desea tanto referir cuanto cancelar. Es precisamente este divorcio entre los patrones del tiempo y los de la narración lo que ocasiona el quiebre definitivo en la fachada periodística del narrador. El último capítulo comienza con la referencia al impulso narrativo que todo el pueblo comparte:

> Durante años no pudimos hablar de otra cosa. Nuestra conducta diaria, dominada hasta entonces por tantos hábitos lineales, había empezado a girar de golpe en torno de una misma ansiedad común. Nos sorprendían los gallos del amanecer tratando de ordenar las numerosas casualidades encadenadas que habían hecho posible el absurdo,

> y era evidente que no lo hacíamos por un anhelo de esclarecer misterios, sino porque ninguno de nosotros podía seguir viviendo sin saber con exactitud cuál era el sitio y la misión que le había asignado la fatalidad. [*Ibid.*, p. 101.]

No sólo el narrador, también el pueblo entero quiere utilizar la muerte de Santiago para anunciar la propia: "el sitio y la misión que le había asignado la fatalidad". Ellos, como el narrador, son impulsados por la necesidad de reconciliar la contradicción entre sus "hábitos lineales" y los hechos que "giraban", aunque la gente del pueblo lo hará contando más que escribiendo sus historias. Este pasaje recuerda la descripción metafórica de la historia de los Buendía como "una rueda giratoria que hubiera seguido dando vueltas hasta la eternidad, de no haber sido por el desgaste progresivo e irremediable del eje".[39] Ambas metáforas evocan el tema central de García Márquez: la naturaleza y la relación entre los modelos históricos y narrativos, y la inevitabilidad de ambos.

En un largo párrafo que viene a continuación del que acabo de citar, el narrador de *Crónica de una muerte anunciada* proporciona a su lector el conocimiento que la gente del pueblo está buscando. Describe "el sitio y la misión asignados por la fatalidad" de un personaje tras otro desde su posición ventajosa más allá de sus finales "asignados". Esta posición privilegiada se debe a los veintisiete años transcurridos desde el asesinato. A diferencia del omnisciente Melquíades, la mirada retrospectiva de este narrador es personal y no cósmica; su conocimiento del destino individual de cada uno de ellos es el producto de la mera supervivencia. A continuación, el narrador describe su propio destino: la trabajosa investigación que requirió escribir el texto que estamos leyendo. Evidentemente, el relato mismo es "el sitio y la misión" del narrador, y también los de la víctima, porque el narrador entiende que su registro escrito es el único acontecimiento histórico que puede investir de significado la muerte "sin sentido" de Santiago. Si la narración de Melquíades sobrevive al fin de Macondo y mitiga su trágica irrevocabilidad, *Crónica de una muerte anunciada* es la circunstancia atenuante del asesinato de Santiago, el final que confiere significado a la sucesión de acontecimientos que narra. A través del proceso que supone regresar, investigar, ordenar y contar la historia de Santiago, el narrador comprende lo que siempre ha sospechado: que el asesinato *era* inevitable y que *no puede* ser justificado, sólo aceptado. El significado de la muerte de Santiago reside en esta aceptación, una aceptación que se refleja en el final del narrador, una poderosa descripción del asesinato. Así, concluye la historia de Santiago con su propia narración. Para repetir las definiciones de Hayden White, su "crónica" cede su puesto al "relato", en la medida en que el narrador le impone

[39] García Márquez, *Cien años de soledad*, Buenos Aires, Sudamericana, 1967, p. 334.

un significado a la historia creando un orden que termina. La novela misma es el producto y el emblema de este proceso.

Como continuación de los mágicos sucesos y la sinuosa sintaxis de *Cien años de soledad*, y de las imágenes surrealistas y el estilo barroco de *El otoño del patriarca*, el austero realismo de *Crónica de una muerte anunciada* resulta algo sorprendente. El estilo subraya el impulso periodístico que se esconde detrás de la novela, por supuesto, y también sirve para destacar el conflicto entre los hechos y su narración que agobia al periodista/narrador. Dos veces el narrador menciona directamente este conflicto. La primera vez, lo hace al describir su encuentro con Ángela Vicario en un remoto pueblo indígena de la Guajira: "Al verla así, dentro del marco idílico de la ventana, no quise creer que aquella mujer fuera la que yo creía, porque me resistía a admitir que la vida terminara por parecerse tanto a la mala literatura" (*ibid.*, p. 93). Su segunda referencia concierne al juez investigador, quien, como él mismo, no creía legítimo que "la vida se sirviera de tantas casualidades prohibidas a la literatura" (*ibid.*, p. 104). En ambos ejemplos, la relación habitual entre los términos se invierte. Es la *historia* la que reclama la suspensión de nuestra creencia; sólo "la mala literatura", dice el periodista/narrador, ignoraría de ese modo las leyes de la probabilidad y la causalidad.

Imaginamos al *novelista* García Márquez, irónico, mientras le adjudica a su periodista/narrador estos comentarios, similares a los que hace el *periodista* García Márquez en la introducción a su serie de artículos periodísticos titulada *Relato de un náufrago* (1955). Allí escribe que el relato del náufrago de sus diez días en el mar era tan detallado y fascinante que "mi único problema literario sería conseguir que el lector lo creyera".[40] He citado ya la frase en la que afirma haber aprendido del periodismo "los trucos [...] para transformar algo que parece fantástico, increíble, en algo plausible, creíble" (Simmons, "A talk...", *op. cit.*, p. 60).

Deseo volver a un tema al que ya me he referido en este capítulo. Al comparar los usos del periodismo en las tradiciones literarias estadunidense y latinoamericana, dije que el sentido de la responsabilidad política y social del escritor afectará sus propios usos literarios del discurso periodístico. La importancia del papel que una comunidad le otorga a la literatura en la definición de las estructuras y los valores comunitarios es directamente proporcional al compromiso de los novelistas y los poetas en el periodismo, ya sea en diarios, ya en revistas de comentarios culturales y políticos como *Vuelta* y *Nexos*, en México, o *New Republic* y *Commentary*, en los Estados Unidos. El periodista tiene una voz pública y lecto-

[40] García Márquez, *Relato de un náufrago que estuvo diez días a la deriva en una balsa sin comer ni beber, que fue proclamado héroe de la patria, besado por las reinas de la belleza y hecho rico por la publicidad, y luego aborrecido por el gobierno y olvidado para siempre*, Barcelona, Tusquets, 1970, p. 8. El relato apareció originalmente por entregas en *El Espectador*, Bogotá, 1955.

res que el novelista pocas veces tiene, y los novelistas se dedican al periodismo porque pueden cumplir una función comunitaria distinta de la de las bellas letras.[41] García Márquez escribió una novela, por supuesto, al escribir *Crónica de una muerte anunciada*, pero una novela que tematiza el papel del esfuerzo periodístico en el arduo proceso de la autodefinición comunitaria. Es un proceso que él y la mayor parte de los periodistas que escriben actualmente en América Latina conocen de primera mano.

El periodista/narrador de *Crónica de una muerte anunciada* informa a la comunidad sobre los acontecimientos ocurridos en la comunidad. Es consciente de que su actividad narrativa revela la comunidad para sí misma, que, en algún sentido, constituye la comunidad, porque la muerte de Santiago Nasar es más que la muerte de un individuo. Es, como él nos lo dice, una obsesión colectiva. La fiesta extravagante que prepara la escena para el asesinato le permite a García Márquez destacar el vínculo entre el destino individual y la responsabilidad comunitaria, y el papel del narrador en la creación de ese vínculo.

La celebración comunitaria, que es, al mismo tiempo, boda y velorio, resuena a través de la novela (excepto durante la descripción final del asesinato, cuando el pueblo cae en un ominoso silencio). El delirio de la fiesta es el preludio necesario para la muerte de Santiago, que debe ser interpretada en términos del sacrificio ritual culminante de los festivales de la antigua Grecia. O del México moderno. Octavio Paz descubre en la fiesta latinoamericana elementos de los festivales dionisíacos, y vincula la energía de su locura colectiva con la muerte, su belleza con la brutalidad. Esta función comunitaria se basa en su naturaleza temporal. En un ensayo titulado "Todos Santos, Día de Muertos", Paz afirma que, en el presente exaltado de la fiesta, el pasado y el futuro se integran en "un presente redondo y perfecto, de danza y juerga, de comunión y comilona con lo más antiguo de México. El tiempo deja de ser sucesión y vuelve a ser lo que fue, y es, originariamente: un presente en donde pasado y futuro al fin se reconcilian" (Paz, *El laberinto*..., *op. cit.*, p. 42). La fiesta, como el relato que el narrador espera construir, convierte la sucesión temporal en una totalidad sincrónica.

El motivo del asesinato, la protección del honor de la novia y su familia, también proviene de la práctica comunitaria. El código de honor es tradicional, inflexible y, en este caso, aceptado irracionalmente por el pueblo entero. Aunque

[41] En términos que complementan los míos, Carlos Fuentes se refiere a los los objetivos que tienen, para él, el periodismo y la literatura: "Trato [de participar políticamente] más como ciudadano que como escritor. O como escritor al que le gusta el periodismo. Como me gusta el periodismo, me gusta escribir en los periódicos, y me gustan la amistad, el contacto y la conversación con periodistas. Por eso, en este ámbito del periodismo, la enseñanza y el dictado de conferencias, trato de tener cierta presencia política en las cosas" (Jason Weiss, "An interview with Carlos Fuentes", en *Kenyon Review*, 5, núm. 4, 1983, p. 113).

condenado por el narrador, se nos dice que la corte lo considera un motivo legítimo para el asesinato; quienes no intervinieron para impedirlo se consuelan más tarde con "el pretexto de que los asuntos de honor son estancos sagrados"(García Márquez, *Crónica...*, *op. cit.*, p. 101). El compromiso de los pobladores con el mito comunitario del honor le da a su incesante comentario la resonancia del coro en la tragedia griega: el futuro del héroe es truncado abruptamente porque él transgrede una ley que todos consideran sancionada por los dioses. El periodista/narrador de García Márquez, como el coro griego, comprende plenamente su función comunitaria. Debe construir para y con la comunidad una interpretación de un hecho catastrófico que, de otro modo, quedará para siempre como un mero momento irracional en una sucesión de momentos aislados.

Como en *Crónica de una muerte anunciada*, es la irracionalidad con la que el destino selecciona sus víctimas lo que impulsa a Truman Capote y a Norman Mailer a narrar otros crímenes similares (Capote en "Ataúdes de artesanía" ["Handcarved coffins"] y en *A sangre fría* [*In Cold Blood*], Mailer en *La canción del verdugo* [*The Executioner's Song*]). Quizás, como el periodista/narrador de la novela de García Márquez, estos escritores estadunidenses desean escribir el final que los hechos no concederán, para concluir el misterio con el texto mismo. En la introducción de su libro *Música para camaleones* (1980), Capote afirma que su integración de las técnicas del periodismo y de la ficción "alteró toda mi comprensión de la escritura, mi actitud hacia el arte y la vida y el equilibrio entre ambos, y mi interpretación de la diferencia entre lo verdadero y lo *realmente* verdadero".[42] La distinción de Capote recuerda la de Nelson Goodman entre "la verdad" y la "representación correcta". Un esfuerzo similar por equilibrar la experiencia histórica y su expresión creativa al servicio de la autodefinición comunitaria empuja al narrador/periodista de *Crónica de una muerte anunciada* y (sin duda alguna) también a su autor/periodista.

La interacción entre la narración periodística y la novelística en las obras que he comentado destaca la relación entre lo que se considera real y lo que se da como su descripción, esto es, la tensión inherente al término "realismo literario". Estos autores (y narradores) son conscientes de la imposibilidad de que el periodismo y la novela abarquen la realidad a pesar de su intento. Sus esfuerzos son, por definición, irónicos, en tanto que apuntan a crear totalidades conclusivas y crean, en cambio, relatos parciales (en ambos sentidos de la palabra), escriban crónicas, novelas, artículos periodísticos o una combinación de estas formas. Aunque estoy de acuerdo con la afirmación de Hayden White de que la narración ficcional puede otorgar conclusiones significativas de un modo que la expe-

[42] Truman Capote, *Music for Chameleons*, Nueva York, New American Library, 1980, p. XVI (las cursivas son del autor) [trad. esp.: *Música para camaleones*, Barcelona, Anagrama, 2002].

riencia rara vez lo hace –en esto consiste el esfuerzo del narrador en *Crónica de una muerte anunciada*, y su única satisfacción–, también reconozco que la literatura se parece mucho a la vida en su parcialidad, que la experiencia histórica puede ser narrada de un modo plenamente realista cuando se la narra de manera incompleta, vacilante, condicional. Las satisfacciones estéticas del realismo literario –la experiencia del lector de identificarse con el texto– dependen de esta paradoja. En *Crónica de una muerte anunciada*, el narrador se esfuerza por ponerle un final al asesinato, aunque, al mismo tiempo, agregue un relato más a la cadena narrativa. Es menos la idea kermodiana de un final lo que consuela al narrador (y al lector) que la idea de una continuación, la idea de la incorporación a una tradición narrativa de final abierto y de la extensión de esa tradición. En este modelo la energía narrativa no se libera, sino que se reaviva: los significados no se resuelven sino que se agregan; la historia es acumulativa; el conocimiento crece; las versiones se multiplican. Como el *Quijote* de Pierre Menard, la *Crónica* del narrador no repite, sino que reconstruye la tradición literaria y aumenta el (los) significado(s) tanto de la literatura como de la historia.

IV

Finalmente, me ocuparé de Mario Vargas Llosa, cuya obra de ficción se caracteriza por codificar el suspenso histórico y narrativo, lo que acabo de denominar la idea de una continuación. Como García Márquez, Vargas Llosa dirige a sus personajes hacia las actividades paralelas de la acción y la confesión, la experiencia y la explicación. También ellos buscan una (re)solución aun cuando reconozcan la imposibilidad de la certeza; también ellos se complacen con continuaciones más que con conclusiones. Considérense los pasajes que siguen, tomados de tres novelas de Vargas Llosa.

> El acusado, conmovido por alguna rememoración secreta, suspiró hondo.
> —La verdad, la verdad —murmuró con tristeza—. ¿Cuál, señor juez?[43]

> Fabulaciones. No hay en Quero rastro de insurgentes o soldados. Tampoco me sorprende este nuevo desmentido de la realidad a los rumores: la información, en el país, ha dejado de ser algo objetivo y se ha vuelto fantasía, tanto en los diarios, la radio y la televisión como en la boca de las personas. "Informar" es ahora, entre nosotros, interpretar la realidad de acuerdo a los deseos, temores o conveniencias, algo que aspira a sustituir un

[43] Mario Vargas Llosa, *La tía Julia y el escribidor*, 1977, reeditada en México, Biblioteca de Bolsillo, 1991, p. 144.

desconocimiento sobre lo que pasa, que, en nuestro fuero íntimo, aceptamos como irremediable y definitivo. Puesto que es imposible saber lo que de veras sucede, los peruanos mienten, inventan, sueñan, se refugian en la ilusión. Por el camino más inesperado, la vida del Perú, en el que tan poca gente lee, se ha vuelto literaria.[44]

Las verdades que parecen más verdades, si les das muchas vueltas, si las miras de cerquita, lo son sólo a medias o dejan de serlo.[45]

Walter Benjamin señaló que la historia de las cosas "tal como son" era el narcótico más fuerte de su época.[46] De los autores que comento en este capítulo, Mario Vargas Llosa es tal vez el más impuslado por esa intuición. Cito varios pasajes de sus textos de ficción para mostrar que su obra se ocupa centralmente de las exigencias de verdad de las estructuras y las convenciones narrativas recibidas. En prácticamente todas sus novelas, pone en escena las múltiples y conflictivas interpretaciones del pasado histórico utilizando múltiples y conflictivas formas y medios narrativos. Realista confeso ("Escribo todas mis novelas de un modo realista"),[47] Vargas Llosa vuelve obsesivamente a la naturaleza (a la misma posibilidad) de la verdad narrativa también en sus ensayos y sus artículos periodísticos.[48] Este autor nos recuerda que si la ilusión de las cosas "como realmente son" fuera fácil de disipar, el problema sería menos desafiante y menos provocativo en su obra.

Como Fuentes y García Márquez, Vargas Llosa es un periodista comprometido. Tres de sus novelas (*Conversación en La Catedral*, *La guerra del fin del mundo* e *Historia de Mayta*) son narradas por periodistas en búsqueda de la verdad histórica (y la justicia social).[49] Sin embargo, después del comentario de *Crónica de una muerte anunciada*, es tentador ignorar estas novelas en beneficio de otra de Vargas Llosa: *¿Quién mató a Palomino Molero?*, por su estrecho paralelismo con la novela de García Márquez tanto en la trama como en la estructura narrativa. *¿Quién mató a Palomino Molero?* también detalla un asesinato sin sentido en un pequeño pueblo, investigado por un personaje emocionalmente comprometido con el re-

[44] Vargas Llosa, *Historia de Mayta*, Barcelona, Seix Barral, 1984, p. 274.

[45] Vargas Llosa, *¿Quién mató a Palomino Molero?*, Barcelona, Seix Barral, 1986, p. 107.

[46] Walter Benjamin, "Konvolut N.", traducido como "Theoretics of knowledge: theory of progress", en *The Philosophical Forum*, 15, núms. 1-2, 1983-1984, pp. 8-9.

[47] Vargas Llosa, *A Writer's Reality*, Nueva York, Houghton Miflin, 1991, p. 137.

[48] Los títulos de sus últimas recopilaciones dan sustento a esta afirmación. Además de *A Writer's Reality*, está *La verdad de las mentiras. Ensayos sobre literatura*, Barcelona, Seix Barral, 1990. Véase también "Latin America: fiction and reality", en *On Modern Latin American Fiction*, ed. John King, Nueva York, Farrar, Straus y Giroux, 1987, pp. 1, 40.

[49] Ed Block Jr. identifica *Historia de Mayta* como un ejemplo de "el individuo aislado que sigue su propia vocación por realizar la justicia distributiva" y descubre que "el relato de la justicia es más sabio que su narrador urbano y casi escéptico". Véase "Biblical ideas of justice in postcolonial fiction", en *Postcolonial Literature and the Biblical Call for Justice*, ed. Susan Van Zanten Gallagher, pp. 38, 39.

sultado de su investigación. Es un policía (en lugar de un periodista) que interroga a los habitantes del pueblo, sólo para descubrir que la verdad es elusiva, la justicia, imposible y el pasado, no más que la suma cambiante de las versiones interesadas de la gente. Los descubrimientos desalentadores del personaje son a la vez políticos y psicológicos e incluyen un caso de abuso sexual recordado (o de síndrome de falsa memoria, él nunca llega a saber cuál de los dos). Las preguntas que formula este policía de pueblo son similares a las que formula el periodista/narrador de García Márquez: la naturaleza de la experiencia histórica, la posibilidad de expresar esa experiencia y el valor de hacerlo. Pero, dado que estoy rastreando las relaciones entre novelas y periódicos, me concentraré, en cambio, en *La guerra del fin del mundo*, de Vargas Llosa.

La guerra del fin del mundo trata un acontecimiento histórico, una rebelión incitada por una figura mesiánica llamada "el Conselheiro" (el Consejero). La rebelión se produjo en 1897 y 1898 en Canudos, Brasil, en los sertones de la provincia noresteña de Bahía. Comprender los hechos históricos de Canudos requiere comprender los lenguajes de los participantes, lo que el autor llama sus "fanatismos recíprocos".[50] Varios lenguajes chocan en las páginas de la novela (utilizo aquí la palabra "lenguaje" en un sentido semiótico amplio, para significar un sistema coherente de signos que codifica un conjunto de creencias y de prácticas culturales). Los lenguajes que aparecen en *La guerra del fin del mundo* incluyen la extraña combinación de imperialismo, militarismo y positivismo de la República del Brasil recién establecida; los lenguajes místicos de un líder mesiánico y su banda de seguidores fanáticos; la pseudociencia del observador anarquista/frenólogo Galileo Gall; el realismo supuestamente positivista de un periodista miope sin nombre construido sobre el modelo del ingeniero/periodista brasileño Euclides da Cunha, autor del relato clásico de la guerra de Canudos, *Los sertones* (1902). El relato de Da Cunha, traducido al inglés en 1944 por Samuel Putnam con el título de *Rebellion in the Backlands*, incluye información política, militar, geográfica y etnográfica, y ha sido llamado "la Biblia de la nacionalidad brasileña".[51]

Vargas Llosa expresó su "asombro, entusiasmo y pasión" por el libro de Da Cunha cuando lo descubrió: "El libro de Euclides da Cunha, *Los sertones*, es la explicación que él se da a sí mismo, a su país y a la posteridad acerca de lo que fue Canudos, cómo fue posible Canudos y cómo fue posible la guerra civil. [...] Al tratar de entender lo que fue Canudos, lo que fue esta rebelión, creo que Da Cunha descubrió lo que es América Latina, lo que es un país latinoamericano y [...] lo que no es un país

[50] Vargas Llosa, "The author's favorite of his novels: *The War of the End of the World*", en *A Writer's Reality*, *op. cit.*, p. 139.

[51] Euclides da Cunha, *Rebellion in the Backlands*, trad. e introd. de Samuel Putnam, Chicago, University of Chicago Press, 1944, p. III. [El original es *Os sertões: Campanha de Canudos*, 11ª ed. corr., Río de Janeiro, Paulo de Azevedo, 1929; trad. esp.: *Los sertones*, México, FCE, 2003.]

latinoamericano" (Vargas llosa, *A writer's Reality, op. cit.*, p 131). Lo que *no* es un país latinoamericano incluye el positivismo importado a Brasil de Francia. Vargas Llosa continúa: "Se convirtió en una filosofía oficial del gobierno y la sociedad. [...] En Brasil, el positivismo tuvo una influencia mucho mayor que en la misma Francia. Creo que Brasil fue el único lugar en el mundo donde realmente se construyeron estos templos de la razón sugeridos por Comte, templos que deberían estar orientados en dirección a París tal como las mezquitas se orientan hacia La Meca" (*ibid.*, p. 126). Vargas Llosa explica que, como todos los intelectuales progresistas brasileños de su época, Da Cunha estaba convencido de que el positivismo era la clave para el futuro, el medio, según dice Vargas Llosa, "para transformar a Brasil en algo parecido a los Estados Unidos de Norteamérica" (*ibid.*, p. 127). Pero Vargas Llosa también explica que Da Cunha reconoció las desastrosas consecuencias de imponer el positivismo en Canudos, es decir, de suponer una tradición cultural continua entre Europa y América Latina. *Los sertones*, concluye Vargas Llosa, es tanto "una autocrítica personal como nacional. [...] Lo que [Da Cunha] demostró en su libro es que importar instituciones, ideas, valores e incluso tendencias estéticas de Europa a América Latina puede tener consecuencias muy diversas, producir resultados inesperados" (*ibid.*, p. 131).

No resulta sorprendente que Vargas Llosa destaque especialmente el papel de Da Cunha como periodista en el registro de la realidad histórica latinoamericana: "Es una experiencia pedagógica leer lo que escribía en los artículos que enviaba a su periódico paulista desde el frente" (*ibid.*, p. 130). Acerca de otros relatos periodísticos contemporáneos del levantamiento de Canudos, escribe: "Es fascinante [...] porque se puede ver cómo el periodismo y la historia, en determinado momento, pueden transformarse en una rama de la literatura, exactamente como la poesía o la novela" (*idem*). Está claro que Vargas Llosa se identifica con la posición de Da Cunha según la cual las tradiciones europeas no presentan una continuidad automática con las realidades latinoamericanas y deberían ser resistidas en lugar de ser impuestas acríticamente. También se identifica con su utilización del periodismo como medio de abordar esta dialéctica cultural y política.

Como *Los sertones*, la novela de Vargas Llosa pone en escena el desarrollo de los hechos en Canudos. La rebelión se produjo por diversas razones políticas y socioeconómicas, incluyendo la imposición indiscriminada de ideologías racionalistas europeas como el positivismo, que desembocan en la falta total de comunicación o, tal como sugeriré, el exceso de los lenguajes hablados por los diversos grupos participantes.[52] En referencia a los hechos de la guerra de Canudos, el periodista de la novela comenta:

[52] Vargas Llosa se refirió de modo explícito a este tema en una entrevista para el *Washington Post*: "Algo que ha venido ocurriendo en la historia latinoamericana a través de los siglos XIX y XX: la falta

> Desde que pude sacarme de encima a los impertinentes y a los curiosos, he estado yendo al Gabinete de Lectura de la Academia Histórica [...] a revisar los periódicos, todas las noticias de Canudos. El *Jornal de Notícias*, el *Diário de Bahia*, el *Republicano*. He leído todo lo que se escribió, lo que escribí. Es algo [...] difícil de expresar. Demasiado irreal, ¿ve usted? Parece una conspiración de la que todo el mundo participara, un malentendido generalizado, total.[53]

Los relatos conflictivos reflejan una condición básica de los hechos en esta novela. Cada uno de los grupos que participan en la guerra tiene su propio lenguaje, que define a sus miembros y excluye a los extraños; a menudo estos lenguajes tienen menos que ver con la comunicación que con el ocultamiento. Vargas Llosa explota esta ironía, mostrando cómo la realidad de cada grupo se modela de acuerdo con su propio lenguaje idiosincrásico, y cómo los acontecimientos de Canudos son el resultado de este hecho central, semiológico. Así, Vargas Llosa avanza más allá de la exploración de Da Cunha de los motivos que yacen tras del desastre de Canudos en *Los sertones* para crear una perspectiva metahistórica sobre esos hechos. Es la interacción entre los niveles retórico y realista de la novela –es decir, entre las diversas formulaciones ideológicas y los hechos históricos de Canudos– lo que genera la significación estética y política de *La guerra del fin del mundo*.

Vargas Llosa presenta este proceso histórico como un proceso de comunicación en el que la información nueva produce continuamente respuestas diferentes (y conflictivas) de los diversos grupos sociales. El semiólogo Boris Uspenski propone una concepción de la historia de este tipo, con el argumento de que el "lenguaje" de un grupo social (nuevamente, la palabra "lenguaje" debe ser entendida en su sentido cultural más amplio) determina la percepción de los acontecimientos.[54] Así, un "texto" de acontecimientos es "leído" por un grupo social en su propio lenguaje. El proceso de la historia se concibe como un generador de nuevas "oraciones" en el lenguaje de un grupo dado en un contexto cultural e histórico dado. Uspenski sugiere que este proceso semiótico es el que provee el mecanismo mismo para el despliegue de los acontecimientos en el proceso histórico.

Como señala Uspenski en su ensayo, y Vargas Llosa representa en su novela, los lenguajes de un contexto histórico dado que compiten entre sí se oyen más claramente en situaciones de conflicto cultural. En períodos de homogeneidad

---

total de comunicación entre dos sectores de una sociedad que se matan uno al otro peleando con fantasmas, ¿no? Peleando con enemigos ficticios que fueron inventados por fanatismo, por ceguera religiosa, política o económica. Este tipo de incapacidad recíproca para comprender lo que tenemos frente a nosotros es probablemente el principal problema que debemos superar en América Latina" (citado en *In These Times*, 4 al 10 de noviembre de 1984, p. 19).

[53] Vargas Llosa, *La guerra del fin del mundo*, Barcelona, Seix Barral, 1981, p. 341.

[54] Boris A. Uspenski, "Historia sub specie semioticae", en *Soviet Semiotics*, ed. y trad. Daniel P. Lucid, Baltimore, Johns Hopkins University Press, 1977, pp. 107-115.

cultural, los lenguajes culturales diferentes pueden ser pocos y mutuamente comprensibles, mientras que en períodos de heterogeneidad cultural ocurre lo contrario. Uspenski señala que, en este último caso, es posible que el emisor de un mensaje y su receptor puedan hablar "lenguajes" esencialmente diferentes que, no obstante, tengan los mismos medios externos de expresión.

Ésta es, desde luego, la situación representada en *La guerra del fin del mundo*. El tenor de los tiempos es escatológico y todos conciben los hechos de Canudos en términos apocalípticos, pero estos hechos desencadenan interpretaciones salvajemente divergentes. El mensaje apocalíptico del Consejero es recibido por sus seguidores en un contexto emparentado con el milenarismo joaquinita medieval como una promesa del advenimiento de una tercera edad en la que Dios los recompensará y –lo que no es menos– castigará a sus enemigos. Para Galileo Gall, otro receptor del mensaje apocalíptico del Consejero, se trata de una glosa de las teorías sociales de Marx, Engels y Bakunin, y promete el cambio social catártico. Para los políticos y los militares de la nueva República brasileña, el apocalipticismo del Consejero es una sedición de las más peligrosas. Así, para sus diversos públicos, el Consejero es simultáneamente Cristo y el Anticristo, el creador de la sociedad y su destructor, inspirado y loco, moderno y medieval, carismático y cataclísmico. Vargas Llosa presenta estas diversas lecturas del Consejero sin evaluación autoral, de tal modo que su personaje, en el sistema semiótico que es la novela misma, se vuelve un significante vacío rodeado por un complejo de significados continuamente cambiante. El vaciamiento de la interioridad de este significante, el agotamiento del contenido por la forma, es el punto culminante necesario del proceso histórico representado en esta novela, y es también el punto en el que la historia se transforma en mito. A medida que la situación se intensifica en Canudos, la interpretación histórica de los hechos cede espacio a la interpretación mítica. A medida que aumenta el caos social y político, cada grupo eleva su voz, por así decir, para imponer su lenguaje cultural y, en consecuencia, su propia interpretación normativa de los hechos.

Si la historia es concebida como un texto de hechos y acciones cuya información es leída en el lenguaje de un grupo social particular, entonces, en la novela de Vargas Llosa vemos que el mito debe considerarse como la realización extrema de este proceso, una extensión y una intensificación de la interpretación histórica. El mito modela el mundo que nos rodea en las mentes de los individuos que pertenecen al grupo, y esto genera un modelo de comportamiento que proyecta nuevamente sobre el mundo las ideas que el grupo tiene acerca de su existencia.[55] Los esquemas narrativos y las proyecciones del mito condicionan la interpreta-

[55] Véase D. M. Segal, "Problems in the semiotic study of mythology", en *Soviet Semiotics*, *op. cit.*, pp. 59-64.

ción histórica del mismo modo que otras proyecciones culturales o políticas, aunque la intensidad y la irracionalidad del deseo histórico encarnado en el mito suele superar lecturas más racionales de los mismos hechos. Así, las interpretaciones históricas y míticas difieren más en el grado que en el tipo. Vargas Llosa se ocupa de los puntos de superposición en este *continuum* y del desplazamiento en el énfasis de la historia al mito a medida que suben las apuestas en Canudos.

Como anuncia su título, el mito que prevalece en esta novela es el del apocalipsis. *La guerra del fin del mundo* se refiere continuamente al apocalipsis bíblico, a las leyendas apocalípticas populares y a las tradiciones folclóricas que se remontan al milenarismo europeo medieval, particularmente a la leyenda portuguesa del regreso inminente del rey Sebastián y, también, a la mitología indígena brasileña de los tupí-guaraníes.[56] Como el predicador apocalíptico de la Biblia, el Consejero se presenta a sí mismo –y es interpretado por sus seguidores– a la vez como descifrador de las verdades ocultas de Dios y como creador de su propio texto oculto; como observador y como participante del drama histórico que Dios le ha ordenado traducir a una verdad mítica. Como el novelista, el historiador y el periodista, el fabricante de mitos "lee" los hechos, deduce el significado a partir de las concreciones de la realidad histórica y traduce ese significado a su propio texto mítico. Lo que lo separa del novelista, el periodista y el historiador es que su versión de los hechos se presenta como producto de la inspiración divina, y es recibida por su público como definitiva. Más aún, el fabricante de mitos, en la medida en que es percibido por los no creyentes como un fanático, se ocupa primero de la supuesta corrección de su lenguaje y sólo en segundo lugar del impacto real sobre sus seguidores, esto es, de sus consecuencias históricas reales.[57]

[56] Véase Renée Ribeiro, "Brazilian messianic movements", en *Millennial Dreams in Action: Essays in Comparative Study*, ed. Sylvia L. Thrupp, La Haya, Mouton, 1962, pp. 55-69; Ralph Della Cava, "Brazilian messianism and national institutions: A reappraisal of Canudos and Joaseiro", en *Readings in Latin American History*, ed. John J. Johnson, Peter J. Bakewell y Meredith D. Dodge, Durham, Duke University Press, 1985, vol. 2, pp. 179-194; y, más en general, Michael Adas, *Prophets of Rebellion: Millenarian Protest Movements Against the European Colonial Order*, Chapel Hill, University of North Carolina Press, 1979.

Vargas Llosa cita el análisis del fervor milenarista que hace Da Cunha como un conjunto más de ideas impuestas y mal interpretadas: "[Da Cunha] explicaba la rebelión [...] como una deformación de las ideas religiosas que fueron importadas a Brasil e impuestas a esta comunidad de campesinos. Esta gente fue educada por integristas católicos fanáticos, monjes que predicaban una clase de intolerancia y una visión dogmática que fueron profundamente asimiladas por esta comunidad aislada de los caboclos en el interior de Bahía" (*A Writer's Reality*, *op. cit.*, p. 131).

[57] Uspenski señala que, cuando impuso el lenguaje de la Europa moderna sobre la Rusia medieval, Pedro el Grande conocía los lenguajes de ambas culturas y podía, entonces, predecir los efectos de sus acciones. Su conducta sugiere que Pedro deliberadamente "pasó por alto su propio 'lenguaje' nativo, considerándolo erróneo, y aceptó como único 'lenguaje' correcto el de las ideas culturales importadas de Europa Occidental. En esta actitud casi irracional hacia el 'lenguaje', Pedro sigue

Tal construcción mítica de la historia choca con los paradigmas racionalistas del positivismo en Canudos, y también en las múltiples perspectivas que estructuran la novela de Vargas Llosa.

La mitologización de la historia tanto por parte de los positivistas como de los apocalípticos puede relacionarse, una vez más, con el análisis que hace Hayden White de la narratividad y la interpretación histórica. Cada uno de los grupos de *La guerra del fin del mundo* narra la historia en su propio lenguaje cultural, pero sólo el periodista miope de la novela lo hace en forma tan consciente, es decir, *historiográficamente*. Como sus lentes se han roto y no tiene manera de reemplazarlos en los sertones sitiados, no puede ver para registrar los hechos tal como ocurren y, por lo tanto, se ve obligado a abandonar sus pretensiones de periodista de registrar la realidad sin mediaciones. Tendrá que *re*crear los hechos a partir de su memoria, y como sin sus lentes sólo puede ver formas borrosas, los recreará también a partir de su imaginación. En pocas palabras, tendrá que transformarse en novelista. Como ya he dicho, la novela de Vargas Llosa es un homenaje a la obra que el narrador escribirá; el periodista, construido sobre el modelo de Da Cunha, saldrá del texto de Vargas Llosa para escribir su propio texto, que, a su vez, inspirará la novela de Vargas Llosa.[58]

Esta vertiginosa intertextualidad circular sugiere la percepción que se encuentra en el núcleo de esta novela, de que los hechos nunca hablan por sí mismos, de que el periodismo, el mito y la historia –como la literatura– siempre equilibrarán diversos órdenes de verdad. Es el esfuerzo por entender la distinción entre estos órdenes y sus encarnaciones ideológicas –entre los diversos lenguajes hablados en Canudos– lo que impulsa al periodista miope a escribir su relato y a Vargas Llosa a escribir su novela. *La guerra del fin del mundo* explora la relación entre la historia y el mito, y los diversos modos como el periodista y el novelista los registran y los crean en Canudos. La novela misma es ofrecida como el ejemplo más reciente de este proceso.

A pesar de que *La guerra del fin del mundo* representa un momento particular de la historia de Brasil, Vargas Llosa ha declarado su propósito histórico e ideológico más general con respecto a esta novela:

---

siendo un hijo auténtico de su propia cultura, para la cual la adopción del lenguaje 'correcto' y el rechazo del 'erróneo' es un factor subjetivamente más importante que las potenciales consecuencias de estos hechos" ("Historia sub specie semioticae", *op. cit.*, p. 113).

[58] Vargas Llosa también se refiere intertextualmente a otros dos precursores literarios importantes, R. B. Cunninghame-Graham, que publicó un libro sobre el incidente de Canudos en 1920, y Domingo Faustino Sarmiento, que publicó *Civilización y barbarie, vida de don Facundo Quiroga* en 1845. Véase Alfred MacAdam, "Euclides da Cunha y Mario Vargas Llosa: Meditaciones intertextuales", en *Revista Iberoamericana*, núm. 126, 1984, pp. 157-164, y Sara Castro-Klarén, "Locura y dolor: la elaboración de la historia en *Os sertões* y *La guerra del fin del mundo*", en *Revista de Crítica Literaria Latinoamericana*, núm. 20, 1984, pp. 207-231.

> Me parecía que si escribía una novela persuasiva utilizando a Canudos como escenario para ese relato, tal vez podría presentar de modo ficticio la descripción de un fenómeno continental, algo que todo latinoamericano pudiera reconocer como parte de su propio pasado y, en algunos casos, de su propio presente, porque en la América Latina contemporánea, todavía hay Canudos en muchos países. En Perú, por ejemplo, tenemos un Canudos vivo en los Andes. [Vargas Llosa, "The author's...", *op. cit.*, p. 133.]

Este conocido "fenómeno continental" es la imposición de ideologías europeas sobre las realidades latinoamericanas, y la tendencia de los intelectuales a aceptar las ideologías europeas sin preguntar si son utilizables en América Latina.

Para Vargas Llosa, la transculturación acrítica también es una cuestión de forma literaria. La novela se desarrolló a la par del positivismo en Europa, y este hecho hace de las experimentaciones genéricas de los escritores latinoamericanos contemporáneos no simplemente un gesto literario, sino también una posición política. Nadie está más consciente que Vargas Llosa de que los novelistas latinoamericanos deben ampliar las posibilidades de su género para adecuarse a los requerimientos expresivos de su experiencia histórica. Sus mezclas genéricas en *La guerra del fin del mundo*, como las de Da Cunha en *Los sertones*, se vuelven un medio de cuestionar el racionalismo lineal de la historia positivista, que nutrió a la novela al principio.

Así, Vargas Llosa destaca el hecho de que, en la novela, las percepciones históricas, las posiciones teóricas y las técnicas narrativas son interdependientes y debatibles. La capacidad particular de la novela para situar las contingencias históricas a lo largo del tiempo se condensa en lo que John Burt Foster llama la "historia sentida" en la obra de ficción. Foster define la historia sentida como "los gestos y las imágenes elocuentes con los que un personaje narrativo o lírico registra las presiones directas de los acontecimientos".[59] Estas presiones y sus interpretaciones subjetivas son los significados compartidos por una cultura dada y se expresan en sus diversas formas narrativas. Vargas Llosa muestra que estas formas son simbióticas y sinérgicas, y que la historia sentida no puede ser expresada en la novela sin sus interacciones, múltiples y cambiantes.

Borges prevé esta necesidad cuando sugiere que la novela puede incluir a las restantes formas narrativas: "No es imposible (y sin duda es inofensivo) asimilar todos los géneros literarios a la novela. El cuento es un capítulo virtual, cuando no es un resumen; la historia es una antigua variedad de la novela histórica; la

[59] John Burt Foster, "Magic realism, compensatory vision and felt history: Classical realism transformed in *The White Hotel*", en *Magical Realism: Theory, History, Community*, ed. Lois Parkinson Zamora y Wendy B. Faris, Durham, Duke University Press, 1995, pp. 267-283.

fábula, una forma rudimental de la novela de tesis; el poema lírico, la novela de un solo personaje, que es el poeta".[60]

El comentario parentético de Borges no es sincero: la asimilación de todos los géneros literarios por parte de la novela no es un asunto inocente. Como hemos visto, la verdad histórica está sometida a sus modos de expresión, y los narradores del pasado –especialmente, del pasado colectivo– son siempre, en algún sentido, fabricantes de mitos, ya sea que se llamen periodistas, historiadores, novelistas o poetas líricos. Vargas Llosa, García Márquez y Fuentes nos recuerdan que el pasado puede ser fácilmente revisado, deformado y aun borrado, como lo han hecho los regímenes totalitarios y colonizadores en este siglo y con anterioridad. Sus novelas presentan la convicción de que los hechos nunca son agotados por las lecturas singulares o absolutas, que las historias sentidas necesariamente deben incluir múltiples formas y perspectivas. Volveré a referirme a este impulso inclusivo y a su apertura a la experimentación genérica en los capítulos de la segunda parte.

[60] Jorge Luis Borges, "Presencia de Miguel de Unamuno", en *Textos cautivos: ensayos y reseñas en "El hogar" (1936-1939)*, ed. Enrique Sacerio-Garí y Emir Rodríguez Monegal, Barcelona, Tusquets, 1986, p. 81.

3. PRESENCIAS ANCESTRALES
El *romance* mágico/el realismo mágico

Los fantasmas pueden ser muy feroces e instructivos.
Flannery O'Connor, *Mystery and Manners*[1]

He revisado los diferentes patrimonios historiográficos de la literatura estadunidense y latinoamericana, y los argumentos genéricos sobre la naturaleza del realismo relacionados con ellos: cómo (y si) la experiencia histórica puede ser recordada, narrada y (re)creada por medio de palabras. Me ocuparé ahora de obras literarias que amplían estas definiciones de la historia resucitando figuras del pasado que la novela realista, habitualmente, excluye. Estas figuras son los fantasmas; conjuraré a varios de ellos para observar cómo se encarnan (o no) en determinadas obras de ficción; si son visibles (y en ese caso, para quiénes y por qué); y si hablan, comen o sueñan. Una investigación acerca de la naturaleza de los fantasmas literarios nos dará mucha información sobre la filosofía y la poética de la historia de sus autores: cómo ellos entienden y encarnan el pasado en estructuras literarias. La frecuente aparición de fantasmas en el *romance* y el realismo mágicos sugiere una redefinición de la identidad paralela a las redefiniciones del positivismo, tales como la "historia modesta" de Borges, a la que ya me referí. Borges volverá a cumplir un importante papel en mi análisis comparativo, así como Octavio Paz. Borges y Paz comparan de modo consistente las literaturas y las culturas de América: nuestras diferentes versiones de la civilización occidental, como lo postula Paz en su ensayo "Posiciones y contraposiciones: México y los Estados Unidos". Sus ensayos me ayudarán a situar el *romance* y el realismo mágico en un contexto hemisférico y también a localizar algunas apariciones ancestrales.

En la literatura americana, los fantasmas pueden servir como portadores de verdades metafísicas, como signos visibles y audibles del Espíritu atemporal, transhistórico. También pueden llevar la carga histórica de la tradición y de la memoria colectiva: con frecuencia, los fantasmas actúan corrigiendo el aislamiento de

[1] Flannery O'Connor, "The grotesque in southern fiction", en *Mystery and Manners*, Nueva York, Farrar, Straus and Giroux, 1961, p. 45.

la individualidad, estableciendo vínculos con familias y comunidades perdidas, o recordando los crímenes, las crisis y las crueldades de la comunidad. Pueden sugerir el desplazamiento y la alienación o, por el contrario, la reunión y la comunión. Finalmente, otros fantasmas pueden ser agentes del efecto estético: el escalofrío,* *le frisson*, la liberación fantástica de las restricciones de la razón, y el consiguiente alivio. Los fantasmas de este tipo, cuya función en la primera lectura parece principalmente afectiva, no deben ser tomados a la ligera. También ellos, con frecuencia, son portadores de cargas culturales e históricas porque representan los peligros, las angustias y las fuerzas pasionales prohibidas por la civilización. Pueden señalar la experiencia primaria y primordial, el retorno de lo reprimido o la externalización de los terrores internos. Siempre son dobles (están aquí y en otro lado) y con frecuencia engañosos (¿dónde?). Reflejan, complementan, recuperan, suplantan, cancelan y completan. Que es como decir que los fantasmas literarios son profundamente metafóricos. Introducen la ausencia en la presencia sosteniendo, al mismo tiempo, el "es" y el "no es" o la verdad metafórica.

Los fantasmas, en sus diferentes aspectos, abundan en el realismo mágico, como veremos, y son cruciales para cualquier definición de éste como modo literario. Ya que los fantasmas vuelven presente la ausencia, destacan la principal preocupación del realismo mágico –la naturaleza y los límites de lo cognoscible– y facilitan su crítica de la modernidad. Su presencia en las obras del realismo mágico es inherentemente opositora, dado que representan un ataque a los supuestos científicos y materialistas de la modernidad occidental, a saber, que la realidad es cognoscible, predecible y controlable. Más aún, están en desacuerdo con los supuestos psicológicos de la modernidad (y de la novela) sobre la conciencia autónoma y la identidad autoconstituida, y proponen, en cambio, un modelo colectivo de identidad. La subjetividad no es singular, sino plural; no sólo individual y existencial, sino también mítica, acumulativa y participativa. Las apariciones del realismo mágico también desestabilizan la base de la modernidad (y de la novela) establecida en la historia lineal, progresiva; flotan libres en el tiempo, no simplemente aquí y ahora sino entonces y allí, eternamente y en todas partes. Los fantasmas encarnan la idea fundamental del realismo mágico de que la realidad siempre excede nuestras capacidades para describir, comprender o probar, y de que la función de la literatura es ocuparse de esta realidad excesiva, honrar lo que podemos captar en forma intuitiva, pero nunca definir en forma completa o definitiva. Los textos de esta tendencia literaria nos piden que miremos más allá de los límites de lo cognoscible, y los fantasmas, con frecuencia, son nuestros guías.

* En español en el original [N. de la T.].

Mi argumento, entonces, es que el realismo mágico es verdaderamente posmoderno en su rechazo de los binarismos, los racionalismos y los materialismos reduccionistas, y que sus convenciones antirrealistas son particularmente adecuadas para ampliar y enriquecer la comprensión ontológica occidental. Me concentraré en la oposición del realismo mágico a las ideologías modernas del individualismo: los textos realistas mágicos tienden a universalizar la identidad individual, una estrategia que contribuye mucho a explicar la presencia de tantos fantasmas en esos textos. Analizaré unos cuantos fantasmas literarios para observar las revisiones y las conjunciones posmodernas que sus creadores hacen del divorcio moderno entre lo material y lo inmaterial, el pasado y el presente, el yo y el otro. Los fantasmas son liminales, metamórficos e intermediarios; existen en/entre/sobre los límites fijados por la modernidad entre lo físico y lo espiritual, lo mágico y lo real, y desafían las líneas de demarcación.

Los fantasmas literarios adoptan diversas formas. A los fines de mi análisis, para ser considerada un fantasma, no es necesario que una aparición literaria tenga brazos y piernas ni que, de tenerlos, se limite a dos de cada cosa. Sólo necesita existir como una fuerza espiritual que entra en el mundo material de la ficción y se expresa como tal. La mancha en el cielo raso en "Resurrection" de Flannery O'Connor es un repositorio simbólico de verdad religiosa, un espíritu santo. La invocación que Miss Rosa hace de Sutpen, el "hombre-caballo-demonio", en *¡Absalón, Absalón! [Absalom, Absalom!]*, de William Faulkner, es una encarnación arquetípica de la memoria cultural. Las criaturas fantásticas que habitan el mundo de Isaac Bashevis Singer, las manifestaciones de dioses antiguos que irrumpen en las obras de ficción de Carlos Fuentes –Tezcatlipoca, Huitzilopochtli, Quetzalcóatl, Chac Mool– también son fantasmas en el sentido en que utilizo el término aquí. Los fantasmas de este tipo, como muestran estos ejemplos, son culturalmente específicos, se comportan de acuerdo con modelos culturales de creencia peculiares y cumplen propósitos culturales (y literarios) particulares. Por cierto, pueden ser evocados con el objetivo de superar una herencia cultural particular o escaparse de ella, es decir, para exorcisarse a sí mismos. (Así, la paradójica invocación que hace Miss Rosa del fantasma de Sutpen: hombre-caballo-demonio.) Con frecuencia, los fantasmas han sido caracterizados como almas muertas, que han regresado al mundo de los vivos temporalmente o que no pueden abandonarlo. En su asociación con la muerte –esa condición extrema y misteriosa de los vivos–, los fantasmas transgreden aun otras líneas divisorias/divisivas, aquellas trazadas entre la teología, la mitología, la filosofía y la ficción. En este papel, sirven a sus autores para cuestionar y ampliar el espacio narrativo de cada una de estas formas de investigación ontológica.

Dirigiré mi atención a las presencias fantasmales que se encuentran en obras de escritores americanos de diversos países del hemisferio. No podré analizar todas las variedades de fantasmas que he mencionado (eso requeriría un trabajo mucho más extenso que éste), pero quizás mis lectores puedan poner a prueba estos tipos, y otros, en sus propias reflexiones sobre el realismo mágico. Este capítulo está dividido en dos secciones distintas. Comienzo por rastrear la tradición del *romance* estadunidense del siglo XIX con la ayuda de los realistas mágicos latinoamericanos del siglo XX, para mostrar la tendencia tanto del *romance* como del realismo mágico a crear un arquetipo del yo y a alejarse del retrato histórico específico hacia la existencia histórica como tal. Cualesquiera que sean los objetivos políticos y los contextos culturales del *romance* y del realismo mágico, sus personajes se desplazan hacia niveles mitológicos y comunidades universales para poner en escena las realizaciones individuales de modelos humanos arquetípicos. La primera sección, entonces, se ocupa principalmente de las condiciones que favorecen las presencias espectrales más que de apariciones en particular, aunque, para desarrollar mi argumentación, miraré con los ojos de Borges a una figura fantasmal de un cuento de Nathaniel Hawthorne.

En la segunda sección, me concentro en los fantasmas que habitan las novelas de los escritores mexicanos Elena Garro y Juan Rulfo, y del tejano William Goyen. Estos autores comparten con Borges y Hawthorne la necesidad de traducir individuos en arquetipos, mímesis en mito. Pero a diferencia de los espectros etéreos de Borges y de Hawthorne, los fantasmas de Garro, Rulfo y Goyen viven bajo la tierra, en un mundo animado por habitantes ancestrales. Sus novelas son libros americanos sobre los muertos, necrogeografías de los rastros sepultados de la identidad cultural indígena en una región compartida de América. Mi objetivo a lo largo de este capítulo (como el de los realistas mágicos) es difuminar las fronteras –literarias, históricas y nacionales– para hablar de las tradiciones del antirrealismo americano en un sentido hemisférico. Para entrar en este vasto territorio, me será útil revisar las cuestiones ontológicas y formales que vuelven a las presencias espectrales tan comunes en los textos realistas mágicos.

Los textos realistas mágicos, como los fantasmas, subvierten "las dicotomías de sentido común de la conciencia diurna", dicotomías de las que depende la literatura moderna en prosa, según afirma Northrop Frye en el análisis seminal de los modos ficcionales que realiza en *Anatomía de la crítica*.[2] Las subversiones de las "dicotomías de sentido común" en el realismo mágico son, como he sugerido, tanto ontológicas como genéricas. Los textos realistas mágicos cuestionan la naturaleza de la realidad y la naturaleza de su representación. En este aspecto, entonces, los textos realistas mágicos comparten (y amplían) la tradición del realismo narrativo; también ellos apuntan a presentar una versión creíble de la realidad experimenta-

[2] Northrop Frye, *The Anatomy of Criticism*, Princeton, Princeton University Press, 1957, p. 314 [trad. esp.: *Anatomía de la crítica*, Caracas, Monte Ávila, 1977 (seguimos esta versión para la transcripción de los fragmentos citados por la autora)].

da. La diferencia crucial es que los textos realistas mágicos amplían la concepción misma de la "realidad experimentada" presentando mundos ficticios múltiples, permeables, transformativos y animistas. Y (como consecuencia) crean lectores cuyas relaciones con el mundo ficticio son necesariamente ambiguas e impredecibles. Las narraciones realistas mágicas contemporáneas le quitan al lector de novelas y cuentos convencionales el suelo que espera pisar: el de un mundo ficticio lo suficientemente estable para ser cognoscible. De este modo, los textos realistas mágicos ponen en escena el proceso del conocimiento (y de su falta); el lector es obligado a preguntarse cómo debemos ubicar lo "real" en el realismo mágico. Esta reubicación del lector con respecto a las pretensiones de verdad de la narrativa nos obliga, además, a reconocer nuestra responsabilidad por la constitución de *todos* los significados del mundo, a recordar nuestro compromiso fundamental y necesario en la definición de la realidad como tal.

La desestabilización de los supuestos genéricos y ontológicos que lleva a cabo el realismo mágico renueva el planeamiento de viejas preguntas sobre la forma narrativa, y llama la atención sobre los mundos ficticio que las formas narrativas buscan crear. Mientras que el realismo narrativo convencional como el que comenté en el capítulo 1 construye la ilusión de un mundo ficticio que tiene continuidad con el del lector (y cuyo estatuto ontológico es, por lo tanto, naturalizado, transparente), el realismo mágico pone en primer plano el estatuto ilusorio de su mundo ficticio exigiendo que el lector siga sus dislocaciones y permutaciones. Así, llegamos a una paradoja esencial: los realistas mágicos contemporáneos escriben *contra* el ilusionismo del realismo narrativo apostando más fuerte a las ilusiones de la narración. Socavan la credibilidad del realismo narrativo ostentando su propia relativa *in*credibilidad. En síntesis, señalan los recursos literarios mediante los cuales se construyen y condicionan los mundos literarios "realistas", y ponen en escena, por medio de estrategias narrativas antirrealistas, las maneras en que esos mundos literarios (y sus habitantes) pueden ser liberados. Quisiera sostener, en consecuencia, que el realismo mágico contemporáneo, al ostentar su alejamiento del realismo narrativo, es autorreflexivo y metaficcional, aun cuando reconozco que no toda la literatura autorreflexiva es realista mágica; Fielding, Sterne, Unamuno, Nabokov, Barth y muchos otros cuestionan las convenciones del realismo literario sin adoptar necesariamente modos de la narración realista mágica. Mi argumento aquí es que los realistas mágicos contemporáneos están estrechamente unidos a escritores de otras tradiciones del antirrealismo, con los que comparten la necesidad (tal como lo formula Nabokov) de escribir novelas para demostrar que la novela no existe.[3]

[3] Vladimir Nabokov, *Strong Opinions*, Nueva York, Vintage, 1973, p. 115 [trad. esp.: *Opiniones contundentes*, Madrid, Taurus, 1977].

En su claro alejamiento de las convenciones del realismo literario, los textos realistas mágicos muchas veces parecen palpitar con proliferaciones y fusiones de mundos e historias, con apariciones, desapariciones y multiplicaciones de identidades y sociedades. Estas mágicas inestabilidades dependen de una combinación de estrategias narrativas que multiplican/difuminan/sobreimponen/unifican o transgreden de otra forma la solidez y la singularidad de los hechos, los personajes y los escenarios de ficción realistas. En la literatura realista mágica, los individuos, los momentos y los lugares tienen una tendencia a transformarse mágicamente en otros individuos, momentos y lugares (o en todos). Este deslizamiento de lo individual a lo colectivo y a lo cósmico es señalado a menudo por presencias espectrales. Considérense, por ejemplo, *Beloved* (1987) [*Beloved (2000)*], de Toni Morrison, en la que a Sethe se le aparece su hija muerta, corporización simbólica e histórica tanto de su pasado como de su futuro; los cuentos de Cortázar en *Final del juego* (1964) y *Todos los fuegos el fuego* (1974), que cambian los tiempos, los lugares y las identidades, y que subvierten de manera brillante nuestros esfuerzos analíticos por decidir cuáles son soñados y cuáles no; *La casa de los espíritus* (1982), de Isabel Allende, en la que el carácter doméstico y la espiritualidad de los personajes femeninos son inseparables, una afirmación que vuelve literal la mundanidad de los fantasmas, que hacen ruido en los armarios de la residencia familiar y pronostican la lluvia.[4] En esta novela, como en todo el realismo mágico en general, lo cósmico y lo cotidiano son los polos de un continuo sobre el que se mueven los personajes y los lectores.

Es tentador multiplicar los ejemplos; tan ricas y variadas son las presencias espectrales en la literatura americana reciente: *Aura* (1962), de Fuentes; *Ironweed* (1983) [*Tallo de hierro*, 1994], de William Kennedy; *The Woman Warrior* (1976), de Maxine Hong Kingston; *Ceremony* (1977), de Leslie Marmon Silko; *Tracks* (1988) [*Huellas*, 1990] de Louise Erdrich; *Casa de campo* (1978), de José Donoso; los cuentos míticos de Paul Bowles, que transcurren en México y en Marruecos; el libro de relatos fantasmales de Joyce Carol Oates, *The Poisoned Kiss and Other Stories from the Portuguese* (1975). Resistiré la tentación de entrar en todos estos mundos frecuentados por fantasmas, confiando en que mis lectores lo hagan tarde o temprano (o ya lo hayan hecho). Aquí quiero concentrarme en los escritores más influyentes del realismo mágico americano, Gabriel García Márquez y Jorge Luis Borges, y su posible precursor, el autor de *romances* estadunidense Nathaniel Hawthorne.

[4] Isabel Allende, *La casa de los espíritus*, México, Diana, 1982. [La autora cita la versión en inglés: *The House of the Spirits*, trad. Magda Bogin, Nueva York, Knopf, 1985, pp. 108, 218.] Véase mi ensayo sobre el realismo mágico de Allende, "The magical tables of Isabel Allende and Remedios Varo", en *Comparative Literature*, 44, núm. 2, 1992, pp. 113-143.

I

En *Cien años de soledad*, el mundo ficticio de García Márquez no palpita ni prolifera en múltiples tiempos y espacios, aunque sí, por supuesto, finalmente desaparece por completo. Sus personajes son otra cuestión. García Márquez sistemáticamente desestabiliza la identidad discreta, estable, con sus repeticiones y autorreflejos familiares y sus integraciones de los vivos y los muertos. Los repetidos José Arcadios y Aurelianos son las generaciones sucesivas de una familia, pero no en un sentido realista. Más bien, podemos pensar que ellos son, paradójicamente, una serie simultánea, una progresión en curso de arquetipos ahistóricos. Que *Cien años de soledad* haya sido publicada originalmente en español sin genealogía trasluce el intento arquetipificador de García Márquez: los Buendía están relacionados más significativamente con modelos humanos anteriores que con individuos anteriores. La genealogía se agregó sólo cuando la novela fue traducida al inglés, en consideración con la expectativa de los lectores de encontrarse con personajes individualizados. Con o sin la genealogía, un José Arcadio es, en algún sentido, todos los José Arcadios; un Aureliano, todo el resto. Se nos dice que los mellizos Buendía, que parecen invertir los modelos arquetípicos, pueden haber sido cambiados al nacer. Es, entonces, como si los José Arcadios y los Aurelianos fueran sus propios precursores muertos, sus propios fantasmas. Esta relación cambiante del individuo con el arquetipo suele acompañar la psicología de los personajes realistas mágicos, haciéndolos hijos de Jung, no de Freud.[5] Los Buendía son cifras de un inconsciente colectivo, relacionados unos con otros menos por la historia familiar que por el paradigma mítico.

La presencia de los muertos entre/en los vivos en *Cien años de soledad* –algo así como la simultaneidad del yo– se vuelve explícita en el caso de la matriarca Úrsula:

> —Pobre la tatarabuelita —dijo Amaranta Úrsula—, se nos murió de vieja.
> Úrsula se sobresaltó.
> —¡Estoy viva! —dijo.
> —Ya ves —dijo Amaranta Úrsula, reprimiendo la risa—, ni siquiera respira.
> —¡Estoy hablando! —gritó.
> —Ni siquiera habla —dijo Aureliano—. Se murió como un grillito.
> Entonces, Úrsula se rindió a la evidencia. —Dios mío —exclamó en voz baja—. De modo que esto es la muerte.[6]

[5] Seymour Menton elabora la relación de las teorías de Jung con el realismo mágico en *Magic Realism Rediscovered: 1918-1981*, East Brunswick (N. J.), Associated University Press, 1983.

[6] Gabriel García Márquez, *Cien años de soledad*, Buenos Aires, Sudamericana, 1967, p. 290.

El pasado y la muerte están presentes y vivos en Macondo, como en toda la obra de ficción de García Márquez; considérense los míticos cadáveres de *Hojarasca* (1955) y "El ahogado más bello del mundo", o el mítico cuasi cadáver de *El general en su laberinto* (1989). El paraíso eterno de Macondo termina y su historia comunitaria comienza cuando llega el fantasma de Prudencio Aguilar. Prudencio trae consigo el pasado y la muerte, esto es, el tiempo: su aparición incita a funcionar a los relojes de Macondo. No sólo la historia de Macondo sino también su narración dependen de la llegada de un fantasma. El fantasma de Melquíades, que ha regresado a Macondo desde la muerte provocada por la fiebre en una playa de Singapur, narra su historia y proporciona un ejemplo generativo de la simultaneidad de identidades y de la multiplicidad de estratos ontológicos característicos del realismo mágico.

El otoño del patriarca (1975) también hace cumplir un ciclo y luego otro a un personaje, un dictador sin nombre que muere y vuelve de la muerte para imponer una serie de abusos políticos que se repiten eternamente. Su estatuto de arquetipo depende de este sentido de la repetición y del retorno con tanta certeza como el de Melquíades y los Buendía. Evidentemente, los fantasmas de García Márquez facilitan a su creador la descripción de los círculos viciosos de la política colombiana. Como los personajes de Carlos Fuentes que se reproducen en *Terra nostra* (1976), los personajes de García Márquez transmiten la idea de su autor de que la realidad latinoamericana está habitada por lo que ha ocurrido antes. La historia misma es un fantasma que debe ser enfrentado, abordado, exorcizado y superado.

Los aparecidos de Jorge Luis Borges están ubicados en otra parte o, según suele parecer, en ninguna. Mientras que Prudencio Aguilar, Melquíades, la serie simultánea de José Arcadios y Aurelianos, el Patriarca y el General son fantasmas culturalmente específicos, los aparecidos de Borges no lo son. Son ideas, figuras filosóficas u oníricas corporizadas. La universalización del tema en la obra de Borges y en gran parte del realismo mágico parecería contradecir la posibilidad de una crítica política y cultural específica. Después de todo, los arquetipos, por definición, codifican los estereotipos culturales dominantes. Y, sin embargo, es innegable que los autores del realismo mágico han ofrecido algunas de las obras políticas contemporáneas más mordaces, y con fantasmas a granel. El hecho de que la literatura más antirrealista sea también la literatura más política deriva fundamentalmente, creo, de la insistencia del realismo mágico en la universalidad del tema. Al elaborar un contexto transhistórico para el yo, los realistas mágicos agregan valor a sus representaciones de los abusos históricos específicos. Las concepciones arquetípicas de la subjetividad extraídas de fuentes colectivas proveen las bases sobre las que los realistas mágicos pueden construir posiciones políticas resistentes a los abusos del individualismo: el capitalismo explotador y el nacionalismo mesiánico, entre otros. Estos autores generalizan a fin de desestabilizar los absolutos, de abrir un espacio para una perspectiva más amplia desde la cual observar las historias particulares y las culturas que ponen en escena. Los realistas mágicos son lo que Flannery O'Connor llama "realistas de la distancia" ("The grotesque...", *op. cit.*, p. 44).

Mi argumento, entonces, es que la efectividad del disenso político realista mágico depende de su previa arquetipificación del tema (no afirmada, sino implícita) y de su consiguiente alegoría de la condición humana. Los realistas mágicos reconocen tanto el atractivo como el costo de su discurso sobre la universalidad, y negocian las condensaciones de la generalidad y la particularidad, las contracciones y las expansiones de la perspectiva, a la manera del acordeón, de diversas formas. Borges sabía bien que toda experiencia es necesariamente individual, pero también sabía que los individuos necesariamente generalizan con el objetivo de darle sentido a su experiencia. En su ensayo sobre Hawthorne, Borges se refiere a Jung, en un fragmento que cito abajo. Aunque no me gustaría caracterizar a Borges (meramente) como junguiano, creo que sí comparte con Jung el deseo de salvar la brecha entre la experiencia humana multifacética y su expresión simbólica en la literatura. En *Mythical Intentions in Modern Literature*, Eric Gould sostiene que la teoría de los arquetipos de Jung se orienta a "objetivar los procesos psicológicos, mientras que, al mismo tiempo, satisface nuestra necesidad de ubicar en algún lugar (aunque sea de modo misterioso) la función universalizadora de los símbolos".[7] Me parece que esto es lo que ocurre en la literatura de Borges y de García Márquez, y en el realismo mágico en general. Lo universal está, por cierto, ubicado en algún lugar, pero la ubicación se destila y se distancia mágicamente de la experiencia diaria, incluso refiriéndose directamente a ella.

Irónicamente, para Borges, escribir relatos universalizadores en las décadas de 1920, 1930 y 1940 *era* una acción específicamente política, porque significaba oponerse a la versión de realismo literario entonces en boga en Argentina, el costumbrismo, cuyas bases filosóficas eran el positivismo y el empirismo, y cuya base literaria era el realismo del siglo XIX. En su ensayo de 1932, "El escritor argentino y la tradición", Borges defiende una tesis que ahora –en parte, gracias a él– nos parece obvia, a saber: que el escritor argentino no necesita escribir sobre las realidades materiales específicas de Argentina para representar la realidad argentina. Borges se describe a sí mismo como ubicado simultáneamente en el centro de la cultura occidental y en sus márgenes colonizados, argumentando que los argentinos, como los judíos y los irlandeses, "podemos manejar todos los temas europeos, manejarlos sin supersticiones, con una irreverencia que puede tener, y

[7] Eric Gould, *Mythical Intentions in Modern Literature*, Princeton, Princeton University Press, 1981, p. 19.

ya tiene, consecuencias afortunadas [...]. Repito que no debemos temer y que debemos pensar que nuestro patrimonio es el universo".[8] Borges describe sus primeros intentos, fracasados, de representar a Buenos Aires de manera realista y, luego, su éxito casual:

> Hará un año, escribí una historia que se llama *La muerte y la brújula*, que es una suerte de pesadilla, una pesadilla en que figuran elementos de Buenos Aires deformados por el horror de la pesadilla; pienso allí en el Paseo Colón y lo llamo Rue de Toulon, pienso en las quintas de Adrogué y las llamo Triste-le-Roy; publicada esa historia, mis amigos me dijeron que al fin habían encontrado en lo que yo escribía el sabor de las afueras de Buenos Aires. Precisamente porque no me había propuesto encontrar ese sabor, porque me había abandonado al sueño, pude lograr, al cabo de tantos años, lo que antes busqué en vano. [270-271.]

"El escritor argentino y la tradición" puede ser parcialmente autojustificatorio porque Borges, para el momento en que lo escribió, se había "abandonado al sueño" hacía tiempo. Sin embargo, el ensayo ubica, en un contexto cultural americano específico, el impulso universalizador que vuelve la magia y la política tan poderosamente sinérgicas en ejemplos recientes del realismo mágico. Es un impulso que se puede reconocer en la obra más abiertamente opositora de García Márquez, Allende, Morrison, Rulfo, Garro, Goyen y muchos otros realistas mágicos americanos, y también en el *romance* norteamericano, como veremos.

En los cuentos de Borges, las identidades parecen fundirse más que repetirse o reaparecer, como hacen en la obra de García Márquez. Las ideas cabalísticas de que un hombre es todos los hombres e, inversamente, que el microcosmos contiene el macrocosmos, animan el realismo mágico de Borges, como la idea relacionada de que somos un sueño de Dios.[9] Para construir sus criaturas de ficción, Borges prefiere el arquetipo por sobre la psicología o la sociología. No es necesario buscar mucho para encontrar ejemplos: "La biblioteca de Babel", con su "viajero eterno"; el "hombre gris" de "Las ruinas circulares". Aun los cuentos que parecen individualizar a los personajes y los lugares destacan explícitamente la participación individual en la vida universal. Por ejemplo, "La otra muerte" y "La biografía de Tadeo Isidoro Cruz (1829-1874)" comienzan en momentos y lugares específicos en Argentina, y los agentes de las acciones tienen nombre. No utilizo el término "personajes" porque la trayectoria de ambos relatos consiste en deshacer

[8] Jorge Luis Borges, "El escritor argentino y la tradición", en *Discusión*, 1932; reeditado en *Obras completas*, Buenos Aires, Emecé, 1989, vol. 1, p. 273.

[9] Jaime Alazraki relaciona este tema con la cábala, que identifica convincentemente como fuente de las investigaciones místicas de Borges. Véase *Borges and the Kabbalah*, Cambridge, Cambridge University Press, 1988.

la especificidad, confundir y, luego, fundir la identidad individual con el arquetipo. Las fechas que aparecen entre paréntesis en el título de "Tadeo Isidoro Cruz" son altamente irónicas porque la singularidad de la vida de Cruz termina por ser abolida y, en la medida en que se lo asocia con el gaucho arquetípico Martín Fierro, se le confiere una identidad mítica trasindividual. "La otra muerte" también concluye con el pasaje del individuo al arquetipo, con una consecuente inversión irónica de lo "fantástico" y lo "real". Hablando acerca del "personaje" Pedro Damián, dice el narrador de Borges:

> He adivinado y registrado un proceso no accesible a los hombres, una suerte de escándalo de la razón. [...] Sospecho que Pedro Damián (si existió) no se llamó Pedro Damián, y que yo lo recuerdo bajo ese nombre para creer algún día que su historia me fue sugerida por los argumentos de Pier Damiani. [...] Hacia 1951 creeré haber fabricado un cuento fantástico y habré historiado un hecho real; también el inocente Virgilio, hará dos mil años, creyó anunciar el nacimiento de un hombre y vaticinaba el de Dios.[10]

El rechazo de Borges de la conciencia unitaria, autoconstituida, y su consecuente reticencia a construir personajes de acuerdo con las convenciones del realismo literario pueden también tomar la forma de una visión animista del yo y del mundo, en la que el sujeto y el objeto resultan mutuamente generativos y reflexivos. En el epílogo de su recopilación de especulaciones filosóficas y literarias, *El hacedor*, Borges escribe: "Un hombre se propone la tarea de dibujar el mundo. A lo largo de los años puebla un espacio con imágenes de provincias, de reinos, de montañas, de bahías, de naves, de islas, de peces, de habitaciones, de instrumentos, de astros, de caballos y de personas. Poco antes de morir, descubre que ese paciente laberinto de líneas traza la imagen de su cara".[11]

Los individuos, la naturaleza y la cultura se compenetran, se superponen y se funden. Borges invierte la prioridad cartesiana de la conciencia autónoma: el yo no crea al mundo, sino que lo contiene.

Esta idea aparece frecuentemente también en los ensayos sobre literatura de Borges, donde la fusión mítica se da entre autores y textos literarios. Si los personajes repetidos de García Márquez llevan consigo los fantasmas de sus propios antepasados, los autores de Borges son fantasmas de otros autores, y sus cuentos, los fantasmas de otros cuentos o, mejor, de un cuento arquetípico. El narrador de "La biblioteca de Babel" afirma: "La certidumbre de que todo está escrito nos anula o nos afantasma".[12] Aquí, "afantasma" debe entenderse en el contexto de las subversio-

[10] Borges, "La otra muerte", en *El Aleph*, 1949; reeditado en *Obras completas*, *op. cit.*, vol. 1, p. 575.

[11] Borges, "Epílogo" a *El hacedor*, 1960; reeditado en *Obras completas*, *op. cit.*, vol. 2, p. 232.

[12] Borges, "La biblioteca de Babel", en *Ficciones*, 1944; reeditado en *Obras completas*, *op. cit.*, vol. 1, p. 470.

nes del individualismo y la originalidad planteadas por Borges y no (como se lee a veces) como una afirmación de agotamiento literario. En su ensayo de 1945 "La flor de Coleridge", Borges se refiere a la percepción de Valéry de que la historia de la literatura es la historia no de los autores sino del Espíritu, y a la opinión de Shelley de que "todos los poemas del pasado, del presente y del porvenir, son episodios o fragmentos de un solo poema infinito, erigido por todos los poetas del orbe".[13] En este contexto, Borges también cita a Emerson: "Diríase que una sola persona ha redactado cuantos libros hay en el mundo; tal unidad central hay en ellos que es innegable que son obra de un solo caballero omnisciente".[14]

Desde una perspectiva feminista contemporánea, el lenguaje masculinista de Emerson y de Borges parecería socavar su impulso universalizador al excluir la experiencia femenina de sus generalizaciones.[*] Deberíamos recordar, sin embargo, que en sus contextos culturales, "hombre" –incluso "caballero" [*gentleman*]– *era* una categoría universal y, por lo tanto, consistente con su intento transindividualizador. Desde una perspectiva comparatista, su olvido de la diferencia cultural parecería obviar la posibilidad misma de la crítica cultural. Pero en la literatura realista mágica, como ya he argumentado, el yo es primero una categoría trascendental y después una categoría política. Borges cuestiona los límites de la certeza ideológica rechazando los límites de la identidad individual, tanto la del yo como la de la obra literaria. Este cuestionamiento supone un cuestionamiento mayor: el de la ideología de la originalidad. La concepción moderna de la originalidad se sustenta en una historia hegeliana que es lineal, progresiva, orientada hacia el futuro y producida por individuos autónomos. Es irónico que Borges evoque a Emerson en un ensayo que discute la historiografía hegeliana, puesto que (como señalé en el primer capítulo) Emerson fue uno de los principales canales para el ingreso del idealismo alemán en la cultura intelectual estadounidense del siglo XIX.[15] Pero Borges interpretaba correctamente que el trascendentalismo

[13] Borges, "La flor de Coleridge", en *Otras inquisiciones*, 1952; reeditado en *Obras completas*, *op. cit.*, vol. 2, p. 17.

[14] Idem. Borges cita el ensayo de Ralph Waldo Emerson titulado "Nominalist and realist", *Essays: Second Series*, 1844.

[*] La autora utiliza el neologismo *masculist* (traducido aquí como *masculinista*) en el sentido de "patriarcal" o "falogocéntrico" [N. de la T.].

[15] La relación ambivalente de Borges con las ideas de Emerson se observa también en otros textos. En "La otra muerte", un cuento al que me referí sólo brevemente, Borges parece acusar a la visión histórica de Emerson de rígidamente lineal, y oponerla a su propia historiografía de la repetición y la recurrencia. Este cuento destaca el potencial imaginativo para revisar y revivir la vida, que permite multiplicar las propias. Comienza con una referencia al poema de Emerson "The past". La referencia es evidentemente irónica porque el poema de Emerson describe la imposibilidad de revisar el pasado monolítico: exactamente lo opuesto de los pasados múltiples que pone en escena el cuento de Borges. "La otra muerte", en *El Aleph*, 1949; reeditado en *Obras completas*, *op. cit.*, vol. 2, p. 571.

emersoniano también postula una participación mítica en una "historia universal" que está presente, disponible, y que pertenece a la comunidad: "Quizá la historia universal es la historia de la diversa entonación de algunas metáforas".[16] Este abandono borgeano de la singularidad y la originalidad tiene ecos genéricos en las estrategias narrativas sincrónicas e intertextuales que estructuran gran parte de la literatura latinoamericana contemporánea. Exploraré estas estructuras en los capítulos que siguen; aquí damos un vistazo a su base metafísica. Borges trata lo particular como una aparición de lo universal: el yo contiene a todos los demás; la historia es el registro móvil de los momentos eternos. Esta característica inestabilidad de los estratos –individuo, comunidad, cosmos– inevitablemente impulsa el realismo mágico hacia la alegoría.

En "La flor de Coleridge", Borges cita la afirmación de Coleridge: "Si un hombre atravesara el Paraíso en un sueño, y le dieran una flor como prueba de que había estado allí, y si al despertar encontrara esa flor en su mano [...], ¿entonces, qué?". En la cita de Borges de la visión de Coleridge, oímos un suspiro nostálgico por la prueba ("esa flor en su mano") perdida para siempre para los realistas mágicos contemporáneos. En la pregunta final ("¿entonces, qué?"), oímos una invitación a su propio mundo de presencias espectrales, en el que las pruebas son discutibles.

Las referencias de Borges al trascendentalismo de Emerson, al romanticismo de Coleridge y de Shelley y al simbolismo de Valéry sugieren las fuentes que confluyen en su realismo mágico y lo vinculan a la tradición del *romance* estadunidense del siglo XIX.[17] En un análisis de los escritores de *romances* estadunidenses, Leon Chai argumenta que sus autores estaban marcados por una conciencia profunda de la oposición entre el espiritualismo y el materialismo. Chai observa en particular que el proyecto literario de Hawthorne estaba impulsado por una búsqueda de la "cualidad mágica de lo real".[18] No es de extrañar que Borges sintiera

---

El poema de Borges "Emerson" termina con un repaso imaginativo de la vida de Emerson: presenta a su "alto caballero americano" insatisfecho con su historia progresiva, irrepetible: "No he vivido. Quisiera ser otro hombre" [en *El otro, el mismo*, 1964; reeditado en *Obras completas*, *op. cit.*, vol. 2, p. 289].

[16] Borges, "La esfera de Pascal", en *Otras inquisiciones*, 1952; reeditado en *Obras completas*, *op. cit.*, vol. 2, p. 16.

[17] La conciencia de Borges de estas múltiples confluencias del romanticismo lo llevó a vincular a Whitman y Valéry, una pareja inesperada pero, como demuestra Borges, justificable sobre la base de su impulso compartido (junto con el de Borges) de arquetipificar al sujeto: "Uno de los propósitos de las composiciones de Whitman es definir a un hombre posible –Walt Whitman– de ilimitada y negligente felicidad; no menos hiperbólico, no menos ilusorio, es el hombre que definen las composiciones de Valéry" ("Valéry como símbolo", en *Otras inquisiciones*, 1952; reeditado en *Obras completas*, *op. cit.*, vol. 2, p. 64).

[18] Leon Chai, *The Romantic Foundations of the American Renaissance*, Ithaca, Cornell University Press, 1987, p. 39. Para un análisis de las características del *romance* como género a partir del romance medieval, véase Fredric Jameson, "Magical narratives: romance as genre", en *NLH*, 7, núm. 1,

afinidad con estos autores de *romances* y que viera reflejos de su propia obra en la de ellos.

El sello distintivo del realismo mágico que estoy rastreando aquí –su rechazo del seco individuo cartesiano– es congruente con la práctica narrativa del *romance*. La crítica del género y del mito de Northrop Frye es útil en este contexto. Al elaborar su teoría de los modos ficcionales en la *Anatomía de la crítica*, dice acerca del *romance*:

> La diferencia esencial entre la novela y el *romance* estriba en la concepción de la caracterización. El autor de *romances* no pretende crear "personas reales", sino más bien estilizadas, que se dilatan hasta adquirir la magnitud de arquetipos psicológicos. Es en el *romance* donde encontramos reflejados en el héroe, en la heroína y en el malvado, respectivamente, la libido, el ánima y la sombra de Jung. Razón por la cual el *romance* irradia a menudo un resplandor de intensidad subjetiva que le falta a la novela y por la cual un indicio de alegoría ronda constantemente los márgenes. [Frye, *Anatomía...*, *op. cit.*, p. 403.]

Las observaciones de Frye vinculan el *romance* al realismo mágico de manera implícita, y ambos a los arquetipos junguianos y a la alegoría. Ésta, como el realismo mágico y el *romance*, se concentra menos en la psicología individual que en los modelos arquetípicos. Borges, en su ensayo "De las alegorías a las novelas", de 1949, escribe: "[La literatura alegórica] es fábula de abstracciones, como la novela lo es de individuos".[19] Y en su ensayo sobre Nathaniel Hawthorne, también escrito en 1949, Borges responde a la acusación de alegorizar que Poe le hace a Hawthorne a través de su amado Chesterton, quien, nos dice, infiere "que puede haber diversos lenguajes que de algún modo correspondan a la inasible realidad; entre esos muchos, el de las alegorías y fábulas".[20]

La defensa de Hawthorne que hace Borges da testimonio de su sensibilidad compartida: la intuición apremiante de Hawthorne, como la de Borges, era encontrar alguna significación simbólica "inasible" en la experiencia cotidiana. Hawthorne estaba profundamente influido por la interpretación alegórica puritana del mundo visible como una encarnación del propósito invisible de Dios, así

1975, pp. 135-163; y Edgar A. Dryden, *The Form of American Romance*, Baltimore, Johns Hopkins Unversity Press, 1988, quien extiende la tradición del *romance* estadunidense hasta algunos autores contemporáneos, desde Hawthorne a John Barth, pasando por Faulkner.

[19] Borges, "De las alegorías a las novelas", en *Otras inquisiciones*, reeditado en *Obras completas*, *op. cit.*, vol. 2, p. 124.

[20] Borges, "Nathaniel Hawthorne", en *Otras inquisiciones*, 1952; reeditado en *Obras completas*, *op. cit.*, vol. 2, pp. 48-63.

como por la visión trascendentalista de la compenetración de la naturaleza con la divinidad. En realidad, estaba atrapado entre el pesimismo puritano sobre la naturaleza caída y la celebración trascendentalista de la naturaleza y el hombre natural, y era profundamente escéptico respecto de ambos. Pero abrazaba de manera instintiva (y autoconsciente también) la *apertura* de ambas actitudes hacia la presencia del misterio en el lugar común. En un pasaje merecidamente famoso de "La aduana" ["The custom-house"], la introducción a *La letra escarlata* ["The Scarlet Letter] (1850), Hawthorne se refiere al aspecto que toma una habitación conocida bajo la luz de la luna, a sus contenidos materiales "tan espiritualizados por la luz inusual que parecen perder su sustancia real e investirse con una cualidad de extrañeza y lejanía, aunque casi con la misma vívida presencia que a la luz del día".[21] La habitación, escribe Hawthorne, se vuelve

> un territorio neutral, algún lugar entre el mundo real y la tierra de las hadas, donde lo Real y lo Imaginario puedan encontrarse, y cada uno se impregne con la naturaleza del otro. Aquí pueden entrar los espectros sin asustarnos. Recibiríamos una sorpresa muy acorde con la escena si, al mirar a nuestro alrededor, descubriéramos una forma, amada pero ya perdida, sentada ahora en silencio bajo un rayo de esta mágica luz de luna, con un aspecto que nos haría preguntarnos si ha vuelto desde lejos o, en realidad, nunca ha dejado su sitio junto al fuego. [Hawthorne, *A Scarlet letter, op. cit.*, p. 31.]

Este "territorio neutral" en el que los "espectros pueden entrar sin asustarnos" es, por supuesto, también el territorio del realismo mágico del siglo XX.

Una vez más, tanto en el *romance* como en el realismo mágico, podemos preguntarnos por la relación entre la abstracción literaria y las condiciones culturales y políticas particulares. La observación de Fredric Jameson de que las literaturas poscoloniales construyen alegorías para contribuir a la autodefinición nacional es discutible, pero estoy de acuerdo con él en que la alegoría (a menudo unida al realismo mágico, y a veces indistinguible de él) se ha vuelto un recurso frecuentemente utilizado por los escritores poscoloniales.[22] El análisis de la alegoría que hace Paul de Man como "inmediatez y mediación" también es pertinente para esta pregunta, así como su interpretación de las tensiones creadas en el campo dialéctico de la alegoría.[23] Para Hawthorne, como para Borges, abstraer *era* reaccionar de manera específica a su situación cultural de escritor americano.

[21] Nathaniel Hawthorne, *The Scarlet Letter*, Nueva York, W.W. Norton, 1978, p. 31 [trad. esp.: *La letra escarlata*, trad. Pilar y José Donoso, Salvat, 1972.]

[22] Fredric Jameson, "Third-world literature in the era of multinational capitalism", en *Social Text*, 15, otoño de 1986, pp. 65-88.

[23] Paul de Man, *Allegories of Reading: Figural Language in Rousseau, Nietzsche, Rilke, and Proust*, New Haven, Yale University Press, 1979, p. 191 [trad. esp.: *Alegorías de la lectura: Lenguaje figurado en Rousseau, Nietzsche, Rilke y Proust*, Barcelona, Lumen, 1990].

Como a Borges, a Hawthorne le interesaban las relaciones culturales entre América y Europa: como él, era consciente de su estatuto tardío y adoptivo como escritor del Nuevo Mundo. Puesto que ni Borges ni Hawthorne le daban un peso significativo a la cultura indígena en su definición de América (como hacen los novelistas de los que me ocupo en la segunda sección de este capítulo), ambos percibían la falta de un pasado americano significativo en comparación con el de Europa. Y ambos se preocupaban por el presente. Hawthorne se opuso a las ideologías del individualismo y el nacionalismo, predominantes a mediados del siglo XIX, así como Borges se opuso a ideologías similares en la Argentina de Perón ocho décadas más tarde. Borges (nombrado por Perón inspector de pollos y gallinas) reconocía los sentimientos de invisibilidad de Hawthorne, imaginando que Hawthorne había registrado miles de trivialidades en su diario "para demostrarse a sí mismo que él era real, para liberarse, de algún modo, de la impresión de irrealidad, de fantasmidad, que solía visitarlo" (Borges, "Nathaniel Hawthorne", *op. cit.*, p. 61). También Hawthorne consideraba que podía describir su realidad americana sólo abandonándose al sueño.

Hawthorne pone en primer plano la relación colonial de América respecto de Europa ubicando muchas de sus obras en el pasado colonial. *La letra escarlata* comienza con una referencia irónica a los proyectos utópicos fracasados de los padres fundadores europeos en el Nuevo Mundo, y rastrea la historia de Hester Prynne, doblemente marginada como pecadora/lujuriosa y como mujer.[24] En esta novela y a través de la obra de Hawthorne, se percibe su ambivalencia entre los ideales pasados y futuros, su nostalgia por la inocencia perdida del Nuevo Mundo y su deseo añorante del reino ideal en que aún podría transformarse el Nuevo Mundo. Esta melancolía romántica, proyectada tanto hacia adelante como hacia atrás en el tiempo y el espacio, también está presente en el realismo mágico contemporáneo. Las reflexiones de Borges sobre los órdenes imposibles y las descripciones de García Márquez de las utopías fracasadas coinciden con el idealismo ambivalente del *romance* de Hawthorne, aunque también se encuentran discrepancias sobre las que volveré. Hawthorne utiliza las convenciones góticas europeas del siglo XVIII para reflexionar irónicamente sobre sus propias idealizaciones y las de América de mediados del siglo XIX. Su pieza más brillante dentro del gótico americano es la descripción de la casa ancestral de los Pyncheons, visitada por fantasmas, en *La casa de los siete tejados* [*The house of the seven gables*]. La casa es una versión americana de un castillo gótico o una abadía arruinada, una casa de los espíritus puritana. En ella, los fantasmas góticos tratan con ironía hasta soca-

[24] Larry J. Reynolds ubica la obra de Hawthorne en una perspectiva política amplia en *European Revolutions and the American Literary Renaissance*, New Haven, Yale University Press, 1988. Un estudio más específico de la ambigüedad política de Hawthorne es Sacvan Bercovitch, "The apolitics of ambiguity in *The Scarlet Letter*", en NLH, 19, 1988, pp. 1-27.

var las ideologías contemporáneas del individualismo, la ciencia, el progreso, la perfectibilidad y, sobre todo, la noción de la inocencia histórica de América. Los fantasmas de Hawthorne recuerdan a los vivos que no pueden escapar de su pasado y que hay obstáculos en su futuro.

Puesto que aquí me ocupo principalmente de los usos de la forma literaria, por el momento me resulta más útil el análisis formal de Northrop Frye de los efectos de la abstracción en el *romance* que los análisis desconstructivos de De Man o los marxistas de Jameson. Después de mencionar los personajes arquetípicos en/del romance, observa Frye:

> En el *romance* se liberan determinados elementos del carácter que naturalmente hacen de él una forma más revolucionaria que la novela. El novelista se ocupa de la personalidad, de los personajes que llevan puestas sus *personae* o máscaras sociales. Necesita el entramado de una sociedad estable, y muchos de nuestros mejores novelistas han sido convencionales de un modo que está al tris de parecer remilgado. El autor de *romances* se ocupa de la individualidad, de personajes *in vacuo*, idealizados por el ensueño, y por más conservador que sea, algo nihilista e indomable tiende a irrumpir fuera de sus páginas. [Frye, *Anatomía, op. cit.*, p. 403.]

Precisamente, la naturaleza "idealizada" del *romance*, sugiere Frye, admite lo político y, sin duda, lo "revolucionario". Como en el realismo mágico, la concepción que el *romance* desarrolla de la subjetividad arquetípica lleva consigo un potencial político dinámico. En ambas versiones, el yo es investido de poder político sólo cuando está míticamente vinculado a tradiciones y valores comunitarios, es decir, al inconsciente colectivo de su cultura.

El análisis de Borges de la obra de ficción de Hawthorne y su estudio sobre la tradición literaria estadunidense en el siglo XIX son útiles para mis propósitos comparativos. Además de sus numerosas reseñas de la literatura estadunidense para la revista *El Hogar* en los años treinta,[25] sus ensayos sobre Melville y Whitman y su homenaje a los cuentos policiales de Poe en los propios,[26] reunió sus clases sobre literatura norteamericana en *Introducción a la literatura norteamericana*

[25] Borges, *Textos cautivos: Ensayos y reseñas en "El hogar" (1936-1939)*, ed. Enrique Sacerio-Garí y Emir Rodríguez Monegal, Barcelona, Tusquets, 1986.

[26] Borges apreciaba al inspector Dupin de Poe a causa de la profunda desconfianza que Dupin sentía por la racionalidad analítica y de su preferencia, en cambio, por los procesos intuitivos y metafóricos de la poesía. Véase el trabajo de John T. Irwin sobre Borges y Poe, *The Mystery to the Solution: Poe, Borges and the Analytic Detective Story*, Baltimore, Johns Hopkins University Press, 1994.

Además de reescribir irónicamente los cuentos policiales de Poe, Borges leyó *The Narrative of Arthur Gordon Pym of Nantucket* (1838) por sus descripciones de una fauna y una flora fantásticas, e incluyó una de ellas en su *Manual de zoología fantástica* (1957) con el título "El animal soñado por Poe".

(1967).[27] Sin duda, Borges es el comparatista literario americano más idiosincrásico. Mirar por sobre su hombro mientras lee literatura norteamericana implica ver una tradición de literatura fantástica que los lectores estadunidenses apenas reconocerán y descubrir en todas partes los ingredientes del realismo mágico. Para Borges, la tradición fantástica florece en la literatura estadunidense a partir de los puritanos. En su primer capítulo, titulado "Los orígenes", atribuye *Los prodigios del mundo invisible* [*The Wonders of the Invisible World*], de Cotton Mather, y especialmente su análisis de su "posesión diabólica" no a la demencia teológica (como harían muchos lectores contemporáneos), sino más bien a su fértil imaginación fantástica.[28] Sobre Mather, Borges escribe: "Pensaba que una página debe siempre comunicarnos algo, pero que las alusiones y citas pueden aumentar su eficacia y embellecerla 'como las alhajas, que adornan el ropaje de un embajador ruso'" (*Introducción a la literatutra norteamericana, op. cit.*, p. 10). La metáfora que elige Borges refiere directamente a lo que será el tema implícito de su trabajo: su percepción de que esta tradición fantástica en los Estados Unidos es rica pero está enrarecida, en parte a causa de una práctica crítica naturalista. Es casi como si Borges hubiera salido a corregir el desequilibrio.[29] Comentaré algunos fragmentos relevantes de este estudio y luego volveré al Hawthorne de Borges.

Sobre Washington Irving, Borges dice: "Pensaba que su patria carecía de un pasado romántico y americanizó leyendas de otras latitudes y épocas" (*ibid.*, p. 15). Sobre el historiador William Prescott, cuya *Historia de la conquista de México* (1843) yuxtapone a los *Cuentos de la Alhambra* de Irving (1832) y cuyo tema,

[27] Al comentar el realismo mágico de Borges, los críticos se han concentrado en forma unánime en el ensayo de Borges "El arte narrativo y la magia", incluido en *Discusión* (1932). Por interesante que sea este ensayo, revela menos acerca de las preferencias y la práctica literarias de Borges que *Introducción a la literatura norteamericana* y sus ensayos sobre los autores de *romances* estadunidenses.

[28] Borges, *Introducción a la literatura norteamericana* (en colaboración con Esther Zemborain de Torres), Buenos Aires, Columba, 1967. Un ensayo sobre la imaginación fantástica de Mather en *Magnalia Christi Americana* y su influencia sobre Harriet Beecher Stowe, que sigue a Borges en espíritu, se encuentra en Dorothy Z. Baker, "Puritan providences in Stowe's *The Pearl of Orr's Island*; the legacy of Cotton Mather", en *Studies in American Fiction*, 22, núm. 1, 1994, pp. 61-79.

[29] Hay algunos críticos, por cierto, que enfatizan los aspectos antirrealistas de la literatura de mediados del siglo XIX. Un útil resumen y crítica de los teóricos del *romance* (Lionel Trilling, Richard Chase, Joel Porte) puede encontrarse en Russell Reising, *The Unusable Past: Theory and the Study of American Literature*, Londres, Methuen, 1986. Véase también Emily Miller Budick, "Sacvan Bercovitch, Stanley Cavell, and the Romance Theory of American Fiction", en PMLA, 107, núm. 1, 1992, pp. 78-91.

En este contexto, recomiendo el libro de Allan Gardner Lloyd Smith, *Uncanny American Fiction*, Nueva York, St. Martin's Press, 1989. Él analiza lo "sobrenatural romántico" de Poe, lo "sobrenatural trascendental" de Hawthorne, lo "sobrenatural psicológico" de Bierce y Jack London, y lo "sobrenatural simbólico" de James de un modo que se corresponde con la interpretación de Borges de estos autores y la complementa.

según afirma, fue tomado de este autor, Borges dice: "Sintió, como Irving, el encanto peculiar de lo hispánico" *(ibid.*, p. 16). Sobre Whitman, que manifiesta la misma práctica de Borges de arquetipificar y sintetizar el tema, afirma: "En la épica anterior un solo héroe predominaba: Aquiles, Ulises, Eneas, Rolando o el Cid. Whitman resolvió, en cambio, que su héroe serían todos los hombres" *(ibid.*, p. 25). Borges cita las líneas que siguen de la sección 17 de "Canto a mí mismo", que nuevamente manifiestan no sólo la filosofía de Whitman sino también la suya:

> Estos son los pensamientos de todos los hombres en todas las épocas y países:
> no me son propios;
> si no son tan tuyos como míos, son nada o casi nada;
> si no son el enigma y la solución del enigma, son nada;
> si no son tan cercanos como lejanos, son nada. *[Ibid.*, p. 25.] *

En otra parte, dice que Whitman "redactó sus rapsodias en función de un yo imaginario, formado parcialmente de él mismo, parcialmente de cada uno de sus lectores".[30] Jack London, a quien los lectores estadunidenses suelen considerar un naturalista, en la lectura de Borges se transforma en una especie de Ovidio americano, que contribuye a la tradición de los relatos de metamorfosis. Sobre *El llamado de la selva* (1903), Borges escribe: "Es la historia de un perro que ha sido lobo y vuelve al fin a serlo" *(ibid.*, p. 29); el estilo de Jack London "corresponde a la realidad pero a una realidad recreada y exaltada por él" *(idem)*. El último capítulo de Borges trata la poesía oral de los pieles rojas. En esta poesía observa "su contemplativa percepción del mundo visual, su delicadeza, su magia" y señala que sus imágenes "son como el eco de un mundo ausente, lejano, casi difunto" *(ibid.*, pp. 61-62).

Borges dedica un capítulo relativamente largo (de seis páginas) de *Introducción a la literatura norteamericana* al trascendentalismo.[31] A pesar de su carácter elíptico, su análisis sugiere las principales afinidades filosóficas entre el *romance* estadunidense del siglo XIX y sus propias "ficciones":

* "These are the thoughts of all men in all ages and lands – they are not original with me; /If they are not yours as much as mine, they are nothing, or next to nothing; /If they are not the riddle, and the untying of the riddle, they are nothing;/If they are not just as close as they are distant they are nothing."

[30] Borges, "Valéry como símbolo", en *Otras inquisiciones*; reeditado en *Obras completas*, *op. cit.*, vol. 2, p. 64.

[31] Mi objetivo no es explorar en detalle la naturaleza del pensamiento trascendentalista como tal, sino rastrear la interpretación que de él presenta Borges. Dos estudios generales sobre el tema son Roger Asselineau, *The Transcendentalist Constant in American Literature*, Nueva York, New York University Press, 1980, y William Ellis, *The Theory of American Romance: An Ideology in American Intellectual History*, Ann Arbor, UMI Research Press, 1989.

> Sus fuentes fueron múltiples: el panteísmo hindú, las especulaciones neoplatónicas, los místicos persas, la teología visionaria de Swedenborg, el idealismo alemán y los escritos de Coleridge y de Carlyle. Heredó también la preocupación ética de los puritanos. Edwards había enseñado que Dios puede infundir una luz sobrenatural en el alma de los electos; Swedenborg y los cabalistas, que el mundo externo es un espejo del mundo espiritual. Tales ideas influyeron en los poetas y prosistas de Concord. [*Ibid.*, p. 20.]

Borges continúa enumerando las creencias compartidas de estos escritores de Concord, que reflejan las suyas: la inmanencia de Dios en el universo; la identificación del alma individual con el alma del mundo, y el alma de Dios con ambas. Borges glosa la idea trascendentalista de Emerson: "Si en cada alma está Dios, toda autoridad externa desaparece. A cada hombre le basta su propia profunda y secreta divinidad" (*idem*). Así, concluye Borges, "el panteísmo, que lleva a los hindúes a la inacción, llevó a Emerson a predicar que no hay límites para lo que podemos hacer, ya que en el centro de cada uno de nosotros está la divinidad" (*ibid.*, p. 21). En la ironía de esta comparación cultural, Borges da a entender los abusos posteriores del "individualismo divino" en la historia del siglo XX.

En el párrafo que acabo de citar, Borges hace al teólogo Jonathan Edwards precursor de los trascendentalistas.[32] Su vinculación del puritanismo con el trascendentalismo es histórica y filosóficamente exacta, por supuesto. Él tenía clara conciencia de que para los puritanos, y más tarde para los trascendentalistas, la realidad siempre era simbólica; la experiencia, una alegoría de la presencia invisible. Pero como de costumbre, Borges es revisionista. En referencia a una hermosa imagen del sermón de Edwards, lleno de infierno, fuego y azufre, *El pecador en las manos de un Dios iracundo* [*The Sinner in the Hands of an Angry God*], comenta: "Metáforas como ésta han sugerido la sospecha de que Edwards fue fundamentalmente un poeta, frustrado por la teología" (*ibid.*, p. 11). El Edwards de Borges no es un moralista altisonante sino un místico. Creía, nos dice Borges, "que el universo material no es más que una idea en la mente divina" (*idem*), y cita la conmovedora descripción de Dios que hace Edwards: "Es todo y está solo" (*idem*). La sutil apreciación de Borges de la poética mística puritana nos devuelve a Nathaniel Hawthorne, sobre el que Borges escribe: "Por el sentimiento de culpa y la preocupación ética, Hawthorne se vincula con el puritanismo; por el amor de la belleza y la invención fantástica, con otro gran escritor, Edgar Allan Poe" (*ibid.*, p. 18). En su característico juego de anacronismos en la historia literaria, Borges también vincula al puritano de Salem con un judío de Praga. En los cuentos de Hawthorne, "ya estamos en el mundo [...] de Kafka. Un mundo de

[32] Nuevamente, este aspecto del trascendentalismo ha sido ampliamente explorado. Lawrence Buell llama a los trascendentalistas "hijos de los puritanos". Véase *Literary Trascendentalism: Style and Vision in the American Renaissance*, Ithaca, Cornell University Press, 1973, p. 146 y ss.

castigos enigmáticos y de culpas indescifrables [...]. Hay el fondo borroso, contra el cual se recorta la pesadilla. [...] El sabor de Kafka ha sido creado, ha sido determinado por Kafka [...]. La deuda es mutua; un gran escritor crea a sus precursores" (Borges, "Nathaiel Hawthorne", *op. cit.*, pp. 55-56).[33]

Vuelvo ahora a "Nathaniel Hawthorne", el ensayo de Borges de 1949, del que he tomado la afirmación precedente. En él, Borges comenta, con un desarrollo poco habitual (quince páginas en mi edición de las obras completas), al escritor que es, para él, el principio y quizás la culminación de la literatura estadunidense.

> Si la literatura es un sueño, un sueño dirigido y deliberado, pero fundamentalmente un sueño, está bien que [...] inauguremos con el examen de Hawthorne, el soñador. Algo anteriores en el tiempo hay otros escritores americanos –Fenimore Cooper, una suerte de Eduardo Gutiérrez infinitamente inferior a Eduardo Gutiérrez; Washington Irving, urdidor de agradables españoladas–, pero podemos olvidarlos sin riesgo. *[Ibid.*, p. 48.]

Que Nathaniel Hawthorne inaugura la literatura estadunidense es una afirmación en la que Borges insiste, como insiste en la naturaleza fantástica de la literatura estadunidense en comparación con la naturaleza más "retórica" de la literatura latinoamericana. En el curso de su comentario sobre Hawthorne, Borges contradice nuestra imagen habitual de la literatura estadunidense como menos inclinada hacia el mito y la magia que la literatura latinoamericana. Escribe:

> En el principio de esta clase he mencionado la doctrina del psicólogo Jung que equipara las invenciones literarias a las invenciones oníricas, la literatura a los sueños. Esta doctrina no parece aplicable a las literaturas que usan el idioma español, clientes del diccionario y de la retórica, no de la fantasía. En cambio, es adecuada a las letras de

[33] Borges relaciona a otro escritor estadunidense del siglo XIX con Kafka. De Henry James, Borges dice: "De las perplejidades del americano en Europa James pasó al tema de la perplejidad humana en el universo. Descreyó de una solución ética, filosófica o religiosa de los problemas esenciales; su mundo ya es el inexplicable mundo de Kafka. Pese a los escrúpulos y delicadas complejidades de James su obra adolece de un defecto capital: la ausencia de vida" (*Introducción a la literatura norteamericana, op. cit.*, p. 40).

Dada esta conclusión, no es de extrañar que Borges excluya totalmente a James de su caracterización de la literatura estadunidense como sueño o alucinación. Aun así, Borges podría haber citado el prefacio crítico de James al volumen 17 de la edición de Nueva York, *The altar of the dead*, un volumen que incluye "The Jolly Corner" y varios otros cuentos fantásticos de James [trad. esp.: *El altar de los muertos y otros relatos*, Madrid, Valdemar, 2000]. En este prefacio, James afirma estar "preparado con la confesión de que el 'cuento de aparecidos', como lo llamamos por conveniencia, haya siempre sido para mí la forma más posible del cuento de hadas. Disfruta, a mis ojos, de este honor por ser de lejos el más puro, con esa pureza sin la cual la *representación* y, por lo tanto, la belleza, se caen" (*The Art of the Novel: Critical Prefaces*, Boston, Northeastern University Press, 1984, p. 254; trad. esp.: *El arte de la novela*, Valparaíso, Universidad Católica de Valparaíso, 1979).

América del Norte. Éstas (como las de Inglaterra o las de Alemania) son más capaces de inventar que de transcribir, de crear que de observar. De ese rasgo, procede la curiosa veneración que tributan los norteamericanos a las obras realistas y que los mueve a postular, por ejemplo, que Maupassant es más importante que Hugo. La razón es que un escritor norteamericano tiene la posibilidad de ser Hugo; no, sin violencia, la de ser Maupassant. Comparada con la de los Estados Unidos, que ha dado varios hombres de genio, que ha influido en Inglaterra y en Francia, nuestra literatura argentina corre el albur de parecer un tanto provincial; sin embargo, en el siglo XIX, produjo algunas páginas de realismo –algunas admirables crueldades de Echeverría, de Ascasubi, de Hernández, del ignorado Eduardo Gutiérrez– que los norteamericanos no han superado (tal vez no han igualado) hasta ahora. Faulkner, se objetará, no es menos brutal que nuestros gauchescos. Lo es, ya lo sé, pero de un modo alucinatorio. De un modo infernal, no terrestre. Del modo de los sueños, del modo inaugurado por Hawthorne. [*Ibid.*, p. 62.]

Las literaturas que usan el idioma español "son clientes del diccionario y de la retórica, no de la fantasía"; no hay duda de que Borges escribió este ensayo antes del florecimiento del realismo mágico en la literatura latinoamericana. Fue precisamente en 1949, cuando Alejo Carpentier describió por primera vez el realismo mágico como "lo real maravilloso" y lo identificó con un fenómeno indígena americano.[34] Y ese mismo año, Faulkner, que escribía en la tradición "alucinatoria" "inaugurada por Hawthorne", ganó el Premio Nobel de Literatura. No obstante, en 1949, Borges le otorgó a Hawthorne su propio premio privado a la literatura fantástica en América.

De acuerdo con Borges, son los cuentos y bosquejos de Hawthorne los que contienen su don mayor, porque en ellos, argumenta Borges, Hawthorne puede presentar una "situación" más que "los vericuetos de la historia o el retrato psicológico del héroe".[35] Borges observa que mientras el novelista debe creer en la realidad de sus personajes, Hawthorne "primero concebía una situación, o una serie de situaciones, y después elaboraba la gente que su plan requería. Ese método puede producir, o permitir, admirables cuentos, porque en ellos, en razón de su

[34] Alejo Carpentier, prefacio a *El reino de este mundo*, México, FCE, 1949; reeditado como parte de "De lo real maravilloso americano", en *Tientos y diferencias*, Montevideo, Arca, 1967, pp. 96-132. Con el título "On the magical real in America", este texto fue traducido al inglés por Tanya Huntington y Lois Parkinson Zamora e incluido en *Magical Realism: Theory, History, Community*, ed. Lois Parkinson Zamora y Wendy B. Faris, Durham, Duke University Press, 1995, pp. 75-88.

[35] Esta frase proviene de la introducción de Borges a los cuentos de Kafka, en la que nuevamente (aunque aquí de manera implícita) alinea a Kafka con Hawthorne argumentando a favor de la centralidad de la "situación" en las obras de Kafka también, y la consecuente superioridad de sus relatos cortos: "La trama y la atmósfera son las características esenciales de la obra de Kafka, no los vericuetos de la historia o el retrato psicológico del héroe. Esto es lo que hace a los cuentos de Kafka superiores a sus novelas" (nota preliminar a *Stories, 1904-1924*, trad. J. A. Underwood, Nueva York, Futura, 1981, p. 8).

brevedad, la trama es más visible que los actores, pero no admirables novelas" (*ibid.*, p. 53). La longitud de la novela requiere detalles específicos, mientras que la brevedad de los bosquejos y los cuentos le permitía a Hawthorne generalizar, por lo tanto, crear personajes arquetípicos y tramas alegóricas. Borges admite que le desagradan las novelas de Hawthorne, a pesar de algunos "pasajes memorables" en *La letra escarlata*, e insiste en los bosquejos: "A Hawthorne le gustaban esos contactos de lo imaginario y lo real, son reflejos y duplicaciones del arte; también se nota, en los bosquejos que ha señalado, que propendía a la noción panteísta de que un hombre es los otros, de que un hombre es todos los hombres" (*ibid.*, p. 52). Borges lee los bosquejos de Hawthorne en los mismos términos en que entiende sus propias "ficciones", es decir, como desafíos a las nociones cartesianas de la conciencia autónoma, como desestabilizaciones necesarias de la identidad, como difusiones deseables de la personalidad.

Lo que Borges celebra en los cuentos de Hawthorne como "situación" –lo que él considera facilitador del "contacto de lo imaginario y lo real"– es lo siguiente: una configuración inestable de circunstancia, imagen y personaje que conduce a una metáfora del ser. Esta configuración contiene la trama, de la que Borges nos dice que es lo más visible a causa de su brevedad, pero no "los vericuetos de la historia". Por trama, Borges entiende sólo los lineamientos más escuetos de la acción; en verdad, una acción tan recortada que la "situación" puede representar un esquema universal. También se requiere el personaje, pero, por cierto, ningún "retrato psicológico" detallado del héroe. Nuevamente, Borges exige sólo la psicología suficiente para postular una subjetividad arquetípica. En cuanto a las imágenes, del vasto corpus de Hawthorne, Borges elige como ejemplo un bosquejo cuya imagen central es un fantasma.

De manera predeciblemente idiosincrásica, Borges selecciona "Wakefield", un bosquejo poco leído (rara vez incluido en antologías) publicado en la *New England Magazine* en 1835 y recopilado en *Historias dos veces contadas* [*Twice-Told Tales*] en 1837. El narrador de Hawthorne habla acerca de un hombre que vive en Londres y abandona a su esposa sin aviso ni razón, alquila subrepticiamente una habitación en la vereda de enfrente de su casa, y durante veinte años observa la vida que podría haber vivido. El mundo lo considera muerto, como lo explica Borges: "Sin haber muerto ha renunciado a su lugar y a sus privilegios entre los hombres vivos" (*ibid.*, p. 55). Luego, escribe Borges, una tarde, "una tarde igual a otras tardes, a las miles de tardes anteriores", Wakefield decide volver a su casa. "Sube pesadamente la escalera y abre la puerta. En su rostro juega, espectral, la taimada sonrisa que conocemos. Wakefield ha vuelto, al fin. Hawthorne no nos refiere su destino ulterior, pero nos deja adivinar que ya estaba, en cierto modo, muerto" (*idem*).

"En cierto modo, muerto": la frase de Borges traiciona su atracción hacia esta oscura obra. Es el personaje "fantasmal" de Hawthorne, que existe a mitad de camino entre los vivos y los muertos, el que es las dos cosas a la vez. Wakefield es su propio fantasma, su propio cuento contado dos veces. Como todos los fantasmas, tiene un estatuto metafórico por estar al mismo tiempo ausente y presente, y en movimiento entre los mundos. Hawthorne subraya repetidamente el estatuto intermedio de Wakefield:

> un abismo casi infranqueable divide su departamento alquilado de su antiguo hogar. "¡Apenas es en la próxima cuadra!", dice a veces. ¡Ingenuo! Es en otro mundo. [...] Los muertos tienen casi la misma posibilidad de volver a sus hogares terrenales que el autoexiliado Wakefield.[36]

Hawthorne dice que Wakefield "frecuenta" su hogar, "se desvanece", deja de estar entre los vivos "sin ser admitido entre los muertos" ("Wakefield", p. 42). Wakefield está en el medio, y también es doble. Mientras que los personajes de García Márquez proliferan y los de Borges se funden, el personaje de Hawthorne se divide. En cada caso, la psicología se mezcla con la ontología, y los géneros literarios más dependientes de las psicologías individualizadas –la novela y el cuento– se modifican en consecuencia.

Al principio del cuento de Hawthorne, el narrador de "Wakefield" expresa la esperanza de que "haya un sentido penetrante y una moraleja, aun cuando no podamos encontrarlos, bien armados y condensados en la última oración"(*ibid.*, p. 36). En ocasiones, Borges critica a Hawthorne por sobrecargar sus bosquejos con moralejas, pero en "Wakefield", Borges obviamente encontró el "sentido penetrante" que Hawthorne deseaba, sin las ataduras de las moralejas que a Borges le disgustaban. La conclusión de Hawthorne no está "bien armada y condensada en la última oración", aunque el final es, por supuesto, un clímax calculado. Hawthorne escribe:

> [Wakefield] nos ha dejado mucha materia de reflexión, una parte de la cual prestará su sabiduría a la moraleja; y tomará la forma de una figura. En medio de la aparente confusión de nuestro misterioso mundo, los individuos están tan bien adaptados al sistema, y los sistemas uno al otro y al todo, que, si un hombre deja su lugar por un momento, se expone al temible riesgo de perderlo para siempre. Como Wakefield, puede transformarse en algo así como el Exiliado del Universo. [*Ibid.*, p. 44.]

La "situación" de Wakefield pasa a ser una metáfora del ser. El cuento queda sin conclusión, "inasible" –para repetir el término de Chesterton citado por Borges– porque reconfirma en estas últimas oraciones su estatuto de alegoría, y el estatuto

[36] Nathaniel Hawthorne, "Wakefield", en *Hawthorne's Short Stories*, ed. Newton Arvin, Nueva York, Vintage Books, 1946, p. 41 [trad. esp.: *Wakefield y otros cuentos*, Madrid, Alianza, 1985].

de arquetipo de Wakefield. Emily Miller Burdick sostiene el mismo argumento de Chesterton en términos de la crítica contemporánea: el *romance* cumple "lo que podríamos considerar su función moral al permanecer descentrado y diferir continuamente el significado restrictivo y, por lo tanto, ideológicamente coercitivo".[37] Bueno, sí. Inasible. "Wakefield" consigue lo que más admira Borges: una "situación" humana universal sin el obstáculo de una prescripción moral específica. Por cierto, Kafka es predicho por Hawthorne.

Y, sin embargo, precisamente porque "Wakefield" es alegórico, se le pide al lector que reflexione sobre su significación, que capte lo inasible. He dicho que el realismo mágico fortalece la conciencia del lector de nuestra relación intencional con el mundo; la estructura alegórica del *romance* también cumple esta función. Los lectores de *romances* deben construir los significados y, al mismo tiempo, correr el riesgo de llegar a un significado "bien armado". Reconozco esta responsabilidad y elijo correr este riesgo. Diré que, en su nivel más abstracto, Wakefield configura nuestra condición humana como criaturas vivientes capaces de imaginar nuestra propia muerte: somos seres capaces de imaginar el no ser. Hawthorne se ocupa de esta ambivalencia humana absolutamente básica de un modo metafórico y dramático, en la forma del fantasmal Wakefield. Y lo hace tomando distancia. Recuérdese mi afirmación, formulada con la frase de Flannery O'Connor, de que los realistas mágicos son realistas de la distancia. Borges elige un cuento de Hawthorne ubicado en Londres como ejemplo representativo del *romance* estadunidense, cuando podría haber elegido uno de los cuentos de aparecidos más conocidos de Hawthorne, que están explícitamente ubicados en Nueva Inglaterra, tales como "El velo negro del ministro" ["The minister's black veil"], "The prophetic pictures" ["Lady Eleanore's mantle"], "El joven goodman brown" ["Young goodman brown"] o "The wives of the dead". Quizás, Borges pensaba que el Londres de "Wakefield" encarnaba la Nueva Inglaterra de Hawthorne así como, según nos dice en su ensayo "El escritor argentino y la tradición", el escenario francés de su propio cuento le permitía capturar la realidad de Buenos Aires. En el mismo ensayo, Borges cita la observación de Gibbon de que "en el libro árabe por excelencia, en el *Alcorán*, no hay camellos" ("El escritor...", *op. cit.*, p. 270). La ausencia no es lo contrario de la presencia, sino su condición necesaria.

Entonces, ¿el realismo y el *romance* constituyen un mismo modo ficcional? Es posible que el *romance* estadunidense del siglo XIX sea un florecimiento temprano y local del realismo mágico del siglo XX, si puedo permitirme este anacronismo borgeano. Sus enfoques son diferentes, desde luego, y aquí he tratado tan pocos textos que cualquier conclusión es prematura. En otro lugar, he explorado las

[37] Burdick, "Sacvan Bercovitch, Stanley Cavell, and the Romance Theory of American Fiction", *op. cit.*, p. 80.

estrategias míticas de Hawthorne en "La hija de Rappaccini" y las he comparado con las de Carlos Fuentes en su novela corta *Aura*.[38] Si tuviera tiempo y espacio, extendería aquí mi análisis (como sugiere Borges) desde Hawthorne hasta Faulkner, agregaría a Flannery O'Connor y compararía las convenciones grotescas y góticas de su obra con las convenciones análogas del realismo mágico latinoamericano contemporáneo. Me ocuparía de los cuentos de aparecidos de Ambrose Bierce, a quien Borges no menciona, pero cuyo cuento "El puente sobre el río del búho" se parece notablemente a "El milagro secreto" de Borges por el modo de presentar la extensión del deseo de los vivos en la muerte. Y, por cierto, incluiría los cuentos sobrenaturales de Edgar Allan Poe, un autor a quien Borges sí menciona. En *Introducción a la literatura norteamericana* (p. 20), Borges escribe acerca de Poe: "Los cuentos de Poe se dividen en dos categorías, que alguna vez se mezclan: los de terror y los de raciocinio. En cuanto a los primeros, alguien lo acusó de imitar a ciertos románticos alemanes. Poe respondió: 'El horror no es de Alemania, es del alma'". La relación de Borges con el segundo tipo, los cuentos de raciocinio de Poe, ha sido exhaustivamente analizada por John T. Irwin,[39] no así la relación de Borges con el primero. Los cuentos de terror de Poe deben ser centrales en cualquier consideración comparativa del *romance* estadunidense y las tradiciones realistas mágicas latinoamericanas.

Si tuviera que proseguir estas comparaciones, encontraría diferencias bastante consistentes. En el tono, por ejemplo, la exaltación cómica y la pura energía inventiva del realismo mágico latinoamericano difiere notablemente del tono más oscuro, incluso lúgubre (la cualidad "alucinatoria", según lo expresa Borges) del *romance* estadunidense. Se encontrarían otras diferencias en las convenciones narrativas del *romance* estadunidense tomadas directamente de las fuentes europeas románticas y góticas de los siglos XVIII y XIX; en la crítica política más explícita del realismo mágico latinoamericano frente a las categorías metafísicas del *romance* estadunidense; en el énfasis mayor del *romance* estadunidense en la belleza natural que puede seducir o tracionar, y así sucesivamente. Algunas de estas generalizaciones comparativas serán puestas a prueba en la segunda sección de este capítulo. Pero el aprecio de Borges por Hawthorne apunta a las similitudes entre el realismo mágico y el *romance* más que a sus diferencias, y a su proyecto compartido: la expansión y la redefinición de nuestras concepciones de la subje-

[38] Lois Parkinson Zamora, "'A garden enclosed': Fuentes' *Aura*, de Hawthorne's and Paz's 'Rapaccini's daughter', and Uyeda's *Ugetsu Monogatari*", en *Revista Canadiense de Estudios Hispánicos*, 8, núm. 3, 1984, pp. 23-40. En este ensayo, también, argumento que el realismo mágico representa una confluencia de las convenciones y los estilos literarios antirrealistas, incluyendo el gótico, el *romance*, el surrealismo y las formas culturales indígenas americanas.

[39] John T. Irwin, *The Mystery to the Solution: Poe, Borges and the Analytic Detective Story*, Baltimore, Johns Hopkins University Press, 1994.

tividad frente a las limitaciones ideológicas de la conciencia cartesiana (y freudiana), el historicismo hegeliano y el racionalismo científico.

Puesto que mi tema manifiesto son los fantasmas, vuelvo a la teoría de los géneros ficcionales de Northrop Frye para ver si existen bases genéricas que permitan diferenciar el realismo mágico del *romance*. Para concluir su exposición de las cinco categorías del realismo narrativo, Frye propone que "tomemos, como ejemplo al azar, el uso de los fantasmas en la ficción". Frye no está siendo sincero; el ejemplo tiene poco de azaroso y dice así:

> En un mito genuino no puede haber, evidentemente, una diferencia coherente entre fantasmas y seres vivos. En el *romance* se nos ofrecen seres humanos reales y, por consiguiente, los fantasmas se encuentran en una categoría aparte; pero en el *romance*, por regla general, el fantasma es un personaje más: causa poca sorpresa porque su aparición no resulta más maravillosa que otros acontecimientos. En el mimético elevado [es decir, la épica, la tragedia], donde nos encontramos dentro del orden de la naturaleza, es relativamente fácil introducir un fantasma porque el plano de experiencia está por encima del nuestro, pero cuando aparece se trata de un ser horrible y misterioso, procedente de lo que, sin duda alguna, es otro mundo. En el mimético bajo [es decir, la novela], los fantasmas han sido, ya a partir de Defoe, casi enteramente relegados a la categoría aparte de las "historias de fantasmas". Son inadmisibles en la ficción ordinaria del mimético bajo, "para complacer el escepticismo del lector", como lo expresa Fielding, un escepticismo que sólo abarca las convenciones del mimético bajo. Las pocas excepciones, tales como *Cumbres borrascosas* [*Wuthering Heights*], no hacen sino confirmar la regla; es decir, reconocemos una fuerte influencia del *romance* en *Cumbres borrascosas*. En algunas formas de la ficción irónica, tales como las obras tardías de Henry James, el fantasma comienza a reaparecer como fragmento de una personalidad que se desintegra. [Frye, *Anatomía…*, *op. cit.*, p. 75.]

Frye no menciona el "realismo mágico", por supuesto, dado que, en 1957, cuando se publicó *Anatomía de la crítica*, el término todavía no era corriente en la crítica literaria. Sin embargo, vemos enseguida que lo que ahora llamamos realismo mágico corresponde a la segunda categoría de Frye, el *romance*, en la que los fantasmas son habitantes de la realidad esperados que pueden (como lo dice Hawthorne en "The Custom-House") entrar sin asustarnos. Yo podría, entonces, invertir mi anterior anacronismo borgeano y sostener que el realismo mágico del siglo XX es un florecimiento reciente de la tradición del *romance*, más venerable, que describe Frye. Observar las versiones americanas de esta tradición europea del *romance* desde una perspectiva comparativa nos recuerda que las categorías histórico-literarias europeas rara vez atraviesan el Atlántico sin que necesiten aclimatarse y aculturarse al llegar. Por eso rastreo sus capacidades adaptativas en las diversas circunstancias históricas a las que las enfrenta el Nuevo Mundo.

Por supuesto, algunos de los textos del ralismo mágico americano no son en absoluto adaptaciones de tradiciones europeas, sino más bien el fruto de tradiciones indígenas americanas que a Frye no le interesan. Aunque a mí sí. Me ocuparé ahora de tres novelas americanas en las que los espíritus de los antepasados son animados por mitologías indígenas de la "vida después de la muerte" (que *no* están después de la muerte, sino presentes en la vida) y por las prácticas rituales populares que todavía reflejan esas mitologías. Mientras que el antirrealismo de Borges y de Hawthorne todavía puede situarse en relación con los movimientos literarios y filosóficos europeos, los autores que comento en la sección que sigue incluyen en su obra sistemas de creencia específicos del territorio cultural e histórico americano. William Goyen, Elena Garro y Juan Rulfo imaginan espacios subterráneos habitados que recuerdan una época en la que Texas era Tejas, un estado de los Estados Unidos de México más que de los Estados Unidos de América, cuando el Río Grande/Río Bravo no era un límite drástico entre culturas enormemente diferentes, sino, por el contrario, un vínculo entre los grupos indígenas y, más tarde, entre los diversos colonizadores de Nueva España. Aquí, entonces, desplazo mi análisis desde la filosofía de la subjetividad realista mágica hacia su encarnación en tres novelas americanas, y hacia las culturas e historias indígenas americanas que ellas reflejan. Mi objetivo es poner a prueba mi construcción de la subjetividad realista mágica permitiendo a las presencias espectrales de estas novelas emerger desde/en la tierra mítica que habitan. Si Borges y Hawthorne son realistas de la distancia, podemos pensar que Goyen, Garro y Rulfo son realistas de la profundidad. Así, devuelvo mi análisis de los fantasmas a la tierra.

II

La casa del aliento [The house of breath] (1950), de William Goyen; *Recuerdos del porvenir* (1963), de Elena Garro; y *Pedro Páramo* (1955), de Juan Rulfo, son comparables en sus investigaciones de las relaciones entre los vivos y los muertos, y las relaciones de la tierra con ambos grupos. Estos autores crean comunidades ficcionales que representan irónicamente la inevitabilidad de la soledad humana, pero a diferencia del Macondo de García Márquez, el Triste-le-Roy/Buenos Aires de Borges o el Salem/Londres de Hawthorne, la población de las comunidades de Goyen, de Garro y de Rulfo ya está muerta y enterrada. Charity, la comunidad ficcional de Goyen, el Ixtepec de Garro y el Comala de Rulfo son pueblos fantasmas a los que los narradores retornan míticamente para recordar, referir y reconstituir las historias y las culturas de sus regiones. Su tema es nuestra "residencia en la tierra", la frase utilizada por Pablo Neruda para titular tres volúmenes de su obra poética; una frase cuya preposición, *en*, sugiere una ambivalencia crucial perdida en inglés: nuestra residencia *en* [*in*] y sobre [*on*] la tierra. Estos autores consideran la posibilidad de volver al hogar, aun cuando el "hogar" esté bajo la tierra y la tierra haya sido vendida.

La casa del aliento (1950) es un lamento por lo perdido. Charity, Texas, ha desaparecido y sus habitantes son fantasmas, resucitados por los esfuerzos de un único sobreviviente enajenado. El narrador, arquetipificado como "Boy" ["Muchacho"], ocupa un espacio y un tiempo presentes de los cuales es alienado, y narra por la necesidad órfica de entrar en el mundo de los muertos. Anuncia su necesidad al principio: "...para averiguar lo que somos, debemos volver a entrar en las ideas y los sueños de los mundos que nos tuvieron y nos soñaron, y encontrar allí, esperando dentro de las bocas cansadas, el habla que es nuestra".[40] Desciende a un mundo en el que

> los rostros son irreales, rostros de piedra borrosos y gastados de antiguas metopas de los parientes, capturados en formas de tumulto sin sonido, luchando con la invasión de alguna raza de demonios perturbados, mitad animales, mitad ángeles. Oh, agonía de rostros sin rasgos como rostros en neblinas de sueños de tristeza y horror, agujeros gastados de bocas abiertas, profiriendo gritos que nadie puede oír, diciendo qué palabras, qué nombres sofocados de aliento deben escucharse. [Goyen, *The House*..., *op. cit.*, p. 9.]

Durante la visita del narrador a este mundo subterráneo, consigue enfocar los rostros, del mismo modo que los rasgos de la tierra de arriba. Al final, Boy logra, como Orfeo, volver a la superficie y cantar para las rocas, los árboles y una comunidad humana que incluye al lector. La pintura de una chica ciega con una lira sobre la pared de una cocina en Charity, junto con el mapa ("el cuerpo del mundo") clavado junto a ella, representa la proeza órfica de Boy.

Así, entendemos el problema de Boy como la desintegración de la identidad en una ciudad estadunidense moderna, y su proyecto narrativo como su reintegración en la desaparecida comunidad de Charity y el mundo natural que la contiene. Imágenes repetidas de niebla, fusión y desvanecimiento nos recuerdan la necesidad del narrador de liberar su yo individual, de mezclarse con la comunidad de los muertos y con la tierra. Hacia el final de la novela, Boy ha conversado con los habitantes de Charity, así como con las voces del pueblo mismo, el río, el pozo, las persianas y la rueda de la cisterna. El pueblo de Charity es un narrador principal, como lo es el Río (con R mayúscula) que lo atraviesa. El proyecto de reintegración del narrador, entonces, involucra no sólo a su familia y su cultura regional sino también al mundo natural. De ahí el ambiguo subtítulo de la nove-

[40] William Goyen, *The House of Breath*, Nueva York, Random House, 1950, p. 9 [trad. esp.: *La casa del aliento*, Madrid, Cátedra, 1993].

la, *Bajo toda la tierra yace el título* [*Under All the Land Lies the Title*]: la tierra articulada de Goyen puede y debe ser reposeída emocionalmente, a pesar de las escrituras de venta.

Recuerdos del porvenir (1963), de Elena Garro, no es tan optimista. Su novela contiene una mayor cantidad de los recursos narrativos que asociamos con el realismo mágico y, predeciblemente para una escritora latinoamericana, mayor cantidad de referencias a acontecimientos políticos específicos. La historia que cuenta Garro se desarrolla durante la rebelión de los cristeros, un levantamiento popular contra la represión gubernamental de la Iglesia Católica que se produjo como consecuencia de la Revolución mexicana, principalmente en los estados mexicanos de Jalisco, Michoacán y Colima durante la segunda mitad de la década de 1920. La historia se desarrolla en el pueblo de Ixtepec y es narrada por éste.[41] Garro diseña un narrador dual: un "nosotros", que es la voz colectiva del pueblo muerto, y un "yo", que pertenece al promontorio de piedra sobre el que estaba ubicado el pueblo. Así comienza la novela:

> Aquí estoy, sentado sobre esta piedra aparente. Sólo mi memoria sabe lo que encierra. La veo y me recuerdo, y como el agua va al agua, así yo, melancólico, vengo a encontrarme en su imagen cubierta por el polvo, rodeada por las hierbas, encerrada en sí misma y condenada a la memoria y a su variado espejo. La veo, me veo y me transfiguro en multitud de colores y de tiempos. Estoy y estuve en muchos ojos. Yo sólo soy memoria y la memoria que de mí se tenga.[42]

También aquí el título yace bajo toda la tierra, y la historia se sostiene sobre la tierra de distintas maneras; la gente habla desde un mundo subterráneo, la tierra misma habla, y el relato que nos cuentan trata de una comunidad que no ha ido a ninguna parte.

Porfirio Díaz, Francisco Madero, Venustiano Carranza, Emiliano Zapata, Pancho Villa, Álvaro Obregón –los grandes actores del ahora mítico drama revolucionario de México– proveen el telón de fondo para la fatal ocupación de Ixtepec por parte de las tropas federales, rufianes contrarrevolucionarios enviados para imponer la prohibición gubernamental de las prácticas católicas. Su jefe, el general Rosas, no tiene interés en las reformas liberales que provocaron la supresión posrevolucionaria de la Iglesia Católica en México. Lo único que le interesa es imponer su voluntad personal y, al instante, se erige en dictador absoluto de

[41] Ixtepec es el nombre de un pueblo ubicado en el istmo de Tehuantepec, que tiene una larga historia de resistencia política popular. La novela de Garro, sin embargo, se desarrolla en la región central norte de México, tal como se desprende de su descripción de los hechos políticos y de las características del paisaje.

[42] Elena Garro, *Recuerdos del porvenir*, México, Joaquín Mortiz, 1963, p. 9.

Ixtepec. Rosas trae consigo a su manceba cautiva, Julia, una mujer apartada por su impactante belleza y, como manceba de Rosas, su poder sexual. Ella se transforma en una leyenda viviente en el pueblo, una presencia obsesiva más peligrosa para el orden comunitario que el mismo general Rosas. Pero su energía mítica es tal que, una noche, escapa mágicamente de Ixtepec, ayudada por un antiguo amante, un extraño misterioso que llega para conjurar la fuga de Julia.

Con su desaparición, las realidades políticas aplastan las soluciones mágicas: la Julia mitologizada podrá escapar como en un cuento de hadas, pero el pueblo no. Isabel Moncada, hija de una recta familia de Ixtepec, reemplaza a Julia como amante del general Rosas, pero, seducida por el poder abusivo, al final de la novela se convierte en la piedra que ha narrado su historia. *Recuerdos del porvenir* presenta la crónica no de la reintegración psicológica de un individuo, como *La casa del aliento*, sino del fútil intento de una comunidad por construir una historia en curso frente a obstáculos políticos imposibles. Como sugiere mi resumen, uno de estos obstáculos –y no el menor– es un orden social que define a las mujeres únicamente en función de los hombres con los que se acuestan.

El tercer libro americano sobre los muertos que he elegido, la breve obra maestra de Juan Rulfo –*Pedro Páramo* (1955)–, es el más metafísico. La palabra *páramo* significa "meseta" en el dialecto mexicano del español y connota un terreno desierto, desapacible, abandonado; el nombre Pedro está, por supuesto, relacionado etimológicamente con la palabra *piedra*. En un ensayo titulado "Paisaje y novela en México", Octavio Paz dice que el paisaje de Rulfo "es un símbolo y algo más que un símbolo: un interlocutor y, en fin, el verdadero protagonista del relato. [...] Un paisaje nunca está referido a sí mismo sino a otra cosa, a un más allá. Es una metafísica, una religión, una idea del hombre y el cosmos".[43] El pueblo fantasma de Rulfo, Comala, está localizado explícitamente en el páramo de Jalisco, su estado nativo, pero sus imágenes inquietantes y conmovedoras insisten en trascender la localización específica. Esto es, en parte, porque Comala se ubica en la intersección de espacios míticos; en él convergen las necrogeografías del Más Allá de los católicos y de los indígenas mexicanos. El Comala de Rulfo realiza el arquetipo de una concepción de la cultura del lugar y de la actuación de los muertos con mayor fuerza que el Charity de Goyen o el Ixtepec de Garro.

Pedro Páramo comienza con el relato en primera persona del personaje Juan Preciado:

> Vine a Comala porque me dijeron que acá vivía mi padre, un tal Pedro Páramo. Mi madre me lo dijo. Y yo le prometí que vendría a verlo en cuanto ella muriera.
>
> [...]

[43] Octavio Paz, *Obras completas*, t. IV: "Generaciones y semblanzas", México, FCE, 1994, p. 365.

> Era ese tiempo de la canícula, cuando el aire de agosto sopla caliente, envenenado por el olor podrido de las saponarias.
>
> El camino subía y bajaba: "*Sube o baja según se va o se viene. Para el que va, sube; para el que viene, baja*".[44]

Baja, sin duda. Juan entra en una comunidad subterránea de fantasmas que han muerto porque el jefe del pueblo, Pedro Páramo, así lo ha querido.

En la primera mitad de *Pedro Páramo*, las conversaciones de Juan Preciado con los muertos están intercaladas con secciones que describen en tercera persona la trayectoria de violaciones, asesinatos e intrigas políticas que ha hecho a Pedro Páramo el dueño absoluto de Comala. Hacia la mitad de la novela, tenemos la impresión de que Juan se une a los muertos de una vez y para siempre, que él mismo muere, aunque las conversaciones que mantiene con los muertos antes de ese momento dejan abierta la posibilidad de que él haya estado muerto todo el tiempo. Como en *La casa del aliento*, también aquí la integración del personaje con la tierra es señalada por medio de imágenes de fusión y desvanecimiento. Juan yace junto a una mujer que se transforma en la tierra misma en la que ambos están sepultados:

> El calor me hizo despertar al filo de la medianoche. Y el sudor. El cuerpo de aquella mujer hecho de tierra, envuelto en costras de tierra, se desbarataba como si estuviera derritiéndose en un charco de lodo. Yo me sentía nadar entre el sudor que chorreaba de ella y me faltó el aire que se necesita para respirar.
>
> [...]
>
> No había aire. Tuve que sorber el mismo aire que salía de mi boca, deteniéndolo con las manos antes de que se fuera. Lo sentía ir y venir, cada vez menos; hasta que se hizo tan delgado que se filtró entre mis dedos para siempre.
>
> Digo para siempre.
>
> Tengo memoria de haber visto algo como nubes espumosas haciendo remolinos sobre mi cabeza y luego enjuagarme con aquella espuma y perderme en su nublazón. Fue lo último que vi. [Rulfo, *Pedro Páramo*, *op. cit.*, p. 74.]

La muerte es representada como metamorfosis de un estado de conciencia a otro más que como una radical interrupción o un cambio de forma. De modo que Juan se une al coro sin rostro de calaveras de Comala. El relato en primera persona desaparece del texto; en cambio, el narrador en tercera persona retrocede en círculos para recordar la declinación y la muerte del pueblo, que ocurrió mucho antes del momento en que comienza la novela.

Las voces que cuentan la historia de Comala no son tanto voces como ecos de voces que flotan libres de rostros, cuerpos e historias individuales. La descripción

[44] Juan Rulfo, *Pedro Páramo*, México, FCE, 1955, pp. 7-8 (las cursivas son del autor).

que hace Goyen de los habitantes olvidados de Charity en el comienzo de *La casa del aliento* ("rostros en neblinas de sueños de tristeza y horror, agujeros gastados de bocas abiertas, profiriendo gritos que nadie puede oír"; p. 9) también describe a los muertos de Rulfo en *Pedro Páramo*. Sin embargo, en *Pedro Páramo*, los rostros nunca son puestos en foco para Juan Preciado (ni para el lector) como lo son para Boy en *La casa del aliento*. En Comala, abundan las imágenes de visiones borrosas y sonidos amortiguados: "el delgado sonido del llanto", "el eco de las sombras", "voces gastadas sin uso". Dice Juan: "Y de las paredes parecían destilar los murmullos como si se filtraran de entre las grietas y las descarapeladuras. Yo los oía. Eran voces de gente; pero no voces claras, sino secretas, como si me murmuraran algo al pasar, o como si zumbaran contra mis oídos" (*ibid.*, p. 76). En un momento, Juan llama a su interlocutor con el nombre de Doroteo, a lo que la voz responde: "Da lo mismo. Aunque mi nombre sea Dorotea. Pero da lo mismo" (*ibid.*, p. 74). Aun las distinciones de género son empañadas, amortiguadas, borradas.

El aliento es una imagen central en *Pedro Páramo* también. En el pasaje que cité arriba, el aliento de Juan es tan fino que se le escapa entre los dedos para siempre. Esta imagen recuerda la oración final de Boy en *La casa del aliento*: "Parecía que la casa estaba hecha con la tela más frágil de aliento y que yo había soplado para construirla; y que con un nuevo soplido podía hacerla desaparecer" (pp. 193-194). Aunque similares en la superficie, estas metáforas predicen finales diferentes. Mientras que la imagen de Rulfo marca la disolución final del yo de Juan en la comunidad de la muerte y la tierra, la imagen de Goyen marca el movimiento último de Boy hacia la individuación. Si las voces de los muertos de Charity soplan la vida en aquellos que pueden oír, los muertos de Comala no cantan una canción así. "Me mataron los murmullos" (Rulfo, *Pedro Páramo*, *op. cit.*, p. 75), les dice Juan a los fantasmas de Comala, después de que él mismo se ha vuelto uno de ellos. Proseguiré el análisis de estas diferencias en la última sección de este capítulo. Aquí me interesa llamar la atención sobre el hecho de que, aunque los personajes mexicanos de Rulfo y de Garro no son revitalizados por las realidades míticas que encuentran bajo la superficie de la tierra americana, sus relatos de desintegración comunitaria dependen de ellas tanto como el relato de la integración individual que presenta Goyen.

¿Cuáles son, entonces, las topografías culturales compartidas de estos libros americanos de los muertos? Los libros de los muertos del antiguo Egipto eran guías para el otro mundo que contenían plegarias y conjuros destinados a rechazar los peligros con los que era probable que los muertos se encontraran allí. Bajo nombres variados, tales como "Libro de las apariciones diurnas", "Libro del otro mundo", "Libro de los alientos", estos textos eran al mismo tiempo manuales de instrucciones y mapas del espacio metafísico. La literatura clásica occidental también abunda en libros de los muertos, relatos que describen las negociaciones de los héroes y los dioses en el otro mundo. He mencionado ya a Orfeo; podemos pensar también en Odiseo y Eneas, y su descendencia literaria en el Más Allá católico medieval, más elaborado, de Dante. El "tema del descenso", según la designación de Northrop Frye para este arquetipo literario, anima obviamente las novelas de Goyen, Garro y Rulfo.[45] Cuando, en *La casa del aliento* (pp. 178-179), Boy dice: "Ahora me zambulliré en ese lugar, desnudo y solo, y tocaré lo que nunca tuve y lo retendré allí", habla también en nombre de los narradores de *Pedro Páramo* y *Recuerdos del porvenir*. El Río que atraviesa a Charity habla, reconociendo la universalidad del proyecto de Boy: "...caer dentro cualquiera de nosotros, en profundidades –de un río, de sí mismo, de un pozo o de un sótano– es hundirse en la tristeza y la verdad" (*ibid.*, p. 28). Boy es un arquetipo de los que llevan a cabo el descenso, y también desciende de esta tradición literaria occidental arquetípica.

Pero Boy, Juan Preciado e Isabel Moncada también se mueven en otras direcciones, como lo haré yo. Orfeo, Odiseo y Eneas están muy alejados en el tiempo y el espacio del territorio americano cuyo mapa estoy trazando aquí. Si bien es cierto que los libros de los muertos de Goyen, Garro y Rulfo se enriquecen con las resonancias de estos precursores literarios europeos, me parece que sus novelas crean diferentes clases de mundos de los muertos y enfatizan otros aspectos del descenso de sus personajes. En lugar de enfatizar su capacidad para *liberarse* de los muertos confinados a la tierra, enfatizan su capacidad para transformarse en *residentes* permanentes de las comunidades fantasmales en las que ingresan. Deben transformarse en elementos integrales de la tierra misma. A Orfeo y a Eneas no les importa nada el paisaje del otro mundo; de hecho, Orfeo recibe la orden de no mirar hacia atrás, bajo la amenaza de sufrir una gran pérdida. El pintor francés Jean-Baptiste-Camille Corot comprendía perfectamente esta tradición clásica. En su obra maestra de 1861, *Orfeo guiando a Eurídice desde los infiernos*, representa a la pareja abandonando un paisaje gris habitado por figuras pálidas, indiferentes, y a Eurídice, aún cubierta por un velo pero nuevamente en posesión de sus rasgos característicos. Nuestros tres libros americanos de los muertos, por el contrario, proporcionan evocaciones notablemente específicas del lugar. Sus escenarios del Más Allá –Charity, Ixtepec, Comala– no son meros telones de fondo para la acción, sino sus agentes. La tierra está animada y los fenómenos naturales son útiles, fecundos. Boy, Juan Preciado e Isabel Moncada entran en la tierra y conversan con ella y sus habitantes. El "cuerpo del mundo" está vivo, y estos personajes saben que deben ocupar este cuerpo para poder ocupar plenamente los propios. Como he dicho, estos autores no son realistas de la distancia sino de la profundidad.

En Goyen, Garro y Rulfo, la tierra encarna la sedimentación de las culturas, una estratificación de los restos vivos de pueblos antiguos. En sus novelas, el

[45] Véase Frye, *Anatomía de la crítica*, *op. cit*.

"Nuevo Mundo" no es nuevo sino viejo: ellos incorporan sistemas de creencias que reflejan las actitudes y las prácticas rituales amerindias según las cuales la tierra es la habitación tanto de los vivos como de los muertos. Boy, Juan Preciado e Isabel Moncada recuerdan apenados una época en la que los comerciantes indiferentes todavía no explotaban la tierra y en la que los caudillos corruptos no se habían apropiado de ella. Recuerdan una época anterior a la separación occidental moderna entre la cultura y la naturaleza, cuando la tierra no se concebía como una propiedad privada que requería "desarrollo". A primera vista, estos recuerdos parecen contener los motivos de la "selva", la "tierra virgen", el "paraíso perdido" y la "utopía", tan comunes en los *romances* norteamericanos. Pero hay algo diferente, no occidental, en estas encarnaciones de la tierra.

En realidad, Goyen, Garro y Rulfo rechazan la concepción eurocéntrica que interpreta la tierra americana como "virgen", con el objetivo de poner en escena la experiencia de la tierra viviente que tienen sus personajes, con pueblos antiguos, modelos rituales y lugares sagrados. Sus personajes hablan por/desde/como la tierra: hablan con tierra en la boca, comen la tierra, son ellos mismos "figuras de polvo" (en la imagen de un cuento de Goyen sobre el que volveré). Recordemos también a Rebeca, el personaje de García Márquez en *Cien años de soledad* (p. 61), que come tierra: "...rescatando el apetito ancestral, el gusto de los minerales primarios, la satisfacción sin resquicios del alimento original". Pero García Márquez no desarrolla este tema; *Cien años de soledad* no es una novela de la tierra animada como las de Rulfo, Garro o Goyen.

En *Pedro Páramo*, de Rulfo, Juan Preciado sufre las voces amortiguadas de los muertos y sus descripciones irónicas de la belleza perdida de Comala; yace con ellos, y luego se funde corporalmente en su tierra. Isabel *es* la roca que es Ixtepec en *Recuerdos del porvenir*, de Garro, una roca que lamenta la época en que su esplendor no caía en la ignorancia, en el "olvido voluntario": "Yo me veía como joya. Las piedras adquirían volúmenes y formas diferentes y una sola me hubiera empobrecido con sólo moverse de lugar" (Garro, *Recuerdos...*, *op. cit.*, p. 116). En *La casa del aliento*, de Goyen, los fenómenos y la conciencia se unen. La integración psíquica de Boy depende de su integración física con la tierra, de su contacto corporal, sensible, con el mundo, un contacto reiterado en su frase mágica "Te toco y te nombro". Boy hace el amor con el Río, y el Río con la tierra. El Río condensa el vínculo erótico de Boy con la tierra:

> Todo fluye dentro de todo y lleva consigo y dentro de sí todas las vidas de su propia vida y la vida de otros y todo es un murmullo y un susurro de las cosas que se transforman una en la otra, engendrando y buscando y alcanzando y retirándose y muriendo. [Goyen, *La casa...*, p. 28.]

Todo está en proceso, mezclándose, uniéndose: lo físico y lo metafísico, el cuerpo y la mente, el yo y el otro, la vida y la muerte.

Las perspectivas de los narradores de Rulfo y de Garro reflejan la cosmología de los pueblos hablantes de náhuatl de las tierras altas del centro y el norte de México. El pueblo nahua concebía cinco "direcciones del mundo": Norte, Sur, Este, Oeste y el Centro, el sentido de arriba y abajo. La figura humana que representa esta dirección, pintada en los códices prehispánicos de los Borgia, parece impulsada por una fuerza centrífuga: el cuerpo gira; los pies están sobre la cabeza; los brazos, abajo y en movimiento. La tierra está por arriba y por abajo, a su alrededor: el hombre flota dentro de ella. Así, también el narrador de Garro se mueve en círculos por arriba y por debajo de sí mismo, podríamos decir en el Centro: "Desde esta altura me contemplo: grande, tendido en un valle seco. Me rodean unas montañas espinosas y unas llanuras amarillas pobladas de coyotes. [...] Quisiera no tener memoria o convertirme en el piadoso polvo para escapar a la condena de mirarme" (*Recuerdos*..., *op. cit.*, p. 9). El "piadoso polvo" se propone como el antídoto de la tierra contra los abusos de la historia humana: demasiado tarde, parecería, puesto que los abusos ya han sido cometidos y la comunidad ya está muerta. Pero la tierra aún está animada, aún contiene a la comunidad, aún funciona como componente físico del carácter y como fuente de energía narrativa.

La cultura nahua postula la integración de los mundos humano, natural y cósmico: el análisis de Inga Clendinnen confirma sus "identificaciones entre la carne y la tierra".[46] Una y otra vez, Garro describe a sus personajes recurriendo a fenómenos naturales. Los ojos de uno de los personajes son descritos como "profundos, con ríos y ovejas balando tristemente en sus profundidades". El narrador simpatiza con Julia: "Solitaria, perdida en Ixtepec, ignoraba mis voces, mis calles, mis árboles, mis gentes. En sus ojos oscuros se veían las huellas de ciudades y de torres lejanas y extrañas a nosotros" (*ibid.*, p. 76). Otro personaje es descrito como deseoso de encontrar "las idas y venidas de las estrellas y las mareas, el tiempo luminoso que gira alrededor del sol" (*ibid.*, p. 255). La topografía, el clima y los productos de la tierra son registrados en/como el terreno somático y psíquico de los personajes. Del mismo modo que el pueblo, el río y el viento, narradores de la novela de Goyen, las voces narrativas de Garro se vuelven una suerte de campo de los espíritus, que penetra en la tierra y en la población de Ixtepec.

[46] Escribe Clendinnen: "Las identificaciones entre la carne y la tierra son evidentes en la temprana descripción de la composición del cuerpo humano inscrita en el Códice Florentino. Los vasos sanguíneos se relacionan con tallos, que transportan la sangre a través de la carne del mismo modo que el agua se mueve a través de la tierra [...]. El hecho de que Quetzalcóatl robe huesos humanos al Señor de los Infiernos, junto con otros indicadores, sugiere que los huesos eran equiparados con las semillas" (*Aztecs: An Interpretation*, Nueva York, Cambridge University Press, 1991, pp. 182-183).

Garro rechaza la jerarquía occidental que ubica a la naturaleza al servicio de los seres humanos. En cambio, regresa míticamente a la creencia prehispánica de que eran los humanos quienes servían a la tierra y la alimentaban con su sangre. Octavio Paz escribe acerca de la práctica de los sacrificios humanos, sin los cuales, se creía, el Sol dejaría de salir: "Sin sangre humana, la vida dejaría de fluir y el universo se detendría. Esta visión del mundo y de la humanidad está exactamente en las antípodas de nuestra concepción moderna, que ve la naturaleza como una enorme reserva de energía y recursos que la raza humana puede dominar y explotar con impunidad".[47] Más allá de las prácticas de los sacrificios humanos, Paz escribe que las culturas mesoamericanas proyectaban en el mundo natural lo que él llama una "simpatía universal", un "fluido vital que une a los seres animados –hombres, animales, plantas– con los elementos, los planetas y los astros" (Paz, "El arte…", *op. cit.*, p. 82). Parecería que el narrador de Garro se ocupa de investigar qué ocurre cuando los humanos perturban esta simpatía universal, cuando ni la tierra ni el cosmos pueden corregir sus violaciones. Esta estrategia narrativa le permite reafirmar las bases agrarias, comunitarias y míticas de la herencia indígena mexicana al mismo tiempo que describe cómo son desestabilizadas a causa de las actitudes europeas y cómo, finalmente, desaparecen.

En *Pedro Páramo*, los sistemas de creencias indígenas y católicos se cruzan para crear un espacio mítico sincrético. La comunidad subterránea de Comala, en la novela de Rulfo, refleja sin duda el concepto católico del Purgatorio, según han observado frecuentemente los críticos. Sin embargo, también refleja, y de un modo más importante y más sutil, el complejo Más Allá del México prehispánico. En su notable libro *Todos Santos in Rural Tlaxcala*, Hugo G. Nutini afirma que los pueblos hablantes de náhuatl del centro de México no distinguían radicalmente la cosmología de la teología:

> Los orígenes de los dioses y del mundo, la proveniencia de los seres humanos, su trayectoria sobre la tierra, su relación con los dioses y su destino final eran básicamente un único sistema normativo. En esta concepción del universo, los seres humanos eran creados por los dioses, atravesaban la vida en contacto íntimo, ritual y ceremonial con sus creadores, y se unían a ellos en su destino final. […] *La estructura y la organización social de la vida terrenal se reproducía en el Más Allá*, donde los muertos estaban al servicio de sus creadores. En tanto sirvientes de los dioses en el Más Allá, los muertos eran, al mismo tiempo, hombres y dioses.[48]

[47] Octavio Paz, "El arte de México: materia y sentido", en *México en la obra de Octavio Paz*, México, FCE, 1987, tomo III, parte 1. [La autora cita la versión en inglés: "The power of ancient mexican art", en *New York Review of Books*, 6 de diciembre de 1990, p. 21.]

[48] Hugo G. Nutini, *Todos Santos in Rural Tlaxcala: A Syncretic, Expressive, and Symbolic Analysis of the Cult of the Dead*, Princeton, Princeton University Press, 1988, p. 69 (las cursivas son mías).

Los mundos de los muertos y de los vivos se reflejan el uno al otro, son penetrables, permeables y mutuamente cognoscibles. Mictlan, literalmente "el lugar de los muertos", no corresponde al concepto católico del Purgatorio en tanto no supone un sistema de premios y castigos. Los individuos eran hospedados en uno de sus nueve inframundos o de sus trece supramundos, no de acuerdo con las características de su comportamiento moral sino de acuerdo con la causa o las circunstancias de su muerte. Así, alguien que hubiera muerto ahogado o en circunstancias asociadas al agua se dirigiría naturalmente a la región de Tlaloc, el dios del agua; los que morían en una batalla o al dar a luz se unían a Huitzilopochtli, el dios del agua y el Sol; la muerte por causas naturales (enfermedad, muerte en la infancia) también llevaba a la formación de comunidades discretas alrededor de deidades apropiadas, en las que los muertos actuaban de intermediarios con los vivos. Nutini nos cuenta que había, presumiblemente, "tantas celebraciones de los muertos durante el año como maneras de morir identificables, marcadas por los dioses patronos" (Nitini, *Todos Santos...*, *op. cit.*, p. 69). El lugar y la propia actividad en la muerte se deriva directamente del acto final o la propia condición en la vida: la muerte no es un truncamiento de la vida, sino una continuación. Si el concepto católico del Purgatorio separa a los muertos de los vivos por medio de un abismo psicológico (tanto como teológico), el Más Allá de los nahua se une a este mundo y repite sus estructuras y preocupaciones. Ofrece un puente al mundo de los vivos, no un juicio radical sobre él.

La mitología amerindia no es explícita en *Pedro Páramo*. Sin embargo, están presentes las actitudes indígenas hacia la muerte tal como se practican habitualmente en México. El 1 de noviembre, Día de todos los Muertos, se coloca comida en las tumbas de modo que los espíritus de los muertos puedan comer mientras conversan con los vivos. En los hogares, los restaurantes, los mercados, así como en los cementerios y las iglesias, se preparan altares con velas y flores (ofrendas) para recibir a los amigos y a los miembros de la familia que se han ido. Para que los muertos se sientan en casa, se agregan sus platos favoritos a las ofrendas, junto con los panes y dulces tradicionales. En los altares y las tumbas también se colocan algunos objetos que los muertos utilizaban, en vida, para trabajar o durante su tiempo libre, para que su estadía de una noche les resulte familiar.

El símbolo más importante de las celebraciones del Día de los Muertos son las pequeñas réplicas de calaveras. Se las encuentra por todas partes, hechas con todo tipo de materiales –papel, papel maché, alambre, madera, azúcar–, y están asociadas históricamente a una composición poética satírica que también se llama *calavera*. Estas calaveras todavía se publican en periódicos (tabloides) que se venden en las calles en la época de Todos los Santos: supuestamente, sólo desde la tumba se puede practicar con impunidad la crítica social. Por su parte, estos versos satíricos están asociados visualmente a la obra del gran grabador mexicano

José Guadalupe Posada (1852-1913), que los ilustró en la prensa popular a fines del siglo XIX y a principios del XX. En los grabados de Posada, las calaveras forman escenas comunitarias que representan a las clases sociales y los acontecimientos políticos; en las tumbas individuales, las calaveras en miniatura reproducen las actividades favoritas de la persona enterrada allí. Las calaveras celebran los placeres de los vivos, se burlan de nuestras locuras y nos recuerdan que la muerte es parte de la vida. Se ríen de la muerte, la domestican, la socializan. Los personajes de Rulfo en *Pedro Páramo* pueden ser concebidos como calaveras en esta tradición popular de los muertos vivos; son intermediarios satíricos para los que la vida y la muerte resultan indistinguibles, para los que el "Más Allá" y "el otro mundo" son marcadores espaciales y temporales sin significado.

Es aquí donde la novela de Goyen converge más claramente con la de Rulfo y la de Garro: la necrogeografía de *La casa del aliento* también subvierte la separación occidental entre la vida y el Más Allá, el cuerpo y el alma. De un modo más mexicano que texano, Goyen privilegia el pasado honrando a la tierra animada y a los espíritus vivos que contiene. El Río es, de nuevo, la autoridad de la novela:

> Y debemos seguir haciendo girar las ruedas que hacemos girar, somos viento, somos agua, somos deseo vivo; debemos seguir subiendo y bajando; oscilando en nuestras propias marcas, ya bajando, ya subiendo. (¿Quién puede fijar una marca o medirnos? No pueden nombrar mis mareas ni medirme con las marcas hechas sobre una pared; yo oscilo). [Goyen, *La casa…*, *op. cit.*, p. 28.]

Goyen, como Garro y Rulfo, cuestiona la jerarquía sobre la que se basa el "tema del descenso" de Frye, una jerarquía que ubica a la tierra debajo del cielo, el mundo de los muertos debajo del de los vivos. Él reconoce que este eje metafórico no expresa cabalmente la necesidad de su narrador, que contradice la idea de nuestra "residencia en la tierra", nuestra ubicación compleja *en/sobre* el cuerpo del mundo. La tierra de Goyen es central y circundante; como la figura giratoria que representa la dirección del Centro en el cosmos nahua, que se encuentra en los Códices de los Borgia, sus personajes deben aprender no sólo a zambullirse, sino también a flotar.

El fotógrafo Keith Carter ha registrado la topografía, la fauna y la flora del Este de Texas. *The Blue Man* es la recopilación de imágenes fotográficas tomadas por Carter en esta región, que es la de William Goyen y la suya propia. En una entrevista, Carter se refiere a la región como al "Este Profundo de Texas", una denominación que sugiere las profundidades míticas del lugar.[49] (Algunas asociaciones

[49] Keith Carter, *The Blue Man*, Houston, Rice University Press, 1990; entrevista con Anne W. Tucker, p. 124.

profesionales y comerciales también utilizan la denominación en un sentido no mítico, para referirse a la zona de quince condados situada a lo largo de la frontera de Louisiana, entre los ríos Trinity y Sabine.) Carter nos recuerda que esta parte de Texas tiene poco en común con el terreno seco y chato del resto del estado:

> El Este de Texas es principalmente rural y está salpicado por bosques y lagos. Es cultural y ecológicamente variado. Allí está el Gran Matorral. Cuatro de las cinco plantas carnívoras que existen en América del Norte se encuentran en el Matorral. Se pueden ver cosas tales como orquídeas creciendo junto a los cactus. Se cree que aquí están los últimos vestigios del lobo rojo, y de vez en cuando hay rumores de que ha sido avistado el pájaro carpintero de pico de marfil, supuestamente extinguido. Es un lugar real y peculiar, un paisaje lleno de *baygalls* y matorrales tití. [Carter, *The Blue Man*, *op. cit.*, p. 124.]

La entrevistadora le pide a Carter que describa estos fenómenos naturales.

> Bueno, un *baygall* es una depresión que se ha separado de un río o un arroyo en algún momento. Es una región muy pantanosa con nisas y cipreses. Lagartos, castores, ciervos y nutrias pueden anidar en un *baygall.* Son lugares muy oscuros y misteriosos. Un matorral tití está hecho con la parra tití, que se parece a la parra de uvas. La región se llama Gran Matorral porque en algunas zonas es virtualmente impenetrable. Se encuentran aquí tesoros enterrados de todo tipo: leyendas, indios fantasmas, luces que se mueven inexplicablemente. En cualquier caso, es un paisaje que sabe guardar un secreto. *[Idem.]*

Un paisaje que sabe guardar un secreto, y William Goyen creció escuchando los susurros.

En su introducción a su volumen de cuentos, Goyen insiste en las voces antiguas que animan su tierra del Este Profundo de Texas: "El paisaje de mis cuentos, por lo general el Este de Texas, es pastoral, está visitado por ríos, sombreado por árboles, es misterioso y está embrujado. Lo habitan espíritus y fantasmas: las generaciones no dudan de su presencia y sus acciones".[50] La referencia de Goyen a "las generaciones" sugiere el enraizamiento del Este Profundo de Texas, una población rural relativamente pobre que no se adecua a los patrones estadunidenses de movilidad. En *The Blue Man*, Keith Carter se refiere a una de las familias que aparecen en sus fotografías, que ha vivido en la misma tierra desde antes de que Texas fuera una república. No tienen teléfono ni televisión, y él les pregunta qué hacen para entretenerse. La madre responde: 'Bajamos al arroyo después de la lluvia, dijo. Puntas de flecha, puntas de lanza, tenemos montículos por toda la

[50] William Goyen, *The Collected Stories of William Goyen*, Garden City (Nueva York), Doubleday, 1975, p. XI.

tierra. Tenemos todos estos animales.' Me llevó a una pequeña habitación. Viven en la casa que construyó el bisabuelo del señor Cutler, y tienen toda una pared llena de puntas de flecha y de lanza que, sospecho, algunos museos estarían felices de poseer" (*ibid.*, p. 128).

El Este Profundo de Texas está salpicado por sepulturas de los indios caddo, testamentos de un pasado que invade el presente en esta región.

Ignoro si Goyen fue conscientemente influido por las estructuras sociales o las cosmogonías amerindias, como sin duda lo fueron Rulfo y Garro. Pero sé que el Este Profundo de Texas de Goyen conserva los ecos de culturas no europeas, a la vez en su propia experiencia, por haber crecido en la región, y en la experiencia que sus lectores tienen de la región creada en sus textos literarios. Puesto que mi perspectiva es comparativa, citaré nuevamente a Octavio Paz. En un útil ensayo de comparación cultural titulado "Posiciones y contraposiciones: México y los Estados Unidos", Paz escribe sobre la cultura mexicana moderna que siempre hay una parte de la cultura que no es occidental: "Esa continuidad de dos milenios está presente en cada mexicano. No importa que esa presencia sea casi siempre inconsciente y que asuma las formas ingenuas de la leyenda y aun de la superstición. No es un conocimiento sino una *vivencia*".[51] El Este Profundo de Texas se parece a México en este aspecto, y Goyen, como Rulfo y como Garro, *vive* este saber. Él pone en escena una parte indígena del inconsciente colectivo de su región, una parte intuida, imaginada, inventada.

Esta afirmación necesitará un fundamento histórico porque los residentes contemporáneos de los Estados Unidos no suelen percibir la cultura amerindia como una presencia cultural viviente. Más bien, el estatuto de "minoría" de las culturas americanas nativas se reconoce como algo que sobrevive en forma separada en Nuevo México, Oklahoma, Oregon, Alaska, pero que no afecta a la cultura estadunidense en general. Goyen muestra una actitud diferente. Con su construcción ficticia de la tierra animada y sus habitantes, ofrece resistencia a la ideología norteamericana aceptada de que nuestro pasado indígena, en la medida en que ya no es visible en la mayor parte de los Estados Unidos, ha sido borrado por completo. Él se niega a resignarse a una pérdida de ese calibre.

¿Por qué nos parecen tan mexicanas las actitudes de Goyen? ¿Y por qué él oye ecos ancestrales indígenas que la mayoría de los autores estadunidenses no oyen? Sostengo que es porque la cultura del Este Profundo de Texas, como la de México, es el producto del mestizaje cultural y racial; la mezcla de historias, razas y culturas. Por supuesto, Rulfo y Garro, en tanto escritores mexicanos contempo-

[51] Octavio Paz, "Posiciones y contraposiciones: México y los Estados Unidos", en *Obras completas*, t. VIII: *El peregrino en su patria*, México, FCE, 1994, p. 443. Este ensayo apareció por primera vez en *The New Yorker*, 17 de septiembre de 1979, pp. 137-153.

ráneos, escriben en y sobre una cultura mestiza creada a partir del encuentro, en Mesoamérica, entre las culturas y las razas europeas e indígenas. Jalisco, el estado de Rulfo, no está poblado por grupos indígenas en la misma medida que Puebla, el estado de Garro. Sin embargo, en la obra de ambos autores podemos suponer, con bastante certeza, la presencia activa de creencias y de prácticas culturales indígenas junto con la de aquellas importadas de Europa. Pero ¿qué decir de William Goyen, que escribe en y sobre el Este Profundo de Texas a mediados del siglo XX?

Las observaciones de Octavio Paz son instructivas. Paz establece una fuerte distinción entre el modelo culturalmente excluyente, sobre el que fueron fundados los Estados Unidos, y el modelo culturalmente incluyente de México. En el ensayo que acabo de citar, Paz argumenta que mientras que México fue colonizado por españoles que justificaron su conquista militar sobre la base de la necesidad (y el deber) de convertir a los conquistados, los colonos protestantes norteamericanos carecían de ese objetivo. El proyecto imperial de los católicos españoles requería la asimilación de los pueblos indígenas y sus culturas; los ídolos fueron bautizados y las mujeres indígenas, preñadas. Los colonos protestantes de América del Norte, por el contrario, tenían escaso interés en convertir a los americanos nativos o en casarse con sus mujeres. En realidad, los primeros colonos puritanos se horrorizaban de ese tipo de contacto, como su nombre sugiere y sus escritos confirman ampliamente. Prefirieron ignorar las culturas indígenas que encontraron en América, así como sus descendientes eligieron aniquilarlas cuando ya no pudieron ignorarlas.

Desde nuestra posición histórica, deploramos la destrucción de culturas y de vidas causada por las ideologías imperiales tanto de España como de Inglaterra. Por cierto, el objetivo de Paz no es reivindicar los crímenes de ninguno de los dos imperios, sino mostrar las consecuencias culturales de estas diferentes políticas en Nueva España y Nueva Inglaterra. Él argumenta que los colonizadores españoles eran culturalmente centralistas e incluyentes, mientras que los colonizadores ingleses eran pluralistas y excluyentes. Con esto quiere decir que los españoles incluyeron las diferencias culturales dentro de su jerarquía eclesiástica única, mientras que los ingleses no lo hicieron porque no lo necesitaban. En una cultura pluralista, las diferencias se pueden apartar, tolerar o ignorar. Si un grupo o un individuo en Nueva Inglaterra era diferente de otro, ese grupo o ese individuo simplemente se apartaba e iniciaba otro culto o colonia. Paz observa que este exclusivismo funcionó bien en América del Norte, donde los grupos indígenas eran nómades en lugar de sedentarios, y donde los colonos ingleses no necesitaron habérselas con grandes ciudades como aquellas que encontraron los españoles en Mesoamérica. Así, a diferencia del México moderno, una cultura mestiza resultante de las políticas imperiales que incluyeron y asimilaron las culturas indígenas, la cultura estadunidense moderna es el producto de un modelo pluralista que desplazó a las culturas indígenas hacia los márgenes y, luego, las arrojó hacia afuera. Concluye Paz:

> En los Estados Unidos, no aparece la dimensión india. Ésa es, a mi juicio, la diferencia mayor entre los dos países. Los indios que no fueron exterminados fueron recluidos en las *reservations*. El horror cristiano a la "naturaleza caída" se extendió a los naturales de América: los Estados Unidos se fundaron sobre una tierra sin pasado. La memoria histórica de los norteamericanos no es americana, sino europea. De ahí que una de la direcciones más poderosas y persistentes de la literatura norteamericana, de Whitman a William Carlos Williams y de Melville a Faulkner, haya sido la búsqueda (o la invención) de raíces americanas. Voluntad de encarnación, obsesión por arraigar en la tierra americana: a este impulso le debemos algunas de las obras centrales de la época moderna. [Paz, "Posiciones y contraposiciones…", *op. cit.*, p. 442.]

El análisis que hace Paz de la ideología nacional estadunidense del gran "crisol" supone que la "fusión" ha correspondido a una necesidad nacional de homogeneizar las diferencias culturales más que de respetarlas y comprenderlas. Los colonizadores ingleses fueron bastante ciegos frente a las culturas indígenas, y esa ceguera ha continuado afectando a la cultura estadunidense hasta hoy.

Aunque la metáfora de Paz acerca del enraizamiento en el suelo americano parece coincidir con la mía de la tierra animada, no es así, porque el suelo de Paz es silencioso. Su argumentación es históricamente sólida en relación con los modelos de colonización aplicados en las regiones de llanuras ubicadas en el centro y el nordeste de América del Norte, pero el Este Profundo de Texas y la literatura de Goyen no se adecuan a las generalizaciones de Paz. Después de todo, Texas no fue poblado por anglosajones hasta después del primer cuarto del siglo XIX, y sólo después de 1848 lo fue en cifras significativas. Era, por supuesto, una parte del imperio español en el Nuevo Mundo, explorada por Cabeza de Vaca en 1528 y por Hernán de Soto en 1541, y colonizada por los españoles a continuación. Después de que México se independizó de España, en 1821, Texas fue un estado de la República Mexicana; en 1836, cuando un grupo de colonos anglosajones se declararon independientes de México, éste envió tropas para impedir la secesión. La incorporación de Texas a la Unión en 1845 fue considerada por México una declaración de guerra, pero, en 1848, fue obligado a renunciar a Texas junto con más de la mitad del resto de su territorio. El Tratado de Guadalupe Hidalgo legitimizó la compra de tierra mexicana que no estaba en venta, tierra usurpada por los Estados Unidos en lo que Octavio Paz llamó "una de las guerras más injustas en la historia [...] de la expansión imperialista" (*El laberinto…*, *op. cit.*, p. 136, ed. rev.). Hasta 1848, entonces, Texas fue hispánica, poblada por colonos que operaban de acuerdo con el modelo cultural centralista e incluyente esbozado por Paz.

En Texas, había una gran cantidad de grupos indígenas distintos, muchos de los cuales corresponden a la generalización de Paz sobre los grupos indígenas norteamericanos como cazadores nómades y no como agricultores sedentarios. En las llanuras del oeste y el norte de Texas, estaban los apaches, los comanches y los kiowas, cazadores de búfalos; en el sur de Texas y el norte de México, los coahuiltecas, cazadores de pequeños animales y recolectores de frutos silvestres.[52] Una vez más, sin embargo, el Este de Texas es una excepción. Las culturas caddo del Este de Texas eran principalmente agricultores sedentarios más que cazadores. Pero antes de analizar esta excepción, debería mencionar las características compartidas de los grupos tribales de la región.

William Newcomb Jr. señala que todos los grupos indígenas de Texas estaban estructurados de acuerdo con lazos de parentesco más que de profesión, clase o riqueza; las relaciones familiares se extendían a través de comunidades tribales enteras.[53] Más aún, todos los grupos tribales compartían una percepción del mundo natural; vivían en una relación directa, personal e íntima con la naturaleza, e investían a los animales y a los fenómenos naturales de poderes sobrenaturales. Newcomb afirma:

> Quizás las diferencias más dramáticas entre los angloamericanos y los indios se encuentran en las actitudes hacia la tierra. Ningún pueblo indígena de Texas concebía las tierras en las que cazaba o plantaba maíz como bienes que se podían comprar o vender, o ser propiedad de individuos. La mayoría, al menos implícitamente, se consideraba parte del mundo natural. Con frecuencia, la tierra era concebida explícitamente como Madre. Muchos buscaban conscientemente vivir en armonía con la tierra, con los animales que ella nutría y con las fuerzas que habían creado todo. [Newcomb, *The Indians…*, *op. cit.*, p. 47-48.]

Newcomb menciona especialmente que los grupos caddo creían que la Madre Tierra era el origen de todo, y que "la gente vivía de ella y prosperaba bajo su guía;

[52] Véase W. W. Newcomb, Jr., *The Indians of Texas: From Prehistoric to Modern Times*, Austin, University of Texas Press, 1961.

[53] Newcomb, "Harmony with nature, people, and the supernatural", en *Texas Myths*, ed. Robert F. O'Connor, College Station, Texas A & M University Press, 1986, p. 47.

Elizabeth York Enstam confirma este punto, al referirse a "una cohesión dentro de los pueblos que iba mucho más allá de los sistemas de apoyo provistos incluso por una familia extendida". Habla de "un concepto de familia de extensión virtualmente tribal; ellos conocían un tipo de comunidad que había dejado de existir hacía tiempo entre los pueblos de descendencia y cultura europeas. De todos los habitantes de Texas en el siglo XIX, sólo los afroamericanos tenían algo parecido a la organización familiar india". Véase "The family", en *Texas Myths*, *op. cit.*, p. 146. Véase también Sidner Larson, "Native american aesthetics: An Attitude of relationship", en *MELUS*, 17, núm. 3, otoño 1991-1992, pp. 53-67.

era inimaginable que los individuos pudieran poseerla, inconcebible que pudieran venderla" (*ibid.*, p. 48).

Las confederaciones caddo, asociadas vagamente a grupos tribales que compartían un lenguaje común, eran, como dije, una cultura sedentaria de agricultores. El clima y la topografía del Este de Texas favorece la agricultura, cosa que no hace el resto del territorio de Texas; es un clima subhúmedo, templado, una tierra baja que desciende en suave declive hacia el Golfo de México. El nombre *Texas* proviene de la confederación hasinai de los caddo. Pronunciada "tayshas" o "taychas", la palabra significa "aliados" o "amigos" y se refiere a las tribus de la confederación. Los *caddo* también usaban el término *taychas* para referirse a los españoles (equivocadamente, diríamos ahora), y los españoles, a su vez, la usaban para referirse a los caddo y a otros grupos indígenas amistosos (*ibid.*, p. 280).

La abundante provisión de comida de los caddo agricultores permitió que su población fuera más densa y sus instituciones sociales más complejas que las de los cazadores de las llanuras. Grandes centros ceremoniales, que incluían sepulturas y santuarios, formaban el núcelo de las comunidades caddo, y sus prácticas funerarias han sido bien documentadas por los clérigos españoles colonizadores. Fray Francisco Casañas describió las prácticas tribales de la cultura caddo en su crónica escrita entre 1691 y 1722.[54] Para los caddo, como para la cultura nahua del centro de México, la vida y la muerte no eran condiciones separadas. No se pensaba que el espíritu abandonaba el cuerpo inmediatamente, sino que necesitaba alimento durante seis días después de la muerte. Se traía comida para el espíritu (se puede pensar en la práctica mexicana contemporánea de colocar comida en las tumbas el Día de los Muertos), y se enterraban, junto con el cuerpo, pertenencias y objetos personales para que pudieran ser utilizados más tarde. Era costumbre que las personas que guardaban luto tocaran el cadáver y, luego, sus propios cuerpos para enviar mensajes a parientes muertos a través del cadáver. De acuerdo con Newcomb, justo antes del entierro, un hombre santo aconsejaba a la persona muerta que debía irse a "esa otra casa" para unirse a los muertos y continuar allí su vida (*ibid.*, pp. 302-303). Los túmulos funerarios caddo comenzaron con la sepultura de cinco individuos bajo la superficie; a través de los años, sus complejas capas crecieron hasta alturas de seis metros o más.[55] Existe, de hecho,

[54] Fray Francisco Casañas, *Description of the Tejas or Asinai Indians, 1691-1722*, trad. Mattie Austin Hatcher, en *Southwestern Historical Quarterly*, vol. 30, 1927, pp. 206-218, 283-304; citado en Newcomb, *The Indians of Texas*, pp. 303-305. Newcomb también cita el diario de visita de Fray Gaspar José de Solís: "Diary of a visit of inspection of the Texas missions made by Fray Gaspar José de Solís in the Year 1767-1768", trad. Margaret K. Kress, en *Southwestern Historical Quarterly,* 35, 1931, pp. 28-76. Véase también J. Alden Mason, "The place of Texas in pre-columbian relationships between the United States and Mexico", en *Texas Archeological and Paleontological Society Bulletin*, vol. 7, 1935, pp. 29-46.

[55] *Caddoan Mounds: Temples and Tombs of an Ancient People*, Austin, Texas Parks and Wildlife Department, mayo de 1984.

un importante sitio caddo cerca de Alto, Texas, alrededor de 65 kilómetros al nordeste de Trinity, el pueblo natal de Goyen. El sitio fue descubierto por un grupo de arqueólogos en 1919 y fue excavado sistemáticamente durante la década de 1930. Seguramente, los residentes de la región conocerían los túmulos funerarios y las antiguas comunidades que ellos representaban. En términos de Paz, a pesar de la desaparición virtual de los caddo hacia el último cuarto del siglo XIX, sus tradiciones aún son vividas, si no conocidas, en el Este Profundo de Texas al que se refiere Goyen.[56]

Además de las bases indígenas de *La casa del aliento*, podemos ubicar rastros explícitos de trascendentalismo en la tierra animada de Goyen. Como Borges, Goyen responde a la doctrina trascendentalista de la inmanencia del Espíritu en el universo, la compenetración de lo físico y lo espiritual. En un pasaje destacado en itálicas, el narrador de Goyen se transforma metafóricamente en el mundo:

> *Oh, soy hoja y soy viento y soy luz. Algo en el mundo enhebra caras y hojas y ríos y bosques y viento y hace con ellos un collar de medallones con todos nuestros rostros, para siempre alrededor de nuestros cuellos, emparentados.* [Goyen, *La casa*..., *op. cit.*, p. 48; las cursivas son del autor.]

Inversamente, como hemos visto, la naturaleza se humaniza y se corporiza. Así se describe una voz proveniente del pozo (una "voz del pozo"): "como una boca parlante llena de viento, que se abre y se cierra en el viento" (*ibid.*, p. 61). La identidad emersoniana entre microcosmos y macrocosmos, individuo y arquetipo, es presentada líricamente por (y en) Boy: "Algo se forma dentro del mundo de una lágrima, modelado por el mundo que lo originó; algo toma forma con la emisión de este aliento que construye una imagen del aliento" (*ibid.*, p. 43). Y también Whitman es evocado aquí, no el Whitman altisonante e individualista sino, por el contrario, el Whitman de Borges, el poeta cuyo héroe épico es todos los hombres. En directa alusión a "As a child went forth", dice Boy: "Me fundí en el mundo y me transformé en todo lo que alguna vez había sido creado o construido: los edificios, los bosques, los ríos, la pompa, el amor, la historia; y todo entró en mí, todo envuelto en todo" (*ibid.*, p. 33). En esas imágenes, sentimos las concepciones complementarias de la "simpatía universal" propias del trascendentalismo y la mitología mesoamericana prehispánica.[57] No quisiera caer en la simpli-

[56] Un trabajo pertinente en relación con la naturaleza de la tierra animada mexicana/texana es Alfred Avila, *Mexican Ghost Tales of the Southwest*, ed. Kat Avila, Houston, Arte Público Press, 1994.

[57] Recuérdese la formulación metafórica que Octavio Paz hace de esta "simpatía universal" característica de las culturas mesoamericanas prehispánicas: un "fluido vital que une a todos los seres animados –humanos, animales, plantas– con los elementos, los planetas y los astros". Véase "El arte de México: materia y sentido", en *Obras completas*, t. VII: "Los priviligios de la vista II", México, FCE, 1994. p. 82.

ficación de tildar a Goyen de trascendentalista de Texas. En cambio, prefiero sugerir que él agrega la fecundidad y la acción de la naturaleza romántica a la vitalidad de los espíritus del mito mesoamericano. En *La casa del aliento*, la tradición del romance estadunidense del siglo XIX proporciona el paisaje natural en el que los fantasmas realistas mágicos de Goyen se vuelven audibles.[58]

No sólo en la novela de Goyen oímos voces ancestrales. Su libro de cuentos titulado *Los fantasmas y la carne [Ghost and Flesh]* (1952) es, tal vez, el más texano del Este Profundo por su focalización del parentesco en/sobre/con la tierra animada. Como *La casa del aliento*, los cuentos de *Los fantasmas y la carne* están influidos por el romanticismo estadunidense, pero aquí hay pocas alusiones literarias: sólo la sensibilidad de Goyen hacia su cultura regional rural, hacia la tierra del Este de Texas y sus habitantes. En estos cuentos, Goyen tiene el oído apoyado en el suelo.

En "Ghost and flesh, water and dirt" [El fantasma y la carne, el agua y la tierra], la narradora de Goyen entierra a su hija después de un accidente, y luego a su esposo, dos semanas después, cuando él se suicida por la pena y la culpa. Su esposo vuelve de entre los muertos a visitarla, y parece más una calavera mexicana encarnada que un espectro desencarnado.

> "Soy Raymon Emmons", dijo la voz que echaba vapor, "y estoy aquí para quedarme; vuelve a sacar esas cosas mías que guardaste, saca mi tazón de avena y llénalo de avena caliente y saca mis botas de goma cuando llueve, plancha mi ropa y prepárame la cena [...]. Jamás he muerto y estoy aquí para quedarme".[59]

Pero la esposa de Raymon Emmons sabe que él está muerto, por más hambriento y lleno de deseos que parezca, y quiere unirse a él bajo la tierra: "Quisiera ser tierra, quisiera ser tierra. Oh, me puse odiosa por la pena" (Goyen, *The Collecyed stones*, *op. cit.*, p. 57).

Como en la Comala de Juan Rulfo, donde el agua siempre se está filtrando, echando vapor y goteando sobre los muertos que se sofocan bajo la tierra, esta "Texis" (como lo pronuncia la narradora y Goyen lo escribe) es caliente y mojada.

> Quisiera derretirme y escurrirme por los desagües. Quisiera ser lluvia, caer sobre la tierra de algunas tumbas que conozco y filtrarme por la tierra, podría yacer en la tierra con Raymon Emmons a un lado y Chitta al otro. Quisiera ser tierra... *[Ibid.*, p. 55.]

[58] Wayne Ude también relaciona la tradición indígena con la del *romance* en "Forging an american style: The romance-novel and magical realism as response to the frontier and wilderness experiences", en *The Frontier Experience and the American Dream*, ed. David Mogen, Mark Busby y Paul Bryant, College Station, Texas A & M University Press, 1989, pp. 50-64.

[59] William Goyen, *The Collected Stories of William Goyen*, Nueva York, Doubleday, 1975, p. 51. [Hay traducción española de *Ghost and Flesh*: *Los fantasmas y la carne*, Barcelona, Lumen, 1969.]

Ella visita las tumbas "llevando macetas con plantas y llorando sobre las sepulturas" y lamentándose porque "toda mi vida es tierra y tengo una familia de tierra" (*ibid.*, p. 53). El cuento termina, como suelen hacer los textos de Goyen, afirmando la conjunción de los mundos de los vivos y los muertos. La narradora le dice a su oyente (que es el lector):

> Hay un tiempo para las cosas vivas y un tiempo para los muertos, para los fantasmas y para la carne y los huesos: toda la vida es una ración de fantasmas y carne. Nosotros, los humanos, somos en parte fantasmas y en parte carne. [...] Hay un mundo en ambos lugares, un mundo en el que hay fantasmas y un mundo en el que hay carne. [*Ibid.*, p. 58.]

Concluye que "los fantasmas te pueden abandonar a la carne y los huesos; y esa carne y huesos, si te das vuelta a la hora justa, pueden devolverte a un fantasma fiel. Uno provee al otro" (*ibid.*, p. 59).

En "The children of Old Somebody" ["Los niños de Viejo Alguien"], otro de los cuentos de *Ghost and Flesh*, Goyen vuelve a escenificar la permeabilidad de los mundos de los muertos y los vivos. Esta vez crea no tanto un fantasma o una calavera como una presencia mitológica, una leyenda comunitaria denominada "Old Ancestor" ["Viejo Antepasado"] u "Old Somebody" ["Viejo Alguien"].

> Era una figura de polvo; y, si todas las cosas vuelven al polvo, caen nuevamente en él, el polvo era su gran fortuna, él, el excavador de polvo, él mismo formado con el polvo de la tierra, donde encontraría las primeras cosas formadas con la tierra y las recuperaría para que él y todos nosotros viéramos cómo llamarlas. Exhalado desde el polvo, era sin embargo el enemigo de los comedores de polvo; protegía el polvo del apetito, del hambre enérgico, voraz, ciego: el saltamontes y el gusano. Luego, antes de que todo fuera devorado, colocaba sus manos en el polvo, sobre el polvo, para tocarlo, para mancharlo con las marcas de sus dedos, y aún más: para darle forma, a partir de su propio polvo y con la milagrosa luz de su propio polvo, y así dejarlo guardado, protegido. [*Ibid.*, p. 76.]

Las actividades vitales de comer y tocar se vinculan, para Goyen, con la tierra y con el hecho de yacer sepultado en ella. El narrador colectivo del cuento insiste: "Si construimos el puente con carne debemos cruzar, cruzar sobre él, hasta la tierra del polvo, y quemar el puente de carne quemante detrás de nosotros: *cruzar sobre la carne para alcanzar el fantasma*" (*ibid.*, p. 85; las cursivas son del autor).

Este llamado de atención a las voces que habitan la tierra se pone en escena en los orígenes míticos de "Old Somebody". Él es el hijo imposible de una pareja vieja y estéril, nacido mágicamente en los bosques y colocado en un tronco, "un animalito de madera", "un druida":

Este pequeño espíritu del árbol, podrán creerlo, nunca fue molestado por la vida de la tierra o por los gitanos, nunca lo picó una hormiga ni lo mordió una serpiente, no hubo hostilidad entre su mundo y el mundo de las criaturas: esa hostilidad es aprendida.

[...]

Ahora, en las antiguas historias, podemos leer acerca de quienes, como Childe Percival y otros pequeños príncipes, gente secreta, eran mantenidos en algún lugar en un bosque secreto por magos o encantadores. Pero quién podría creer que este niño sería colocado allí en nuestra época sensata, tanto tiempo después de que las viejas fábulas se hubieran desvanecido y transformado en simples cuentos que se cuentan a falta de fábulas, después de la muerte de todas las fantasías. [*Ibid.*, p. 82.]

El narrador colectivo lamenta la pérdida del misterio "en nuestra época sensata", cuando todas las "fantasías" han muerto, pero insiste, sin embargo, en la posibilidad de recobrarlas: "Vean cómo una vieja Figura oculta en las profundidades y los pliegues de la mente puede aparecer, después de ser llamada con golpes, cuando llega el momento, y mostrar su significado, salvar el polvo de la verdad" (*ibid.*, p. 85).

La evocación que hace Goyen de Childe Percival, los magos y los encantadores me lleva a mi última pregunta, una variante de la pregunta con la que cerré la primera sección de este capítulo. ¿Acaso el *romance* y el realismo mágico responden esencialmente a los mismos propósitos y condiciones culturales? Evidentemente, las tres novelas –la de Goyen, la de Garro y la de Rulfo– corresponden a la definición del *romance* de Frye y a mi propia definición del realismo mágico, pero no volveré a rastrear esas correspondencias aquí. En cambio, deseo preguntarme por qué estos escritores –en realidad, por qué cualquier escritor americano contemporáneo– eligen el *romance* y/o el realismo mágico para expresar su versión de la realidad. Aquí, la crítica materialista de Fredric Jameson resulta útil para mis reflexiones.

En "Magical narratives: romance as genre" ["Narrativas mágicas: el romance como género"], Jameson escribe que el *romance*

> expresa un momento transicional, pero de un tipo muy especial: sus contemporáneos deben sentir que su sociedad está dividida entre el pasado y el futuro de tal modo que las alternativas son comprendidas como mundos hostiles pero, en algún sentido, sin relación. [...] Este género expresa la nostalgia de un orden social que está siendo socavado y destruido por el capitalismo naciente, aunque, por el momento, siga coexistiendo con él.[60]

[60] Fredric Jameson, "Magical narratives: romance as genre", en *NLH*, 7, núm. 1, 1975, p. 158. Reeditado con ligeras variaciones como "Magical narratives: On the dialectical use of genre criticism", en *The Political Unconscious: Narrative as a Socially Symbolic Act*, Ithaca, Cornell University Press, 1981, pp. 103-150.

Para sostener su argumento, Jameson ofrece ejemplos tan diversos como el *romance* shakespeariano, *Cumbres borrascosas* y los "grandes *romances* artísticos del período romántico". De acuerdo con Jameson, todos son "obviamente, intentos simbólicos de contemporizar con el triunfo de la burguesía y con las nuevas formas sociales desprovistas de encanto que se desarrollan a partir del sistema de mercado" ("Magical narratives...", *op. cit.*, p. 158). Esto también puede decirse de muchos textos realistas mágicos americanos contemporáneos. En el último pasaje que citamos de "Old Somebody", oímos al narrador de Goyen "contemporizar" con una cultura en la que "las viejas fábulas se han desvanecido y transformado en simples cuentos que se cuentan a falta de fábulas". Tanto en la forma como en el contenido, cada una de las obras que he comentado escenifica la transición desde las fracasadas concepciones modernas del yo y la sociedad hacia alternativas más humanas. Los fantasmas de Goyen, de Garro y de Rulfo se pueden considerar metáforas del período transicional que representan estos novelistas: en el medio, ni aquí ni allá, tanto aquí como allá. Y la tierra animada proporciona los fundamentos metafóricos para las construcciones alternativas de la comunidad y la conciencia.

Estos novelistas escriben a partir de su concepción del desplazamiento de las comunidades tradicionales y la consiguiente ruina de la tierra. Cada uno siente que su comunidad y el campo circundante están divididos entre el pasado y el futuro, entre mundos hostiles y sin relación (según la descripción del conflicto que hace Jameson). Sus fantasmas, ellos mismos seres mediadores, representan la dolorosa liminaridad económica y social causada por las fuerzas destructoras de la modernización. En *La casa del aliento*, el Charity de Goyen es destruido por fuerzas económicas (cierran el aserradero) y por la urbanización (algunos miembros de la comunidad deben exiliarse en Houston para encontrar trabajo). El "cuerpo del mundo" se transforma en "el desnudo cuero cabelludo de la tierra, escabroso y febril, extendido bajo la luz metálica", y la comunidad subterránea se estanca: "...todos de hueso, roca y metal, ya no podíamos fundirnos en un todo, sino que permanecíamos separados, duros como el hueso y la roca. ¿Cuál fue la causa de nuestra ruina?" (Goyen, *La casa...*, *op. cit.*, pp. 38-39). Sin embargo, las voces de fantasmas percibidas –familiares y amigos muertos, y la tierra misma– rescatan las ruinas para Boy y le permiten establecer una comunidad viable en la superficie.

Rulfo y Garro también presentan sus dramas transicionales de manera metafórica como el conflicto entre una comunidad sepultada y las actividades abusivas desarrolladas en la superficie. Como Goyen, toman parte en un modelo esencial del *romance*: la lucha entre mundos y valores altos y bajos, con los valores más altos aquí paradójicamente investidos en fantasmas que están bajo la tierra. En sus novelas, como he dicho, la tensión entre niveles es política más que personal. La Revolución mexicana es su sueño utópico fracasado, y ambos proyectan la ambivalencia característica del *romance* tradicional: la nostalgia de una inocencia perdida y el deseo de un ideal futuro. Pero, aquí, los signos del *romance* significan de un modo diferente. "La inocencia perdida" debe interpretarse como la coherencia cultural de los pueblos indígenas del pasado real más que como la añoranza eurocéntrica de Hawthorne y los trascendentalistas estadunidenses de un mundo "virgen", unitario, de pureza moral. Y el "ideal futuro" se interpreta como un sistema coherente de justicia política y social revolucionaria. Aquí subrayo el ideal de coherencia más que la unidad, porque cuando los mitos indígenas interactúan con las estructuras del *romance*, la visión idealizada que se obtiene como resultado (ya sea proyectada hacia atrás o hacia adelante en el tiempo) es de coherencia, no de unidad. Sin duda, la coherencia sólo puede concebirse cuando se afirman las diferencias culturales; la unidad se obtiene cuando no es posible imaginar a un "otro".

En su rechazo consciente de los binarismos de la cultura occidental moderna y su inclusión de modelos culturales indígenas alternativos, Rulfo, Garro y Goyen son realistas mágicos; en su fusión simbólica de lo material y lo espiritual en un orden natural destacado en primer plano, reflejan y amplifican la tradición del *romance*. La primera categoría implica una posición más conscientemente opositora; la segunda corresponde a la intuición de que todavía existe, en algún lugar, un centro que se sostendrá. Ambos impulsos se mueven con relativa intensidad en todas las obras literarias estadunidenses y latinoamericanas que he comentado; sus diferencias se vinculan con el grado en que la balanza, en definitiva, se inclina hacia uno u otro impulso. Goyen y Hawthorne aún imaginan un centro que se sostiene, aunque sea tenuemente: una casa del aliento texana, una casa de los espíritus en Salem. Incluso Faulkner, descendiente de Hawthorne (según Borges), predice la reconciliación de las razas y las familias al final de *¡Absalón, Absalón!*.

Rulfo y Garro comparten los modelos del *romance* con Goyen, pero proyectan una visión trágica que éste no tiene. En la obra de Goyen, el legado trascendentalista estadunidense se combina con su sensibilidad hacia las corrientes culturales indígenas, lo que le permite a su personaje integrar el espacio subterráneo animado con el cuerpo del mundo. Boy puede integrar el pasado con el presente –los fantasmas de su familia y su comunidad con el yo viviente–, mientras que los personajes de Rulfo, Garro, García Márquez y Borges no pueden hacerlo. La disolución (Comala), la petrificación (Ixtepec), el apocalipsis (Macondo), la "esperanza elegante" de Borges de un orden no descubierto en su intimidatoria biblioteca de Babel son condiciones reconocibles del realismo mágico latinoamericano. Aquí, entonces, me encuentro con una diferencia crucial entre las tradiciones del antirrealismo estadunidense y el latinoamericano.

La mayor parte de los realistas mágicos de Estados Unidos encuentran la manera de traer a sus fantasmas sobre la tierra e integrarlos a la cultura estadunidense contemporánea para enriquecerla o repararla. Como Goyen, Isaac Bashevis Singer, Leslie Marmon Silko, Maxine Hong Kingston y Toni Morrison imaginan comunidades restablecidas después de pasar por procesos destructivos de transición cultural y violencia política. Por supuesto, los conflictos culturales específicos que ponen en escena hacen que sus soluciones comunitarias sean muy diferentes unas de otras, pero, no obstante, comunitarias. La mayor parte de los realistas mágicos latinoamericanos contemporáneos, por el contrario, rechazan un consuelo de ese tipo; se piensa en soluciones mágicas que, luego, son canceladas por las opresivas realidades políticas. *Recuerdos del porvenir,* de Elena Garro, es un ejemplo representativo de esta trayectoria; *La casa de los espíritus*, de Isabel Allende, una excepción que confirma la regla. La literatura latinoamericana siempre ha cumplido una función política, y los escritores latinoamericanos, un papel opositor, a diferencia de los escritores estadunidenses.[61] Los realistas mágicos latinoamericanos contemporáneos muestran reiteradamente la destrucción de comunidades atrapadas entre los modelos culturales indígenas y occidentales del individuo y la sociedad, entre la solidaridad y la soledad. Los centros ya no se sostienen en el realismo mágico latinoamericano, en el mejor de los casos, parecería, para encarar saludables descentramientos.

La diferencia en la distancia histórica con respecto a los legados del *romance* puede explicar, en parte, el hecho de que el realismo mágico latinoamericano sea más subversivo que el antirrealismo estadunidense. El realismo mágico latinoamericano contemporáneo no tiene presente un florecimiento romántico local relativamente reciente análogo a la tradición del *romance* estadunidense del siglo XIX, sino, como sostiene Borges en su ensayo sobre Hawthorne, una tradición naturalista del "diccionario y la retórica". La fascinación de Borges con el *romance* estadunidense y sus fundamentos trascendentalistas puede servir como prueba de esta afirmación: no existe un Hawthorne latinoamericano con el que Borges pueda considerarse emparentado, ni una corriente emersoniana en la que, necesariamente, deban bañarse los latinoamericanos contemporáneos (como deben hacerlo los escritores estadunidenses). En cambio, los escritores latinoamericanos recurren a fuentes españolas más lejanas, como el *Quijote* y el *Amadís de Gaula*, para rastrear su tradición en el *romance*, y a mitologías americanas prehispánicas, en búsqueda de sus modelos arquetípicos; es decir, a tradiciones anteriores a los desastres de la modernidad a la que se opone el realismo mágico. Creo que esta distancia ha liberado a los escritores latino-

[61] De esta diferencia me ocupo en el último capítulo de mi libro *Writing the Apocalypse: Historical Vision in Contemporary U.S. and Latin American Fiction*, Cambridge, Cambridge University Press, 1989, pp. 176-192.

americanos contemporáneos como para inventar estrategias fantásticas con objetivos políticos, gastar una energía narrativa deslumbrante en la entropía política y resistir las tentaciones de solución que ofrecen las conclusiones narrativas.

Aun así, los escritores estadunidenses y los latinoamericanos comparten la experiencia descrita por Jameson de sentirse divididos entre pasados y futuros incompatibles y, como hemos visto, entre concepciones contradictorias de la subjetividad. Los estándares tradicionales (míticos/arquetípicos) de la identidad basados en la semejanza han sido eclipsados por los estándares de la modernidad, basados en la diferencia: los arquetipos han sido individualizados, los fantasmas han sido enterrados y silenciados, o casi. Los fantasmas que aún habitan la literatura realista mágica ponen en cuestión el aniquilamiento del yo mítico por parte del yo moderno: paradójicamente, los realistas mágicos son más posmodernos en su recuperación de las concepciones premodernas de la subjetividad. Se niegan a permanecer encerrados en las categorías modernas de la psicología individual, e insisten, en cambio, en que el yo se realiza por medio de la participación en las categorías comunitarias y cósmicas. Aun cuando fracasa ese tipo de participación –en Macondo, Comala, Ixtepec–, el compromiso esencial del realismo mágico es con la universalidad más que con la singularidad. No es que los realistas mágicos eviten tener en cuenta las distinciones históricas, culturales, raciales y de género específicas: los autores que he comentado aquí prueban ampliamente lo contrario. A través de sus galerías de fantasmas, los realistas mágicos pueden describir los habitantes de Argentina y Massachusetts, México y Texas, y al mismo tiempo, proyectar una condición humana libre de estereotipos esencializadores.

En la cultura occidental contemporánea, dividida por el interés económico y la competencia, la injusticia entre las razas, las clases y las naciones, y la violencia contra las mujeres, escribir obras de ficción universalizadoras es un acto revolucionario. Mientras cada uno de nosotros corre el riesgo de transformarse en una comunidad amurallada de uno solo, las estrategias arquetípicas del realismo mágico y las tradiciones del *romance* que confluyen con él pueden seguir recordándonos nuestra humanidad compartida.

Flannery O'Connor tenía razón. Los fantasmas *pueden* ser feroces e instructivos.

III

He mencionado a Gabriel García Márquez varias veces a lo largo de mi análisis. Quisiera desarrollar brevemente mi interpretación de las actitudes de este autor hacia el pasado indígena y su relación con la literatura estadunidense respecto de este punto. Desde ya, García Márquez ha reconocido reiteradas veces su deuda con Faulkner y con los escritores del Sur de los Estados Unidos.[62] Esta deuda se explica, en parte, por las historias paralelas de Hispanoamérica y el Sur Profundo: la colonización y la explotación de la tierra; los sistemas feudales de tenencia de la tierra acompañados por aristocracias y pueblos de color esclavizados o contratados; el peso de la derrota ante los ejércitos invasores del Norte (los *yankees*/yanquis); una modernización tardía y abrupta que ocultaba (y, a veces, exacerbaba) largas historias de inequidad política, racial y económica. También se encuentra un paralelismo entre las actitudes protestantes sureñas y las católicas hispánicas. En su interpretación de las fuerzas irracionales que operan en la historia, los escritores sureños comparten con los latinoamericanos una fuente básica del realismo mágico: la Biblia. Con frecuencia, la Biblia provee un marco para el fatalismo y la fantasía de la literatura de estas regiones. Este hecho es sintetizado por García Márquez en *Cien años de soledad*, cuando le hace decir a un personaje: "Si se lo creyeron a las Sagradas Escrituras, no veo por qué no han de creérmelo a mí" (*op. cit.*, p. 254). El protestantismo esencial sureño, además, se caracteriza por la lectura literal de las imágenes y los acontecimientos bíblicos y por la aplicación literal de las profecías bíblicas a la historia en curso. Esta tradición bíblica apuntala los elementos sobrenaturales góticos de la literatura sureña así como el realismo mágico de gran parte de la literatura latinoamericana contemporánea. Faulkner y García Márquez son ejemplos fundamentales de mis generalizaciones, y resultan centrales para cualquier análisis de la literatura americana como una cuestión hemisférica. En otro lugar he comentado la relación entre estas historias, especialmente el historicismo apocalíptico compartido por *¡Absalón, Absalón!* y *Cien años de soledad*.[63] Aquí, en cambio, quiero diferenciar los trópicos barrocos de Mississippi y Macondo del territorio mexicano/texano de Goyen, Garro y Rulfo.

García Márquez y Faulkner siguen modelos europeos que conciben la tierra americana como un paraíso ahora perdido. Sus novelas ponen en escena el abis-

[62] En una entrevista, García Márquez describió el momento en que, cuando era un joven periodista en Barranquilla, Colombia, leyó por primera vez a William Faulkner: "Descubrí que él escribía sobre un mundo exactamente igual a aquel en el que yo había vivido [...]: un mundo de calor y ríos de movimientos lentos, pequeños pueblos y campo agrícola, en el que los contadores de cuentos hilaban largos y fantásticos relatos". García Márquez dice que leer a los escritores sureños le permitió darse cuenta de que "lo que yo tenía que hacer era crear una realidad que pusiera incómoda a la gente, transmitir este sentimiento de inquietud y dolor que percibía. Y eso es lo que yo encontraba en los escritores del Sur de los Estados Unidos. Volví a Barranquilla veinticuatro horas después, rompí por la mitad una novela que había escrito y comencé de nuevo. Desde entonces, no he cambiado mi concepción de la literatura" (Anthony Day y Marjorie Miller, "Gabo talks", en *Los Angeles Times Magazine*, 2 de septiembre de 1990, p. 33).

[63] Véase mi libro *Writing the Apocalypse*, *op. cit.*, pp. 25-51, 123-124.

mo irremediable entre la naturaleza y la cultura del siglo XX; en ellas, ni la tierra ni los fenómenos naturales hablan, como sí lo hacen en las obras de Goyen, Garro y Rulfo. Y cuando un personaje vuelve de la muerte en *Cien años de soledad*, regresa a la casa familiar de Macondo en lugar de hablar desde y a través de la tierra. Los personajes de García Márquez no oyen voces ancestrales indígenas. Por cierto, son los criados indígenas de los Buendía, Cataure y Visitación, los que reconocen y diagnostican la epidemia de la memoria en Macondo, presumiblemente porque ya la han experimentado en su propia cultura colonizada. Las culturas indígenas de Colombia no sobrevivieron para mezclarse con las culturas europeas como en otros países andinos y mesoamericanos. García Márquez lo da a entender con la singular percepción que Cataure y Visitación tienen del olvido. No es mi intención sugerir que los elementos indígenas no influyan en el realismo mágico de García Márquez. Por el contrario, ya he sugerido los modos en los que sus mundos permeables y sus personajes arquetipizados se apartan de la práctica literaria y los sistemas de creencia europeos. Seguramente, las historias mágicas de García Márquez serían imposibles sin la temporalidad mítica –vestigial y vital– de la cultura colombiana rural oral. Pero el genio particular de García Márquez es, creo, historiográfico más que topográfico: Macondo es dotado de vida por la magia temporal –lluvia eterna, huracanes terminales– más que por las voces de una tierra animada.

En *¡Absalón, Absalón!*, la tierra de Faulkner está “abonada con sangre negra”, hecho que ha extinguido el linaje y la descendencia amerindia. Lo mismo ha hecho, y lo seguirá haciendo, con los de los Sutpen y los Compson. Sin embargo, en los cuentos de *Desciende, Moisés* [*Go Down, Moses*] (1942) es evidente que Faulkner *es* consciente de un legado nativo. No presenta los sustratos indígenas del condado de Yoknapatawpha ni conduce a sus personajes a este mundo, pero reconoce su pérdida y le dedica una elegía. En “The old people”, Sam Fathers, el único indio chickasaw que queda en Jefferson, Mississippi, le habla al joven Ike McCaslin

> sobre esos viejos tiempos y esos hombres muertos y desvanecidos de *una raza diferente de las que conocía el muchacho*; gradualmente, para el muchacho, esos viejos tiempos dejarían de ser viejos tiempos y se volverían parte del presente del muchacho, no sólo como si hubieran ocurrido ayer, sino como si todavía estuvieran ocurriendo, y como si los hombres que los recorrían caminaran realmente en aliento y aire y proyectaran su sombra sobre la tierra que no habían abandonado.[64]

Pero Faulkner ironiza sobre la esperanza de Sam Fathers. Al final del cuento, el primo de Ike le dice que “la tierra es poco profunda: es poco lo que hay antes de

[64] William Faulkner, *Go Down, Moses*, 1942; reed. Nueva York, Vintage, 1990, p. 165 (las cursivas son mías) [trad. esp.: *Desciende, Moisés*, Madrid, Cátedra, 1990].

llegar a la roca. Y la tierra no quiere sólo guardar las cosas, acapararlas; quiere volver a usarlas" (*Go Down, Moses*, *op. cit.*, p. 179). Aunque Ike protesta, y Faulkner ratifica su protesta, es el primo de Ike el que tiene la última palabra. En el Mississippi de Faulkner, como en la Colombia de García Márquez, las razas permanecen separadas ("una raza diferente de las que conocía el muchacho"). La tierra no está animada, sino exhausta.

En este sentido, Faulkner es más representativo de la literatura estadunidense que Goyen, ya que son pocos los escritores estadunidenses que le dan voz a la tierra, y aún menos los que oyen voces ancestrales indígenas sepultadas en ella. Sin embargo, hay escritores (pertenecientes a las llamadas "minorías") que sí representan las confluencias y las distancias entre las culturas nativas americanas y las importadas en los Estados Unidos. La novela *Ceremony* [Ceremonia] (1977), de Leslie Marmon Silko, por ejemplo, es una evocación mítica del conflicto entre la mitología de Laguna Pueblo y la cultura estadunidense dominante. Silko, ella misma miembro de la tribu de Laguna Pueblo, incluye relatos tradicionales de su tribu sobre la tierra y sus dioses en una forma narrativa occidental, con lo cual sugiere la revitalización potencial de la cultura contemporánea a través de fuentes y prácticas míticas indígenas. Las presencias ancestrales ubicuas en un escenario estadunidense contemporáneo también caracterizan la primera novela de Susan Power, *The Grass Dancer* (1994) [*Vísteme de hierba* (1996)]. Power, de ascendencia sioux, representa el momento en que un sioux contemporáneo se pinta la cara para un baile ritual y oye "las voces de los abuelos muertos rasguñando la casa con susurros roncos, chirriantes como la estática de la radio. *Nos estamos levantando, nos estamos levantando*, zumbaban las voces".[65]

El mundo ficticio de Louise Erdrich también admite apariciones ancestrales que pueden actuar en forma caprichosa para vengarse o consolar, pero que son consistentes en su estrecha asociación con la tierra, los animales y los fenómenos naturales. Así comienza su novela *Huellas* [*Tracks*] (1988), que se desarrolla en Dakota del Norte entre 1912 y 1924, en el pueblo de los ojibway: "Empezamos a morirnos antes de la nieve, y como la nieve, seguimos cayendo".[66] Un viejo ojibway, que recuerda la última cacería de búfalos y el último castor cuya piel ha alcanzado a crecer por más de dos años, narra la escena:

> Yo no estaba preparado para pensar en la gente que había perdido, o para hablar de ellos, aunque lo hicimos, con cuidado, sin soltar sus nombres en el viento. [...] Temía-

[65] Susan Power, *The Grass Dancer*, Nueva York, G. P. Putnam's Sons, 1994, p. 26 [trad. esp.: *Visteme de hierba*, Barcelona, El Aleph, 1996].

[66] Louise Erdrich, *Tracks*, Nueva York, Harper and Row, 1988, p. 1 [trad. esp.: *Huellas*, Barcelona, Tusquets, 1990.]

> mos que nos oyeran y no pudieran descansar, que volvieran conmovidos por la soledad que sentíamos. Se sentarían en la nieve del otro lado de la puerta, esperando que nos uniéramos a ellos por nostalgia. [Erdrich, *Tracks*, *op. cit.*, pp. 4-5.]

Como Silko y Power, Erdrich incluye los distanciamientos irónicos de las presencias ancestrales indígenas en un contexto cultural estadounidense contemporáneo:

> Dicen que la intranquilidad y los males que golpearon a nuestro pueblo [...] fueron causados por espíritus insatisfechos. Yo sé cómo son las cosas, y nunca tuve miedo de hablar. Nuestros males provienen de los vivos, del licor y los dólares. Tropezamos por la carnada del gobierno, sin mirar hacia abajo, sin darnos cuenta de que nos arrebataban la tierra que pisábamos a cada paso. [*Ibid.*, p. 4.]

Los grupos indígenas han sido desposeídos, pero si hubieran "mirado hacia abajo", sugiere el narrador, se habrían dado cuenta no sólo de que les estaban quitando la propiedad bajo sus pies, sino también de que los espíritus aún habitan bajo la tierra. En *Huellas*, de Erdrich, como en *Ceremony*, de Silko, entendemos que las fuentes culturales indígenas aún pueden ofrecer una perspectiva histórica que equilibre la cultura del consumo que domina actualmente en los Estados Unidos.

Así como Silko, Power y Erdrich son consideradas escritoras "de literatura de minorías" en los Estados Unidos, hay otros que no los son, pero que, como Goyen, también proyectan una tierra animada por culturas y mitologías confluyentes. Hemos visto *El canto de la alondra*, de Willa Cather, que en la sección titulada "The ancient people" representa la presencia de los orígenes indígenas y la necesidad de prestar atención a las voces ancestrales que todavía resuenan sobre la tierra. La descripción que hace Cather de Mesa Verde en *La casa del profesor* [*The Proffesor's Hause*] (1935) reitera este punto. Y su introducción de 1925 a los cuentos de Sarah Orne Jewett celebra los personajes de Jewett, "que nacieron del suelo y de la vida del campo cerca de su corazón", y sus cuentos, que "se funden en la tierra y la vida de la tierra hasta que no haya más cuentos sino sólo la vida misma".[67] Sin duda, éste era también el objetivo de Cather. En la lápida de la tumba de Cather, se ha grabado una frase de *Mi Antonia* [*My Antonia*] (1918): "Eso es la felicidad; disolverse en algo completo y grandioso".[68]

Otros escritores estadunidenses también rastrean esta topografía americana mítica. Obras virtualmente desconocidas como *Apalache* (1976), de Paul Metcalf, o subestimadas, como *Siempre vuelve a casa* [*Always Coming Home*] (1985), de

[67] Willa Cather, prefacio a *The Country of the Pointed Firs and Other Stories*, de Sarah Orne Jewett, Nueva York, Doubleday, 1956, pp. 6, 9.

[68] Citado por Doris Grumbach en el prefacio a *The Song of the Lark*, Nueva York, Harcourt Brace Jovanovich, 1988, p. XXIX.

Ursula K. Le Guin, emplean nuevas formas narrativas para abarcar las tradiciones orales y visuales –canciones, danzas y pictografías– de las culturas indígenas que ambos imaginan y recuerdan. Los cuentos de Meridel Le Sueur, escritos en los años treinta, cuarenta y cincuenta, y reunidos finalmente en *Corn Village* (1979), *Harvest* [Cosecha] (1977) y *Song for My Time* [Canción para mi tiempo] (1977), se refieren con frecuencia a la tierra animada. Los habitantes de su mundo subterráneo son las víctimas de la explotación capitalista. Le Sueur comienza su cuento "The dark of the time" ["La oscuridad del tiempo"] con un pasaje parecido al que abre *La casa del aliento*, de Goyen, salvo que la intención de Le Sueur es más explícitamente política:

> Heridos de la ciudad, vuelvan, vuelvan al polvo de la tierra, [...] todo se mueve abajo, todo es angustia y movimiento y la gran cultura subterránea común a nuestro pueblo, que emerge por la noche como ricas emanaciones de hierba.[69]

Anterior a estas obras es la notable revisión de la exclusión cultural estadunidense que hace William Carlos Williams. En la introducción, he citado los ensayos de Williams para mostrar que la dirección de su obra es absolutamente opuesta a la exclusión cultural que Octavio Paz identifica, con razón, en los fundamentos puritanos de los Estados Unidos. *En la esencia americana* [*In the American Grain*] (1925), de Williams, presenta las interacciones de las culturas anglosajona e hispánica con las culturas americanas indígenas en un libro que está entre la literatura y la historia, y que, en parte por esta razón, rara vez es incluido en las listas canónicas de la literatura norteamericana.

Los escritores estadunidenses que acabo de nombrar, junto con Rulfo, Garro y muchos otros autores latinoamericanos, realizan lo que Carlos Fuentes describe en su ensayo sobre la "escritura excéntrica". Recuérdese su afirmación, que he citado en mi introducción a la primera parte: "El papel de las culturas marginales es el de guardianas de la memoria. Una memoria de lo que Occidente sacrificó en otras culturas a través de la expansión imperialista y de lo que sacrificó dentro de su propia cultura".[70] La lista de novelas y cuentos latinoamericanos que incluyen recuerdos "de lo que Occidente sacrificó" es larga y debe incluir a *Hombres de maíz* (1949), de Miguel Ángel Asturias; *Los pasos perdidos* (1953), de Alejo Carpentier; *Los ríos profundos* (1958), de José María Arguedas; *Oficio de tinieblas* (1962), de Rosario Castellanos; "Axolotl" (1964), de Julio Cortázar; la parábola

[69] Meridel Le Sueur, "The dark of the time", en *Song for My Time*, Minneapolis, Haymarket Press, 1977, p. 50.

[70] Carlos Fuentes, "Central and eccentric writing", en *Lives on the Line: The Testimony of Contemporary Latin American Authors*, ed. Doris Meyer, Berkeley, University of California Press, 1988, p. 122.

psicológica "Chac Mool" (1974), y *Una familia lejana* (1981), de Carlos Fuentes; "El lugar de su quietud" (1975), de Luisa Valenzuela; la trilogía *Memoria del fuego* (1982-1986), de Eduardo Galeano; *El hablador* (1987), de Mario Vargas Llosa; y "Walimai", de Isabel Allende, incluido en *Cuentos de Eva Luna* (1990). En estas obras, las apariciones ancestrales reciben forma visible o se hacen oír o sentir de otras maneras: en las voces desencarnadas de *Pedro Páramo*, la salamandra larval de "Axolotl", la antigua figura de piedra de "Chac Mool". O bien pueden estar presentes en la estructura narrativa de la obra en sí, como en la trilogía de Galeano o en *El hablador* de Vargas Llosa.

El hecho de que las presencias ancestrales sean *encarnadas* o no por los escritores es, en definitiva, menos crucial que el hecho de que se ocupen de culturas que, en algún sentido, son ellas mismas fantasmales, subterráneas y están silenciadas en muchos lugares de América. Estos escritores comparten el impulso de trascender las restricciones del racionalismo y el realismo, impulso que llamaré Ancestral, con A mayúscula. Este impulso Ancestral los lleva a privilegiar un conocimiento cultural diferente del que procede de fuentes europeas: un conocimiento no obtenido por medios empíricos o inductivos, un conocimiento vivido más que aprendido, transmitido oral y visualmente y, con frecuencia, en forma intuitiva más que por escrito. Uno de los personajes de *Una familia lejana*, de Fuentes, observa que el impulso Ancestral incluye "la herencia de las orejas y la memoria de la boca".[71] W. S. Merwin, en su poema "Witness",[72] sintetiza este legado de lo que se dice, se ve y se recuerda:

Quiero contarte cómo eran
los bosques

Tendré que hablar
en una lengua olvidada[*]

El impulso Ancestral, inspirado por lenguas olvidadas, debe ser considerado teniendo en cuenta la otra característica atribuida a los escritores latinoamericanos: lo que Roberto González Echevarría llama el impulso Archivístico. En *Myth and Archive* [Mito y archivo] (1990), González Echevarría desarrolla la metáfora del Archivo [*Archive*] (palabra que él también escribe con mayúscula) para abordar las fuentes culturales y los recursos textuales de la narrativa latinoamericana. La palabra *archive*, tal como la define el *Oxford English Dictionary*, se refiere a "un

[71] Fuentes, *Una familia lejana*, México, Era, 1980, p. 16.

[72] W. S. Merwin, "Witness", en *The Rain in the Trees*, Nueva York, Knopf, 1988, p. 65. Cito el poema completo; no tiene puntuación.

[*] "I want to tell you what the forests / were like // I will have to speak / in a forgotten language".

lugar en el que se guardan registros públicos y otros documentos históricos importantes": una institución de memoria social colectiva, un repositorio de documentos escritos que (aún) no han terminado de ser ingresados en catálogos o índices. González Echevarría define el Archivo como un "repositorio de cuentos y mitos, entre los cuales figura el relato de la recopilación de esos cuentos y mitos".[73] La segunda parte de su definición tiene como colorario una analogía: el escritor latinoamericano es un antropólogo.

González Echevarría postula primero un paralelo entre el impulso Archivístico y los supuestos antropológicos de la descripción cultural objetiva y, luego, rastrea lo que él considera son desplazamientos posmodernos paralelos en la antropología y en la literatura: desde Bronislow Malinowski y Marcel Griaule hasta Clifford Geertz y James Clifford en la antropología, y desde Gallegos a Borges y García Márquez en la literatura (González Echeverría, *Myth and Archive*, *op. cit.*, p. 151). Ya sea que los novelistas creen una perspectiva narrativa objetiva respecto de la cultura que sus textos describen (Gallegos), ya se relacionen irónicamente con su propia autoridad narrativa (Borges y García Márquez), los novelistas latinoamericanos son, en la definición de González Echevarría, Archivistas. La definición se complica con la afirmación de que el Archivo es, en sí mismo, una forma de discurso mítico; pero González Echevarría no concluye con el mito en algún sentido cultural indígena, sino con el mito contemporáneo de la objetividad científica. "Las obras de ficción Archivísticas son relatos que todavía intentan hallar la cifra de la cultura y la identidad latinoamericanas; por lo tanto, caen en la mediación provista por el discurso antropológico" (*ibid.*, p. 173).

Esta analogía sugiere que los escritores, como los antropólogos, intentan ubicarse fuera de las culturas que describen, y que el lenguaje literario y el antropológico son descriptivos de modos parecidos y por razones parecidas. A pesar de que, sin duda, los supuestos antropológicos pueden actuar en obras que encarnan presencias ancestrales, esos supuestos no contienen ni agotan su significado. Precisamente, si leyéramos esta literatura únicamente en términos del Archivo metafórico de González Echevarría, deberíamos excluir las presencias ancestrales, los ecos, las antífonas y los murmullos de los sistemas de creencias sepultados que aún resuenan en la cultura contemporánea. Mientras que la metáfora del Archivo propuesta por González Echevarría es útil para reflexionar sobre aspectos intertextuales de la literatura latinoamericana, no lo es cuando nos enfrentamos con modos narrativos con aspiraciones míticas. En los mundos representados en *Pedro Páramo* y *Recuerdos del porvenir*, las tradiciones colectivas originarias *no* están escritas ni disponibles para la observación antropológica precisamente por-

[73] Roberto González Echevarría, *Myth and Archive: A Theory of Latin American Narrative*, Cambridge, Cambridge University Press, 1990, p. 144.

que estas novelas eluden los supuestos europeos sobre la historia y la literatura que han creado el Archivo mismo al que se refiere González Echevarría. Rulfo y Garro conjuran estas tradiciones originarias en estructuras literarias, por supuesto, pero su objetivo es mostrar elementos de la realidad mexicana que tienen poco que ver con la escritura.

"Es pasmoso", comenta Octavio Paz en *El laberinto de la soledad (op. cit.*, p. 79), "que un país con un pasado tan vivo, profundamente tradicional, atado a sus raíces, rico en antigüedad legendaria si pobre en historia moderna, sólo se conciba como negación de su origen". Pero esta misma negación alimenta la angustia sobre los orígenes que impulsa a los escritores a prestar atención a las presencias Ancestrales. Vera Kutzinski reconoce esta ironía al sugerir que no son los escritores sino los críticos –no la literatura, sino lo que ella llama la "Biblioteca de la Literatura Americana"– los que han "negado" los orígenes culturales. También Paz reconoce esta distinción. Kutzinski observa que Paz analiza la textualidad y el canon en México tal como han sido definidos según estándares y valores europeos: él "demuestra, a lo largo de *El laberinto de la soledad*, que esta negación de los tipos de orígenes almacenados en los textos que componen la Biblioteca de la Literatura Americana es la única manera de hacer accesibles a la imaginación esas antiguas leyendas y tradiciones".[74] Hemos visto ya muchos casos –Fuentes, Cather, Goyen, Garro, Rulfo– en los que una negación de ese tipo se utiliza como estrategia dialéctica que permite a los escritores americanos (volver a) apropiarse de su historia mediante la imaginación.

Si tuviéramos que considerar definitiva la metáfora del Archivo, también tendríamos que excluir a escritores como Manuel Puig y Luis Rafael Sánchez, que utilizan clichés de una manera estructural y sustancial. Aunque los clichés puedan escribirse, provienen del lenguaje hablado o de los medios audiovisuales populares (el cine, la televisión, las letras de canciones); obedecen a un imperativo vernáculo, no bibliográfico. Lo que pretendo decir es que elegir una metáfora generalizadora para la literatura latinoamericana que privilegie los registros históricos sobre los modos orales o visuales de la memoria, y utilizarla como metáfora para el discurso científico, implica excluir porciones significativas del pasado utilizable latinoamericano.

Un paradigma interpretativo adecuado, entonces, debe incluir lo Ancestral como complemento necesario de lo Archivístico; debe abarcar los modos orales y visuales de la memoria cultural que existen junto a las tradiciones escritas. Estas tradiciones y estos medios culturales diversos –indígenas y europeos, antiguos y contemporáneos– coexisten en las estructuras narrativas incluyentes, que son el

[74] Vera M. Kutzinski, *Against the American Grain: Myth and History in William Carlos Williams, Jay Wright, and Nicolás Guillén*, Baltimore, Johns Hopkins University Press, 1987, pp. 44-45.

tema de los capítulos que siguen. Para concluir este capítulo, citaré in extenso la afirmación que el personaje de *Una familia lejana* de Fuentes hace sobre "la herencia de las orejas y la memoria de la boca":

> El mexicano decía que la expulsión de los dioses por la ciudad moderna nos condena a un tiempo ilusorio porque es el de nuestra limitación humana; percibimos parcialmente una sucesión lineal y creemos que no hay otro tiempo [...] Todos los pueblos antiguos se niegan a desterrar las formas viejas en beneficio de las nuevas; unas y otras, en vez de expulsarse sucesivamente, se suman en una acreción permanente. Allí, todo está vivo y presente, como entre los pueblos de Madagascar que resumen la historia posible en dos vertientes: la herencia de las orejas y la memoria de la boca. [Fuentes, *Una familia lejana, op. cit.*, p. 16.]

Este personaje, se recordará, es un arqueólogo, pero su insistencia en la historia como "acreción permanente" evita cualquier actitud científica positivista. Aquí, Fuentes sugiere que la ciencia moderna –el arqueólogo, el antropólogo– aún podría abarcar la historia mítica, si quisiera. Lo Ancestral y lo Archivístico no son series de oposiciones binarias sino estructuras complementarias; podemos elegir nuestros antepasados y nuestra biblioteca, nuestros precursores, o heredarlos. En todos los casos, deben ser tenidos en cuenta. La referencia del personaje a Madagascar universaliza la propuesta de Fuentes.

Así se "acumulan" las voces ancestrales en la literatura americana. En *A veces un gran impulso* [*Sometimes a Great Notion*], el novelista estadunidense Ken Kesey reconoce esta idea con una metáfora auditiva. Su narrador oye el silencio del pasado ancestral norteamericano y lo describe diciendo que

> con frecuencia, la reverberación es mayor, a través del silencio, que el sonido que la desencadena; ocasionalmente, la reacción supera, por medio del reposo, el acontecimiento que la estimuló; y no es poco común que al pasado le lleve un tiempo ocurrir.[75]

Así es, pero ocurrirá. Los fantasmas son feroces e instructivos, y también son muy, muy pacientes.

[75] Ken Kesey, *Sometimes a Great Notion*, Nueva York, Penguin, 1964, p. 529 [trad. esp.: *A veces un gran impulso*, Cerdanyola, Argos Vergara, 1977].

Segunda Parte

INTERTEXTUALIDAD Y TRADICIÓN

> Como sujetos hablantes, continuamos, emprendemos el mismo esfuerzo, más viejo que nosotros mismos, sobre el que estamos implantados uno sobre el otro, que es la manifestación, el surgimiento de la verdad. Decimos que la verdad siempre ha sido cierta, pero ésta es una manera confusa de decir que todas las expresiones anteriores vuelven a vivir y reciben su lugar en la expresión del momento, de modo que uno puede, si desea, leerla en ellas *ex post*, encontrarlas nuevamente en ella.
>
> MAURICE MERLEAU-PONTY, *La Prose du monde*[1]

> Es el poder de la mutación lo que la mente posee para *re*descubrir la verdad [...], el continuo cambio sin el cual ningún símbolo puede ser permanente.
>
> WILLIAM CARLOS WILLIAMS[2]

Que el escritor recupere o invente conscientemente precursores utilizables no tiene, para Maurice Merleau-Ponty, ninguna importancia. Su medio lo necesita, se lo proponga el escritor o no. Como fenomenólogo, Merleau-Ponty generaliza acerca de todos los sujetos hablantes; como crítica literaria, yo deseo concentrarme en obras específicas y considerar *cómo* "se implantan una sobre otra", *cómo* construyen "el surgimiento de la verdad" que describe Merleau-Ponty. Estoy de acuerdo con Merleau-Ponty en que todos los textos culturales son intertextos, pero los autores y los lectores responden a sus tradiciones textuales de distintas maneras y con objetivos diferentes, con frecuencia, de acuerdo con la importancia que una cultura le da a su propia historia y a la historia de sus interacciones con otras culturas. Una de las funciones principales del crítico literario, especialmente el comparatista literario, es prestar atención al diálogo del texto con otros textos y a las experiencias históricas que condicionan la conversación. Al hacerlo, pueden revelarse diferencias significativas en las actitudes hacia la autoridad cultural y la tradición literaria.

El segundo epígrafe señala la actitud americana que estoy rastreando aquí: la afirmación de William Carlos Williams condensa el impulso americano de crear

[1] Maurice Merleau-Ponty, *La Prose du monde*, París, Gallimard, 1969, pp. 200-201 [trad. esp.: *La prosa del mundo*, Madrid, Taurus, 1971].

[2] William Carlos Williams, "Against the weather: A study of the artist" (1939), en *Selected Essays*, Nueva York, New Directions, 1969, pp. 208, 213 (las cursivas son mías).

e incluir precursores, de recuperar las tradiciones fracturadas, de "*re*descubrir la verdad". Como si quisieran contradecir la misma carga de la originalidad, que en un "nuevo" mundo puede leerse como aislamiento, disociación, irrelevancia o, incluso, esterilidad, los escritores americanos tienden a hacer gala de su incorporación de textos y de tradiciones anteriores. El crítico peruano Julio Ortega fue, quizás, el primero en observar esta intertextualidad incluyente como respuesta a la angustia histórica. En su trabajo de 1969 titulado *La contemplación y la fiesta*, generaliza acerca de esta tendencia llamándola "una voluntad integrada" y "este impulso integrador":

> 1) La narrativa latinoamericana actual revela *una voluntad integrada*, que es su núcleo problematizador, su inserción también en una estética más universal;
> 2) y *este impulso integrador* reclama una perspectiva autocrítica en cuanto el género mismo es cuestionado desde la escritura.
>
> Los narradores latinoamericanos más universales –sobre todo Cortázar y Fuentes– han enfrentado los problemas que la cultura occidental agudizó en el medio siglo: de algún modo *este impulso integrador* es la respuesta latinoamericana a un diálogo cuyos términos de arte y pensamiento –imágenes, pues, del hombre en el mundo– habían sido planteados en *múltiples escisiones*.[3]

La percepción de Ortega de este impulso incluyente como respuesta a múltiples escisiones anticipa mi argumento. Yo también encuentro una tensión paradójica y altamente productiva entre las estrategias narrativas incluyentes, por un lado, y la conciencia de la discontinuidad histórica, por el otro; entre las obras de ficción universalizadoras y la conciencia de la discontinuidad histórica que las inspira y compite con ellas.

Tomemos los autores que menciona Ortega. Carlos Fuentes elogia lo que él llama textos "multivocales"[4] y Julio Cortázar describe sus propias estructuras móviles como "constelaciones", "cristalizaciones" o "figuras".[5] Julio Ortega no

[3] Julio Ortega, *La contemplación y la fiesta*, Caracas, Monte Ávila, 1969, p. 8 (las cursivas son mías).

[4] Carlos Fuentes elabora esta estructura en *Cervantes o la crítica de la lectura*, México D. F., Joaquín Mórtiz, 1976; parcialmente traducido como "Cervantes, or the critique of reading", en *Myself with Others*, Nueva York, Farrar, Straus and Giroux, 1988, pp. 49-71. Véase Wendy B. Faris, "'Desyoización': Joyce/Cixous/Fuentes and the multivocal text", en *Latin American Literary Review*, 9, núm. 19, 1981, pp. 31-39.

[5] En su novela *Rayuela* (1963), Cortázar utiliza estas metáforas espaciales para describir el proceso artístico incluyente por el cual la descripción de fenómenos fragmentarios puede reunirse en una *imago mundi*. Una "constelación", "cristalización" o "figura" verbal, visual o musical sugiere una interacción compleja de fragmentos y la imaginación sintetizadora del artista.

Morelli, el novelista de *Rayuela*, explica con claridad la estética incluyente de Cortázar. Morelli prefiere la palabra *figura* a la palabra *imagen*, con el objetivo de privilegiar la sincronía por sobre la progresión, y dice que aspira a escribir una novela que "accede a la condición de *figura* [...], una obra menciona a Borges en este ensayo, pero bien podría haberlo hecho, porque las obras de ficción disponibles de Borges son, por supuesto, parábolas de la intertextualidad incluyente que describe Ortega. Borges revolucionó la manera en que leemos, y lo hizo, irónicamente, con medios conservadores, mediante la afirmación de múltiples tradiciones y de la tradición misma. Así, Pierre Menard, el personaje de Borges, es "original" en virtud de la repetición, en virtud de la recuperación intertextual de sus "orígenes" literarios. Su *Quijote* es disparatado; es "prepóstero" *[preposterous]* en el sentido etimológico de la palabra: *pre* y *post* convergen en su intertexto, representando literalmente le existencia simultánea de lo que Frank Kermode ha llamado "la obra como era y la obra como es ahora".[6] El narrador de Borges ofrece un peán a esta historicidad incluyente de la literatura. La celebración que hace de su capacidad para representar las cambiantes relaciones entre la historia y la verdad a través del tiempo es, seguramente, una respuesta para la necesidad americana de adaptar tradiciones culturales diversas a una forma literaria. La intertextualidad de Menard (y la de Borges) rechaza la progresión y la sustitución históricas, pero no el significado histórico. La tradición literaria es un palimpsesto y un palíndromo, el cambio es permanente, la repetición está ligada a la creación; en el Nuevo Mundo, parece, la historia y la literatura se repiten en forma original y, a veces, literalmente.

Así entendemos que la actividad de Menard como escritor está completamente atada a su experiencia como lector. A pesar de su ficticia nacionalidad francesa, Pierre Menard es la síntesis de un tropo americano: la lectura del escritor, o el escritor como lector. Veremos que este tropo tiene mucho que ver con las actitudes americanas hacia la tradición como tal. Recuérdese la afirmación de Borges de que los escritores argentinos tienen "un gran sentido del tiempo" porque escriben "en un país nuevo".[7] También nos dice que es "un excelente lector": "Que otros se jacten de los libros que les ha sido dado escribir; yo me jacto de aquellos

---

que puede parecer ajena o antagónica a su tiempo y a su historia circundantes, y que sin embargo los incluye" (*Rayuela*, Buenos Aires, Sudamericana, 1963, p. 545; las cursivas son del autor).

Recurriendo a la metáfora de la cristalización, Cortázar describe el impulso totalizador de su álter ego: "Morelli había esperado que la acumulación de fragmentos cristalizara bruscamente en una realidad total [...], una cristalización que, sin alterar el desorden en que circulaban los cuerpos de su pequeño sistema planetario, permitiera la comprensión ubicua y total de sus razones de ser, fueran éstas el desorden mismo, la inanidad o la gratuidad" (*ibid.*, p. 533).

[6] Frank Kermode, *History and Value*, Oxford, Clarendon Press, 1988, p. 108. Véase la extensa consideración de Kermode sobre "cómo las obras del pasado pueden retener la identidad en el cambio" (p. 16), en *The Classic: Literary Images of Permanence and Change* (1975), 2ª ed., Cambridge, Massachusetts, Harvard University Press, 1983, especialmente el capítulo 1.

[7] "He observado que en nuestro país, precisamente por ser un país nuevo, hay un gran sentido del tiempo." Véase Borges, "El escritor argentino y la tradición", en *Discusión* (1932); reeditado en *Obras completas*, Buenos Aires, Emecé, 1989, vol. 1, p. 272.

que me fue dado leer. [...] No sé si soy un buen escritor; creo ser un excelente lector o, en todo caso, un sensible y agradecido lector".[8]

La insistencia de Borges es culturalmente específica: los escritores americanos son "excelentes", "sensibles", "agradecidos" lectores porque no están necesariamente ocupados construyendo tradiciones literarias y, por lo tanto, una autoridad cultural, una identidad comunitaria, una autonomía política. Al hablar de su propia generación de escritores latinoamericanos, Carlos Fuentes escribe sobre Borges que "nos permitió avanzar sintiendo que poseíamos más de lo que habíamos escrito: poseíamos todo lo que habíamos leído, desde Homero hasta Milton y Joyce".[9] Fuentes celebra la "síntesis narrativa suprema" que Borges hace de las tradiciones culturales de la América española, incluyendo las tradiciones árabes y judías en España: "Sin duda, yo no habría tenido esta revelación fraternal temprana de mi propio linaje árabe y judío sin cuentos tales como 'La busca de Averroes', 'El Zahir' y 'El acercamiento a Almótasim'" (Fuentes, "The accident...", (*op. cit.*, p. 53).

Esta experiencia americana de reapropiarse de múltiples tradiciones depende, entonces, de la lectura creativa. En un ensayo sobre la novela policial, Borges escribe: "Los géneros literarios dependen, quizá, menos de los textos que del modo en que éstos son leídos. El hecho estético requiere la conjunción del lector y del texto y sólo entonces *existe*. Es absurdo suponer que un volumen sea mucho más que un volumen. Empieza a *existir* cuando un lector lo abre. Entonces *existe* el fenómeno estético, que puede parecerse al momento en el cual el libro fue engendrado".[10]

La literatura *existe* (nótese la repetición de Borges) en virtud de sus lecturas, la ubicación histórica de sus lectores y las contingencias del género. La tradición literaria es la historia de las lecturas y las formas expresivas.

La proeza de Pierre Menard es prepóstera, no sólo en el sentido etimológico de la palabra, sino también en el sentido habitual de la palabra *preposterous*: ridícula, absurda, increíble. Esto refuerza mi impresión de que, en Pierre Menard, Borges representa las dificultades históricas del escritor del Nuevo Mundo en tanto lector. Satiriza al mismo tiempo que celebra las adaptaciones americanas de textos y tradiciones anteriores, porque sabe que los escritores del Nuevo Mundo corren el riesgo de sobrevalorar el pasado y, lo que es peor, de sobrevalorar los pasados de *los otros*, las tradiciones culturales y literarias de *los otros*. Por cierto, el personaje

[8] Jorge Luis Borges, *Textos cautivos: ensayos y reseñas en "El Hogar" (1936-1939)*, ed. Enrique Sacerio-Garí y Emir Rodríguez Monegal, Barcelona, Tusquets, 1986, citado como epígrafe.

[9] Carlos Fuentes, "The accidents of time", en *The Borges Tradition*, ed. de Norman Thomas di Giovanni, Londres, Constable, 1995, p. 53.

[10] Borges, "El cuento policial", en *Borges oral* (1979), citado en *Borges*, catálogo de una exposición realizada en la Biblioteca Nacional de Madrid, 1986, p. 81 (las cursivas son mías).

borgeano de Menard es culpable de querer *ser* Cervantes, de querer *ser* un escritor del siglo XVII; en suma, de sucumbir ante la irrelevancia con respecto a su propio presente histórico. Otro de los cuentos de Borges, "El Evangelio según San Marcos", es aún más explícito en este sentido. Una familia en una zona rural de Argentina lee la narración bíblica de la crucifixión y la reproduce literalmente. Éste es un relato preventivo: en contextos poscoloniales, los lectores deben ser astutos, creativos y críticos, no meramente literales.

El énfasis de Borges en el escritor como lector preanuncia una posición posmoderna central; o, más precisamente, podríamos decir que los teóricos posmodernos han generalizado, en los últimos años, lo que ha sido la experiencia del escritor americano durante mucho tiempo. En este sentido, el crítico Jon Thiem caracteriza a Borges como "posmoderno quintaesencial", "posmoderno paradigmático": "La gran tradición de la literatura en el pasado ubica al escritor posmoderno en la posición del lector, que puede sentirse emocionado por las riquezas del pasado o abrumado por su autoridad. En el lector, el escritor posmoderno ha encontrado una figura ideal a través de la cual puede explorar los esplendores y las miserias del retraso".[11] En realidad, esta idea posmoderna del retraso refleja irónicamente el proyecto intertextual del escritor del Nuevo Mundo de establecer un pasado utilizable. Los escritores del Nuevo Mundo están, por definición, "retrasados" con respecto a las tradiciones y las prácticas europeas, pero su conciencia de este hecho no alcanza a ser posmoderna, ni es necesariamente negativa. Aureliano Babilonia está retrasado en su lectura del manuscrito de Melquíades, pero se pone al día a tiempo para ver completo su destino. Pierre Menard es colmado de elogios por su retraso creativo; su proeza es posible *a causa de* su distancia histórica con respecto a su precursor esencial. La observación de Gustavo Pérez Firmat sobre los escritores cubanos viene al caso: "Si, por un lado, el hecho de que la cultura del Nuevo Mundo sea derivada encierra al escritor en determinados modos de expresión, la distancia respecto de la fuente implícita en la misma noción de derivación le otorga una posición hermenéutica privilegiada con respecto a los productos culturales del Viejo Mundo".[12] Los escritores latinoamericanos están más ocupados en crear sus propias tradiciones que en lamentar su retraso con respecto a las de los demás.

Subrayen o no el retraso, los posmodernos siguen unánimemente a Borges al argumentar que los textos se sitúan a sí mismos en relación con otros textos, que la literatura es cita, intercambio dialógico, estilización paródica. La declaración

[11] Jon Thiem, "The textualization of the reader in magic realist fiction", en *Magical Realism: Theory, History, Community*, ed. Lois Parkinson Zamora y Wendy B. Faris, Durham, Duke University Press, 1995, p. 242.

[12] Gustavo Pérez Firmat, *The Cuban Condition*, Cambridge, Cambridge University Press, 1989, p. 11.

de Umberto Eco parece destinada a describir a Pierre Menard como lector y escritor: "Desde 1965 hasta hoy han quedado definitivamente aclaradas dos ideas. Que se podía volver a la intriga incluso a través de citas de otras intrigas, y que las citas podían ser menos consoladoras que las intrigas citadas".[13] Aun el anacronismo es apropiado; Pierre Menard, maestro del retraso, precede en dos décadas el marco temporal prescripto por Eco. Prepóstero, sin duda.

Lo que distingue a los teóricos posmodernos de los escritores del Nuevo Mundo en este punto es que los primeros consideran que las citas circulan al azar más que en alguna forma culturalmente constitutiva. Así, cuando se le pregunta al escritor chileno José Donoso si considera posmodernas sus novelas, él responde que en su "confusión entre la narración y lo narrado" y en el uso de "fragmentos sueltos", podrían serlo. Pero, objeta, "ellas conservan una suerte de significado sociológico y, de algún modo, político".[14] Tomo el supuesto de Donoso de que las categorías posmodernas excluyen por definición el "significado sociológico y político" como un signo involuntario de la diferencia entre las intenciones historizantes de los escritores americanos contemporáneos y las teorías más posmodernas de la cita, el pastiche y la parodia. La diferencia involucra la pregunta acerca de cómo los fragmentos culturales y textuales se vuelven disponibles (utilizables) en el presente del escritor y del lector, cómo se utilizan y cómo (o si) se pueden atribuir valores culturales. El énfasis posmoderno en la naturaleza derivativa del proceso sugiere que la cita meramente repite lo que la antecede; que ya todo ha sido visto, hecho y experimentado.[15] En la medida en que la teoría posmoderna rechaza la capacidad de la cita para modificar lo "dado" –para "*re*descubrir la verdad", en la formulación de Williams–, no puede aplicarse a la literatura de la que me ocupo aquí. Las estrategias intertextuales de estos escritores se basan en juicios de valor cuyo objetivo es influir sobre los precursores y fomentar una comunidad. Ellos reconocen que las obras de ficción son utilizables sólo cuando

[13] *Apostillas a El nombre de la rosa*, 1983. [Título original: *Postille a "Il nome della rosa"*. La autora cita la versión inglesa: *Postcript to "The Name of the Rose"*, Nueva York, Harcourt, Brace, Jovanovich, 1984, p. 65. Seguimos aquí la versión en español de Ricardo Pochtar, *Apostillas a El nombre de la rosa*, Barcelona, Lumen, 1984 (3ª ed. 1985), p. 71.] Para un análisis de la teoría de la intertextualidad de Eco y de su propia práctica intertextual (incluyendo sus alusiones intertextuales a Borges en *El nombre de la rosa* y *El péndulo de Foucault*), véase mi ensayo "Eco's pendulum swings", en *Reading Eco: A Pretext to Literary Semiotics*, ed. Rocco Capozzi, Bloomington, Indiana University Press, 1997, pp. 328-347.

[14] Nivia Montenegro y Enrico Mario Santí, "A conversation with José Donoso", en *New Novel Review*, 1, núm. 2, 1994, p. 13.

[15] Norman Bryson analiza las citas como estructuras de permutación y multiplicación, y critica las teorías posmodernas que obturan "la modificación del campo semiótico" al suponer que la imagen citada sólo puede "disponerse o reorganizarse dentro del estado fijo del sistema" (*Vision and Painting: The Logic of the Gaze*, New Haven, Yale University Press, 1983, p. 141).

son *re*constituidas por la acción combinada de los lectores y los escritores a través del tiempo.

Podemos considerar posmoderno el énfasis de Borges sobre el escritor como lector (las lecturas son parciales; los significados, contingentes) o bien considerarlo metanarrativo moderno (*todos* los lectores tienen historias parciales e interpretaciones contingentes): la cuestión carece de importancia. Lo que me interesa aquí es la manera en que Borges refleja la situación del escritor del Nuevo Mundo. La lectura simboliza el imperativo del escritor de adaptar obras anteriores de la literatura al uso local, de integrarlas a una tradición utilizable. Este énfasis es reconociblemente americano en la importancia otorgada a la función del escritor como receptor de múltiples culturas, historias y textos, y es consistente con mi argumento de que los escritores del Nuevo Mundo han tendido a *buscar* precursores y fuentes culturales más que a evitar o negar su influencia. La conciencia americana de los escritores como lectores –como herederos de tradiciones acumulativas, comunitarias, contradictorias y mutables– es puesta en escena en las técnicas intertextuales y los procesos transculturales de los que me ocuparé en esta segunda parte. Mi preocupación se centra en el modo como los textos y las tradiciones recibidas son animadas por la imaginación historizante del escritor y en el modo como también la animan.

4. ESTRUCTURAS SINCRÓNICAS
MARIO VARGAS LLOSA, *CONVERSACIÓN EN LA CATEDRAL*
JULIO CORTÁZAR, *62: MODELO PARA ARMAR*

> Creemos en la ficción del tiempo, en el presente, el pasado y el futuro, pero puede ser también que todo ocurre simultáneamente, como decían las tres hermanas Mora, que eran capaces de ver en el espacio los espíritus de todas las épocas.
>
> ISABEL ALLENDE, *La casa de los espíritus*[1]

Las estructuras sincrónicas de las que me ocupo en este capítulo y las estructuras fragmentarias que trataré en el capítulo siguiente se relacionan por su conciencia de las tradiciones múltiples y muchas veces contradictorias que heredan, modifican y transmiten. En ambos capítulos, analizo autores que utilizan fragmentos históricos y narrativos para cuestionar la linealidad progresiva del positivismo y la forma literaria dominante del positivismo: la novela. Sin embargo, sus estrategias narrativas me permiten establecer distinciones entre ellos. Mientras que Mario Vargas Llosa y Julio Cortázar crean totalidades estructurales y/o metafóricas que no tienen límites para incluir fragmentos, Angelina Muñiz-Huberman y Sandra Cisneros rechazan esta posibilidad, ostentando los fragmentos como tales.

Esta distinción podría conducir (engañosamente) al lugar común de la crítica de que las obras fragmentarias de Muñiz-Huberman y de Cisneros son "posmodernas" por su aceptación del "juego libre" en un mundo descentrado, mientras que las estructuras sincrónicas de Vargas Llosa y de Cortázar serían "modernas" porque depositan su esperanza en una estructura abarcadora. En realidad, tal dicotomía sería en extremo reduccionista, porque ninguno de estos autores intenta componer los fragmentos; más bien, cada uno crea estructuras en las que la diferencia circula en forma separada, singular o individual. Ya utilicen los fragmentos como sinécdoques para aludir a una entidad ausente, ya lo hagan de modo sincrónico para sugerir relaciones históricas coexistentes, sus estructuras narrativas son abiertas, excéntricas, múltiples, conflictivas e incluyentes. Son ficciones "totalizadoras", pero *no* en un sentido totalitario (jerárquico). Por el contrario, inclu-

[1] Isabel Allende, *La casa de los espíritus*, México, Diana, 1982, p. 383.

yen conscientemente mecanismos narrativos para desconstruir su propia inclusividad. Sin esos mecanismos, las estructuras totalizadoras podrían, por cierto, correr el riesgo de volverse totalitarias o, al menos, indebidamente apropiativas. Es un riesgo que estos escritores serían los primeros en reconocer.

I

Las estructuras sincrónicas abundan en la literatura latinoamericana contemporánea. Más que dar una definición formal, quisiera ofrecer ejemplos. Aquí, sólo diré que el sentido habitual del verbo "sincronizar" –como en "sincronicen sus relojes" o "nado sincronizado"– es engañoso porque sugiere hechos y acciones que son coincidentes, y, por lo tanto, presumiblemente consistentes o aun idénticos. Las estructuras que llamo sincrónicas indican lo opuesto, ya que disponen los hechos, los espacios y los temas de manera simultánea, contradictoria y a veces desconcertante. Melquíades, el narrador de García Márquez, registra los hechos de *cien años de soledad* de modo que puedan coexistir (se nos dice) en un único instante: el instante previo al momento en que Macondo es destruido por un huracán bíblico; Carpentier compone un *concierto barroco* en el que Satchmo y Vivaldi tocan al mismo tiempo; el personaje de Borges se enfrenta a las imágenes de un *Aleph* infinito, imposible de describir; Cortázar juega a una *rayuela* surrealista y construye un *modelo para armar* cubista; Vargas Llosa oye por casualidad una conversación contrapuntística que se desarrolla en una ambigua *catedral*. Antes de comentar en detalle estos dos últimos ejemplos, analizaré cómo las estructuras sintácticas responden de maneras diversas a fuentes culturales Archivísticas y Ancestrales.

"El Aleph" pone en escena lo que Borges describe en "El escritor argentino y la tradición".[2] Las tradiciones son múltiples e híbridas y, con frecuencia, se imponen unas sobre otras; las historias nativas y las importadas circulan en órbitas y ámbitos excéntricos. Así, el narrador de Borges lamenta no poder describir en palabras el Aleph "infinito" que ha contemplado con sus propios ojos porque el lenguaje es "un alfabeto de símbolos cuyo ejercicio presupone un pasado que los interlocutores comparten".[3] Este cuento suele ser interpretado como una parábola irónica sobre la imposibilidad de expresar la infinita simultaneidad de la experiencia humana en una forma literaria que no es ni infinita ni simultánea: en palabras que se suceden una a la otra en las páginas impresas. La obstinada incompatibilidad entre los modelos sincrónicos como el Aleph borgeano y su me-

[2] Jorge Luis Borges, "El escritor argentino y la tradición", en *Discusión* (1932); reeditado en *Obras completas*, Buenos Aires, Emecé, 1989, vol. 1, pp. 267-274.

[3] Borges, "El Aleph", en *El Aleph* (1949); reeditado en *Obras completas*, *op. cit.*, vol. 1, p. 624.

dio verbal diacrónico crea un callado sentimiento de rebeldía contra las restricciones formales de la expresión literaria. Mi preocupación se centra en el modo como esta rebeldía se sitúa cultural e históricamente: "El Aleph" debe ser interpretado en su contexto argentino y leído como una parábola del predicamento (y el potencial) del escritor americano, que escribe (y lee) en un lugar donde *no puede* suponerse un pasado compartido.

Este cuento presenta una localización mucho más específica que la mayor parte de los cuentos de Borges: en la "casa de sus padres", la "vieja casa inveterada de la calle Garay" del amigo del narrador, cuyo nombre, Carlos Argentino, no podría ser más específico. La visión del narrador del Aleph infinito se produce en un lugar donde las tradiciones culturales no se despliegan diacrónicamente, una tras otra, sino que coexisten sincrónicamente en contextos locales. Así, el narrador nos deleita con una lista de lo que ve en el Aleph: un "limitado catálogo de cosas infinitas", para usar la descripción que hace Borges de la poesía de Whitman y de su propio cuento.[4] Citaré sólo una pequeña parte del pasaje:

> Vi las muchedumbres de América; [...] vi en un traspatio de la calle Soler las mismas baldosas que hace treinta años vi en el zaguán de una casa en Fray Bentos; [...] vi una quinta de Adrogué, un ejemplar de la primera versión inglesa de Plinio; [...] vi un poniente en Querétaro que parecía reflejar el color de una rosa en Bengala; vi mi dormitorio sin nadie; [...] vi el Aleph, desde todos los puntos, vi en el Aleph la tierra, y en la tierra otra vez el Aleph y en el Aleph la tierra, vi mi cara. [Borges, "El Aleph", *op. cit.*, pp. 625-626.]

El Aleph de Borges, con su poder místico de inclusión universal, también (necesariamente) incluye la afirmación opuesta de idiosincrasia individual: "Vi mi cara". El narrador de Borges, siguiendo a Whitman, descubre que contiene multitudes: las fuerzas de lo universal y lo particular no se oponen; las imágenes del infinito están unidas a los hechos y los sitios finitos americanos; las "cosas infinitas" delimitan los espacios americanos.

Es fácil caer en la tentación de decir que el Borges libresco creaba metáforas de la totalidad como respuesta a la desconcertante multiplicidad del Archivo; seguramente, su biblioteca de Babel (sin catalogar) es la metáfora quintaesencial de una sincronía textual tan abrumadora, y su jardín de senderos que se bifurcan, la metáfora de los infinitos relatos contenidos allí.[5] Pero la visión del narrador en

[4] Borges, "Commentary on 'The Aleph'", en *The Aleph and Other Stories*, trad. Norman Thomas di Giovanni, Nueva York, E. P. Dutton, 1970, p. 264.

[5] El narrador describe el jardín como "infinitas series de tiempos, en una red creciente y vertiginosa de tiempos divergentes, convergentes y paralelos. Esa trama de tiempos que se aproximan, se bifurcan, se cortan o que secularmente se ignoran, abarca *todas* las posibilidades" (Jorge Luis Borges, "El jardín de los senderos que se bifurcan", *op. cit.*, p. 479, las cursivas son del autor).

"El Aleph" es aún más abarcadora, porque el Aleph sincroniza no sólo textos y tradiciones literarias, sino también territorios y sus fantasmales habitantes ("Vi la delicada osatura de una mano, [...] vi la reliquia atroz de lo que alguna vez había sido deliciosamente Beatriz Viterbo") y así responde al impulso mítico que he denominado Ancestral, tanto como a un impulso Archivístico. El hecho de que el énfasis esté puesto en la confesada incapacidad del narrador para *escribir* el Aleph (aunque lo hace, por supuesto, en su relato titulado "El Aleph") desequilibra la balanza de su angustia hacia lo Archivístico; lo mismo hace su alusión a la "epopeya topográfica" *Polyolbion* del poeta inglés Michael Drayton, quien, en el siglo XVII, intentó crear un texto que, a la manera del Aleph, *contuviera* literalmente a la nación inglesa, que por entonces comenzaba a tomar conciencia de sí misma. Pero, como he dicho, el narrador de Borges percibe con fuerza las presencias Ancestrales –¿por qué no lo haría?– en la "casa ancestral" del Argentino particularizado por Borges.

El ensayo de Julio Ortega sobre las estrategias narrativas sincrónicas de Alejo Carpentier comienza con Borges. Ortega observa que "ya en Borges es visible una aguda preocupación crítica por la Historia: una añoranza de la participación plena".[6] De acuerdo con Ortega, Borges aplaca su "añoranza de la participación plena" por medio de cuentos sobre el "destino de personajes que se cumplían en la integración impersonal y salvadora de la Historia común; esa añoranza de la participación, es, en Borges, por cierto, al mismo tiempo una actividad crítica" (Ortega, "Sobre *El siglo...*", *op. cit.*, p. 191). Y local: Beret E. Strong señala que el ultraísmo, un movimiento de vanguardia desarrollado en Argentina en las décadas de 1920 y 1930, una de cuyas figuras centrales fue Borges, era, en realidad, culturalmente conservador. En su objetivo de "exponer una identidad nacional que se creía sepultada bajo el peso colectivo de varios millones de inmigrantes, Borges y sus pares estaban –al menos teóricamente– excavando el pasado, no creando algo nuevo".[7] Desde luego, Borges creó algo nuevo en virtud de su reconstrucción de la idea misma de la novedad como retorno, repetición y recuperación; para Borges, la originalidad está (ya) inscrita en la "historia universal". Consciente de

[6] Julio Ortega, "Sobre *El siglo de las luces*", en *Asedios a Carpentier*, ed. Klaus Müller-Bergh, Santiago, Editorial Universitaria, 1972, p. 191.

[7] Strong refuerza el argumento: "La vanguardia argentina era vanguardista sólo en el nombre, lo que le permitía capitalizar un concepto europeo que corresponde a un conjunto de circunstancias sociales y culturales completamente diferentes. Lejos de rebelarse contra el statu quo del *establishment* literario, ayudó a fortalecerlo. El proyecto de la vanguardia –aparte de popularizar el verso libre y la metáfora– tenía poco contenido innovador evidente" (Beret E. Strong, *The Poetic Avant-Garde: The Groups of Auden, Borges and Breton*, Evanston, Northwestern University Press, 1997). Esta afirmación nos recuerda una vez más que las ideas borgeanas que ahora se califican rutinariamente de "posmodernas" deben, en cambio, entenderse en su contexto histórico y cultural del Nuevo Mundo.

sus relaciones indirectas con las tradiciones europeas y americanas –con la "historia universal"–, el escritor argentino obedecía al impulso, tanto Archivístico como Ancestral, de conservar e incluir todo, mágicamente, en forma simultánea.

Alejo Carpentier también respondió a su contexto cultural americano desarrollando una estética y una ideología de la sincronía histórica en la que (más explícitamente que Borges) une el sincretismo cultural latinoamericano a la forma literaria. La experiencia de Carpentier con el surrealismo en Francia en los años veinte y treinta le abrió el camino para teorizar sobre las historias discontinuas y las diversas identidades culturales de América Latina: su formulación de "lo real maravilloso americano" y su análisis de "lo barroco" –el Barroco del Nuevo Mundo– son una "territorialización" calculada de la estructura literaria.[8] Carpentier tradujo las yuxtaposiciones irracionales de máquinas de coser y paraguas que hacían los surrealistas europeos a contextos culturales americanos. Según Carpentier, mientras que el surrealismo era producido en los laboratorios de la imaginación, los escritores latinoamericanos no necesitaban ese tipo de laboratorios. Sólo tenían que mirar a su alrededor para encontrar culturas, razas e historias enteras yuxtapuestas, coexistentes y contradictorias.

> La nueva novela latinoamericana no puede ser diacrónica sino sincrónica, es decir, debe llevar planos paralelos, acciones paralelas, y debe tener al individuo siempre relacionado con la masa que lo circunda, con el mundo en gestación que lo esculpe, le da razón de ser, vigor, savia y los medios de expresión *en todos los dominios de la creación*, sea plástica, sea musical, sea verbal.[9]

En todos los dominios de la creación: la frase remite a la creación artística y también al universo. Nuevamente, somos testigos del impulso americano de incluir múltiples historias y culturas diversas en estructuras sincrónicas más que progresivas, en música y murales tanto como en palabras. La sincronía estructural y el sincretismo cultural son indivisibles en el barroco del Nuevo Mundo de Carpentier.

[8] Los enunciados básicos de Carpentier acerca de esta posición se encuentran en sus ensayos titulados "Lo real maravilloso americano" (1949) y "Lo barroco y lo real maravilloso" (1975), traducidos por Tanya Huntingon y Lois Parkinson Zamora en *Magical Realism: Theory, History, Community*, ed. Lois Parkinson Zamora y Wendy B. Faris, Durham, Duke University Press, 1995, pp. 75-108. Véase también el comentario de Amaryll Chanady sobre estos ensayos: "The territorialization of the imaginary in Latin America: self-affirmation and resistance to metropolitan paradigms", en *Magical Realism: Theory, History, Community*, *op. cit.*, pp. 125-144.

[9] Alejo Carpentier, "Problemática del tiempo y el idioma en la moderna novela latinoamericana", en *La novela latinoamericana en vísperas de un nuevo siglo y otros ensayos*, México D. F., Siglo XXI, 1981, p. 157 (las cursivas son mías).

La construcción de Carpentier se ha transformado en una metáfora abarcadora de la heterogeneidad cultural latinoamericana. En *Del amor y otros demonios* (1994), García Márquez toma el barroco del Nuevo Mundo como tema. Esta novela está situada en la Cartagena colonial barroca y describe a un personaje que ha reunido una vasta biblioteca, que incluye *Los cuatro libros de Amadís de Gaula* y el *Quijote*. Más aún, los sonetos barrocos de Garcilaso de la Vega están entretejidos en el texto y son retomados por los personajes de acuerdo con sus propias necesidades amorosas. También se mencionan científicos del Renacimiento, racionalistas del Iluminismo –Galileo, Leibniz, Voltaire–, lo que sugiere que, en el Nuevo Mundo, los períodos históricos y los textos europeos se acumulan en distintas capas. Pero García Márquez está más interesado en los Ancestros que en los Archivos. Uno de los personajes, un obispo español, recuerda sus actividades de colonización y conversión en el Nuevo Mundo:

> Habló de Yucatán, donde habían construido catedrales suntuosas para ocultar las pirámides paganas, sin darse cuenta de que los aborígenes acudían a misa porque debajo de los altares de plata seguían vivos sus santuarios. Habló del batiburrillo de sangre que habían hecho desde la conquista: sangre de español con sangre de indios, de aquéllos y éstos con negros de toda laya, hasta contubernio cabría en el reino de Dios.[10]

El obispo español se lo pregunta y el escritor colombiano lo sabe. La última frase alude intertextualmente a *El reino de este mundo*, de Carpentier; como aquella novela, ésta celebra el mestizaje cultural y racial. Otro personaje, cuando se le pregunta si es español, responde: "A mi edad, y con tantas sangres cruzadas, ya no sé a ciencia cierta de dónde vengo. Ni quién soy". A lo que su interlocutor responde: "Nadie lo sabe por estos reinos. Y creo que necesitarán siglos para saberlo" (García márquez, *Del amor*..., *op. cit.*, p. 131). La novela de García Márquez es una contribución exuberante a esta indagación en curso.

El epígrafe de este capítulo documenta otro ejemplo de sincronía estructural: el momento decisivo al final de *La casa de los espíritus* (1982), de Isabel Allende, cuando Alba comprende que ella va a escribir cien años de historia chilena. Mientras intenta "recuperar el pasado", Alba se rodea de pilas de documentos, de textos que se ubican literalmente en círculo a su alrededor, incluidos los cuadernos de su abuela Clara. Allende deja claro que, para el proyecto de su personaje, es fundamental que los cuadernos *no* estén ordenados en forma secuenciada porque Alba sabe que la historia utilizable no se basa en la cronología sino en la clarividencia, un orden distinto –que, sin embargo, no deja de ser un orden– y más poderoso. Clara, se nos dice, ha *arreglado* sus cuadernos, y Alba volverá a hacerlo

[10] Gabriel García Márquez, *Del amor y otros demonios*, México, Diana, 1994, pp. 140-141.

para lograr sus propios objetivos. La sincronía de sus historias es clara: "Escribo, ella escribió, que la memoria es frágil y el transcurso de una vida es muy breve, y sucede todo tan de prisa que no alcanzamos a ver la relación entre los acontecimientos, no podemos medir la consecuencia de los actos" (Allende, *La casa…*, *op. cit.*, p. 383). Los relatos simultáneos de las sucesivas generaciones –"Escribo, ella escribió"– codifican un concepto de cultura acumulativo más que progresivo, disponible en forma intermitente, a veces invisible, siempre vinculante. Porque las voces Ancestrales de Alba *son* las fuentes Archivísticas.

En realidad, ya hemos visto una estructura sincrónica en un pasaje anterior de esta novela: el mural que Alba pinta sobre la pared. El mural de Alba representa la historia de su familia en el espacio en lugar de hacerlo en el tiempo. En el relato conmemorativo que la autora dedicó a la memoria de su hija, que lleva el título de *Paula* (1994), Allende vuelve a esta metáfora de la memoria histórica como mural, ligando aquí explícitamente la sincronía estructural al sincretismo cultural:

> Mi memoria es como un mural mexicano donde todo ocurre simultáneamente: las naves de los conquistadores por una esquina mientras la Inquisición tortura indios en otra, los libertadores galopando con banderas ensangrentadas y la Serpiente Emplumada frente a un Cristo sufriente entre las chimeneas humeantes de la era industrial. Así es mi vida, un fresco múltiple y variable que sólo yo puedo descifrar y que me pertenece como un secreto.[11]

En el contexto de este relato desgarrador de la muerte de una hija amada, tal visión de la historia es un consuelo: el pasado está presente, los muertos están con nosotros. Así, Allende, una escritora chilena residente en los Estados Unidos, describe un mural mexicano (se trata, sin duda, del mural de Diego Rivera que puede admirarse en las paredes del pozo de la escalera de Palacio Nacional, en la ciudad de México); el mural representa la historia de un modo sincrónico y la cultura mexicana de un modo sincrético; la observadora (Allende) se ubica ante esta historia totalizadora y ve su propia vida; guía a su lector hacia la *diferencia* entre este mural abarcador y la estructura lineal de su libro, y le pide que reflexione sobre la historia sentida que, sin embargo, éste contiene.

Las estructuras sincrónicas de este tipo no se limitan a la literatura latinoamericana reciente (tampoco a los murales mexicanos, por cierto). Los grandes escri-

[11] Isabel Allende, *Paula*, Barcelona, Plaza y Janés, 1994, p. 31. En su trabajo sobre la "nueva novela histórica" en América Latina, Seymour Menton concuerda con la metáfora de Allende y con mi argumento; señala allí las aspiraciones "panorámicas, muralísticas o enciclopédicas" de muchas novelas latinoamericanas, y las vincula con los conceptos bajtinianos de lo dialógico y lo carnavalesco. Véase *The New Historical Novel*, Austin, University of Texas Press, 1993, p. 25.

tores europeos modernos –Flaubert, Woolf, Joyce, Proust, Huxley, Durrell– diseñaron un brillante conjunto de estrategias narrativas para subvertir la linealidad de la novela. Sus esfuerzos fueron impulsados por una conciencia creciente de las divergencias entre su medio, lineal, secuenciado, y la interioridad psicológica que deseaban representar. Las divergencias fueron trabajadas temática y estructuralmente, por supuesto; la frase "las palabras no pueden decir" se transformó en tropo, y otros medios expresivos –entre ellos, la música y el colage, como veremos– se ofrecieron como *más* eficaces que las palabras. La tensión entre su medio diacrónico (la novela) y su mensaje sincrónico (la psiquis, la sociedad) fue transmitida de diversas maneras, a través de múltiples lugares y perspectivas en un único momento (el *Big Ben* que da la una reiteradamente en *La señora Dalloway*) o de múltiples momentos en un único lugar (*El cuarteto de Alejandría*, de Durrell). Esta última estrategia ya había sido perfeccionada en las artes visuales por los impresionistas y los cubistas, que habían empleado la modulación, el montaje, la transformación, la yuxtaposición, las perspectivas múltiples y/o fracturadas para crear metáforas visuales de la sincronía. Por ejemplo, los veintiocho lienzos de la fachada de la catedral de Rouen pintados por Monet a distintas horas del día, entre febrero y abril de 1892 y, nuevamente, a lo largo de los mismos meses de 1893, representan la tensión básica de las estructuras sincrónicas: la identidad en la diferencia, la diferencia en la identidad, el movimiento perpetuo (es decir, el cambio) en una estructura perdurable. Los tapices en serie de Monet, como las repetidas representaciones del monte Saint-Victoire de Cézanne o las habitaciones con perspectivas múltiples de Van Gogh anticipan el Aleph de Borges y su jardín de los senderos que se bifurcan: estos artistas crean estructuras orientadas a concentrar el tiempo en un único instante y el espacio en un punto solitario, de modo que pueda decirse que todo está *presente*, tanto en el sentido temporal como espacial de la palabra.

Consideremos un último ejemplo europeo. Umberto Eco dice que Joyce, en *Finnegans Wake*, "nos ofrece la sabiduría completa de la humanidad, sin determinar si refleja o no una única verdad Eterna. Se ocupa sólo del repertorio cultural reunido por la totalidad de la historia".[12] Esta novela es el Aleph infinito de Joyce y también su biblioteca de Babel. Eco escribe: "Joyce aborda una realidad compuesta de todo lo que ha sido dicho de ella y organiza este mundo de acuerdo con reglas que se derivan, no de las cosas mismas, sino de las palabras que expresan cosas. Él propone una forma del mundo por medio del lenguaje, una hipótesis ofrecida desde dentro del formato lingüístico" (Eco, *The Aesthetics*…, *op. cit.*, p. 84).

[12] Umberto Eco, *The Aesthetics of Chaosmos: The Middle Ages of James Joyce*, trad. Ellen J. Esrock, Tulsa, University of Tulsa Press, 1982, p. 83. [Título original: *Le poetiche di Joyce*, Milán, Bompiani, 1965. Trad. esp.: *Las poéticas de Joyce*, Barcelona, Lumen, 1993.]

Finnegans Wake pone en primer plano el antipositivismo inherente a las estructuras sincrónicas y la revisión de la secuencia causal implícita en esas estructuras.

Roland Barthes describe el lector "antihéroe" que crean las estructuras de ese tipo:

> Ficción de un individuo [...] que aboliría en sí mismo las barreras, las clases, las exclusiones, no por sincretismo sino por simple desembarazo de ese viejo espectro: *la contradicción lógica*; que mezclaría todos los lenguajes aunque fuesen considerados incompatibles; que soportaría mudo todas las acusaciones de ilogicismo, de infidelidad; que permanecería impasible delante de la ironía socrática (obligar al otro al supremo oprobio: *contradecirse*) y el terror legal (¡cuántas pruebas penales fundadas sobre una psicología de la unidad!). Este hombre sería la abyección de nuestra sociedad: los tribunales, la escuela, el manicomio, la conversación, harían de él un extranjero: ¿quién sería capaz de soportar la contradicción sin vergüenza? Sin embargo, este contra-héroe existe [...]. En ese momento el viejo mito bíblico cambia de sentido, la confusión de lenguas deja de ser un castigo, el sujeto accede al goce a través de la cohabitación de lenguajes que trabajan *conjuntamente* el texto de placer en una Babel feliz.[13]

¿Cuáles son (si las hay) las diferencias entre las "Babeles felices" europeas y las estructuras sincrónicas tan difundidas en la literatura latinoamericana contemporánea? ¿En qué se diferencia (si lo hace) el lector "antihéroe" de América?

II

Las escenas iniciales de *Conversación en La Catedral* (1969), de Mario Vargas Llosa, y de *62: modelo para armar* (1968), de Julio Cortázar, coinciden en presentar a sus protagonistas, Santiago Zavala y Juan, respectivamente, leyendo novelas europeas. La novela incluida en cada una de estas novelas se ubica visiblemente en la primera escena y, sin duda, tiene una considerable importancia intelectual y emocional para su lector. Aunque ninguno de los protagonistas detalla las razones de la elección de su material de lectura, sin embargo, cada uno siente una poderosa afinidad con la novela elegida. Santiago Zavala, en *Conversación en La Catedral*, está leyendo *Contrapunto* [*Point Counter Point*], de Aldous Huxley, y Juan, en *62: modelo para armar*, está leyendo *Seis millones ochocientos diez mil litros de agua por segundo*, de Michel Butor.

[13] Roland Barthes, *El placer del texto* (1973). [La autora cita la versión en inglés: *The Pleasure of the Text*, trad. Richard Miller, Nueva York, Ferrar, Straus and Giroux, 1975, pp. 3-4. Seguimos aquí la versión de Nicolás Rosa: *El placer del texto*, México, Siglo XXI, 1974; 2ª ed., 1978, pp. 9-10.] El mismo texto de Barthes es una "Babel feliz": un conjunto de fragmentos críticos sobre una serie de escritores que crean estructuras fragmentarias y sincrónicas.

He dicho que los escritores del Nuevo Mundo en búsqueda de un pasado utilizable suelen subrayar su posición como lectores, es decir, su papel como receptores de múltiples textos y tradiciones.[14] Para Vargas Llosa y Cortázar, poner novelas en las manos de sus personajes al principio de sus relatos es destacar esta conciencia histórica americana, mostrar lo que se ha recibido y considerar cómo (si) es legible. Estas cuestiones, formuladas en términos del lector "tardío", han sido saludadas últimamente como paradigmáticamente posmodernas, pero, en realidad, han sido paradigmáticamente latinoamericanas *durante mucho tiempo*. José Donoso confirma esta observación en la entrevista que he citado. Al hablar de sus propias estrategias intertextuales, Donoso reconoce que podrían ser consideradas posmodernas, pero "lo hice, por supuesto, antes de saber nada sobre la posmodernidad".[15] Casualmente, recurre a *Conversación en La Catedral*, de Vargas Llosa, para caracterizar al escritor latinoamericano como lector:

> *Conversación en La Catedral*, de Vargas Llosa, las novelas de Onetti o las de Fuentes aluden, creo, a un vocabulario de imágenes preconstruido. Son exploraciones de la novela experimental europea y americana. Quiero decir, se trataba nuevamente de Faulkner, en muchos sentidos, con un aspecto diferente, un Faulkner diferente, pero, sin embargo, muchas cosas habían sido tomadas de Faulkner, como habían sido tomadas de Virginia Woolf o eran, como Gabriel García Márquez reconoce en su propio caso, la influencia directa de *Orlando*, de James Joyce, y demás. Es decir, tenían un vocabulario, una manera de mirar las cosas. [Montenegro y Santí, "A conversation…", *op. cit.*, p. 13.]

En *Conversación en La Catedral* y en *62: modelo para armar*, Vargas Llosa y Cortázar duplican el paradigma de la lectura del escritor poniendo libros en las manos de sus personajes, libros que también dependen de los esfuerzos del lector "antiheroico" por establecer relaciones formales y sustanciales.

Aquí, es evidente que la naturaleza de la lectura difiere de lo que significa para una Madame Bovary o un Don Quijote. Mientras que Madame Bovary y Don

[14] En una reseña de la traducción al inglés de los primeros cuentos de Vargas Llosa, *The Cubs and Other Stories* [*Los cachorros*, 1968], Michael Wood comenta que este libro evoca otros libros, "no porque haga alusiones o parezca derivado, sino por la transparencia con que aspira a la literatura, por la claridad con que conjura la compañía apropiada de los textos sensibles, inteligentes y bien escritos a los que desea unirse". Continúa con una generalización sobre los escritores latinoamericanos contemporáneos: "Creo que estos novelistas pertenecen a la primera generación de su continente que leyó con tanta voracidad de un modo tan absolutamente internacional" ("The claims of mischief", en *New York Review of Books*, 24 de enero de 1980, p. 45). La afirmación de Wood necesita ser ajustada: los escritores latinoamericanos siempre han leído mucho y bien, pero ésta es la primera generación que *ostenta* sus lecturas en los modos que trato aquí.

[15] Nivia Montenegro y Enrico Mario Santí, "A conversation with José Donoso", en *New Novel Review*, 1, núm. 2, 1994, p. 13.

Quijote leen novelas que median entre sus deseos y el mundo, y, en definitiva, cancelan el mundo en beneficio de sus deseos, Santiago y Juan están leyendo novelas que reflejan su mundo y alientan su compromiso activo con él (no su alejamiento). Las tradiciones literarias a las que se alude en *Madame Bovary* y en el *Quijote* no son más que eso, alusiones, un medio de describir la personalidad y la educación de los personajes, su jerarquía social y los deseos de sus corazones. En cambio, los usos intertextuales que Vargas Llosa y Cortázar hacen de Huxley y de Butor son medios estratégicos para incluir a precursores europeos que también crearon estructuras sincrónicas y cuyas novelas hoy circulan en forma simultánea con/en las suyas.

Huxley y Butor utilizaron modelos no verbales –el contrapunto musical y el colage cubista– para representar la experiencia histórica como simultánea en lugar de progresiva.[16] El título de la novela que Aldous Huxley publicó en 1928 explicita su metáfora musical. El contrapunto es la ejecución simultánea de dos líneas de notación musical y, al traducirlo a la ejecución literaria, se transforma para Huxley en un medio de expresar su visión satírica de la naturaleza múltiple y simultánea de la interacción social. En *Contrapunto*, el relato está dividido en secciones relativamente breves que presentan, simultáneamente, los puntos de vista de varios personajes, como si fueran las voces de una fuga. En una de las escenas iniciales, se desarrolla la naturaleza del contrapunto y su analogía con la experiencia humana. Un personaje, mientras escucha la *Suite en si menor para flauta y cuerdas* de Bach, se deleita en la "compleja y múltiple tierra" expresada por el violín, el violoncelo y la flauta en el movimiento allegro: "Las partes viven su vida independientes; se tocan, sus caminos se cruzan; ellas se combinan por un momento para crear una armonía de apariencia decisiva y perfecta, tan sólo para separarse nuevamente unas de otras".[17] Así también la "fuga humana" que Huxley retrata al mismo tiempo que suena la suite de Bach: un personaje llora ante la mera belleza de la música, otro siente vagos deseos sexuales; y en un cuarto adyacente, un tercer personaje diseca ranas, demasiado ocupado con su investigación científica para notar siquiera que están oyendo música.[18] Esta yuxtaposición contrapuntística de tonos, ritmos y voces dispares, ya

[16] Los primeros escritos teóricos sobre la "estructura espacial", es decir, las obras de ficción que sustituyen la estructura narrativa lineal con modelos estructurales alternativos, incluyen de Joseph Frank, "Spatial form in modern literature" (1945), reed. en *The Widening Gyre: Crisis and Mastery in Modern Literature*, New Brunswick, (N. J.), Rutgers University Press, 1963, y Walter Sutton, "The literary image and the reader: A consideration of the theory of spatial form", en *Journal of Aesthetics and Art Criticism*, 16, 1957-1958, pp. 112-123.

[17] Aldous Huxley, *Point Counter Point*, Garden City (N. Y.), Doubleday, Doran and Co., 1928, p. 23 [trad. esp.: *Contrapunto*, Buenos Aires, Sudamericana, 19ª ed., 1983, p. 46; es la versión que seguimos aquí].

[18] En su ensayo "And wanton optics roll the melting eye", Huxley se refiere específicamente a esta escena como ejemplo de su ideal contrapuntístico: "Si se yuxtaponen dos relatos del mismo

sean instrumentales o humanos, no siempre resulta armónica, tal como lo demuestra Huxley. Continúa la descripción de las vidas separadas de las voces contrapuntísticas de Bach, junto a la descripción del contrapunto empírico:

> Cada parte se halla siempre sola, separada, individual. "Yo soy yo", afirma el violín; "el mundo gira a mi alrededor." "A mi alrededor", reclama el violoncelo. "A mi alrededor", insiste la flauta. Y todos tienen igualmente razón y dejan de tenerla; ninguno de ellos quiere oír a los otros. [Huxley, *Contrapunto*, *op. cit.*, pp. 46-47.]

La ironía y la sátira brotan de esta disonancia contrapuntística: los individuos sólo ven sus propios puntos de vista, que, debido a sus límites, están inevitablemente distorsionados. El aislamiento de los personajes dentro de sus mundos separados es tan central en este tipo de contrapunto novelístico como la multiplicidad de esos mundos. El relato no lineal de Huxley le permite yuxtaponer *non sequiturs* y escenas incompatibles (utilizando cartas, diarios y cuadernos además de fragmentos narrados) para producir no sólo un efecto irónico y satírico, sino también paródico y caricaturesco. Seguramente, esta presentación de múltiples perspectivas simultáneas en forma satírica es lo que hace atractiva la obra de Huxley para el personaje de Vargas Llosa, y para el mismo Vargas Llosa.

En el noveno capítulo de *Contrapunto*, Huxley realiza en forma plena el potencial de su técnica contrapuntística, y es aquí donde se siente con fuerza el vínculo entre Vargas Llosa y Huxley, porque este capítulo se desarrolla en un bar de Londres. Es la una de la mañana y el bar está lleno de una variedad de gente que participa en muchas conversaciones simultáneas. Los fragmentos de estas conversaciones aparecen yuxtapuestos a otras, que transcurren en el mismo bar y en otros lugares de Londres en el mismo momento.[19] Este capítulo es un vívido indicio de las conversaciones, más prolongadas, que presenta Vargas Llosa en un bar de Lima llamado La Catedral.

---

acontecimiento humano, uno en términos puramente científicos y el otro en términos religiosos, estéticos, pasionales, o incluso de sentido común, su desacuerdo despertará las reverberaciones más inquietantes en el pensamiento [...]. Si se yuxtapone la acústica a la música de Bach (se me permitirá, tal vez, referirme al relato simultáneo de un concierto en términos científicos y estéticos que introduzco en mi novela *Contrapunto*)" (*Music at Night*, Garden City, Doubleday, Doran, 1931, p. 40 [trad. esp.: *Música en la noche*, Chile, Empresa Letras, 1937]).

[19] Otro precursor evidente es Flaubert. Dado que Vargas Llosa escribió un estudio crítico de Flaubert, titulado *La orgía perpetua* (1975), sería un trabajo fructífero comparar las estrategias sincrónicas de Vargas Llosa con las de Flaubert. En *El placer del texto*, Barthes escribe: "Flaubert: una manera de cortar, de agujerear el discurso *sin volverlo insensato*. [...] La narratividad está desconstruida y sin embargo la historia sigue siendo legible" (*op. cit.*, 16-17; las cursivas son del autor). *Conversación en La Catedral* y el resto de las estructuras sincrónicas contemporáneas que menciono "agujerean" y "desconstruyen" el discurso en el sentido de Barthes, pero con objetivos que difieren significativamente de los de los autores europeos modernos, como mostraré más adelante.

Como el título de la novela de Huxley, el de Vargas Llosa llama la atención sobre la metáfora auditiva que subyace a la estructura de su novela, en este caso, la conversación en lugar del contrapunto musical. El presentar su novela como un diálogo ficcional no mediado por un narrador en tercera persona (es decir, novelístico) le permite a Vargas Llosa expresar la naturaleza digresiva, sincrónica de la historia vivida en una estructura que consigue que la linealidad se desmorone aun en forma más definitiva que lo que lo hace la de Huxley. (Vargas Llosa ha tomado conciencia hace tiempo del potencial auditivo de su medio: al describir una novela corta de juventud titulada *Los cachorros*, dice que quería "un relato más cantado que contado, y, por lo tanto, cada sílaba fue elegida tanto por razones narrativas como musicales".)[20] En *Conversación en La Catedral*, una polifonía de voces humanas, a la manera de una orquesta, sugiere la multiplicidad de interacciones sociales y culturales que se producen en forma simultánea, así como las restricciones de la narración escrita para expresar esa simultaneidad. Los recursos estructurales que se ofrecen para desafiar esas restricciones –el montaje de fragmentos conversacionales; los cambios fugaces del pasado al presente y de una conversación a otra; la interpolación irónica de narraciones contradictorias del mismo acontecimiento– han sido objeto de estudios críticos, de modo que no es necesario analizarlos en detalle.[21]

El efecto del virtuosismo técnico de Vargas Llosa (según se infiere de su comentario sobre *Los cachorros*) es obligarnos a considerar la naturaleza de la palabra escrita no sólo desde el punto de vista semántico sino también acústico. La escritura es, en cierto sentido, habla detenida o congelada: el alfabeto fonético, una abstracción de la vista a partir del sonido, es una forma de tecnología muy avanzada que fija el flujo auditivo y hace el análisis no sólo posible sino también inevitable. La novela de Vargas Llosa encarna una compleja interacción entre los medios orales y escritos, puesto que por medio del sonido de sus voces y de las voces que recuerdan es como sus personajes invocan el pasado. Su invocación es ritual y mágica; sus frases e imágenes en contrapunto, el polisíndeton y la parataxis, los intercambios antifonales y los ecos incesantes del habla humana se vuelven, por momentos, rapsódicos, y encarnan una mezcla de detalles históricos y culturales específicos en forma sincrónica más que secuenciada. Podríamos, incluso, considerar que las conversaciones en La Catedral son rapsódicas en sentido

[20] Mario Vargas Llosa, prefacio a la traducción de *Los cachorros*. *The Cubs and Other Stories*, trad. Gregory Kolovakos y Ronald Christ, Nueva York, Harper and Row, 1979.

[21] Véase Ronald Christ, "Novel Form, Novel Sense", en *Review*, primavera de 1975, pp. 30-36, para un análisis del montaje cinematográfico en *Conversación en La Catedral*. También es pertinente Jean Franco, "Conversations and confessions: Self and character in *The Fall* and *Conversation in The Cathedral*", en *Mario Vargas Llosa: A Collection of Critical Essays*, editado por Charles Rossman y Alan Warren Friedman, Austin, University of Texas Press, 1978, pp. 59-75.

etimológico (*rhapsodia*, literalmente, "costura de cantos", un término utilizado por los antiguos griegos para describir su canción épica). Su conversación recuerda una época en que el arte verbal carecía de un texto fijo que pudiera reproducir, como ahora damos por sentado, y que dependía, en cambio, de la improvisación del rapsoda.[22] El texto escrito de *Conversación en La Catedral* tiene el objetivo de evocar la participación en un medio oral/auditivo de este tipo; en este sentido, la novela anticipa *El hablador* (1987), la brillante novela de Vargas Llosa sobre la simultaneidad de las tradiciones orales y escritas (indígenas y occidentales) en el Perú contemporáneo.

He subrayado la importancia del escritor Santiago como lector de la novela de Huxley, pero esta novela también pone en escena la percepción de que el Logos es una cuestión de escucha. Las "Babeles felices" de Vargas Llosa son, en realidad, más bíblicas que borgeanas por su énfasis en el lenguaje hablado. Las afirmaciones posmodernas de la prioridad del lenguaje hablado sobre el escrito simplemente no pueden aplicarse a *Conversación en La Catedral*. En *De la gramatología* y *La escritura y la diferencia*, ambos publicados en 1967, Jacques Derrida argumenta a favor de la primacía de la palabra escrita o impresa. Derrida relega el lenguaje hablado a un nivel inferior porque, supuestamente, refuerza una ilusoria "metafísica de la presencia", la idea equivocada de que el mundo puede ser conocido: "el pensamiento de la cosa como *lo que es* ha sido confundido con la experiencia *en sí*. Ahora bien, ¿acaso el habla pura no necesita alguna suerte de inscripción del modo en que la esencia leibniziana necesita la existencia y se abre camino hacia el mundo, como la potencia hacia el acto?".[23] Terence Hawkes explica la oposición de Derrida a la "metafísica de la presencia", que, supuestamente, crea el lenguaje hablado: "Derrida ve esta confianza en la 'presencia' como el principal factor que limita nuestra aprehensión del mundo: la insistencia –que distorsiona los hechos– en que, a pesar de nuestra experiencia siempre fragmentaria, en algún lugar debe existir una *totalidad* redentora y justificatoria, que podemos objetivar en nosotros mismos como la noción de Hombre, y, más allá de nosotros mismos, como la noción de Realidad".[24] La estructura sincrónica basada en el lenguaje hablado en *Conversación en La Catedral* reconoce que la totalidad es una ilusión, pero una ilusión necesaria para la supervivencia de las comunidades culturales.

[22] Walter Ong analiza la estructura "rapsódica" en *Rhetoric, Romance, and Technology: Studies in the Interaction of Expression and Culture*, Ithaca, Cornell University Press, 1971; y en *InterFaces of the Word: Studies in the Evolution of Consciousness and Culture*, Ithaca, Cornell University Press, 1977.

[23] Jacques Derrida, "Force and signification", en *Writing and Difference*, trad. Alan Bass, Chicago, University of Chicago Press, 1978, p. 9 [trad. esp.: *La escritura y la diferencia*, Rubí, Anthropos, Editorial del hombre, 1989]. Las cursivas son del autor.

[24] Terence Hawkes, *Structuralism and Semiotics*, Berkeley, University of California Press, 1977, p. 146 (las cursivas son del autor).

Lo que Vargas Llosa crea y afirma es, justamente, una "metafísica de la presencia" autoconsciente, capaz de incorporar múltiples perspectivas y de corregirse continuamente. Aquí no hay significados trascendentales, pero sí muchos significantes que se ramifican.

Así, las dicotomías de la definición posmoderna (aquí, el lenguaje hablado frente al lenguaje escrito) son superadas con gracia. Vargas Llosa crea una estructura literaria que constituye al lector no sólo como lector sino también como oyente, y así dirige a su público hacia cierto tipo de memoria colectiva.[25] Ya he mencionado estas fuentes colectivas en mi análisis de las voces ancestrales que animan la tierra en la obra de Goyen, Garro y Rulfo, y lo haré también en los próximos capítulos, al analizar las diferentes fuentes orales de Sandra Cisneros, Manuel Puig y Luis Rafael Sánchez. En todos los casos, puede alcanzar a oírse una variedad de voces en la historia sentida de estas obras literarias.

Contrapunto y *Conversación en La Catedral* nos entregan escritores en tanto lectores que también están escuchando: a Bach en un salón de Londres, una rapsodia de voces humanas en un bar de Lima. Así, presentan la lucha entre la historia sentida y la forma literaria tanto en el tema como en la estructura. En *Contrapunto*, el novelista Phillip Quarles tiene plena conciencia de la inadecuación de su medio novelístico para expresar las sincronías de la experiencia humana, y encuentra una contradicción inherente entre su ideal de fidelidad a la espontaneidad fluida de su percepción y la naturaleza secuenciada de la narrativa.[26] La meta de Quarles es expresar su experiencia "interna" de los fenómenos "externos" (la misma meta de los escritores europeos de la corriente de la conciencia en esa época), y con este fin propone la "musicalización de la literatura". Quarles

[25] En su ensayo "Text and the structure of its audience", Yuri M. Lotman subraya la *constitución* del público en el texto literario: "En el texto literario, la orientación hacia *cierto tipo de memoria colectiva* y, *en consecuencia, hacia una estructura del público*, adquiere una naturaleza, en principio, diferente (de la de los textos dirigidos a un destinatario conocido personalmente, por ejemplo, cartas o, en el mismo sentido, la conversación). El público de estas novelas deja de estar automáticamente incluido en el texto y se transforma en un elemento significado (es decir, libre) que puede entrar en el texto como parte del juego" (NLH, 14, núm. 1, 1982, p. 84; las cursivas son mías).

[26] Las últimas obras de Huxley dan testimonio de su preocupación con esta contradicción: a medida que aumentaba su interés por el misticismo y la percepción intuitiva, consideraba las palabras cada vez más inadecuadas para expresar "el hecho primario de la experiencia". En *Las puertas de la percepción [Doors of Perception]*, escribió: "Literaria o científica, generalista o especialista, toda nuestra educación es predominantemente verbal y, por lo tanto, no logra cumplir con sus supuestos objetivos" (*Doors of Perception*, Nueva York, Harper, 1954, p. 73 [trad. esp.: *Las puertas de la percepción*, Buenos Aires, Sudamericana, 1956]). Y luego de un experimento con drogas que alteran la mente, afirmó: "Sentirse sacudido fuera de los carriles de la percepción ordinaria, asistir durante algunas horas interminables al mundo externo e interno, no como se le aparecen a [...] un ser humano obsesionado con las palabras, sino como son aprehendidos, directa e incondicionalmente, por la Mente en Libertad" *(idem)*.

afirma que el artista puede, si quiere hacerlo, trascender el punto de vista único y la narrativa secuenciada mediante tramas en contrapunto, variaciones sobre temas, modulaciones entre diversos aspectos de la realidad. Las relaciones armónicas con el medio auditivo no tienen ni un punto de vista fijo ni ejes lineales; cuando se aplica a la literatura, el contrapunto puede proporcionarle al novelista los medios de romper la resistencia de los "compartimientos estancos" en los que vive la gente.[27] Los simbolistas –Mallarmé, Rimbaud, Verlaine, Laforgue– ya habían explotado el potencial de la música para evocar múltiples espacios y tiempos en un único poema. Al ubicar la música por sobre el resto de las artes, abandonaron las técnicas del paisaje externo de los poetas románticos y las sustituyeron por el espacio acústico de la imaginación auditiva.[28]

Para Huxley, la "musicalización de la literatura" no niega el movimiento temporal, pero permite una *durée* bergsoniana intuitiva e indivisible, que reúne el pasado recordado y el futuro anticipado en el presente de la experiencia de los personajes. Uno de ellos, mientras escucha el tictac del reloj, piensa en el paso del tiempo en esos mismos términos: "El instante móvil que [...] separa el pasado infinito del futuro infinito avanzaba inexorablemente a través de la dimensión del tiempo" (*Contrapunto*, *op. cit.*, p. 213). Huxley reconocía que el medio verbal podía carecer de un equivalente exacto para el contrapunto musical; mientras que, para hacer música, se pueden tocar varias líneas de notas simultáneamente, dos o más líneas de palabras, leídas simultáneamente, resultan ininteligi-

[27] Huxley se refirió muchas veces a la vida como a un conjunto de relaciones entre funciones incompatibles. Ésta es su declaración completa: "Vivimos en un mundo de *non sequiturs*. O más bien, viviríamos en un mundo así si siempre fuéramos conscientes de todos los aspectos bajo los cuales puede considerarse cualquier acontecimiento. Pero, en la práctica, casi nunca somos conscientes de más de un aspecto a la vez. Pasamos la vida, primero, en un compartimiento estanco de la experiencia, luego en otro. El artista puede, si lo desea, romper los tabiques que separan los compartimientos y darnos, así, una visión simultánea de dos de ellos o más al mismo tiempo. Vista así, la realidad parece sumamente extraña" (*Music at Night*, *op. cit.*, pp. 40-41). El personaje de Huxley, Phillip Quarles, utiliza un lenguaje similar para describir el relato sincrónico que planea escribir, y agrega: "Por muy extraña que sea la imagen, jamás podrá ser la mitad de extraña que la realidad original" (*Contrapunto*, *op. cit.*, p. 323).

[28] Stéphane Mallarmé expuso este desplazamiento en "La musique et les lettres" (1894), reeditado en *Oeuvres complètes de Stéphane Mallarmé*, París, Gallimard, 1945, pp. 635-657. Bernard Weinberg observa la analogía establecida por Mallarmé entre su poema "Un coup de dés..." y una partitura para orquesta, y sostiene que Mallarmé utilizó la analogía musical para sugerir la estructura sincrónica que quería crear (*The Limits of Symbolism: Studies of Five Modern French Poets*, Chicago, University of Chicago Press, 1966, pp. 242-243).

Lo que Weinberg no señala es que, a diferencia de la mayor parte de los poemas simbolistas, la sincronía de "Un coup de dés..." proviene de la tipografía más que de los recursos auditivos del poema. Así, en este poema en particular, las estrategias sincrónicas de Mallarmé parecen un colage más que un contrapunto, a pesar de la analogía musical del poeta. Lo mismo ocurre con la sincronía de Michel Butor en *Seis millones ochocientos diez mil litros de agua por segundo*, como demostraré enseguida.

bles.[29] Sin embargo, la analogía del campo dinámico del contrapunto es, para Huxley y su álter ego en la novela, un factor de conversión capaz de transformar "el instante móvil" en lenguaje.

Santiago Zavala, el Phillip Quarles de *Conversación en La Catedral*, trabaja en un periódico llamado *La Crónica* mientras está absorto en la lectura de la novela no cronológica de Huxley, *Contrapunto*. Aunque Santiago está acostumbrado a cortar el flujo del tiempo en rebanadas al escribir sobre un hecho u otro para el periódico, se da cuenta de que esos relatos, necesariamente falsificados por su medio lingüístico, también son ficciones necesarias por medio de las cuales ordenamos y comprendemos al menos un nivel de nuestra existencia temporal. Mientras que cada uno de los periodistas necesariamente diseca la realidad temporal, el periódico como un todo tal vez no lo haga. Ya he citado a Marshall McLuhan en relación con el desarrollo de la prensa a principios del siglo XIX, con su efecto mosaico de ubicar diversos acontecimientos en una página: "El formato de la página del libro ofrece una perspectiva lineal, no pictórica. Favorece un único tono y una única actitud entre el escritor, el lector, el tema, mientras que el periódico destruye esta linealidad y unicidad del tono, al ofrecer varias páginas de libro al mismo tiempo. [...] El periódico es un paisaje en el espacio-tiempo de muchos momentos, muchos lugares, entregados como una experiencia única".[30] No se nos da ningún indicio acerca de que el periodista Santiago, absorto en *Contrapunto*, sea consciente de la naturaleza temporal paradójica de su medio como lo es, digamos, el periodista de Vargas Llosa en *La guerra del fin del mundo* o el de García Márquez en *Crónica de una muerte anunciada*. Sin embargo, es evidente que Vargas Llosa pretende crear los múltiples "paisajes en el espacio-tiempo" del periódico en *Conversación en La Catedral*.[31] Como la presencia del novelista Phillip Quarles en *Contrapunto* de Huxley, la presencia del periodista Santiago Zavala hace de la relación entre la historia sentida y la estructura novelística el núcleo temático y estructural de esta novela.

He denominado estructura narrativa sincrónica a *Conversación en La Catedral*; aun el encuentro casual entre Santiago Zavala y Ambrosio Pardo, el motivo ficcional del relato, puede calificarse de sincrónico en sentido amplio, ya que la casualidad es, por supuesto, la ocurrencia inesperada de dos o más acontecimientos al mismo tiempo. Sin embargo, la estructura ficcional de Vargas Llosa no sólo

[29] Véase el prefacio de Huxley a *Art and Artists*, Walter Sutton, ed. Morris Phillipson, Nueva York, Harper, 1960, pp. 7-8.

[30] Marshall McLuhan, *Counterblast*, Nueva York, Harcourt, Brace and World, 1969, pp. 112-113 [trad. esp.: *Contraexplosión*, Buenos Aires, Paidós, 1971].

[31] Vargas Llosa escribe con regularidad para diferentes periódicos. Pueden encontrarse referencias a los inicios de Vargas Llosa como periodista en la "Cronología" de José Miguel Oviedo, en *Review*, primavera de 1975, p. 8.

es sincrónica sino también diacrónica, puesto que el autor extiende esta novela en el tiempo cronológico en forma sistemática, superponiendo dos escalas temporales: las alrededor de cuatro horas que transcurren en La Catedral y el tiempo de la vida –de las diversas vidas– contenido en la conversación. Al marcar el paso de los minutos y las horas en el bar mientras la conversación, como la marea, baja y sube en forma sincrónica, el autor reconoce que el proceso de recuperación del pasado en la imaginación no es atemporal, sino que está sujeto a la modificación constante a través del tiempo. El hecho de que frecuente no sólo un bar llamado La Catedral sino otro llamado Última Hora –en sentido figurado, también el "último minuto"–, explicita la conciencia de Vargas Llosa de la progresión histórica así como de la multiplicidad sincrónica de la experiencia histórica.

Si la intertextualidad de Vargas Llosa indica la atracción que siente hacia una tradición literaria europea en particular, también sirve para delinear su apartamiento consciente de esa modalidad. Mientras que la estructura en contrapunto de Huxley supone la resolución definitiva de la experiencia disonante en el orden de la obra de arte, la estructura rapsódica de Vargas Llosa es experimental, contradictoria y de final abierto. Huxley y su contraparte ficticio, Phillip Quarles, perciben la realidad como fragmentada, pero ambos desean combatir la fragmentación con el poder unificador de su arte; la voz narrativa omnisciente, controlada, de *Contrapunto* parece ofrecerse como un antídoto contra la discontinuidad. El control ejercido por el narrador de Huxley se hace evidente cuando se lo compara con el comportamiento aparentemente azaroso del de Vargas Llosa, así como se evidencian la coherencia y la resolución del texto de Huxley en comparación con el de Vargas Llosa. La experiencia de la disonancia creada por la estructura rapsódica de Vargas Llosa se puede caracterizar en términos del "placer del texto" de Barthes que hemos descrito arriba. Si, a partir de los rasgos sincrónicos de la conversación en La Catedral, debe derivarse un significado, tendrá que ser el lector "antihéroe" quien lo cree mediante los procesos de percepción y de evaluación requeridos por esa disonancia. Mientras que el novelista de Huxley es un observador desapasionado de la vida, suspendido jurídicamente por sobre el mundo caótico que, eventualmente, organizará en su propio orden contrapuntístico, el periodista de Vargas Llosa está envuelto en el flujo de la experiencia, y acepta su desorden y la obstinada trivialidad del mundo. La relación intertextual hace evidente esta diferencia esencial: mientras que Huxley recuerda con nostalgia a Bach, Vargas Llosa recuerda irónicamente a Huxley. Para Santiago y su creador latinoamericano, las tradiciones son discontinuas y los precursores, a veces, deben ser creados a pesar de la propia lectura.

III

En *62: modelo para armar* (1968), de Julio Cortázar, vemos al protagonista por primera vez en el restaurante Polidor de París, después de comprar un libro en el bulevar Saint-Germain. El libro es *6.810.000 litres d'eau par seconde: étude stéréophonique* (1965), de Michel Butor, cuyo título ha sido traducido al inglés como *Niagara: A Stereophonic Novel* [y al español, como *Seis millones ochocientos diez mil litros de agua por segundo*].[32] El título sugiere que Butor, como Huxley y Vargas Llosa, pretende resistirse a la narratividad lineal utilizando una metáfora auditiva, en este caso, proveniente del medio electrónico del sonido grabado. Esta obra estaba destinada a ser difundida por radio, como muchas otras de las obras que Butor escribió en el mismo periodo.[33] En una nota para el lector (al que caracteriza como productor de radio), Butor le sugiere diversos órdenes en los que puede ser leído su "monument liquide" y le advierte que preste atención a las marcas dinámicas indicadas en el texto. (*Rayuela*, de Cortázar, también contiene instrucciones para el lector que subrayan sus aspiraciones estructurales sincrónicas.) En el texto de Butor, el efecto estereofónico proviene principalmente de la intercalación de las descripciones contemporáneas de las cataratas del Niágara con las que escribió François-René de Chateaubriand después de su supuesta visita a las Cataratas, en 1791.[34] El romanticismo de Chateaubriand contrasta con el realismo cotidiano de Butor, y el territorio salvaje y virgen de Chateaubriand, con el paisaje contemporáneo, domesticado, de los moteles, las tiendas de recuerdos y las fábricas. Las insulsas frases hechas de los visitantes contemporáneos crean una antífona disonante contra la que resuena la oratoria ampulosa de Chateaubriand. Los ruidos hechos por el hombre –bocinas y motores de automóviles, campanillas de relojes, portazos– chocan contra los sonidos de la naturale-

[32] Michel Butor, *6.810.000 litres d'eau par seconde: étude stéréophonique*, París, Gallimard, 1965; *Niagara: A Stereophonic Novel*, trad. Elinor S. Miller, Chicago, Henry Regnery, 1969 [trad. esp.: *Seis millones ochocientos diez mil litros de agua por segundo*, Madrid, Cuadernos para el Diálogo, 1971].

Para un análisis más extenso de la metáfora musical que estructura esta obra, véase Michael Spencer, *Michel Butor*, Nueva York, Twayne, 1974, pp. 128-132; y Elinor S. Miller, "Approaches to the Cataract: Butor's Niagara", en *Studies in Twentieth Century Literature*, 2, núm. 1, 1977, pp. 33-54.

[33] *Réseau aérien*, *Description de San Marco [Descripción de San Marcos]*, *Votre Faust* e *Illustrations* son ejemplos de la resistencia de Butor a la narrativa lineal a través del uso de otros medios. Su ensayo "La Littérature, l'oreille et l'oeil" describe su interés en la colaboración de todas las formas de arte. Véase su libro *Répertoire III*, París, Minuit, 1968, pp. 391-403 [trad. esp.: *Repertorio*, Barcelona, Seix Barral, 1970].

[34] La descripción de Chateaubriand se encuentra en el "Essai historique, politique et moral sur les révolutions anciennes et modernes considérées dans leurs rapports avec la révolution française" (1797), y es retomada en "Atala, ou les amours de deux sauvages dans les désert", en *Mémoires d'outre-tombe [Memorias de ultratumba]* (1801). Butor cita esta última versión al final de su novela.

za, creando un contrapunto cacofónico que sirve como telón de fondo para la descripción en voz baja de las cataratas. Por más distanciadas que sus visitas estén en el tiempo, estos turistas literarios franceses miran las cataratas del Niágara y se ven a sí mismos; sus descripciones reflejan menos las cataratas que sus propias ubicaciones en la historia de la producción literaria.

Butor utiliza la visita de su venerable compatriota para crear su propia descripción sincrónica. Al recuperar la descripción estilizada de Chateaubriand –basada en la teoría romántica de las percepciones del siglo XVIII, en la cual las montañas y las cascadas eran el sine qua non de una respuesta sublime a la naturaleza–, Butor llena el turismo del siglo XX de sublime romanticismo. El resultado es cómico, irónico, mordaz y tiene resonancia histórica. En uno de los primeros análisis de la intertextualidad, Laurent Jenny se refiere a esta operación del texto de Butor: "Destacar sintagmas ('mitologías') petrificados en sus fórmulas, distanciarse de su banalidad abriéndolos y luego arrancar el significado de su atrofia para reiniciar un nuevo proceso de significación. [...] Esto es lo que hace Butor con una famosa página de Chateaubriand en *Seis millones ochocientos diez mil litros de agua por segundo*".[35] En realidad, Butor evoca una tradición literaria completa alrededor de las cataratas. Al elegir la que era una parada obligada de los turistas literarios europeos a partir de mediados del siglo XVIII, Butor alude implícitamente a una multitud de textos que resuenan con la densidad sincrónica del suyo.[36]

Por su parte, Cortázar incluye la novela de Butor en su propia *62: modelo para armar*, y le agrega el rico legado de sentencias literarias latinoamericanas que también rodean a las cataratas del Niágara a partir del poeta cubano José María de Heredia, que, según Enrique Anderson Imbert, han llegado a ser "una obsesión en la poesía hispanoamericana".[37] De este modo, la intertextualidad misma se transforma en una técnica estructural sincrónica, como lo reconoce Laurent Jenny: "La naturaleza de la intertextualidad es introducir un nuevo tipo de lectura que hace estallar la linealidad del texto [...] marcando el texto

[35] Laurent Jenny, "La Stratégie de la forme", en *Poétique, Revue de Théorie et d'Analyse Littéraires* 7, núm. 27, 1976, p. 279.

[36] Véase el análisis de Peter Conrad sobre los peregrinajes literarios a las cataratas del Niágara de los principales escritores ingleses del siglo XIX y principios del XX (entre ellos, Trollope, Dickens, Wilde y Wells) en "Versions of Niagara", en *Imagining America*, Nueva York, Oxford University Press, 1980, pp. 3-29.

[37] De acuerdo con Anderson Imbert, "El Niágara, desde Heredia, ha sido una obsesión en la poesía hispanoamericana; cuando [Rafael] Pombo, en 'En el Niágara', se puso a describir ese 'museo de cataratas', 'fábrica de nubes', 'mar desfondado al peso de sus ondas', manifestó una fuerza visional más poderosa que nadie. Lo que él vio ahí está en el verso: el lector vuelve a ver el Niágara porque está a la vista la Poesía torrencial, como el Niágara mismo" (*Historia de la literatura hispanoamericana*, México, FCE, 1954, pp. 203-204). Anderson Imbert relaciona explícitamente a Pombo (1833-1913) con el romanticismo de Chateaubriand y de Hugo.

con bifurcaciones que abren gradualmente su espacio semántico" ("La stratégie...", *op. cit.*, p. 266).

El abismo histórico (168 años y eones culturales) que separa el texto de Butor del de Chateaubriand es a la vez destacado y salvado por la presentación simultánea de las dos perspectivas históricas. El cambio "estereofónico" que se produce entre ambos textos parece, al mismo tiempo, enfatizar y detener el flujo del tiempo. Butor observa esta contradicción en una entrevista: "Es un libro que se entrega por completo al tema de la aceleración. [...] Detrás del tiempo que se acelera, está el espacio de la aceleración absoluta, de la *aceleración inmóvil*, donde la imagen se forma por las cataratas mismas en el Niágara".[38] En la "coda" de la obra, el hablante interpola, en rápida sucesión, las frases *l'heure passe, la nuit passe, le mois passe, les années passent* ("el tiempo pasa", "la noche pasa", "el mes pasa", "los años pasan"). El flujo del tiempo parecería estimular el inexorable flujo del agua por las cataratas y, sin embargo, la estructura de los capítulos parece sugerir otra cosa. Son doce capítulos; cada uno lleva el nombre de un mes en el orden del calendario y describe características de la estación apropiada. Mientras los capítulos, de este modo, invocan el movimiento progresivo y cronológico, también lo cuestionan, porque ¿acaso Chateaubriand y los visitantes contemporáneos no están mirando las cataratas simultáneamente en marzo, diciembre y julio? Las imágenes y las descripciones estilizadas de los meses son, entonces, elementos de la estructura sincrónica de Butor al mismo tiempo que sus nombres –que atraviesan la parte superior de las páginas, repetidos tantas veces como entren en la línea– sugieren el movimiento progresivo del tiempo hacia adelante. Así, los meses se vuelven objetos tipográficos, elementos repetidos en el colage visual de la página impresa.[39]

A pesar de la metáfora auditiva de Butor (*étude stéréophonique*), entonces, su sincronía no sólo es auditiva sino también visual, y su inclusividad estructural se basa no sólo en el sonido estereofónico sino también en el colage cubista. Cada una de las diversas voces está compuesta en un tipo de letra diferente y organiza-

[38] Georges Charbonnier, *Entretiens avec Michel Butor*, París, Gallimard, 1967, pp. 135, 140 (las cursivas son mías). El comentario de Butor acerca de la elección del título de su obra también es instructivo en este aspecto: "6.810.000 litros de agua por segundo es el promedio de la cantidad de agua que cae por las cataratas del Niágara, y, por supuesto, era muy importante para mí poner esta cantidad en el título, es decir, *la constante de algo móvil*, algo muy móvil, la constante de un movimiento" (p. 135). Las cursivas son mías.

[39] Butor se refirió a las propiedades físicas de la palabra impresa en un ensayo titulado "Le Livre comme objet", incluido en *Répertoire II*, París, Minuit, 1968, p. 92. Aquí critica a los escritores por aceptar la rígida naturaleza lineal del impreso, argumentando a favor de disposiciones más reflexivas y elaboradas de la página impresa, y del reemplazo de la línea narrativa por una "superficie". Este ensayo, junto con otros tres –"Philosophie de l'ameublement", "Recherche sur la technique du roman" y "L'Espace du roman"– constituyen una declaración de la estética espacial de Butor.

da en diversos esquemas para permitirle al lector verlas simultáneamente; las descripciones de los efectos de sonido están ubicadas a la derecha, al centro o a la izquierda de la página, de modo que podamos *ver* sus interacciones estereofónicas; y los nombres de los personajes también están ubicados a la derecha o a la izquierda de la página, de modo que podamos *ver* dónde están parados. Desde la estructura musical que, por más contrapuntística o estereofónica que sea, avanza en el tiempo de acuerdo con ritmos y medidas internas, el lector se mueve hacia un mundo visual en el que la progresión y la sucesión son subvertidas con mayor facilidad. Es el efecto visual –la estructura sincrónica de Butor basada en la vista tanto como en el sonido– lo que fascina a Juan, el protagonista de Cortázar, mientras lee *Seis millones...* en *62: modelo para armar*. Cortázar es muy conocido, en cuentos como "Las babas del diablo", "Axolotl" y "Todos los fuegos el fuego", por su consideración narrativa de la perspectiva visual.[40] En *62: modelo para armar*, su personaje tiene una razón para leer a Butor.

La estructura sincrónica de *62: modelo para armar* está construida con imágenes visuales que se repiten verbalmente, modificadas, multiplicadas y reordenadas en modelos conceptuales sugerentes que crean no tanto una novela como una estructura abstracta de imágenes con un ambiente novelístico. Mientras Juan está sentado en el restaurante Polidor de París, oye a otro comensal pedir *un château saignant* (un bife *châteaubriand* poco cocido) en el mismo momento en que levanta la vista del texto de François-René de Chateaubriand, incluido en la novela de Butor que está leyendo. Reflexiona sobre la extraña conjunción de significados ocasionada por la novela de Butor y el pedido del comensal:

> Y así el hecho de haber abierto el libro y mirado distraídamente el nombre del vizconde de Chateaubriand, ese mero gesto que lleva a un lector crónico a echar una ojeada a cualquier página impresa que entra en su campo visual, había como potenciado lo que inevitablemente había de seguir, y la voz del comensal gordo mutilando como se estilaba en París el nombre del autor de *Atala* me había llegado distintamente en un hueco del rumor del restaurante que, sin el encuentro del nombre completo en una página del libro, no se hubiera producido para mí. Habrá sido necesario que mirara vagamente una página del libro (y que comprara el libro media hora antes sin saber bien por qué) para que esa casi horrible nitidez del pedido del comensal gordo en el brusco silencio del restaurante Polidor desencadenase el zarpazo con una fuerza infinitamente más arrasadora que cualquiera de las evidencias tangibles que me rodeaban en la sala.[41]

[40] Marcy Schwartz analiza en estos términos los cuentos "Lejana" y "El otro cielo" de Cortázar en "Cortázar's plural parole: Multilingual shifts in the short fiction", en *Romance Notes*, 36, núm. 2, 1995, pp. 131-137.

[41] Julio Cortázar, *62: modelo para armar*, Buenos Aires, Sudamericana, 1968, pp. 25-26.

Château saignant, un *châteubriand* poco cocido; literalmente, "castillo sangriento": estas palabras crean una "cristalización" de imágenes, para usar una de las metáforas de Cortázar para este proceso.[42] Al abandonar París y penetrar en una ciudad europea compuesta, ubicada en un espacio mítico y psíquico, Cortázar construye un modelo incluyente de la experiencia humana sobre un plano simultáneo. Imágenes reiterativas –un basilisco, una muñeca rota, la leyenda de Erszebet Bathori con sus asociaciones medievales de vampirismo y sangre (aquí *château saignant* se transforma literalmente en un castillo sangriento)– cubren la geometría de la ciudad hecha de rieles de tranvía, túneles, plazas, y le dan un aura de atemporalidad y misterio. Las "cristalizaciones" cambiantes de estas imágenes se presentan en breves e incontables segmentos en prosa, y se transforman en las piezas del modelo para armar que el lector debe construir. Juan sabe, como el lector, que las piezas no están vinculadas por la cronología o la causalidad, sino por la asociación azarosa y la conjunción momentánea. El colage de Cortázar se basa en las relaciones entre las imágenes visuales a medida que "cristalizan" en un presente narrativo fluido.

Juan es traductor. Su mercadería, como la de Phillip Quarles y la de Santiago Zavala, son palabras escritas; pero su función principal es descifrar el "repentino bloque vertiginoso" (como él lo dice) del lenguaje hablado. Él se da cuenta, como Phillip y Santiago, de que la escritura ordena en una secuencia lo que no es ni secuenciado ni causal. Y piensa: "Y no había palabras, porque no había pensamiento posible para esa fuerza capaz de convertir jirones de recuerdo, imágenes aisladas y anodinas, en un repentino bloque vertiginoso, en una viviente constelación aniquilada en el acto mismo de mostrarse, una contradicción que parecía ofrecer y negar a la vez" (Cortázar, *62...*, *op. cit.*, p. 12). Intentar prolongar la conjunción momentánea, el modelo efímero, con palabras es, piensa Juan, como "echar paladas de sombra contra la oscuridad" (*idem*).

Esta percepción de la inadecuación del lenguaje parecería reproducir la de los autores europeos modernos, pero no lo hace, porque *62: modelo para armar* debe ser considerado en relación con el colage cubista. Su estructura de "modelo para armar" necesita que visualicemos sus elementos como un montaje de imágenes y de

[42] En *Rayuela*, Morelli, el personaje de Cortázar, define la "cristalización" como su propia meta estética: "Una cristalización que, sin alterar el desorden en que circulaban los cuerpos de su pequeño sistema planetario, permitiera la comprensión ubicua y total de sus razones de ser. [...] Una cristalización en la que nada quedara subsumido, pero donde un ojo lúcido pudiese asomarse al calidoscopio y entender la gran rosa policroma, entenderla como una figura, *imago mundi* que por fuera del calidoscopio se resolvía en living room de estilo provenzal, o concierto de tías tomando té con galletitas Bagley" (*Rayuela*, Buenos Aires, Sudamericana, 1963, p. 533; las cursivas son del autor). Sobre la metáforas sincrónicas y las estrategias narrativas de Cortázar, véase mi ensayo "Voyeur/ Voyant: Julio Cortázar's spatial esthetic", en *Mosaic*, 14, núm. 4, 1981, pp. 45-68.

perspectivas más que como una serie de acontecimientos. El objeto cubista es representado desde varios ángulos al mismo tiempo; lo vemos desde el otro lado de la tela así como desde el lugar donde nos situamos, desde abajo y desde arriba, una "colisión dinámica de instantáneas tomadas desde diferentes ángulos", como lo formula Wylie Sypher en su temprano e influyente estudio sobre el cubismo en el arte y la literatura.[43] El colage cubista puede representar perspectivas múltiples y relaciones espaciales variables, pero la narrativa de ficción no; de modo similar, las palabras *château saignant* se multiplican y se refractan visualmente, creando (insiste Juan) un momento en el que muchas perspectivas culturales e históricas se aglutinan y, luego, vuelven a disolverse en otras "constelaciones". Así, la percepción que tiene Juan de la inadecuación del lenguaje es equilibrada por el potencial sincrónico de la estructura de la novela. Las imágenes visuales variables que constituyen el modelo para armar de Cortázar, como los planos en intersección del colage cubista, representan el mundo como un conjunto de relaciones espaciales fluidas en las que la perspectiva visual, la estructura narrativa y la historia sentida son inseparables.

IV

Las estructuras sincrónicas han sido creadas a ambos lados del Atlántico para expresar realidades múltiples, simultáneas, conflictivas y aun mutuamente excluyentes. Como consecuencia, han sido llamadas tanto "modernas" como "posmodernas". ¿Pueden teorizarse en estos términos las diferencias entre Butor y Cortázar o entre Huxley y Vargas Llosa? La definición de intertextualidad de Barthes como "relectura [que] no es ya consumo, sino juego (ese juego que es el retorno de lo diferente)"[44] es claramente aplicable a Vargas Llosa y a Cortázar. El hecho de que el "juego" se especifique tanto en los juegos de Cortázar como en la música de Vargas Llosa es una coincidencia,[*] pero sus metáforas estructurales, sin embargo, refuerzan la definición barthesiana de intertextualidad como juego, y de juego como "el retorno de lo diferente". ¿Qué diferencias? Ofreceré aquí varias observaciones comparativas.

Los autores europeos modernos que crearon las estructuras sincrónicas lo hicieron para comunicar diferencias psicológicas, mientras que, actualmente, los escritores latinoamericanos están creando estructuras sincrónicas como un modo

[43] Wylie Sypher, *Rococo to Cubism in Art and Literature*, Nueva York, Random House, 1960, p. 276.

[44] Roland Barthes, *S/Z* (1970). [La autora cita la traducción de Richard Miller, Nueva York, Hill and Wang, 1974, pp. 15-16. Trad. esp.: *S-Z*, Madrid, Siglo XXI, 1980, p. 11, que es la versión que citamos.]

[*] *Play*, la palabra que aquí traducimos como "juego", significa también "representación" y "ejecución" (de una pieza musical, por ejemplo). [N. de la T.]

de abordar la diferencia cultural. Todos están preocupados por la naturaleza y la experiencia de la duración, pero los escritores del fluir de la conciencia, al focalizar la duración interior, sólo registran en forma fortuita los acontecimientos externos (presumiblemente, todo lo que está disponible para la psiquis en cualquier caso). En la novela de Huxley, los registros intuitivos del tiempo interior eclipsan el tiempo histórico de los contextos comunitarios compartidos; en la novela de Butor, las preguntas sobre la naturaleza de la percepción tienen prioridad, junto con las preguntas, relacionadas con las anteriores, sobre los modos estéticos de expresar la percepción. Sólo James Joyce, entre los escritores europeos modernos, abordó cuestiones de diferencia cultural y separación histórica comparables a las que preocupan a Vargas Llosa, a Cortázar y al resto de los escritores latinoamericanos mencionados en este capítulo.[45] Mientras que las referencias de Vargas Llosa y de Cortázar a Huxley y a Butor, respectivamente, indican un propósito *estructural*, sus propias novelas pretenden servir el objetivo diferente de equilibrar la continuidad cultural con la destrucción histórica, las tradiciones comunitarias con los significados individuales. Las estructuras sincrónicas son particularmente adecuadas para expresar la historia sentida de América Latina: la presión de los acontecimientos públicos y sus interpretaciones subjetivas; las interacciones cambiantes entre la autonomía y la solidaridad.

No es una casualidad que los creadores latinoamericanos de estructuras sincrónicas que he mencionado aquí –Borges, Carpentier, García Márquez, Cortázar, Allende, y enseguida me referiré a Fuentes– también sean los grandes maestros del realismo mágico. Las estructuras sincrónicas admiten las antinomias, al incluir lo mágico y lo real, y liberan a sus creadores de los requerimientos de la causalidad y la materialidad. Fredric Jameson afirma, con razón, que el realismo mágico descansa en las estrategias sincrónicas, observando su característica "superposición de capas enteras del pasado dentro del presente".[46] Jameson distingue las "rupturas y discontinuidades" del realismo mágico de "una modernidad más antigua cuyos enigmas tenían menos que ver con lo intrincado de la materia tratada que con las decisiones perentorias y sumamente arbitrarias del gran demiurgo modernista" ("On magic…", *op. cit.*, p. 305). Aunque su dicotomía radical entre la modernidad y la posmoder-

[45] Véase el estudio de Robin William Fiddian sobre las afinidades culturales y la influencia literaria en "James Joyce and spanish-american fiction: A study of origins and transmission of literary influence", en *Bulletin of Hispanic Studies*, 66, 1989, pp. 23-39.

[46] Fredric Jameson, "On magic realism in film", en *Critical Inquiry*, 12, núm. 2, 1986, p. 311; reeditado en Jameson, *Signatures of the Visible*, Nueva York, Routledge, 1990, pp. 128-152. Véase también el ensayo de Steven Slemon, "Magical realism as postcolonial discourse" (1988), cuya edición revisada está incluida en *Magical Realism: Theory, History, Community*, *op. cit.*, pp. 407-426; y John Erickson, "*Metoikoi* and magical realism in the maghrebian narratives of Tahar ben Jelloun and Abdelkebir Khatibi", pp. 427-450, en el mismo volumen.

nidad no puede aplicarse a la literatura latinoamericana contemporánea, llama la atención acertadamente sobre las condiciones culturales compartidas que motorizan tanto las estructuras sincrónicas como las estrategias del realismo mágico. El análisis de Jameson incluye las historias en capas del Sur de Faulkner.

Los escritores sureños han recurrido a estrategias narrativas sincrónicas por razones que los escritores latinoamericanos conocen bien.[47] Faulkner, reconocido maestro de García Márquez y contemporáneo admirado por Borges, creó estructuras sincrónicas no tanto para sugerir procesos psicológicos (como hicieron los escritores europeos del fluir de la conciencia) como para abarcar las historias diversas y discontinuas de su comunidad cultural, el condado de Yoknapatawpha. Faulkner se refirió a sus estrategias narrativas incluyente como "trece maneras de mirar a un mirlo". La frase es un intertexto en sí misma, por supuesto. Faulkner se estaba refiriendo a un poema de Wallace Stevens formado por trece estrofas breves, algunas de dos versos nada más, que muestran al lector un mirlo desde diferentes perspectivas y en diferentes escenarios, situaciones y estaciones. En las entrevistas que le hicieron a Faulkner en la Universidad de Virginia, le preguntaron cómo se acercaba a la verdad histórica en su obra literaria. Sin referirse directamente a Stevens, Faulkner respondió: "Creo que ningún individuo mira la verdad. Te deja ciego. Cuando la miras, ves una de sus fases. [...] Eran [...] trece maneras de mirar a un mirlo. Pero la verdad, me gustaría pensar, aparece cuando el lector ha leído estas trece maneras de mirar y tiene su propia decimocuarta imagen de ese mirlo, que me gusta identificar con la verdad".[48] Nótese el énfasis de Faulkner en el lector; sin duda, la identificación implícita de él mismo *como* lector: una mirada rápida es una epifanía, y suficientes miradas se combinan para formar un texto utilizable, incluso una tradición.

Eudora Welty y Carson McCullers comparten la fe de Faulkner en las perspectivas simultáneas como fuente de la verdad. *Las manzanas doradas [The Golden Apples]* (1949) y *The Optimist's Daughter* (1969), de Welty, y *El corazón es un cazador solitario [The Heart is a Lonely Hunter]* (1954), de McCullers, son ejemplos de estructuras sincrónicas que intentan abarcar –metafórica y estructuralmente– las separaciones culturales e históricas del sur faulkneriano. En su autobiografía, Welty menciona su impulso artístico más básico: "Ya estoy preparada para emplear la maravillosa palabra *confluencia*, que combina en sí misma el hecho de ser una realidad y un símbolo. Es el único tipo de símbolo que tiene

[47] El análisis de Carlos Fuentes de los imperativos históricos compartidos entre el sur de Faulkner y la América Latina contemporánea concluye así: "La historia del Sur nos da, en cierto sentido, la clave de la literatura norteamericana". Véase "La novela como tragedia: William Faulkner", en *Casa con dos puertas*, México, Joaquín Mortiz, 1970, p. 64.

[48] Véase Frederick L. Gwynn y Joseph L. Blotner (comps.), *Faulkner in the University*, Charlottesville, University of Virginia Press, 1959, pp. 173-174.

algún peso para mí como escritora, porque da testimonio del modelo, de uno de los modelos principales, de la experiencia humana".[49]

Si los escritores sureños han sido durante largo tiempo conscientes de las antinomias culturales e históricas, ahora es menos probable que esa conciencia sea focalizada por la historia regional que por las comunidades culturales. Por supuesto, ambas son, con frecuencia, inseparables, como en la obra del escritor afroamericano Albert Murray, cuya "estética del blues" hace al protagonista de su novela *The Seven League Boots* [Las botas de siete leguas] (1996), un músico de Georgia, improvisar y sintetizar en forma consciente.[50] El jazz es, también, una metáfora estructural frecuente de la sincronía textual y la confluencia cultural. En realidad, Murray no separa el jazz del lenguaje del blues. Acerca de Duke Ellington, escribe que sus formas de jazz son

> principalmente el resultado de la extensión, la elaboración y el refinamiento del coro de blues tradicional de doce compases y la forma de la canción popular estándar de treinta y dos compases. *Y al hacerlo, también ha cumplido con el imperativo ancestral de procesar melodías folklóricas, y la música del entretenimiento popular tanto como la de las ceremonias religiosas en un arte refinado realmente nativo* [...] *utilizando recursos de estilización que son tan vernáculos como las particularidades idiomáticas del tema de que se trata.* No se trata de transformar los materiales folk y pop en formas europeas clásicas o establecidas, sino de extender, elaborar y refinar (que es lo mismo que decir *raggear*, *jazzear* y *riffear*, e inclusive *jammear*) lo idiomático en arte refinado.[51]

El "imperativo ancestral" de Murray exige que las formas del pasado se integren a los modos actuales de expresión; el jazz es sincrónico porque obedece al "imperativo ancestral" de incluir esos mismos ancestros. *Jazz* (1992), de Toni Morrison, es una utilización reciente de esta metáfora peculiarmente estadunidense. John Edgar Wideman, en su prefacio a *Fatheralong*, utiliza una metáfora bastante diferente, tomada de la química; escribe acerca del "compuesto de elementos inmutables" que es la cultura afroamericana contemporánea.[52] Los elementos pueden ser inmutables, pero el compuesto no lo es. Es volátil, sincrético, sincrónico. Como Wideman, Murray y Morrison, muchos escritores de la literaura de "minorías" estadunidenses están trabajando para representar sus propios "compuestos"

[49] Eudora Welty, *One Writer's Beginnings*, Cambridge, Massachussets, Harvard University Press, 1984, p. 102 (las cursivas son de la autora).

[50] Con respecto a la "estética del blues", véanse sus ensayos "The visual equivalent to blues composition" y "The storyteller as blues singer", en *The Blue Devils of Nada: A Contemporary American Approach to Aesthetic Statement*, Nueva York, Pantheon, 1996, pp. 117-221.

[51] Albert Murray, "The Ellington Synthesis", en *The Blue Devils of Nada*, *op. cit.*, p. 93.

[52] John Edgar Wideman, *Fatheralong: A Meditation on Fathers and Sons, Race and Society*, Nueva York, Pantheon, 1994, p. XV.

culturales por medio de estructuras literarias incluyentes. Volveré sobre este punto en el próximo capítulo.

Un contemporáneo de Faulkner que también fue uno de los primeros en utilizar estrategias sincrónicas fue el ciudadano del mundo nacido en Chicago, John Dos Passos. Dos Passos creó una vasta estructura sincrónica para expresar las complejidades comunitarias del territorio anunciado en el título de su obra más famosa: USA (1938).[53] Carlos Fuentes ha declarado que, mientras escribía su primera novela, *La región más transparente* (1958), "Dos Passos era mi Biblia literaria",[54] y Wendy B. Faris ha observado que la estructura de múltiples perspectivas de la novela de Fuentes, dividida en secciones encabezadas por los nombres de diferentes personajes, se asemeja a la estructura de la trilogía USA.[55] La semejanza de *La muerte de Artemio Cruz* (1962), que también está estructurada sincrónicamente, con *Hombre joven a la ventura [Adventures of a Young Man]*, de Dos Passos, incluida en su trilogía *Distrito Columbia* (1952), está todavía a la espera de un análisis comparativo.

No deseo ahora multiplicar los ejemplos, sino finalizar el capítulo. La experiencia de escribir en medio de diversas culturas e historias es, quizás, la experiencia definitoria de los escritores del Nuevo Mundo, y los hace (recuérdese la autocaracterización de Borges) "buenos lectores" en el sentido inclusivo que estoy explorando aquí. Hemos visto que los escritores del Nuevo Mundo tienden a abordar el tropo del escritor en tanto lector para representar su propia posición histórica como herederos de múltiples tradiciones. Y tienden a crear estructuras narrativas incluyente para reflejar su participación simultánea en todas ellas.

Terence Rafferty también nota esta tendencia en su reseña –publicada en 1988 en *The New Yorker*– de *El arte de la novela*, de Milan Kundera, y *Myself with Others*, de Carlos Fuentes. Estos libros de ensayos describen el desarrollo de sus autores como escritores a través de sus lecturas. Rafferty considera que "Kundera, serenamente europeo, parece dar absolutamente por sentada la relación entre sus lecturas y su escritura".[56] Cita a Kundera en referencia al "espíritu de continuidad" de la novela: "Cada obra es una respuesta a las precedentes, cada obra contiene toda la experiencia anterior de la novela" (Rafferty, "Articles of faith", *op. cit.*, p. 110). Rafferty observa que, aunque Kundera ha vivido en el exilio fuera de Checoslovaquia desde 1975, sus ensayos reflejan la sensación de seguridad que proviene de la pertenencia a una tradición. Kundera no transmite el sentimiento del exilio; por el contrario, de acuerdo con Rafferty, "todavía forma parte, en

[53] La trilogía de Dos Passos está formada por *Paralelo 42 [The 42nd parallel]* (1930), *Mil novecientos diecinueve [Nineteen Nineteen]* (1932) y *El gran dinero [The Big Money]* (1936).

[54] Citado por Emanuel Carballo, *Diecinueve protagonistas de la literatura mexicana del siglo* XX, México, Empresas Editoriales, 1965, p. 434.

[55] Wendy B. Faris, *Carlos Fuentes*, Nueva York, Frederick Ungar, 1983, p. 38.

[56] Terence Rafferty, "Articles of faith", en *The New Yorker*, 16 de mayo de 1988, p. 110.

gran medida, de la tradición que lo modeló: la literatura, la filosofía y la música de Europa. En lo que hace a la novela, podría ser incluso el máximo ejemplar actual de la cultura continental, su rey en ejercicio. Se lo ve tan poco angustiado por sus fuentes como un monarca por sus genes" (*ibid.*, p. 111).

Rafferty contrasta la ausencia del sentimiento de angustia de los orígenes de Kundera con el de Fuentes y los escritores americanos en general: "El problema clave para los escritores de los Estados Unidos y de América Latina, pero para los escritores latinoamericanos en particular –Cortázar, García Márquez, Cabrera Infante, Puig, Carpentier, Arenas, Donoso–" es su estatuto como lectores, es decir: "cómo la lectura y la imaginación se las arreglan para transformarse en creación" (*ibid.*, p. 115). Rafferty describe la búsqueda de Fuentes "de su propia identidad histórica, leyendo en forma promiscua, tratando de hacer entrar todo lo que va leyendo en un yo cuya capacidad ya está colmada" (*ibid.*, p. 114). Como he hecho yo, Rafferty vincula este impulso incluyente con la estructura literaria: "Fuentes suele escribir –no sólo aquí, sino también en novelas densas y abarcadoras como *Terra Nostra* y *La muerte de Artemio Cruz*, que intentan derrumbar el tiempo, el espacio y la identidad para que asuman formas completamente nuevas– como si estuviera luchando para mantener todo a la vista simultáneamente" (*ibid.*, p. 115). De acuerdo con Rafferty, en los ensayos de la sección final "We" ["Nosotros"] de *Myself and Others*, es "como si se hubieran reconciliado todas las diferencias, el yo y los otros fundidos en una unidad omniabarcadora, una identidad tan variada y compleja que, finalmente, se ha vuelto simple, lapidaria" (*ibid.*, p. 117). Yo cuestionaría el concepto de reconciliación de Rafferty ("simple, lapidaria"), pero estoy de acuerdo con su intuición sobre el atractivo de las estructuras "omniabarcadoras" en contextos en los que las tradiciones son múltiples y la identidad, variada, y donde la literatura debe abarcar las antinomias. No es reconciliación, sino reconocimiento e inclusión.

Es evidente que Rafferty se identifica con Fuentes y diseña un personaje americano colectivo para decirlo: "Reconocemos en su confusión, sus contradicciones y sus tortuosos actos de identificación más de nosotros mismos que en la espléndida precisión de Kundera" (*ibid.*, p. 113). Mientras que Kundera defiende la tradición de la novela contra las fuerzas históricas que la destruirían o la sustituirían, Fuentes "crea una fábula de la educación en el Nuevo Mundo" (*ibid.*, p. 115). Continúa Rafferty: "Nos damos cuenta de que parte de la razón por la que las novelas de Fuentes nos exasperan es que reflejan con demasiada precisión el denso caos de las imágenes que tenemos de nosotros mismos, los torpes forcejeos de nuestras lecturas del mundo" (*ibid.*, p. 118). Rafferty considera que Fuentes cree en "el espíritu de continuidad", pero que "la tradición que él desea continuar cambia sin cesar sus contornos, se expande, se ramifica, florece" (*ibid.*, p. 115). En la conclusión volveré sobre esta hidra americana.

5. FICCIONES FRAGMENTARIAS

ANGELINA MUÑIZ-HUBERMAN, *DULCINEA ENCANTADA*
SANDRA CISNEROS, *EL ARROYO DE LA LLORONA*

> Hay un cuadro de Klee que se llama *Angelus Novus*. En él se representa a un ángel que parece como si estuviese a punto de alejarse de algo que lo tiene pasmado. Sus ojos están desmesuradamente abiertos, la boca abierta y extendidas las alas. Y éste deberá ser el aspecto del ángel de la historia. Ha vuelto el rostro hacia el pasado. Donde a nosotros se nos manifiesta una cadena de datos, él ve una catástrofe única que amontona incansablemente ruina sobre ruina, arrojándolas a sus pies. Bien quisiera él detenerse, despertar a los muertos y recomponer lo despedazado. Pero desde el paraíso sopla un huracán que se ha enredado en sus alas y que es tan fuerte que el ángel ya no puede cerrarlas. Este huracán le empuja irresistiblemente hacia el futuro, al cual da la espalda, mientras que los montones de ruinas crecen ante él hasta el cielo. Ese huracán es lo que llamamos progreso.
>
> WALTER BENJAMIN, "Tesis de filosofía de la historia"[1]

Este pasaje proviene del noveno de dieciocho fragmentos narrativos escritos por el filósofo judío alemán Walter Benjamin en 1940, el último año de su vida. El Angelus Novus de Benjamin se refiere a un ángel en particular, creado por el

[1] Walter Benjamin, "Theses on the philosophy of history", en *Illuminations*, ed. Hannah Arendt, trad. Harry Zohn, Nueva York, Schocken Books, 1955, p. 257. [Trad. esp.: *Iluminaciones*, Madrid, Taurus, 1972. El artículo "Tesis de filosofía de la historia" se encuentra también en *Discursos interrumpidos* I. *Filosofía del arte y de la historia*, trad. Jesús Aguirre, Madrid, Taurus, 1973, 2ª reimpr. 1987, que es la edición que citamos. La cita puede leerse en la p. 183.] En el contexto de mi análisis comparativo, resulta pertinente la evocación que hace Carlos Fuentes del ángel de Benjamin en una reseña del escritor húngaro György Konrád. Fuentes habla de la literatura en la que "la grandeza y la miseria de vivir en la 'polis' (vivir 'políticamente') debe contemplarse en términos poéticos y fatídicos, casi como el Angelus Novus de Walter Benjamin que se yergue, despliega las alas y vuelve la mirada a la irónica perfección de la historia; la meditación del ángel sobre el pasado redime a la ciudad al verla en ruinas; y estar en ruinas significa haber sobrevivido y poder mostrarnos sus huesos despojados; su ruina es su eternidad y, por tanto, su perfección". Fuentes sugiere a continuación que un mexicano y un húngaro, un latinoamericano y un centroeuropeo, pueden compartir esta visión porque han experimentado los desgarros de la colonización y la consiguiente lucha por establecer

pintor suizo Paul Klee con tinta, tiza y acuarela marrón sobre papel. La obra fue adquirida por Benjamin en 1921 y legada a su amigo Gershom Scholem, el gran estudioso del misticismo judío. Scholem poseyó la pintura hasta el final de su vida; en 1989, su viuda la donó al Museo de Israel, donde está actualmente.[2] Scholem escribió, en 1972, un ensayo titulado "Walter Benjamin and his Angel", en el que demuestra la compleja significación del ángel de Klee a través de la obra de Benjamin. Concluye así su ensayo: "Si se puede hablar del genio de Walter Benjamin, estaba concentrado en este ángel. Bajo su luz saturnina seguía su curso la vida misma de Benjamin, también formada sólo por 'victorias en pequeña escala' y 'derrotas en gran escala', tal como la describió, desde un punto de vista profundamente melancólico, en una carta que me envió el 26 de julio de 1932, un día antes de su intento de suicidio, que en ese momento no concretó".[3]

Este "ángel de la historia", con las alas levantadas, las plumas (y los cabellos) erizados, la mirada de soslayo, fue pintado por Paul Klee en 1920, y descrito por Benjamin en "Tesis de filosofía de la historia" en 1940. El hecho de que Benjamin elija un ángel *nuevo* –Angelus Novus– para erigirse sobre las ruinas de la historia recuerda la angustia que rodea a la novedad de la historia en América: comencé proponiendo que el viejo gordo de overol descolorido de Charles Simic podía representar esta angustia histórica, y ahora propongo que el ángel de Klee/Benjamin lo acompañe. Este nuevo ángel es tan etéreo como terrenal es el viejo de Simic; es un visionario mientras que el viejo es miope. Sin embargo, ambos representan las relaciones entre la historia y el poder, y sugieren la violencia inherente a esas relaciones. El ángel de Benjamin, él mismo descrito en un texto fragmentario, se cierne sobre las ficciones fragmentarias de Angelina Muñiz-Huberman y de Sandra Cisneros.

El Angelus Novus observa desde arriba el "huracán del progreso", una metáfora que significa para Benjamin los fundamentos de la modernidad: el racionalismo, la ciencia, la tecnología deshumanizadora y el triunfo de las ideologías que privilegiaron el futuro idealizado por sobre el pasado compartido, la abstracción ideológica por sobre la conciencia histórica. Hacia 1940, el huracán del progreso había llevado a Europa al borde de su aniquilamiento. El ángel de Benjamin "ha vuelto el rostro hacia el pasado. Donde a nosotros se nos manifiesta una cadena

---

una identidad comunitaria coherente a partir de los fragmentos históricos. Véase Carlos Fuentes, "La ciudad en guerra: notas sobre György Konrád", en *Nexos*, núm. 138, junio de 1989, pp. 39-40.

[2] Véase Robert Alter, *Necessary Angels: Tradition and Modernity in Kafka, Benjamin, and Scholem*, Cambridge, Massachusetts, Harvard University Press, 1991, pp. 113-116.

[3] Gershom Scholem, "Walter Benjamin and his Angel", en *On Walter Benjamin: Critical Essays and Recollections*, ed. Gary Smith, trad. por Werner Dannhauser, Cambridge, Massachusetts, MIT Press, 1988, p. 86 [trad. esp.: *Walter Benjamin y su ángel. Catorce ensayos y artículos*, Buenos Aires, FCE, 2003].

de datos, él ve una catástrofe única [...]. Bien quisiera él detenerse, despertar a los muertos y recomponer lo despedazado" (Benjamin, "Tesis...", *op. cit.*, p. 183). Muñiz-Huberman y Cisneros crean narradoras que, como el ángel de Benjamin, ven desde arriba los fragmentos de sus propias historias y la historia de sus culturas. A diferencia de las estructuras narrativas sincrónicas de Cortázar y de Vargas Llosa, que abarcan metafóricamente las historias disjuntas que relatan, estos textos exhiben su estatuto fragmentario. No obstante, los fragmentos sólo son fragmentarios con respecto a una entidad mayor; la fragmentación se puede exhibir solamente si uno intuye o imagina –como el ángel de Benjamin–, en algún lugar y algún tiempo, una totalidad "despedazada", aun cuando nunca haya existido, aun cuando no pueda (re)construirse. Esto es mucho más que la mera nostalgia de un pasado perdido o el deseo utópico de un futuro inalcanzable. De hecho, es un modo de crítica cultural. Benjamin utiliza estructuras fragmentarias para socavar las nociones racionalistas de la historia progresiva, como hacen Muñiz-Huberman y Cisneros. Su perspectiva histórica es irónica; ellos pueden evaluar la extensión de las "ruinas" porque las ven en forma sincrónica y espacial más que secuenciada. Esta visión incluyente representa una oportunidad para los narradores de Cisneros, y el desastre para la de Muñiz-Huberman.

Donald Shaw ha observado una tendencia generalizada hacia la fragmentación en la literatura latinoamericana contemporánea, tendencia que él llama "el efecto del espejo astillado".[4] A diferencia de Julio Ortega, a quien cité en relación con el impulso incluyente ("el impulso integrador") de los escritores latinoamericanos recientes, o de Robin Fiddian, que analiza las "estrategias totalizadoras" ("la práctica totalizante o totalizadora") de esta literatura, Shaw subraya los fragmentos como tales.[5] Al referirse a una frase de *Crónica de una muerte anunciada*, de García Márquez, Shaw escribe: "La imagen misma que García Márquez utiliza en esta novela: 'recomponer con tantas astillas dispersas el espejo roto de la memoria' revela la conciencia del novelista de que la literatura ha perdido la posibilidad de reflejar el mundo desde un punto de vista único, de modo que lo que queda es fragmentario, difícil de unir en una totalidad, es incluso contradictorio" ("On the new moves...", *op. cit.*, p. 63). Aunque la imagen de García Márquez también admite la posibilidad de que las astillas puedan reconstituirse en una forma útil –"recomponer [...] el espejo roto de la memoria"–, sin embargo, Shaw insiste en la "crisis de confianza en la capacidad del escritor para interpretar la experiencia" (*ibid.*, p. 64). La afirmación de Shaw anticipa mi análisis de

[4] Donald Shaw, "On the new novel in Spanish America", en *New Novel Review*, 1, núm. 1, 1993, pp. 59-73.

[5] Julio Ortega, *La contemplación y la fiesta*, Caracas, Monte Ávila, 1969, p. 8; Robin William Fiddian, "James Joyce and spanish-american fiction: A study of origins and transmission of literary influence", en *Bulletin of Hispanic Studies*, 66, 1989, p. 33.

Muñiz-Huberman, de Cisneros y de las escritoras en general, que durante mucho tiempo han sido marginadas o excluidas de los procesos de interpretación histórica. Pero antes necesito decir algo más sobre los ángeles de Klee.

Si el *Angelus Novus* de Klee representaba para Benjamin un testigo impertérrito de los desastres de la historia moderna, para el mismo Klee, el ángel era un refugio frente a horrores más privados. Klee pintó imágenes de ángeles a lo largo de su extensa trayectoria. En 1939, afectado por una enfermedad incurable, sintiéndose suspendido entre la vida y la muerte, pintó veintinueve criaturas aladas. Estos ángeles finales (extraños pájaros, sin duda) se habían vuelto para Klee los símbolos de su condición mortal. Siempre los pinta de a uno y con aspecto solitario: nunca están anunciando o presenciando milagros bíblicos, ni están acompañados por la iconografía consoladora con la que pueden contar los ángeles judeocristianos normales. Los ángeles de Klee son seres híbridos, fantásticos, mezclas de humano/animal/espíritu. Klee les dio nombres tales como "Olvidadizo", "Feo", "Inconcluso", "Pobre" y "Todavía mujer".

Angelina Muñiz-Huberman y Sandra Cisneros, como sus protagonistas femeninas, son ángeles de la historia en los términos metafóricos propuestos por Klee y Benjamin: híbridas en un sentido cultural y conscientes de la necesidad de resistirse a los golpes de los vientos de la modernidad. Recuérdese cómo describe Benjamin el ángel de Klee: "Sus ojos están desmesuradamente abiertos, la boca abierta y extendidas las alas". Muñiz-Huberman y Cisneros crean escenarios ficticios en los que chocan las historias y las culturas. Sus personajes ponen en escena los difíciles (y, a veces, desastrosos) procesos de transculturación: la combinación de significados culturales fragmentados para constituir estructuras del ser utilizables.

I

Dulcinea encantada, la novela de Angelina Muñiz-Huberman, lleva como epígrafe una frase de Paul Klee: "El límite entre el interior y el exterior es mínimo". Para la protagonista de esta novela, Dulcinea (o Dulce), ya no existe siquiera este límite mínimo. Ella no distingue entre el yo y el otro, el pasado y el presente; no distingue su propia identidad de la de otras personas o de los personajes de los libros que ha leído. Su estado mental indiferenciado podría deberse a una esquizofrenia o, al menos, a una depresión aguda. Pero Dulcinea sufre más bien lo que Benjamin diagnosticó como la enfermedad del siglo XX, la tormenta del progreso. De niña, en España, Dulcinea es separada de sus padres y de su propio contexto cultural a causa de la guerra. La envían a Rusia junto con otros niños españoles, donde los gobiernos de España y Rusia han acordado protegerlos de la violencia de la guerra civil. Termina la Guerra Civil Española y comienza la Segunda Guerra Mundial. Diez años pasan antes de que, finalmente, pueda reencontrarse con sus padres en México. En la estación de tren, no los reconoce. Su historia personal es absorbida por los horrores colectivos, y el yo desaparece. Dulcinea se refiere a su propio aniquilamiento: "Para mí ya no hay fin del mundo. Mi mundo se destruyó el día que me pusieron en el barco [para Rusia]".[6]

No es exactamente así. Para poder continuar viviendo en la historia, Dulce reemplaza la suya con historias imaginadas. Si su historia privada ha sido reducida o borrada –el lector comprende que es demasiado dolorosa para *no* serlo–, sus historias imaginadas no tienen límites. Ella da vueltas en automóvil por el congestionado Periférico de la ciudad de México, una acción que circunscribe el presente narrativo, pero no el rango de referencias históricas de la novela. En su mente, los textos y los contextos históricos y ficcionales se funden y difunden, y proliferan. Dulce dice de sí misma: "Yo soy tantas historias que a veces me es difícil elegir con cuál me quedo" (Muñiz-Huberman, *Dulcinea encantada, op. cit.*, p. 26). En realidad, Dulcinea se queda con todas, poniendo una sobre la otra, entretejiéndolas y combinándolas. Juntas, representan el huracán del progreso de este siglo y comprenden la estructura fragmentaria de la novela en sí. El huracán es personal, político y estético.

Aferrada al volante de su auto y superando apenas el espeluznante tránsito del Periférico, Dulce es, al mismo tiempo, la Dulcinea encantada de Don Quijote, la amante de Amadís de Gaula –el caballero del romance cortés español– y la dama de compañía de una mujer escocesa que viaja a México en el siglo XIX, Fanny Calderón de la Barca.[7] Las historias imaginarias de Dulce son apuntaladas mediante la inserción de fragmentos textuales provenientes de una gran variedad de fuentes literarias, filosóficas e históricas. Uno de los fragmentos más extensos incluidos en *Dulcinea encantada* es, precisamente, la descripción lírica que hace Calderón del valle de México visto desde el castillo de Chapultepec el 31 de diciembre de 1839, que hace evidentes las antinomias de las historias simultáneas de Dulce. Mientras es sacudida por la congestión y la contaminación de la ciudad más grande del mundo, ella vive el texto de Calderón, que describe una vista de la ciudad de México en el siglo XIX, donde el orden y la belleza todavía son posibles:

> Desde la terraza que rodea al castillo, la vista que se ofrece es el más extraordinario panorama que pueda imaginarse. El valle de México se muestra en un mapa; la ciudad, con sus innumerables iglesias y conventos; los dos acueductos cortando la llanura; las

[6] Angelina Muñiz-Huberman, *Dulcinea encantada*, México, Joaquín Mortiz, 1992, p. 85.

[7] Esta brillante cronista del México de mediados del siglo XIX era una escocesa que llegó a México en 1839 con su esposo, el embajador español a ese país. Las cartas llenas de detalles que escribió a su hija durante sus dos años de estadía fueron reunidas en 1842 y publicadas con el título de *Life in México* [traducido como *La vida en México durante una residencia de dos años en ese país*].

> avenidas de álamos y olmos que conducen a la ciudad; las aldeas, lagos y valles que la envuelven. Al norte, la espléndida catedral de Nuestra Señora de Guadalupe. Al sur, los pueblos de San Agustín, San Ángel y Tacubaya, que parecen inmersos en los árboles, como un enorme jardín. Y aunque en las llanuras de abajo hay muchos campos sin cultivar y muchos edificios en ruinas, el glorioso marco de las montañas, enseñoreadas por los dos altivos volcanes, el Popocatépetl y el Ixtaccíhuatl, el Gog y el Magog del valle, de cuyos costados gigantescos se desprenden masas de nubes densas, y con su cielo turquesa siempre sonriendo en la escena, todo el paisaje, visto desde esta altura, es de belleza sin par.[8]

La descripción de Calderón recuerda los magníficos paisajes de su contemporáneo José María Velasco, y confirma la complejidad cultural del paisaje que ella observa. Popocatépetl e Ixtaccíhuatl, el príncipe y la princesa aztecas inmortalizados como volcanes uno junto al otro para siempre, se transforman en Gog y Magog, y la Virgen de Guadalupe subraya este sincretismo cultural. Su aguda mirada de forastera abarca las culturas indígena y colonial de estos primeros tiempos poscoloniales en México. Al habitar el mundo de su compañera de viaje, Dulcinea reitera la perspectiva sincrónica del ángel de Benjamin, que observa los fragmentos y ve una única catástrofe.

Otros intertextos se intercalan en la novela: las veinte cualidades requeridas a un auténtico caballero cortés, según las enumera el filósofo renacentista Ramón Lull; los treinta y un aspectos del cuento maravilloso señalados por el formalista ruso Vladimir Propp; pasajes de las obras de Thomas Browne, San Juan de la Cruz, Fray Luis de León, Ludwig Wittgenstein y muchos otros. Los fragmentos textuales se "apilan" a los pies de Dulcinea como las ruinas se apilan ante el ángel de Benjamin. Los fragmentos no se integran al presente del relato ni existe una

[8] Muñiz-Huberman no utiliza la traducción reconocida de esta obra al español, de Felipe Teixidor: Frances Calderón de la Barca, *La vida en México durante una residencia de dos años en ese país*, México, Porrúa, 1959. La traducción de Teixidor es más cercana al original en inglés que la de Muñiz-Huberman, pero cito, sin embargo, la de *Dulcinea encantada*, *op. cit.*, p. 27. Éste es el fragmento original:

"From the terrace that runs around the castle, the view forms the most magnificent panorama that can be imagined. The whole valley of Mexico lies stretched out as in a map; the city itself, with its innumerable churches and convents; the two great aqueducts which cross the plain; the avenues of elms and poplars which lead to the city; the villages, lakes, and plains, which surround it. To the north, the magnificent cathedral of Our Lady of Guadalupe –to the south, the villages of San Agustín, San Ángel, and Tacubaya, which seem imbosomed in trees, and look like an immense garden. And if in the plains below there are many uncultivated fields, and many buildings falling to ruin, yet with its glorious enclosure of mountains, above which tower the two mighty volcanoes, Popocatépetl and Ixtaccíhuatl, the Gog and Magog of the valley, off whose giant sides great volumes of misty clouds were rolling, and with its turquoise sky forever smiling on the scene, the whole landscape, as viewed from this height, is one of nearly unparalleled beauty." (Frances Calderón de la Barca, *Life in Mexico*, Nueva York, Doubleday, 1963, p. 82.)

estructura metafórica que los abarque: la historia se acrecienta en capas sincrónicas, anárquicas. Si el rechazo de la historia lineal es liberador para Borges, Fuentes y Garro, *no* lo es, en cambio, para el personaje de Muñiz-Huberman. Dulcinea crea a sus precursores, pero es incapaz de distinguir entre ellos, o distinguirse de ellos.

Dulcinea presenta su disociación en forma literal:

> Claro que sí fui hecha de barro, de ahí mi resquebrajamiento.
>
> ¿Puede un arqueólogo reconstruir? No, creo que no. Pega las piezas. Las fisuras quedan. Podría volver a salirse el agua por ahí. Pero yo ni siquiera encuentro las piezas. Ni siquiera puedo dar la apariencia de un ser remendado. Soy un ser despedazado. La cabeza se me escapa hacia lo alto. El corazón lo he perdido. Un pie se apoya en la tierra y el otro vacila en el aire. Los brazos, desarmónicos. Los ojos, dando vueltas. La cámara lenta en velocidades dispares. (*Dulcinea encantada, op. cit.*, p. 186)

La autora juega con las posibilidades contradictorias de *despegar*: literalmente, desprender; metafóricamente, alzar el vuelo. Los fragmentos corporales intentan "despegar" en momentos fugaces de trascendencia. Sin embargo, no vuelan sino que más bien se vuelan. El caos de la vida interior de Dulce es isomórfico respecto de las ruinas que la rodean. La novela termina de este modo:

> El automóvil se desliza como un trineo en la nieve o un barco en el mar. Las nubes van espaciándose. La luz se vuelve intensa, antes de desaparecer.
>
> [...]
>
> El Periférico se acaba. El automóvil entra por un camino lateral. Atrás va quedando el asfalto, la tierra apisonada.
>
> Hay árboles: pájaros que están recogiéndose y que cantan su último canto. Ramas inclinadas por el peso de los frutos. Agradable silencio. Claroscuro.
>
> Este lugar sí me gusta, piensa Dulcinea.
>
> Al fondo un castillo. Abruptas rocas hasta llegar a él. La luz en las nubes. El almendrado ojo de Dios.
>
> Se abren las puertas (del cielo). [*Ibid.*, pp. 189-190.]

Así, Dulcinea conduce su automóvil hasta el final del círculo vicioso del progreso.

Sin embargo, el último paréntesis de la novela –"del cielo"– ofrece una reinterpretación posible de lo que, de otro modo, sólo puede entenderse como el camino sin salida de la historia moderna. Hay circunstancias textuales atenuantes en *Dulcinea encantada*: la idea benjaminiana de los fragmentos como un medio de oponerse a la falsa promesa de la historia progresiva y la corriente cabalística que atraviesa la obra de Muñiz-Huberman.[9] Superpuestos a las listas y las citas

[9] Véase el estudio de Angelina Muñiz-Huberman sobre la tradición cabalística hispanohebrea en *Las raíces y las ramas: fuentes y derivaciones de la cábala hispanohebrea*, México, FCE, 1993.

fragmentarias de la narradora, aparecen los siete sellos del Libro de la Revelación, cada uno como título de un capítulo. Un modelo histórico apocalíptico de la crisis y la culminación opera en esta novela, sugiriendo que la mezcla de textos puede reflejar la percepción judaica fundamental de que la posibilidad de la redención surge de la preservación del pasado colectivo.

Robert Alter se ocupa de este historicismo apocalíptico –lo que él llama "la estructura de la tradición judía"– en la obra de Benjamin, Kafka y Scholem: "Todo se origina en la incandescencia de la revelación, que luego se mantiene a través del tiempo en los miles de reflejos y refracciones de la exégesis. El sistema completo está imaginativamente centrado en el gran momento de su origen, por más audaz y sorprendente que sea la 'espontaneidad' de los intérpretes posteriores".[10] Alter explora la paradoja inherente a esta estructura, la "focalización judía de la perspectiva del *pasado* [y] la expectativa judía de una redención *futura*" (*Necessary Angels*, *op. cit.*, p. 106). La ambigüedad final de la frase "del cielo" en *Dulcinea encantada* reproduce esta estructura: una tradición que está, a la vez, actualizada y en potencia, que se recuerda y se espera, se registra y se revela. Así, el reino mesiánico depende de las ruinas que se recuerdan.

Pero ¿qué se espera o se revela al final de *Dulcinea encantada*, y a quién? Alter nos ofrece una posible interpretación en su comentario de la correspondencia entre Benjamin y Scholem de 1934. Ambos intercambiaron cartas apasionadas sobre el final de *El proceso*, la novela de Kafka, y sobre la naturaleza de la revelación en las obras de Kafka en general. A diferencia de la lectura habitual del mundo novelístico de Kafka como desprovisto de significado, Scholem escribió a Benjamin:

> El mundo de Kafka es un mundo de revelación, pero de la revelación vista, por supuesto, desde esa perspectiva en la que es obligada a volver a su propia insignificancia. No puedo aceptar tu negación de este aspecto. [...] La *imposibilidad de cumplir* lo que ha sido revelado es el punto donde una teología *correctamente* entendida [...] coincide perfectamente con la que ofrece la clave para la obra de Kafka. Su problema no es, querido Walter, su *ausencia* en un mundo preanimístico, sino el hecho de que no puede ser *cumplido*.[11]

[10] Alter, *Necessary Angels*, *op. cit.*, p. 100. Véase también el análisis de Klaus R. Scherpe de este elemento escatológico en la obra de Benjamin: "Dramatización y des-dramatización de 'el Fin': la conciencia apocalíptica de la modernidad y la posmodernidad", en *Modernidad y posmodernidad*, ed. Josep Picó, Madrid, Alianza, 1988, pp. 349-385.

[11] Véase *The Correspondence of Walter Benjamin and Gershom Scholem, 1932-1940*, trad. Gary Smith y André Lefevere, Nueva York, Shocken, 1989, pp. 126-127 (el subrayado es del autor). Citado por Alter, *Necessary Angels*, *op. cit.*, p. 107 [trad. esp.: Walter Benjamin, *Correspondencia 1933-1940*, ed. Gershom Scholem, Madrid, Taurus, 1987].

Una revelación que no se puede cumplir es, no obstante, una revelación. La intervención de Dios en la historia –no la interpretación humana de Su revelación– es el fundamento de la tradición judía. Scholem insistió en esta distinción entre la existencia de la revelación y su inteligibilidad, entre la ausencia de la revelación y la revelación indescifrable. En una carta posterior dirigida a Benjamin, Scholem continuó elaborando su concepto de "la insignificancia de la Revelación": "Un estado en el que la revelación parece carecer de significado; en el cual, empero, se afirma a sí misma; en el cual tiene *validez* pero no *significación*. Un estado en el que la riqueza del significado se pierde y lo que está en proceso de aparición (porque la revelación es un proceso de ese tipo) aún no desaparece, a pesar de que está reducido al grado cero de su propio contenido, por así decirlo".[12]

Quizás, al final de *Dulcinea encantada*, hay una revelación de la nada: "la insignificancia de la Revelación". La estructura fragmentaria de la novela sugiere que debe desearse la potencialidad más que el progreso hacia un futuro programado. En hebreo, el ángel y el mensajero se designan con la misma palabra: *malaj*. Dulcinea es un mensajero sin mensaje; su revelación indefinida se ofrece, tal vez, como antídoto contra el huracán del progreso.

La apertura de la historia fragmentaria de Dulcinea es análoga a lo que Benjamin denominó *Jetztzeit*, un neologismo traducido al inglés como "presence of the now" (y al español como "presencia del ahora" o "tiempo-ahora"). La "presencia del ahora" es sincrónica en su inclusión de precursores culturales, y se vincula a la concepción de Benjamin del aura de la obra de arte. En la decimocuarta de sus "Tesis de filosofía de la historia", Benjamin escribe:

> La historia es objeto de una construcción cuyo lugar no está constituido por el tiempo homogéneo y vacío, sino por un tiempo pleno, "tiempo-ahora" [*Jetztzeit*].[13] Así, la antigua Roma fue para Robespierre un pasado cargado de "tiempo-ahora" que él hacía saltar del *continuum* de la historia. La Revolución Francesa se entendió a sí misma como una Roma que retorna. Citaba a la Roma antigua igual que la moda cita un ropaje del pasado. La moda husmea lo actual dondequiera que lo actual se mueva en la jungla del otrora. Es un salto de tigre al pasado. Sólo tiene lugar en una arena en la que manda la clase dominante. El mismo salto bajo el cielo despejado de la historia es el salto dialéctico, que así es cómo Marx entendió la revolución. [*Discursos interrumpidos I*, *op. cit.*, p. 188.]

Este "salto de tigre" es posible en el "tiempo-ahora": es el tiempo de la revolución y la redención y surge de la discontinuidad histórica. En el "tiempo-ahora", algu-

[12] Scholem, *The Correspondence*..., *op. cit.*, p. 142 (el destacado es del autor). Citado por Alter, *Necessary Angels*, *op. cit.*, p. 109.

[13] Una nota al pie del editor advierte: "Benjamin dice '*Jetztzeit*' e indica, por medio de las comillas, que su intención no es simplemente ofrecer un término equivalente a *Gegenwart*, es decir, el presente. Evidentemente, está pensando en el *nunc stans* místico" (*Illuminations*, *op. cit.*, p. 261).

nos fragmentos del pasado se actualizan inesperadamente. Benjamin escribe: "La redención espía a través de una estrecha grieta en la catástrofe del progreso".[14] La narrativa fragmentaria de Muñiz-Huberman crea fisuras a través de las cuales relumbra el desastre y a través de las cuales (rara vez) el lector puede atisbar los medios para redimir las ruinas.

II

Un benjaminiano ángel de la historia también sobrevuela *El arroyo de La Llorona* [*Woman Hollering Creek*] (1991), de Sandra Cisneros, en las estructuras narrativas discontinuas de sus cuentos y en sus capas multiculturales de historia y mito. Como Dulcinea, los protagonistas de Cisneros constituyen identidades históricas aceptables a partir de fuentes culturales fragmentarias. Los cuentos de Cisneros se sitúan en México y en las comunidades mexicano americanas de Texas, literalmente en la frontera entre las culturas, y sus estructuras narrativas reflejan el mestizaje cultural y racial propio del mundo sobre el que ella escribe.

El título del libro de cuentos proviene del nombre de un arroyo de Texas que corre entre San Antonio y Houston; el nombre resulta extraño en inglés por el uso de un término coloquial (*hollering*), pero más por su inversión del orden habitual del sustantivo y el adjetivo (*woman hollering*).[*] Nos enteramos de que es una traducción literal del nombre español que los colonizadores españoles de la zona le dieron al arroyo: "La Gritona".[**] La protagonista se pregunta si la mujer gritaba de rabia o de dolor. Cuando le pregunta a la gente de San Antonio, recibe esta respuesta: "*Pues, allá de los indios, quién sabe*[***] –quién sabe, se encogía de hombros la gente del pueblo, porque no tenía ninguna importancia para sus vidas la causa de que ese hilo de agua llevara ese curioso nombre".[15] La referencia en español a "los indios" confirma las complejidades culturales que fluyen en el arroyo de La Gritona.

Cleófilas es mexicana. Ha llegado hace poco a San Antonio, y la historia de este nuevo lugar le interesa. Se nos sugiere que plantea su pregunta a un mexicano estadunidense que no tiene el menor sentido de la historia. "¿Cómo podía Cleófilas

[14] Citado por Scherpe, "Dramatización y des-dramatización de 'el Fin'", *op. cit.*, p. 359.

[*] En inglés, normalmente, el adjetivo se antepone al sustantivo. En este caso, el orden habitual sería *hollering woman*. [N. de la T.]

[**] En español en el original. La traducción al español de la obra dice, sin embargo, "La Llorona"); véase nota 15. [N. de la T.]

[***] En español en el original. [N. de la T.]

[15] Sandra Cisneros, *Woman Hollering Creek*, Nueva York, Random House, 1991, p. 46 [trad. esp.: *El arroyo de La Llorona y otros cuentos*, Nueva York, Vintage Español, 1996].

explicarle a una mujer como esta por qué la fascinaba el nombre La Gritona? Bueno, no tenía sentido hablar" (Cisneros, *Woman Hollering Creek*, *op. cit.*, p. 46). Pero, finalmente, descubre que *tiene* sentido hablar: una chicana de nombre Felice la ayuda a abandonar a su esposo violento en Texas y a volver a México. Felice tiene su propia camioneta *pickup* –"una pickup, tenlo en cuenta. [...] La pickup era suya. Ella misma la había elegido. Ella misma la estaba pagando"–. Cleófilas queda estupefacta cuando ella cruza manejando el puente que pasa sobre el arroyo de La Gritona porque responde "la gritona" por la mujer de quien el arroyo recibió su nombre. Felice grita como una loca. Su grito [*holler*] es el fragmento más penetrante de los recuerdos que Cleófilas conserva de su breve estadía en "el otro lado". Cleófilas recuerda a esta mujer a la que había conocido por casualidad:

> Felice no se parecía a ninguna mujer que ella hubiera conocido. ¿Pueden imaginárselo? Cuando cruzamos el arroyo, comenzó a gritar como una loca, les contaba después a su padre y a sus hermanos. Así como así. ¿A quién se le hubiera ocurrido?
>
> ¿A quién? Dolor o rabia, tal vez, pero no un alarido como el que soltó Felice. Te dan ganas de gritar como Tarzán, había dicho Felice.
>
> Después, Felice se largó a reír otra vez, pero no parecía que se estuviera riendo. Era un gorgoteo que le salía de la garganta, una larga cinta de risa, como agua. [*Ibid.*, p. 56.] *

Ahí termina el cuento. En la memoria de Cleófila, el grito de Felice *es* el arroyo –"una cinta de risa, como agua"– y el arroyo de La Gritona *es* Felice. Así, Cleófilas representa momentos en su memoria y construye su propia historia sentida.

El ejemplo más explícito de los fragmentos culturales con los que los personajes de Cisneros construyen un pasado utilizable es el cuento "Little miracles, kept promises" ["Pequeños milagros, promesas cumplidas"]. En rigor, no es un cuento en el sentido habitual, ya que está formado por una serie de *milagros*: fragmentos narrativos escritos en pedacitos de papel que se prenden a los vestidos de un santo o una virgen, o se colocan en una pizarra al lado del altar. En unas pocas frases, firmadas por habitantes de los pueblos dispersos en el sur de Texas y el norte de México, se revelan vidas enteras, familias y comunidades:

> Querido Niño Fidencio,
>
> Quisiera que me ayudaras a conseguir un trabajo con un buen sueldo, beneficios y jubilación. Te prometo, si me ayudas, hacer un peregrinaje a tu tumba en Espinoza y llevarte flores. Muchas gracias.
>
> César Escandón
> (Pharr, Texas)

* El texto traducido no puede dar cuenta de las particularidades del dialecto de Cleófilas, marcado por interferencias (léxicas y sintácticas) del español. [N. de la T.]

Milagroso Cristo Negro,

Thank you por el milagro de haber graduado de high school. Aquí le regalo mi retrato de graduation.*

Fito Moroles
(Rockport, Texas)

Cristo Negro,

Venimos desde muy lejos. Infinitas gracias, Señor. Gracias por habernos escuchado.**

Familia Armendáriz G.
(Matamoros, Tamps. México)

Padre Todopoderoso:

Enséñame a amar a mi esposo de nuevo. Perdóname.

s.
(Corpus Christi)

San Judas, santo patrono de causas perdidas:

Ayúdame a aprobar mi curso de Literatura de la Restauración Británica, Inglés 320, y todo lo necesario para salir bien.

Eliberto González
(Dallas)

Jesucristo:

Por favor, haz que Deborah Abrego y Ralph S. Urrea estén juntos para siempre.

Cariños.
Deborah Abrego
(Sabinal, Texas)
[*Ibid.*, pp. 118, 119, 123, 124.]

Estos fragmentos son una acumulación de momentos aislados, imágenes transitorias e historias personales en un contexto cultural mezclado. Su impresionante economía narrativa –cada milagro tiene su propia trama y sus personajes– combina lo cómico y lo trágico, lo físico y lo metafísico, y presenta el catálogo de una variedad de esperanzas y posibilidades. En su lenguaje no literario –el carácter oral de estas plegarias es virtualmente audible–, Cisneros ofrece el pasado como un "tiempo-ahora" benjaminiano.

En la quinta de sus "Tesis de filosofía de la historia", Benjamin escribe: "La verdadera imagen del pasado transcurre rápidamente. Al pasado sólo puede rete-

* Así en el original, escrito en esta suerte de interlecto, que combina frases en español y en inglés [N. de la T.].

** En español en el original [N. de la T.].

nérselo en cuanto imagen que relampaguea, para nunca más ser vista, en el instante de su cognoscibilidad" (*Discursos interrumpidos I*, *op. cit.*, p. 180). Y en su sexta tesis: "Articular históricamente lo pasado no significa conocerlo 'tal y como verdaderamente ha sido' [Ranke]. Significa adueñarse de un recuerdo tal y como relumbra en el instante de un peligro" (*ibid.*, p. 180). Richard Wolin se refiere a la relación entre el compromiso de Benjamin con la historia no progresiva y su estética de la fragmentación:

> La concepción de la filosofía de la historia de Benjamin, influida por la Cábala, ayuda a dar cuenta de su interés por las obras de arte fragmentarias en oposición al arte clásico, orientado hacia la totalidad: obras como el *Trauerspiel* [la tragedia barroca alemana], las *Flores del mal*, de Baudelaire, y las parábolas de Kafka. Porque sólo obras "profanas" como éstas socavan la ilusión del Iluminismo sobre el progreso acumulativo de la historia y el mito concomitante de la infinita perfectibilidad del hombre. [...] [Las obras fragmentarias] refutan la falsa apariencia de reconciliación en la vida histórica, caída [...], contrastan con la apariencia de reconciliación fomentada por las obras de arte clásicas; y es en este sentido que se puede decir que pasan el cepillo a contrapelo a la ilusión del progreso histórico.[16]

La última frase de Wolin alude a la última frase de la séptima tesis de Benjamin. En referencia al materialista histórico (él mismo), Benjamin escribe: "Considera cometido suyo pasarle a la historia el cepillo a contrapelo" (*ibid.*, p. 182). Para Benjamin, la discontinuidad temporal desenmascara la falsa promesa de la perfección futura, y las formas fragmentarias son el agente expresivo del desenmascaramiento. Los fragmentos revelarán la falsedad de la unidad estética a la que aspira la obra de arte "clásica". Klaus R. Scherpe atribuye a Benjamin esta posición y este objetivo político cultural: "Benjamin [...] orienta toda su energía a activar ideas de heterogeneidad y discontinuidad para preservar, o revivir, una dinámica revolucionaria dentro del irreversible proceso de modernización". ("Dramatización...", *op. cit.*, p. 359).

Benjamin ha venido a sintetizar las preocupaciones posmodernas, y aquí, como en la obra de Borges, encontramos un atractivo posmoderno central: su pregunta por la relación entre los fragmentos culturales heredados y los significados culturales actuales, y su consiguiente oposición (en términos de Wolin) al "arte clásico, orientado hacia la totalidad". "Totalizador" es un anatema para los teóricos de la posmodernidad cuando supone una política hegemónica, jerarquías sociales o verdades unitarias, pero Benjamin distingue entre "totalitario" y "totalizador", a diferencia de la mayor parte de los teóricos posmodernos. Como los escritores del

[16] Richard Wolin, *Walter Benjamin: An Aesthetic of Redemption*, Nueva York, Columbia University Press, 1982, p. 59.

Nuevo Mundo que estoy tratando, Benjamin respondió a la fragmentación histórica con estructuras sincrónicas e imágenes de inclusión: el Angelus Novus observa el conjunto en ruinas, y todo al mismo tiempo. La preferencia de Benjamin por el arte barroco, el *Trauerspiel*, con sus estructuras no lineales e incompletas, su incorporación de la antinomia cultural y la disyunción histórica, se emparenta con el barroco del Nuevo Mundo en tanto ideología de la inclusión cultural en América Latina a fines de los años cuarenta. Susan Buck-Morse subraya el interés de Benjamin por la estética barroca: "Lukács, apoyándose en la herencia filosófica de Hegel, llegó finalmente a una concepción totalizadora de la trascendencia metafísica, mientras que Benjamin, formado en una tradición muy diferente, la de los poetas alegóricos del Barroco, continuó concentrado en el objeto fragmentario y transitorio".[17] Utilizó fragmentos para crear un ambiente cultural abarcador.

La sospecha posmoderna respecto de una estética "totalizadora" de ese tipo, ¿impide que se la aplique a las estrategias intertextuales incluyentes utilizadas por los escritores del Nuevo Mundo? La respuesta es sí y no. Seguramente, ellos coinciden con Benjamin y, más recientemente, con Jean-François Lyotard, en el rechazo de "los relatos de legitimación iluministas", "el colonialismo epistemológico", "la mercantilización del conocimiento", males de la modernidad enumerados en *La condición posmoderna.*[18] Pero si, en la teoría posmoderna, "totalizador" es un término que acusa a *cualquier* estructura significante –si la significación misma se vuelve "totalizadora" y la "totalidad" de la que necesariamente depende la significación se vuelve horrorosa, como en la influyente exposición de Lyotard–, entonces la teoría posmoderna ya no puede ser aplicada a su uso historizante de fragmentos. Totalizar (pasar por alto la diferencia) en nombre de la homogeneidad es una cosa; totalizar (incluir la diferencia) en nombre de la heterogeneidad, como hacen los escritores de los que me ocupo aquí, es otra bastante diferente.

Pasarle a la historia el cepillo a contrapelo: la imagen de Benjamin puede aplicarse a los procedimientos narrativos de Cisneros y también a algunos de sus

[17] Susan Buck-Morse, *The Dialectics of Seeing: Walter Benjamin and the Arcades Project*, Cambridge, (Mass.), MIT Press, 1991, p. 160.

[18] Jean-François Lyotard, *The Postmodern Condition: A Report on Knowledge*, trad. Bennington y Brian Massumi, Minneapolis, University of Minnesota Press, 1984, pp. 20-35 [trad. esp.: *La condición postmoderna*, Madrid, Cátedra, 1989]. El argumento de Lyotard es muy conocido: la tradición logocéntrica de las categorías filosóficas universales transmitidas desde Platón hasta Hegel y Lukács se basan en el "proyecto de totalización" occidental (p. 34).

Llama la atención la disposición de Lyotard a "totalizar" acerca del "proyecto de totalización" occidental: "Hemos pagado un precio bastante alto por la nostalgia de la totalidad y la unidad, por la reconciliación entre el concepto y lo sensible, de la experiencia transparente y comunicable. [...] Libremos una guerra a la totalidad; seamos testigos de lo impresentable, activemos las diferencias y salvemos el honor del nombre" ("Answering the question: What is postmodernism?", trad. Régis Durand, apéndice de *The Postmodern Condition*, *op. cit.*, p. 82).

personajes. Tomemos, por ejemplo, a la señora Bárbara Ybáñez en "Little miracles, kept promises":

> Querido San Antonio de Padua:
>
> Por favor, ¿podrías ayudarme a encontrar un hombre que no sea un dolor de cabeza?* No hay ninguno en Texas, te lo juro. Especialmente en San Antonio.
>
> ¿Podrías hacer algo con todos los chicanos cultos que tienen que ir a California a buscar trabajo? Supongo que mi hermana Irma tiene razón: "Si no conseguiste marido cuando estabas estudiando, ya no lo consigues".
>
> Yo estaría muy agradecida si me mandaras un hombre que hablara español, que al menos pudiera pronunciar su nombre como se debe pronunciar. Por favor, alguno que no se llame a sí mismo "hispánico" a menos que sea para pedir una beca en la ciudad de Washington.
>
> ¿Puedes enviarme un hombre hombre? Quiero decir uno que no tenga vergüenza de que lo vean cocinando o limpiando u ocupándose de sí mismo. En otras palabras, un hombre que actúe como un adulto. No uno que nunca vivió solo, que nunca se compró la ropa interior, que nunca se planchó las camisas, que ni siquiera se calentó sus propias tortillas. En otras palabras, no me mandes a uno como mis hermanos, a quienes mi madre arruinó con tantos melindres, o lo voy a mandar de vuelta.
>
> Voy a poner tu estatua cabeza abajo hasta que me lo mandes. Ya aguanté demasiadas cosas mucho tiempo, y ahora soy demasiado inteligente, demasiado poderosa, demasiado bella, demasiado segura de quien soy finalmente para merecer menos.
>
> Sra. Bárbara Ybáñez
> (San Antonio, Tx)
>
> (Cisneros, *Woman Hollering Creek*, *op. cit.*, pp. 117-118.)

Aquí la tensión no es entre textos, como lo es, sobre todo, en *Dulcinea encantada*, sino entre la cultura mexicana y la estadunidense: la doctrina estadunidense del progreso se expresa en un género narrativo católico mexicano. La señora Bárbara Ybáñez acepta la ideología del progreso; ella cree que debería tener lo que merece, y que el trabajo y la educación serán los agentes de su satisfacción. Cisneros ironiza sobre la creencia de su personaje en la posibilidad de controlar su futuro, y en algún nivel, el personaje es consciente de su autoengaño. La clave de esta ironía reside en la estructura narrativa del milagro: las respuestas a las plegarias no se sostienen en la acción individual o en el control histórico, sino en la gracia divina. La señora Bárbara Ybáñez se ha dejado seducir por el sistema aunque le ofrezca resistencia. Muestra una disposición tan favorable porque su deseo refleja el poder ambiguo del mito del progreso: la promesa de elegir un futuro alcanzable

* El texto dice, literalmente, "a pain in the nalgas", que debe entenderse como una seudotraducción de la expresión coloquial inglesa "a pain in the ass". Aquí se traduce por "un dolor de cabeza", expresión de sentido equivalente en español, aunque se pierde la intención humorística de la autora y su imitación irónica del interlecto de los mexicanos inmigrantes en los Estados Unidos. [N. de la T.]

aun aceptando la propia impotencia para hacerlo. ("Voy a poner tu estatua cabeza abajo".)

A los breves textos de plegarias prendidas en "Little miracles, kept promises", sigue un texto más extenso, de unas cuatro páginas y media. Éste también tiene la forma de una plegaria a la Virgen de Guadalupe –o, más bien, de una conversación con ella–. La conversación explicita la presencia del pasado en la cultura chicana contemporánea.

Este texto más extenso es escrito y firmado por Rosario (Chayo) de León, de Austin, Texas. Estudiante universitaria de familia chicana, Chayo es consciente de su patrimonio familiar mexicano y conoce las tradiciones culturales mexicanas. Le dice a la "Virgencita": "Soy una serpiente que se muerde la cola. Soy mi historia y mi futuro. Todos los antepasados de mis antepasados dentro de mi panza. Todos mis futuros y todos mis pasados" *(ibid.*, p. 126). Ella sabe con certeza que no quiere ser parte de la Virgen tal como su madre y su abuela entienden a la Virgen, es decir, como una imagen de la paciencia y el consuelo frente a la ebriedad de su padre. "Yo no iba a ser mi madre o mi abuela. Todo ese sacrificio, todo ese silencioso sufrimiento. De ninguna manera. Aquí no. Yo no" *(ibid.*, p. 127). Al final, Chayo acepta a la Virgen, pero lo hace en sus propios términos:

> Finalmente entendí quién eres. Ya no la mansa María, sino nuestra madre Tonantzin. Tu iglesia en Tepeyac construida en el sitio de su templo. Tierra sagrada, cualquiera sea la diosa que la reclame.
>
> [...]
>
> Cuando me enteré de que tu verdadero nombre es Coatlaxopeuh, La que tiene poder sobre las serpientes, cuando te reconocí como Tonantzin, y aprendí que tus nombres son Teteoinnan, Toci, Xochiquetzal, Tlazolteotl, Coatlicue, Chalchiuhtlicue, Coyolxauhqui, Huixtocihuatl, Chicomecoatl, Cihuacoatl, cuando pude verte como Nuestra Señora de la Soledad, Nuestra Señora de los Remedios, Nuestra Señora del Perpetuo Socorro, Nuestra Señora de San Juan de los Lagos,* Nuestra Señora de Lourdes, Nuestra Señora de Mount Carmel, Nuestra Señora del Rosario, Nuestra Señora de los Dolores, no tuve vergüenza, entonces, de ser la hija de mi madre, la nieta de mi abuela, la descendiente de mis antepasados. [*Ibid.*, p. 128.]

La cultura de Chayo es sincrética por sus múltiples tradiciones, y su historia, sincrónica por la simultaneidad de esas tradiciones. "Little miracles, kept promises" codifica esa historia como un jardín de senderos que se bifurcan, potencial y real.

"Ojos de Zapata" ["Eyes of Zapata"] es uno de los pocos cuentos en *El arroyo de La Llorona* que no están estructurados en forma fragmentaria. Es un relato continuo sobre Inés Alfaro, la concubina de Emiliano Zapata. Desde su punto de

* Estas cuatro primeros nombres de la Virgen están en español en el original. [N. de la T.]

vista seguimos la trayectoria de Zapata de joven vendedor de caballos a líder carismático, y luego, a mártir heroico de la Revolución mexicana. A través de los ojos de Inés, vemos el sufrimiento colectivo de una comunidad mientras es arrastrada a través de los años de violencia revolucionaria. Cisneros describe los hechos históricos y la tierra del México de Zapata –Anenecuilco, Cuautla, Ayala– en forma realista y en detalle. Pero más que los hechos, ahora legendarios, de la Revolución mexicana, experimentamos la historia sentida de Inés a medida que ella la vive: como amante de Zapata, luego, como una mujer que sobrevive al abandono y, finalmente, como un ángel benjaminiano de la historia.

En este cuento, la metáfora se hace real porque, cada tanto, Inés vuela. Su perspectiva abandona su ubicación en el tiempo y el espacio; ya no sigue la progresión histórica de días y años, y, en cambio, presenta la historia como un todo multidimensional. Sus vuelos no se presentan como metafóricos (es decir, vuelos de la fantasía), sino como hechos. La primera vez que es levantada, se da cuenta de que puede mirar las ruinas de la revolución literalmente desde arriba: "Desde esta altura, el pueblo parece el mismo que antes de la guerra. Como si el techo todavía estuviera intacto, las paredes todavía enjabelgadas, las calles de piedra, limpias de grava y yuyos. Sin ampollas ni quemaduras. Nuestras vidas, suaves y enteras" *(ibid.*, p. 88). Recuerdos del porvenir: esta historia panorámica evoca al narrador colectivo de Elena Garro en *Recuerdos del porvenir*, que es, a la vez, la voz del pueblo muerto y su lugar en la tierra.

Los vuelos de Inés se producen inesperadamente y duran breves instantes, pero le dan una perspectiva sincrónica que trasciende la cadena de hechos que los ha llevado a ella y a México a la catástrofe. Podríamos pensar en la perspectiva del ojo de un ángel como una ilusión meramente consoladora, pero Cisneros no la deshistoriza de este modo. Aquí está el ángel/la narradora Inés, ahora vieja, que fue abandonada por Zapata y, sin embargo, todavía lo ama:

> Me elevo más y más alto, la casa se cierra como un ojo. Vuelo más lejos de lo que nunca he volado, más lejos que las nubes, más lejos que nuestro Señor el Sol, esposo de la Luna. Hasta que, de repente, miro debajo de mí y veo nuestras vidas, claras y quietas, lejos y cerca. *[Ibid.*, p. 110.]

Ve al hijo que tuvo con Zapata, Nicolás, que ha vendido su nombre al PRI (Partido Revolucionario Institucional), el partido político que surgió de la Revolución y todavía se mantiene en el poder en México. Inés acepta la ironía. Ve a Zapata cuando joven y también ve la escena de su asesinato. Ve el día de 1607, cuando el virrey español firmó los documentos, escritos sobre papel de amate (corteza), que confirman el derecho del pueblo a la tierra. Y continúa así hasta que concluye: "Nada es mejor o peor que antes; nada es igual o diferente" *(ibid.*, p. 112). Es evidente que Cisneros desea explicitar la falsa promesa que significa el progreso para los mexicanos privados de derechos civiles, como los que su personaje representa.

El vuelo de Inés llega a su fin, ella vuelve a aterrizar en el presente, pero se imagina a sí misma una vez más en el pasado con Zapata. El cuento concluye con las palabras de Inés a su querido Miliano: "Mi cielo, mi vida, mis ojos. Déjame mirarte. Antes de que abras esos ojos tuyos. Los días que vendrán, los días que pasaron. Antes de que volvamos a lo que siempre seremos" (*ibid.*, p. 113). El pasado, el presente y el futuro se unen en esta frase final para describir un momento que es a la vez recordado y predicho. Esta visión de la conjunción histórica recuerda el futuro retrospectivo que utiliza García Márquez en *Cien años de soledad* ("Muchos años después, frente al pelotón de fusilamiento, el coronel Aureliano Buendía había de recordar...") y la fusión que hace Melquíades de cien años en una única visión luminosa de todo al mismo tiempo, una suerte de Aleph borgeano. Ambos autores son conscientes en su pasaje del progreso de la historia al presente eterno del mito. Pero el tono de Cisneros es menos trágico que el de García Márquez, Benjamin o Muñiz-Huberman porque las situaciones históricas que ella describe no son apocalípticas. Cuando Cisneros vuelve el rostro hacia el pasado, encuentra fragmentos culturales vitales, no la conflagración. Los pasados de sus personajes, eventualmente, complementan su presente, y en alguna parte lo explican. Los cuentos de Cisneros rescatan su propio pasado mexicano del olvido, una operación histórica que constituye la tierra natal imaginaria que están buscando sus personajes.

Los personajes de Cisneros adaptan las antinomias de los deseos personales y la marginación política combinando mitos comunitarios y recuerdos personales. En una entrevista publicada en 1992 en un periódico de la ciudad de México, Sandra Cisneros dijo: "Los mitos cumplen un papel importante en mis libros; yo crecí escuchando mitos y estoy buscando la manera de contar mitos latinoamericanos. Mi príncipe no ha aparecido todavía, pero sé que algún día veré a mi príncipe Popocatépetl, y a todos los príncipes mayas y aztecas. Quiero contar esos mitos junto con los mitos europeos que escuché cuando era niña".[19] Walter Benjamin tomó el Angelus Novus de Klee para representar la perspectiva totalizadora necesaria para enfrentar el huracán (totalitario) del progreso que él estaba viviendo. De modo análogo, Cisneros entiende que se necesita una estructura incluyente (alguna totalidad mítica o comunitaria) para dar sentido a los fragmentos de las historias no registradas de sus personajes.

Me he referido ya a las redobladas dificultades que este proceso implica para las mujeres. La historiadora feminista Gerda Lerner sostiene que la Historia ha

[19] Edmundo Magaña, "Entrevista con Sandra Cisneros", en *Semanal*, en *La Jornada*, 20 de diciembre de 1992, p. 22. [La autora cita su propia traducción al inglés.]

excluido la historia de las mujeres (ella utiliza la mayúscula para designar el pasado registrado, y la minúscula para designar el pasado no registrado). En *The Creation of Patriarchy*, rastrea la creación de la Historia hasta la invención de la escritura en la antigua Mesopotamia:

> Desde la época de las listas de reyes del antiguo Sumer en adelante, los historiadores, ya sean sacerdotes, sirvientes reales, amanuenses, clérigos o una clase profesional de intelectuales formados en la universidad, han seleccionado los hechos que se registrarían y los han interpretado para darles sentido y significación. Hasta hace muy poco tiempo, estos historiadores eran hombres, y lo que registraban es lo que habían hecho y vivido los hombres. Llamaron Historia a este registro y le asignaron universalidad. Lo que hicieron y vivieron las mujeres ha permanecido sin registrar, ha sido descuidado e ignorado en la interpretación.[20]

Al escribir sobre la contradicción entre la centralidad de las mujeres en la creación de cultura y su marginalidad en el "proceso de interpretación dador de sentido", Lerner concluye que la mayor privación cultural de las mujeres ha sido su exclusión de ese proceso:

> Cuando [...], en ciertos momentos históricos, se traen a la conciencia de las mujeres las contradicciones presentes en su relación con la sociedad y con el proceso histórico, se perciben correctamente y se mencionan como privaciones que las mujeres comparten como grupo. Esta concientización de las mujeres se transforma en la fuerza dialéctica que las pone en acción para cambiar su condición y para entrar en una nueva relación con la sociedad dominada por varones. [*The Creation*..., *op. cit.*, p. 5.]

Mi argumento a lo largo de este libro es que una angustia de tipo heideggeriano frente a una historia ocluida o negada no es un problema exclusivo de las mujeres, sino conocido por los escritores del Nuevo Mundo en general. No obstante, sería absurdo no advertir diferentes grados de "privación", para utilizar el término de Lerner, o dejar de observar que éste es un momento rico de la "concientización" de las mujeres, particularmente para las mujeres estadunidenses que escriben desde la perspectiva de comunidades culturales marginadas.[21]

[20] Gerda Lerner, *The Creation of Patriarchy*, Nueva York, Oxford University Press, 1986, p. 4.

[21] Que esta necesidad de crear y de fomentar la continuidad histórica es la esfera compartida por las escritoras mujeres es un punto sobre el que existe un amplio acuerdo. Diana Fuss reitera el argumento de Lerner: "Puesto que las mujeres, como sujetos históricos, rara vez son incluidas en la 'Historia', para empezar, no resulta sorprendente el fuerte interés feminista por forjar una nueva historicidad que actúe a través y contra 'la historia masculina' [*his story*']". Véase "Getting into History", en *Arizona Quarterly*, 45, núm. 4, 1989, p. 95.

Más específicamente, Rose Kamel escribe sobre el impulso constructor de tradiciones de Tillie Olsen: "Si la imposibilidad de encontrar un público es siempre una forma de morir, descubrir al

¿Acaso la creación de estructuras fragmentarias por parte de escritoras mujeres sugiere que los fragmentos son lo único disponible para los excluidos del proceso cultural de la construcción de la Historia? ¿O que las ideologías positivistas son aún más engañosas para las mujeres que para los hombres? Gerda Lerner diría que sí. En *The Creation of Feminist Consciousness*, ella desarrolla la idea de que, en ciertos momentos históricos, las mujeres toman conciencia de su marginación respecto del "proceso de interpretación dador de sentido" y entran en él. Cita aproximadamente veinte ejemplos de mujeres desde el siglo XII hasta fines del siglo XIX, pero observa "la falta de continuidad y la ausencia de memoria colectiva en las pensadoras mujeres".[22] Los esfuerzos de las mujeres estuvieron tan dispersos que, a través de los siglos que analiza Lerner, prácticamente no se pudo desarrollar ninguna tradición continua. Irónicamente, en su falta de metarrelatos compartidos, las mujeres han sido "posmodernas" durante siglos. Lerner lamenta, una y otra vez, "la discontinuidad en la historia del esfuerzo intelectual de las mujeres. Sin parar, generaciones tras generaciones de Penélopes volvieron a tejer la trama deshilada sólo para deshilarla una vez más" (*The Creation of Feminist...*, *op. cit.*, p. 275). Los paradigmas positivistas del progreso son en gran medida irrelevantes cuando se los aplica a la historia de las mujeres.

¿Quién, entonces, sería más consciente de la necesidad de recuperar fragmentos históricos que las mujeres? Mencioné esta cuestión anteriormente al referirme al pasado utilizable que crea Willa Cather para su personaje femenino de *El canto de la alondra*. De manera similar, la joven que narra el cuento "Tepeyac" de Cisneros pregunta: "¿Quién habría imaginado, después de todo este tiempo, que sería yo quien recordara cuando todo lo demás fuese olvidado?" (*Woman Hallering Creek*, *op. cit.*, p. 23). Su asombro revela lo inesperado de su descubrimiento. ¿Quién habría imaginado que ella, una mujer, podría afirmar sus orígenes, interpretar su historia, crear sus tradiciones y transmitirlas? Es el mismo asombro que expresa Cleófilas en "El arroyo de La Llorona" mientras recuerda el grito desafiante de Felice: "¿A quién se le habría ocurrido? ¿A quién?". La pregunta confirma la intuición de este personaje de que ella puede participar en la constitución de su propia historia. Ella descubre que se puede afirmar la coherencia, aun cuando no se la pueda alcanzar en forma com-

lector sensible valoriza el sufrimiento y la fortaleza de los artistas opacados, dándoles el poder de formular misterios que nunca habíamos establecido, y mucho menos restablecido. Como ha explicado Harold Bloom, los padres literarios siempre han influido sobre sus hijos escritores, ocasionándoles a menudo la 'angustia de «esta» influencia'. Para Tillie Olsen, las madres literarias ayudan a engendrar y a dar poder a las mujeres de otro modo silenciadas". Véase "Literary foremothers and writers' silences: Tillie Olsen's autobiographical fiction", en *MELUS*, 12, núm. 3, 1985, p. 71.

[22] Gerda Lerner, *The Creation of Feminist Consciousness: From the Middle Ages to Eighteen-seventy*, Nueva York, Oxford University Press, 1993, p. 139.

pleta o defnitiva; que los fragmentos pueden, en rigor, constituir una entidad utilizable: su propio pasado (re)construido.

El ensayista mexicano Carlos Monsiváis ha escrito sobre el advenimiento de "la primera generación de ciudadanos estadunidenses nacidos en México".[23] Monsiváis se refiere a la irrupción de la cultura consumista estadunidense en México. Es cierto; pero yo también reconocería la presencia cultural de México en los Estados Unidos y celebraría estructuras literarias como las de Cisneros, que pueden incluir las interacciones multiculturales. Las culturas americanas son híbridas, y la literatura estadunidense se ha enriquecido en virtud de ciertos procesos de nuestra historia reciente que han llevado a una mayor conciencia de la diferencia cultural. Sandra Cisneros conoce la historia y los mitos fundadores de la cultura mexicana indígena así como la historia más reciente de México, y los integra en *El arroyo de La Llorona* de modos que no podemos lamentar. Por el contrario, son los usos literarios de las tradiciones mexicanas, tanto escritas como orales, los que dan a la obra de Cisneros su profunda resonancia histórica, del mismo modo que a la obra de otras escritoras chicanas: Ana Castillo, Cherrie Moraga, Gloria Anzaldúa, Denise Chávez.

En una entrevista con Sandra Cisneros, Edmundo Magaña tuvo la buena idea de no seguir el formato habitual de la entrevista como una secuencia de preguntas y respuestas, sino, en cambio, de presentar una serie de ideas y opiniones de Cisneros en la forma de fragmentos narrativos. Entre los diversos temas sobre los que opina Cisneros figuran "Las ratas", "Las rosas", "Las muñecas", "La Virgen María", "Los toros" ("Me gustaría que los toros se comieran a los matadores"), "El príncipe maya", "Egipto", "Napoleón", "Ridículo", "Los maridos", "Los buenos escritores" y "Los malos escritores". (Los buenos escritores incluyen a Manuel Puig, Juan Rulfo, Elena Poniatowska, Eduardo Galeano, Mercedes Rodoreda, Marguerite Duras, James Reed, Jorge Luis Borges; los malos escritores incluyen a Carlos Fuentes, Saul Bellow, Octavio Paz y los "escritores chicanos".) El contenido de estas opiniones es menos importante que la energía transcultural que encarnan, el impulso creativo para reinventar las categorías históricas, culturales y étnicas de "mexicano" y de "norteamericano". Ella destaca los modos como han interactuado y se han superpuesto durante largo tiempo , y los modos como continúan haciéndolo.

En *El arroyo de La Llorona* también interactúan y se superponen los límites entre el lenguaje escrito y el hablado. Recuérdese la "cinta de risa, como agua" que sale de la boca de Felice en el cuento que da título al libro. Como las filacterias que salen de las bocas de los santos y los ángeles en la pintura barroca mexicana

[23] Citado por Víctor Flores Olea, "Identidad nacional: Los rostros en movimiento", en *Semanal*, en *La Jornada*, 3 de enero de 1993, p. 24.

–cintas sobre las que se han escrito fragmentos privilegiados de textos bíblicos o patrísticos–, la cinta de risa de Cisneros registra la admiración de Cleófilas. Es también una metáfora para el arte de contar cuentos de la autora. Las cintas salen de las bocas como palabras habladas, pero sus verdades deben ser escritas. Del mismo modo, las plegarias escritas en "Little miracles, kept promises" combinan registros orales y escritos. Son plegarias en forma de peticiones dirigidas oralmente a *oyentes* divinos, cuyas respuestas se registran a veces en exvotos, también llamados *milagros*: imágenes visuales y descripciones verbales del milagro, pintadas en pequeños rectángulos de estaño, en una de cuyas esquinas superiores aparece el autor del milagro: un santo, la Virgen o Cristo. La fusión de los elementos orales y escritos en éste y otros cuentos refleja la fusión de las palabras inglesas *history* y *story* en una única palabra en español: *historia.* * Cisneros crea historias ** a partir de historias [*histories*] registradas y cuentos que se narran. *El arroyo de La Llorona* hace presente para el lector un conjunto de fuentes Archivísticas y Ancestrales.

III

Walter Benjamin proporciona los términos para teorizar esta confluencia de lo Archivístico y lo Ancestral en su consideración del "consejo" de narradores y el "aura" del arte. Benjamin habla del consejo del narrador y de la "utilidad" de los relatos transmitidos oralmente: "'Tener un consejo' es comenzar a tener un anillo pasado de moda [...] porque la comunicabilidad de la experiencia está disminuyendo".[24] Él argumenta que el medio impreso de la novela no cumple la misma función comunitaria e histórica que los relatos contados a los oyentes: "El lugar de nacimiento de la novela es el individuo solitario, que ya no puede expresarse por medio de ejemplos de sus preocupaciones más importantes, no es aconsejado por nadie y no puede aconsejar a otros" ("The storyteller", *op. cit.*, p. 87). Después de dar varios ejemplos, concluye: "Todo esto apunta a la naturaleza de cada historia real. Contiene, en forma abierta u oculta, algo útil. [...] El narrador es un hombre que tiene un consejo para sus lectores" *(ibid.*, p. 86). Y una mujer, para los suyos.

El narrador de Benjamin es un símbolo de la comunidad, y su consejo, una cifra del proceso de creación de un pasado utilizable, es decir, un presente com-

* Aunque ambas palabras pueden ser traducidas por *historia*, "history" se refiere específicamente al registro de los hechos del pasado (y al conjunto mismo de esos hechos) mientras que *story* es una historia narrada, es decir, un cuento o un relato. [N. de la T.]

** En español en el original. [N. de la T.]

[24] Walter Benjamin, "The storyteller", en *Illuminations*, *op. cit.*, p. 86 [trad. esp.: "El narrador", en *Iluminaciones* IV, Madrid, Taurus, 1991].

partido. Benjamin da prioridad a la manifestación oral-auditiva del cuento: a la sabiduría dialógica a disposición de los interlocutores y al sonido comunitario de las voces humanas. Como la imagen de la gritona de Cisneros o la conversación en La Catedral de Vargas Llosa, el habla ("viejos cuentos y charla", según la frase de Faulkner) estructura estos relatos escritos y sitúa a sus creadores contra la desvalorización posmoderna del lenguaje hablado. La participación de la obra literaria en las tradiciones comunitarias –su consejo– es dialógica y de final abierto: "Después de todo, el consejo es menos una respuesta a una pregunta que una propuesta referida a la continuación de un relato que se está desplegando" (*ibid.*, pp. 86-87). Así reconoce Benjamin las complejas relaciones entre la historia del narrador o la narradora y sus propias historias y relatos y, por extensión, los del oyente y el lector.

Pero el consejo del narrador es sólo una parte de la compleja meditación de Benjamin sobre la naturaleza de la memoria colectiva. Su célebre concepto del "aura" del arte también es pertinente aquí. Esta aura es el producto y el índice de la historicidad de una obra de arte, la presencia de tradiciones culturales tal como son captadas por la *mémoire involontaire* del artista.[25] En sus ensayos sobre Baudelaire y Proust, Benjamin argumenta que el aura de una obra consiste en su poder de "recuperar" para el lector (u oyente o espectador) un pasado arquetípico, una experiencia "más cercana al olvido que a lo que se suele llamar memoria".[26] Por su énfasis en la experiencia estética del lector, su teoría es consistente con la actividad intertextual del escritor como lector borgeano. En el ensayo sobre Proust, Benjamin escribe que "un acontecimiento vivido es finito, al menos está incluido en la esfera de la vivencia, y el acontecimiento recordado carece de barreras, ya que es sólo clave para todo lo que vino antes que él y tras él" ("Una imagen de Proust", *op. cit.*, p. 19). El aura de la obra de arte son sus significados culturales acumulados tal como son interpretados por el lector o el espectador: la "clave" para lo que "vino antes que él y tras él".

Más que el simultáneo "antes y después" de un hecho recordado, el aura del arte encarna y transmite la relación de la conciencia con la historia como tal. Robert Alter ha resumido esta proyección casi mítica de la inclusividad cultural: "Benjamin asocia el aura no con la memoria en sí, sino con la memoria involuntaria que surge del inconsciente. Más aún, lo recordado se transforma, así, en una suerte de manantial semántico inagotable que ofrece significados infinitos. [...] La experiencia estética en general es, antes que cualquier otra cosa, el dispositivo

[25] Benjamin, "On some motifs in Baudelaire", en *Illuminations*, *op. cit.*, p. 186 [trad. esp.: "Sobre algunos temas en Bandelaire", en *Iluminaciones* II, Madrid, Taurus, 1971].

[26] Benjamin, "The image of Proust", en *Illuminations*, *op. cit.*, p. 202 [trad. esp.: "Una imagen de Proust", en *Iluminaciones* I, Madrid, Taurus, 1972, p. 18].

mnemotécnico más potente y sutil diseñado por la cultura" (*Necessary Angels, op. cit.*, p. 104). La capacidad incluyente de la experiencia estética –el aura del arte como la experiencia *acumulativa* de voces y de textos culturales disponibles *sincrónicamente* para el lector– fue crucial para Benjamin porque él anticipó el desastroso truncamiento de su propia tradición cultural. En "Desempacando mi biblioteca", escribió que "para un auténtico coleccionista, *toda la información* acerca de un elemento se agrega a una enciclopedia mágica cuya quintaesencia es el destino de su objeto".[27] Las obras de ficción de Cisneros y de Muñiz-Huberman son enciclopedias mágicas por su compulsión a recordar e incluyen "toda la información" como antídoto contra la ruptura histórica. El aura de Benjamin, como su ángel, se cierne sobre *Dulcinea encantada* y *El arroyo de La Llorona.*

En un ensayo sobre los orígenes de la novela, Carlos Fuentes declara que todas las grandes novelas son novelas potenciales:

> La novela refleja y crea a la vez un mundo incompleto hecho por hombres y mujeres, también incompletos. Ni el mundo ni sus habitantes han dicho su última palabra. La novela potencial es, entonces, el anuncio y, quizás, incluso la garantía de una historia potencial. De una vida potencial. Esperamos ser parte de una presencia humana incompleta que se expresa a través del lenguaje narrativo.[28]

Al subrayar la potencialidad, Fuentes amplía la concepción de Benjamin del aura de la obra de arte con la función de recuperación histórica: las tradiciones hacen señales desde el futuro al mismo tiempo que emergen del pasado. La poshistoria de una novela –las voces y los textos que engendrará y enriquecerá, y con los cuales, eventualmente, se mezclará o de los cuales tomará distancia– es tan abierta (e integral) como "toda su información".

Esto es así porque las elecciones intertextuales del escritor necesariamente modificarán la autoridad cultural recibida. Hannah Arendt, en su introducción a los ensayos de Benjamin, observa: "En la medida en que el pasado ha sido transmitido por la tradición, posee autoridad; en la medida en que la autoridad se presenta históricamente, se transforma en tradición".[29] En referencia a la práctica de Benjamin de coleccionar citas, Arendt sostiene que una intertextualidad como ésa puede estar reflejando la inversión que el coleccionista literario hace en la tradición o, por el contrario, su desesperación ante el daño o la pérdida de esa tradición. En este último caso, el coleccionista literario –el intertextualista– podría estar obedeciendo a un impulso de destruir la historia más que de conser-

[27] Benjamin, "Unpacking my library", en *Illuminations, op. cit.*, p. 61 (las cursivas son mías).

[28] Carlos Fuentes, "Two centuries of Diderot", en *Myself with Others: Selected Essays*, Nueva York, Farrar, Straus and Giroux, 1988, p. 88.

[29] Hannah Arendt, "Introduction: Walter Benjamin: 1892-1940", en *Illuminations, op. cit.*, p. 38.

varla. Arendt argumenta que Benjamin, que escribía en las décadas de 1920 y 1930, "descubrió que la transmisibilidad del pasado había sido sustituida por su citabilidad" ("Introduction", *op. cit.*, p. 38); se refiere luego a la afinidad de este autor con Kafka, cuyo modo de "hundirse hasta el fondo del mar del pasado tenía esta peculiar dualidad de querer conservar y querer destruir" (*ibid.*, p. 41). Lo mismo ocurría con Benjamin, que reconocía que sus propias tradiciones culturales habían sido dañadas irreparablemente y que él tenía que establecer una nueva relación con el pasado, nuevas definiciones de autoridad cultural, nuevos modos de intertextualidad.

En *Intellectuals in Power*, Paul Bové explicita los abusos que describe Arendt y que sufrió Benjamin. Las tradiciones pueden ser imperialistas, los cánones, exclusivos, y el resultado, regímenes totalitarios: "La producción de una imagen de la 'tradición' [es] siempre una herramienta necesaria para que la elite siga 'guiando' a la especie (o a la nación, la raza o la clase) hacia la perfección".[30] Aquí, Bové se une a la tradición postestructuralista del antitradicionalismo, equiparando la tradición (*tradere*, entregar o transmitir) a la traducción (*traducere*, conducir a través, descarriar). Frank Lentricchia, por ejemplo, declaró que, para los intelectuales artistas, "el verdadero problema es cómo no sentirse sobrecargados por las presiones de las culturas residuales y sus tradiciones".[31] Y luego: "La construcción de tradiciones es un proceso de represión histórica dirigido no por los muertos sino por los vivos. [...] Todo el que escribe, pero especialmente la clase conscientemente literaria, con su sentido hiperdesarrollado del linaje, tiene una marcada disposición a suprimir sus condiciones materiales" (*Criticism...*, *op. cit.*, p. 125). Lentricchia y Bové se refieren a una tradición literaria intelectual hegemónica (e, irónicamente, ellos mismos la prolongan), de modo que no es sorprendente que, para ellos, todas las tradiciones –la tradición como tal– les parezcan opresivas.

Para los escritores que están fuera de esta tradición hegemónica, sin embargo, también puede ser cierto lo contrario. Las condiciones materiales y los meta-relatos opresivos pueden ser puestos en primer plano y cuestionados por el uso de tradiciones textuales anteriores, más que opacados o suprimidos inconscientemente, como supone Lentricchia. Ya me he referido a este aspecto en relación con las escritoras mujeres y, más en general, con los escritores impulsados por la angustia de los orígenes en el Nuevo Mundo. Así, el escritor afroamericano Albert Murray, que escribe que "cada pintura [...] es un enunciado visual que hace referencia o alude a otra u otras pinturas, a las que, en efecto, o bien les dice sí y también y también y quizás también; o bien les dice no o no necesariamente o por otra parte o no en lo que a mí

[30] Paul Bové, *Intellectuals in Power: A Genealogy of Critical Humanism*, Nueva York, Columbia University Press, 1986, p. 239.

[31] Frank Lentricchia, *Criticism and Social Change*, Chicago, University of Chicago Press, 1983, p. 119.

respecta".[32] El estilo vigoroso de Murray expresa el proceso dinámico y progresivo de la formación de la tradición. Y en la literatura latinoamericana, la proximidad de las palabras españolas *tradición* y *traición* no señala automáticamente el autoritarismo político o el estancamiento cultural. Por el contrario, las interacciones entre *tradere* y *traducere* son, con frecuencia, productivas –explícitamente, en la novela *La traición de Rita Hayworth* (1968), de Manuel Puig.

De modo que esta tendencia a fundir la tradición y la opresión hace a la teoría postestructuralista absolutamente inadecuada para dar cuenta de las operaciones históricas de la escritura del Nuevo Mundo. He dicho que Bové y Lentricchia escriben en y acerca del contexto de la última modernidad europea y estadunidense, *no* sobre las comunidades culturales cuyas tradiciones han sido desviadas o destruidas ni sobre escritores para quienes (re)apropiarse de la tradición puede ser visto como liberador más que como embrutecedor. Sin embargo, sus argumentos instruyen a través del contraejemplo. *No* reconocen que, en esos contextos, la historia puede ser subversiva más que hegemónica; que los impulsos contradictorios a destruir y conservar pueden actuar en una tensión altamente creativa; y que todo registro de la civilización es, como insistió Benjamin, también un registro de la barbarie, un registro de las supresiones y de los silencios. Bové y Lentricchia describen una forma de barbarie muy conocida por muchos escritores del Nuevo Mundo, que utilizan su abordaje intertextual de la tradición como instrumento estratégico contra esa barbarie.

La intertextualidad de estos escritores, entonces, contiene una teoría de la cultura y una posición política frente a las tradiciones culturales recibidas. Ellos ofrecen constelaciones de textos destinados a expresar alguna parte (un aura) del pasado comunitario a sus actuales participantes, aun cuando su actividad intertextual modifique las tradiciones que expresan. Tales constelaciones (para repetir la metáfora de Cortázar) son móviles, descentradas e incluyentes. Innumerables constelaciones como ésas, que evolucionan a través del tiempo a partir de las historias sentidas por los individuos y las comunidades, cifran los valores, las creencias y las estructuras sociales de una cultura, incluyendo la experiencia que los lectores tienen de los textos mismos. Las obras literarias son las hablas de la lengua que es su cultura, las sinécdoques y los símbolos móviles de una comunidad y una historia. Son conservadoras, no en un sentido político sino literal, porque *conservan* la experiencia histórica de una comunidad en estructuras narrativas como *El arroyo de La Llorona* y *Dulcinea encantada*.[33] Pero sus autoras

[32] Albert Murray, "Bearden plays bearden", en *The Blue Devils of Nada: A Contemporary American Approach to Aesthetic Statement*, Nueva York, Pantheon, 1996, p. 124.

[33] Las teorías semióticas de la cultura dan forma a mi conclusión: Yuri M. Lotman define teóricamente la cultura como "información no hereditaria adquirida, conservada y transmitida por los

saben, como sabía Benjamin, que el modo en que se conservan las culturas no es equitativo ni consistente, que las tradiciones no están disponibles en forma homogénea y que historias enteras pueden quedar trágicamente truncas. Ellas también saben que lo que sí se ha conservado –"las cosas tal como son", para repetir la irónica frase de Benjamin– es siempre desafiado por la potencialidad del arte, por las conversaciones entre las formas recibidas de expresión cultural que aún no se han producido.

diversos grupos de la sociedad humana". ("Problems in the typology of culture", en *Soviet Semiotics*, ed. y trad. Daniel P. Lucid, Baltimore, Johns Hopkins University Press, 1977, p. 213). C. S. Peirce también insiste en este punto: "Lo real [...] es aquello que, tarde o temprano, derivaría finalmente de la información y el razonamiento, y que, por lo tanto, es independiente de sus caprichos y de los míos. Así, el origen mismo de la concepción de la realidad muestra que esta concepción supone esencialmente la noción de una comunidad sin límites definidos, y capaz de un aumento determinado de conocimiento" *(The Collected Papers of Charles Sanders Peirce*, ed. Charles Hartshorne y Paul Weiss, Cambridge (Mass.), Harvard University Press, 1931, vol. 5, pp. 186-187.

6. CLICHÉS Y COMUNIDAD

MANUEL PUIG, *EL BESO DE LA MUJER ARAÑA*
LUIS RAFAEL SÁNCHEZ, *LA GUARACHA DEL MACHO CAMACHO*

> El habla humana es como un caldero rajado en el que tocamos melodías para hacer bailar a los osos, cuando quisiéramos alcanzar las estrellas.
>
> GUSTAVE FLAUBERT, *Madame Bovary*[1]

Quisiera referirme a un último medio por el cual se crean pasados utilizables en la literatura americana contemporánea. *El beso de la mujer araña* (1976), de Manuel Puig, y *La guaracha del Macho Camacho* (1976), de Luis Rafael Sánchez, demuestran cómo pueden construirse comunidades y tradiciones a partir de los clichés de los medios populares no impresos: la radio y la televisión, la música popular y el cine. Su intertextualidad no es tanto borgeana como flaubertiana; como Flaubert (y, por lo general, a diferencia de Borges), su literatura mezcla niveles y formas de discurso: ritmos y líneas musicales, formas visuales, lenguajes hablados. En la celebrada frase de *Madame Bovary* (1856) que cito como epígrafe, Flaubert alude al problema contra el que luchó durante toda su vida y a la paradoja que reside en el centro de todo arte literario: cómo transformar estas formas discursivas comunes en literatura. En su metáfora doméstica de un *chaudron fêlé*, un "caldero rajado", Flaubert da a entender que el ruido del habla cotidiana necesariamente se opone al lenguaje literario. Después de todo, ¿qué tienen que ver los osos bailarines –pregunta implícitamente Flaubert–, ese entretenimiento simbólico de las inquietas multitudes callejeras, y su rítmico acompañamiento culinario con alcanzar las estelares alturas del arte? La respuesta, por supuesto, es que mucho, como Flaubert bien sabía. Los lenguajes populares –ya provengan de la literatura sentimental, de los discursos políticos altisonantes, de la cría de animales domésticos o de los cacofónicos sonidos de la calle– y las tensiones entre ellos son básicos para el genio lingüístico de *Madame Bovary* y se convierten en el tema de sus obras satíricas inconclusas, *Bouvard y Pécuchet* y *Diccionario de lugares comunes*.

[1] Gustave Flaubert, *Madame Bovary*, París, Flammarion, 1986, p. 259 [trad. esp.: *Madame Bovary*, Madrid, Espasa-Calpe, 1997.]

Esta tendencia flaubertiana a utilizar frases populares y clichés para acoplar voces y códigos discordantes caracteriza la literatura de Manuel Puig y de Luis Rafael Sánchez. Flaubert tenía una actitud esencialmente hostil hacia los clichés, y cuando los utilizaba literariamente, lo hacía en forma satírica y/o irónica. En la literatura moderna europea, cuyas convenciones fueron establecidas en gran medida por Flaubert, los clichés suelen ser tratados como antítesis del "original", y, por lo tanto, como antítesis de lo "literario" también. Flaubert escribió ejemplos irónicos de esta postura, menospreciando los clichés y usándolos después en forma brillante para demostrar su falta de valor. Puig y Sánchez también explotan las connotaciones variadas y, a menudo, ambiguas de las frases hechas y de las fórmulas narrativas conocidas, aunque no para menospreciarlas sino para demostrar sus usos sociales.[2] En sus novelas, los clichés son un medio de proponer valores comunitarios que operan dentro de los textos y se reflejan hacia afuera, sobre las culturas que los contienen.

Me he referido ya a la etimología de la palabra *cliché*, vinculada a la tecnología de la composición tipográfica. Recuérdese que, inicialmente, la palabra describía un tipo ya hecho, una placa de metal de la que salían interminables reproducciones estandarizadas de un impreso o un diseño. La palabra proviene del verbo francés onomatopéyico *clicher*, una variante de *cliquer* (chascar), como imitación del sonido de las máquinas de composición. A través de un proceso metafórico, ha llegado a designar las unidades de lenguaje (principalmente) hablado que aparecen como fragmentos preconstruidos. En español y en inglés, la palabra *estereotipo* (*stereotype*) denota el mismo recurso, y la locución española *frase acuñada* también se refiere al proceso de impresión metálica repetida, con el estrépito que supuestamente lo acompaña. El término francés, sin embargo, es el que carga con el mayor oprobio, porque los escritores franceses de entre mediados y fines del siglo XIX pensaban que la impresión mecanizada empujaba el lenguaje literario hacia el uso generalmente aceptado con el objetivo de hacerlo inmediatamente disponible para el consumo (masivo) burgués indiscriminado. También en la cultura literaria contemporánea, la mayor parte de los públicos menospreciarán los clichés como tales: incluso los clichés dirigidos a públicos relativamente poco sofisticados suelen ir acompañados por señales que degradan los clichés mismos.

[2] La hostilidad francesa hacia el lugar común continúa en el pensamiento crítico contemporáneo. Roland Barthes enuncia su desconfianza hacia los estereotipos lingüísticos y culturales en *El placer del texto;* Michel Riffaterre coincide con él en su ensayo "Fonction du cliché dans la prose littéraire", en *Essais de stylistique structurale*, París, Flammarion, 1971; las sospechas filosóficas hacia el lenguaje hablado en general de Jacques Derrida se citan en notas subsiguientes. Margery Sabin compara el uso de los clichés y las expresiones idiomáticas en las tradiciones novelísticas inglesa y francesa en un artículo publicado en dos partes cuyo título es "The life of english idiom, The laws of french cliché", en *Raritan*, 1, núms. 2-3, 1981, pp. 54-72, 70-89.

Como señaló Walter Ong, es común que, actualmente, se incluyan indicadores verbales o visuales para alentar –e, incluso, para ayudar– a los públicos a rechazar los clichés, a reírse de ellos, o al menos a clasificarlos como no confiables o de intención irónica.[3] Puig y Sánchez crean excepciones notables de esta tendencia; de hecho, utilizan estas actitudes negativas para destacar la ambigüedad que acompaña el uso literario del lenguaje no literario.

Yo utilizo la palabra *cliché* para referirme a ciertos grupos de palabras que la convención ha soldado en unidades lingüísticas, así como a frases y estructuras narrativas populares que han sido repetidas con la frecuencia suficiente como para volverse familiares –o para crear la ilusión de familiaridad– para la mayor parte de los lectores. Como en los dos capítulos anteriores, aquí continúo ocupándome del lenguaje idiomático que se percibe, sobre todo, en el registro hablado más que en el escrito, y del que se considera "vernáculo".[4] Puig y Sánchez presentan sus novelas como realizaciones orales/auditivas; la traducción efectiva de la novela de Puig a los medios visuales –en el teatro y el cine, como obra dramática y como comedia musical– confirma mi afirmación. *El beso de la mujer araña* se ofrece al lector como una conversación sobre cine que establece una comunidad, y *La guaracha del Macho Camacho*, como un coro de canciones populares que habla de la desintegración comunitaria. Sus autores destacan el enorme potencial de los medios electrónicos para la creatividad y la comunicación; también muestran su potencial para subvertir o silenciar estas capacidades y estos vínculos humanos. Así, se enfrentan con los problemas y las posibilidades de extraer un significado a partir del ruido de la cultura de masas contemporánea.

La relación entre el lenguaje convencional, la expresión individual y la identidad comunitaria en Puig y en Sánchez no se basa en una concepción despectiva de los clichés, sino en el reconocimiento de que todo lenguaje se sustenta en la repetición, que en todas las expresiones puede encontrarse un resto formulario y que el lenguaje novelístico, con frecuencia, intensifica con su artificio los modelos lingüísticos recibidos, sin los cuales ningún tipo de comunicación sería posi-

[3] Walter Ong, "Literacy and orality in our times", en *Profession*, 79, 1979, p. 6. El ejemplo de Ong es el personaje televisivo estadunidense Archie Bunker, cuyos clichés son sistemáticamente desvalorizados por el mal empleo de sus palabras, sus prejuicios y su cómica incompetencia. El argumento de Ong es que, en esta degradación de las fórmulas orales, asistimos a la influencia de la cultura letrada sobre la cultura popular. Mi argumento es el contrario: en los usos de fórmulas orales en la literatura latinoamericana contemporánea, estamos asistiendo a la creciente influencia de la cultura popular sobre la cultura letrada.

[4] Norman Page distingue tipos de habla popular de acuerdo con la clase y el grado de convenciones adoptadas. El dialecto y el idiolecto representan los extremos opuestos del espectro: el dialecto se refiere a todas las características del habla que *unen* al individuo a algún grupo reconocible, social, regional u otro, mientras que el idiolecto se refiere a las idiosincrasias del habla individual que *distinguen* al individuo del grupo (*Speech in the English Novel*, Londres, Longman, 1973).

ble. Utilizo la palabra *cliché*, entonces, para referirme a una gama de modelos semióticos repetidos que nos llevará a considerar la naturaleza del lenguaje literario y su relación con las estructuras narrativas utilizadas (y todavía utilizables). Puig y Sánchez sugieren que la coherencia de las comunidades depende de las operaciones de estas tradiciones lingüísticas familiares: de los clichés en este sentido amplio.

I

El beso de la mujer araña es, sobre todo, un diálogo entre dos hombres presos en una celda, que incluye como segmentos principales argumentos de películas que uno de los hombres le cuenta al otro. Esta novela ostensiblemente oral encarna los ritmos y los coloquialismos de la conversación sin la mediación de un narrador, la convención más reconocible de los textos de ficción escritos. En ausencia de las fórmulas narrativas que habitualmente identifican a los interlocutores ("dijo Molina", "dijo Valentín"), el lector puede dudar, a veces, acerca de cuál de los personajes está hablando, y se ve obligado a rastrear las intervenciones alternadas hasta un punto de referencia. Así, el texto le recuerda al lector que esa conversación carente de mediación es comúnmente una convención propia del cine o nuestra propia experiencia de la conversación, en la que *ver* a los hablantes u *oír* el tono de sus voces permite conocer su identidad. La autopresentación de la novela como un modo oral más que escrito se hace evidente en forma inmediata y se reitera en forma continua, aunque implícita.

Molina, un homosexual condenado a prisión por corrupción de menores, le "cuenta las películas" a Valentín, un disidente político que está cumpliendo una condena por actividades subversivas. Primero para pasar los minutos/las horas/los días, y luego para nutrir el vínculo de comunicación, con y sin palabras, que se desarrolla inesperadamente entre ellos, los dos reclusos comparten los argumentos de las películas manifiestamente convencionales que Molina ha visto. El lenguaje de Molina está repleto de fórmulas que han llegado a ser unidades inalterables a través del uso continuo; en el espacio de unas pocas oraciones, mientras narra una película, utiliza frases como "le da un arranque", "tomar como un desesperado", "una voz de borracho perdido", "pegado a la puerta", "no tiene más remedio", "grita pero como loca", "muerta de miedo", y muchas más. Estas frases hechas contribuyen a la energía íntima del relato de la película que hace Molina. Los guiones de películas clase B son los clichés que construyen el sentido en el texto y proyectan la concepción de Puig sobre la cultura popular de la que son extraídos.

Estos clichés narrativos dispersos en el diálogo entre los personajes son, en términos de Viktor Shklovsky, *historias* más que *tramas*. La diferencia entre ambas categorías es que, en las historias, los hechos se ordenan en una secuencia temporal-causal, mientras que en las tramas los hechos se organizan, se distorsionan o se manipulan artificiosamente, es decir, la estructura literaria los "desfamiliariza".[5] De acuerdo con Shklovsky, las historias, a diferencia de las tramas, pueden extenderse indefinidamente en el tiempo y el espacio como secuencia de hechos. Éste es el caso de los relatos de películas de Molina. Él va narrando los hechos como si fueran las cuentas de un collar; utiliza conectores –*y*, *pero*, *entonces*, *cuando*, *finalmente*, *así*, *después*– para encabezar una gran cantidad de sus oraciones y para unir las cláusulas dentro de esas oraciones. A medida que Molina se entusiasma con el argumento de su película, el texto escrito reproduce la extensión espacial y temporal del relato, los párrafos se desarrollan por varias páginas y, a menudo, contienen no menos de cuarenta conectores en una única oración cuando Molina relaciona los hechos cinematográficos uno tras otro. Para Shklovsky, la estructura de las historias de Molina sería automática (en lugar de artística), puesto que cada elemento preanuncia el que sigue sin ambigüedad.

Si el relato de películas de Molina posee alguna *trama*, es la que deriva de sus interrupciones intermitentes de las secuencias de hechos que encadena. Sus historias se transforman en tramas cuando abandona el tiempo presente, que es el modo temporal del cine. Ocasionalmente, disminuye la velocidad de su narración (y, por lo tanto, la percepción que tenemos de ella) para examinar un detalle elusivo, evaluar los hechos de la película o la naturaleza del tiempo y de su propia memoria, o insertar un indicador literario o estructural, como "puntos suspensivos" o "este cuento se ha terminado". Sus descripciones entusiastas del vestuario y la escenografía también tienden a desfamiliarizar las historias que cuenta al poner en primer plano el proceso de traducción de un medio visual a otro verbal. Éstas y otras interpolaciones intermitentes llaman la atención sobre el narrador y orientan al lector a considerar sus palabras como un artefacto estructurado, una entidad que debe ser contemplada por derecho propio más que un vehículo transparente a través del cual "vemos" la narración de la película. No obstante, estos aspectos de literariedad no dominan la narración de Molina. Por más que los hechos que narra hayan sido "entramados" en su medio cinematográfico, su propia narración, juzgada en términos novelísticos, sigue siendo principalmente una historia, no una trama. O, para volver a la noción de desfamiliarización, el suyo es principalmente un modo familiar de narrar, no un modo artístico.

Si los argumentos de las películas que cuenta Molina no están desfamiliarizados, su incorporación al medio entramado de la novela en sí condiciona, por supues-

[5] Viktor Shklovsky, "Tristram Shandy", en *Russian Formalist Criticism*, ed. y trad. Lee T. Lemon y Marion J. Reis, Lincoln, University of Nebraska Press, 1965, pp. 25-57. Véase también, en el mismo volumen, el ensayo de Shklovsky "Art as technique", pp. 3-24.

to, su estatuto de historia. Robert Scholes ha sugerido que cualquier enunciado o gesto humano puede volverse literario cuando otra persona lo produce: "Cualquier fragmento de habla o gesto trivial o vulgar puede funcionar de modo literario en un cuento o una obra de teatro, por ejemplo, o incluso en una 'epifanía' joyceana, así como un desecho puede ser incorporado a una obra escultórica, o cualquier objeto que encontremos se puede convertir en arte visual por un acto de selección y exposición".[6] Cualquier emisión oral puede recibir una intensidad adicional –puede ser desfamiliarizada– al ser traducida a un texto impreso, así como una fotografía o una película de gente o lugares conocidos puede alejarlos de lo mundano, resaltando su realidad en virtud de su traducción a un medio visual.[7] Más significativamente, en *El beso de la mujer araña*, las historias de Molina son encastradas en una trama que propone y desarrolla una relación humana entre dos personajes marginados reunidos por el azar y por fuerzas políticas y sociales insidiosas. Aunque la mayor parte de la novela, como he dicho, consiste en diálogos sin mediación, ocasionalmente se intercalan en itálica fragmentos de monólogo interior en los que Molina se cuenta *a sí mismo* una película, transformándose en un actor que desahoga su frustración con Valentín. El texto también se aparta del diálogo en el monólogo de Valentín, que se presenta con la forma de fluir de la conciencia, al final de la novela: una mezcla delirante de las películas que le contó Molina y sus propias experiencias políticas, presentadas en un estilo con abundantes imágenes.

Scholes, siguiendo a Shklovsky, afirma que percibimos literariedad en un enunciado cuando percibimos su "duplicidad" (*Semiotics*, *op. cit.*, p. 21), cuando un enunciado llama la atención sobre *sí mismo* así como sobre lo que describe. La "duplicidad" de *El beso de la mujer araña* procede, en parte, de la tensión entre los argumentos estereotipados de películas y los monólogos interiores de los personajes; entre el relato transparente y exteriormente referencial, por un lado, y el enunciado que apunta a formas más complejas de interioridad, por el otro. Este interjuego entre el discurso dicho y no dicho, público y privado, tiene su correlato en la situación de los personajes. Molina y Valentín están, después de todo, presos en una celda, aislados de la vida pública por su conducta "antisocial". (Valentín, nos enteramos, ha pasado un tiempo en confinamiento solitario.) El antídoto contra su aislamiento inhumano es precisamente la lengua que hablan juntos, lengua que es, en su esencia misma, sociable, compartida, común. La convencionalidad de su idioma se fortalece más que se diluye en la comunicación (comunidad) que establecen en su celda. Sus clichés, precisamente por ser clichés, ofrecen un medio para estable-

[6] Robert Scholes, *Semiotics and Interpretation*, New Haven, Yale University Press, 1982, p. 18.

[7] Marshall McLuhan argumenta que los clichés se transforman en arquetipos a medida que se alejan del usuario en el tiempo; es evidente que la repetición es fundamental para ambos. Véase Marshall McLuhan con Wilfred Watson, *From Cliché to Archetype*, Nueva York, Viking, 1970, p. 198.

cer vínculos sociales que ninguno ha alcanzado estando libre en la sociedad. Los personajes tienen una conciencia aguda de la diferencia entre la comunidad que se desarrolla dentro de la celda y el mundo hostil del exterior. Valentín le pregunta a Molina: "¿Y estamos tan presionados... por el mundo de afuera, que no podemos actuar de forma civilizada? ¿Es posible que pueda tanto... el enemigo que está afuera? [...] Es como si estuviéramos en una isla desierta. Una isla en la que tal vez estemos solos años. Porque, sí, fuera de la celda están nuestros opresores, pero adentro no. Aquí nadie oprime a nadie".[8] Pero nosotros sentimos que Valentín exagera, porque el lenguaje, aunque sea común y comunitario, también puede ser un vehículo del prejuicio social y de la injusticia política, como bien saben ambos personajes. Molina, herido por lo que imagina ser la censura moral de Valentín, se retira del lenguaje pensando: "...no le voy a contar más ninguna película de las que más me gustan, ésas son para mí solo, en mi recuerdo, que no me las toquen con palabras sucias" (*El beso...*, *op. cit.*, p. 116). El lenguaje común puede crear una comunidad de dos que detenga temporariamente los terrores del aislamiento humano, pero no puede detener las fuerzas exteriores a la celda que, eventualmente, les infligirán la tortura y la muerte.

El lenguaje de estas fuerzas sociales y políticas contrasta con el que utilizan los personajes en su presentación tipográfica en lugar de hablada. A diferencia del diálogo de los amigos en su celda, en el diálogo entre el carcelero y Molina en la oficina del guardia los hablantes se identifican de acuerdo con la convención tipográfica de la literatura dramática y las actas de procesos judiciales. Así, Puig sugiere que el guardia y el preso son papeles que se representan y, por extensión, que se está llevando a cabo una farsa de justicia. Es más, en extensas notas académicas al pie de página, tomadas de las obras de Freud, Marcuse, Norman O. Brown y otros, se trata la relación entre el sexo y la sociedad en un estilo plagado de fórmulas lingüísticas especializadas, que sólo puede ser escrito. Las notas al pie parecerían proponer un comentario analítico de la relación entre Molina y Valentín, entre la homosexualidad y el compromiso político. Sin embargo, la distancia entre la lógica impersonal de la jerga académica y la urgencia del contacto sexual y la represión política que muestra la trama cuestiona ese comentario y provee una fuente fundamental de ironía a la novela.[9]

Una distancia irónica similar se crea entre el tortuoso monólogo interior final de Valentín y la impenetrable superficie tipográfica del capítulo inmediatamente

[8] Manuel Puig, *El beso de la mujer araña*, Barcelona, Seix Barral, 1976, p. 206.

[9] Aunque aquí no me ocupo de cuestiones de género, otros lo han hecho de un modo provechoso. Véase, por ejemplo, Elías Miguel Muñoz, "El discurso utópico de la sexualidad en *El beso de la mujer araña* de Manuel Puig", en *Revista Iberoamericana*, 52, 1986, pp. 361-378. A continuación, cito el análisis del género en las novelas de Puig que se encuentra en el libro *The Body Hispanic*, de Julian Paul Smith.

anterior. Este penúltimo capítulo es un árido informe de inteligencia escrito en un estilo abreviado e impasible repleto de clichés burocráticos. El lenguaje es ominosamente ambiguo, calculado para enmascarar las operaciones que describe. Un espía del gobierno enumera, día por día, las actividades que Molina lleva a cabo después de salir de la cárcel, e intenta, en comentarios continuos, establecer vínculos causales entre esas actividades. A continuación del informe, se indica que se ha redactado por cuadriplicado para distribuir las copias entre las reparticiones correspondientes, mientras que el original se guardará en el archivo. En esta imagen de reproducción verbal (el informe por cuadruplicado) y fijeza ideológica (se guardará en el archivo), Puig presenta la antítesis de la repetición creativa que se desarrolla entre los compañeros de celda. En los sellos de goma del régimen autoritario, la vida humana se transforma en mercancía, más allá de los límites del desprecio. Para Puig, la amenaza para el lenguaje expresivo no reside en las fórmulas de la cultura popular, sino en algo que es casi su opuesto: la jerga estandarizada, sanitarizada, de un sistema político deshumanizado y deshumanizador.

Resulta provechoso comparar la práctica novelística de Puig con la teoría y la práctica cinematográfica del realizador soviético Sergei Eisenstein. Puig, que estudió realización cinematográfica en el Centro Sperimental di Cinematografia de Roma, estaría familiarizado, naturalmente, con los enunciados teóricos de Eisenstein así como con sus películas. Aunque no pretendo postular la influencia de Eisenstein sobre Puig, quisiera señalar una inconfundible similitud entre sus estrategias estéticas. Los escritos de Eisenstein conciben el arte como un medio de expresar las ideas y "ampliar las emociones", y sus comentarios sobre su propio arte se centran en los modos como las imágenes "nacen" del tema que es objeto de consideración.[10] Describe un recurso en particular, el de mostrar una acción o un objeto sin nombrarlo: "El cine audiovisual [...] comienza en el instante en que el crujido de la bota se separa de su representación de la bota que cruje y [...] se une al rostro humano que se sobresalta al escuchar el crujido".[11] Puig, como cineasta-transformado-en-novelista, explota esta técnica visual, especialmente en las escenas de amor entre Valentín y Molina, que ningún narrador nombra ni describe. Al retener la descripción, Puig propone que el lector de su texto escrito, ya constituido en oyente más que en lector, se transforme también en un observador. En esos momentos de silencio textual, Puig elude las restricciones sintácticas y semánticas, y establece, en cambio, múltiples relaciones posibles entre la descripción y la visión.

[10] Véanse los ensayos de Sergei Einsenstein reunidos en *Film Forum: Essays in Film Theory*, ed. y trad. Jay Leyda, Nueva York, Harcourt Brace, 1949, y en *Film Sense*, ed. y trad. Jay Leyda, Nueva York, Harcourt Brace, 1970.

[11] Citado por A. K. Zolkovskij y Ju. K. Sceglov, "Structural poetics is a generative poetics", en *Soviet Semiotics*, ed. y trad. Daniel P. Lucid, Baltimore, Johns Hopkins University Press, 1977, p. 190, nota 13.

Para Eisenstein, este tipo de desfamiliarización depende de la apropiación y la transformación *en el interior* de la obra de arte de elementos que provienen del *exterior*. Escribe que el artista debe descubrir para cada tópico –cada objeto, hecho, escena, locución– la conjunción de elementos que preserva el hecho en sí y que también, simultáneamente, proyecta la actitud del autor hacia el hecho.[12] Esta percepción simultánea de las cosas en sus estados familiares y desfamiliarizados también es pertinente para la práctica novelística de Puig. He dicho que los temas sociales y psicológicos de *El beso de la mujer araña* dependen de la oposición entre el interior de la celda y el mundo exterior, con su inversión irónica de los significados de "libertad" y "prisión". Más aún, los clichés cinematográficos dentro de la novela apuntan a un lugar invisible pero definido, exterior a la novela –las películas mismas–, que, a su vez, se vuelve a reflejar en el centro de la novela sobre la celda en la que Molina las cuenta. Como los clichés estructurales de los argumentos de películas, las fórmulas fijas también oscilan entre el interior y el exterior de la novela, entre su medio impreso y la lengua hablada del mundo que lo rodea. Por ejemplo, el cliché de la isla desierta al que se refiere Valentín, que ya mencionamos, evoca un mundo lingüístico conocido exterior a la novela al mismo tiempo que denota el aislamiento de los personajes de ficción, que están "solos juntos" en su celda. Y el beso de la mujer araña, que en el argumento de la película atrae fatalmente a los hombres hacia su tela, se transforma en el monólogo interior final de Valentín en el símbolo del amor de Molina por él: no es una trampa sino una liberación. Así, Puig desfamiliariza los clichés en la manera descrita por Eisenstein, preservando su esencia familiar, no artística, e integrándolos al mismo tiempo a una estructura literaria que pone en cuestión los valores de la cultura de los que provienen.

Comencé trazando una nítida distinción entre los motivos por los cuales Flaubert utilizaba clichés y los de Puig y Sánchez. Aquí, en cambio, propondría un *paralelo* entre Bouvard y Pécuchet, los personajes de Flaubert en la novela que lleva sus nombres, y la pareja creada por Puig en esta novela. Flaubert reconoció haber creado sus personajes para ridiculizar la cultura popular de la democracia burguesa de su tiempo. Se propuso hacerlos tan tontos como fuera posible (originalmente, la novela se iba a llamar *Las memorias de dos cucarachas*), pero, a pesar de eso, simpatizamos con los personajes porque son buenos amigos, y muy humanos.[13] Si también son tontos, es por lo que son, así como por sus alianzas sociales o intelectuales: de edad mediana, marginados, uno gordo, el otro flaco,

[12] Citado por Zolkovskij y Sceglov, "Structural poetics", *op. cit.*, p. 179.

[13] Jorge Luis Borges señala características de los copistas que, sostiene, su creador puede no haber tenido la intención de demostrar, características que, en definitiva, reflejan a Flaubert mismo. "Vindicación de 'Bouvard et Pécuchet'", en *Discusión*, 1932, reeditado en *Obras completas*, Buenos Aires, Emecé, 1989, vol. 1, pp. 259-262.

vestidos de manera extravagante, torpes en el amor. A pesar de las intenciones expresas de Flaubert, *Bouvard y Pécuchet* trata acerca de los corazones de estos personajes tanto como acerca de sus mentes sin sentido crítico o su uso incorrecto del lenguaje. Y a pesar de la desesperación que el autor expresa por la penetración de la cultura de estos personajes, en la dedicación de cada uno de ellos hacia el otro, demuestra sin darse cuenta el medio para sobreponerse a esa desesperación. Valentín y Molina son análogos latinoamericanos a los personajes de Flaubert, que están en desacuerdo con la sociedad y, sin embargo, consumen sus modos culturales; son víctimas de sus ofuscaciones morales, políticas y lingüísticas, y, sin embargo, capaces de escucharse el uno al otro por encima del ruido.

A mí me parece que esta novela y *Maldición eterna a quien lea estas páginas* (1980) representan un alejamiento significativo respecto de las primeras novelas de Puig. En *La traición de Rita Hayworth* (1968), *Boquitas pintadas* (1969) y *The Buenos Aires Affair* (1973), la intención de Puig al utilizar clichés es, en realidad, bastante similar a la de Flaubert. En estas primeras novelas, Puig emplea clichés para satirizar la cultura contemporánea y sugiere los modos en los que el individuo es traicionado por los estereotipos culturales.[14] Por el contrario, en *El beso de la mujer araña* los clichés cinematográficos se convierten en un modo de la reconciliación humana, un vínculo que intercepta la traición aun cuando, en definitiva, no logre impedirla. Así, cuando el guardia le ordena informarle sobre su compañero de celda, Molina desobedece, y sigue narrando películas para obtener la fuerza necesaria para soportar la presión. Y Valentín, a pesar del prejuicio personal y social, encuentra amor y comprensión en Molina. A diferencia de las primeras obras de Puig, esta novela no insiste en la falsedad de las promesas de la cultura popular. En *La traición de Rita Hayworth*, los estereotipos cinematográficos de hombres agresivos y mujeres dóciles traicionan a un personaje joven en su búsqueda del amor, mientras que en *El beso de la mujer araña*, se transforman en el medio por el cual los personajes alcanzan el suyo. Molina y Valentín utilizan los clichés en lugar de ser utilizados por ellos.

La relación entre la conversación y la comunidad es, entonces, en algún sentido verdadero, el tema de esta novela. Los textos presentados *como escritos* sirven para reforzar las estructuras institucionales de dominación, mientras que el diálogo que se desarrolla entre Valentín y Molina ofrece resistencia a estas estructuras y las corrige. Puig suele ser clasificado como posmoderno y, sin embargo, invierte el privilegio derridaiano del lenguaje escrito sobre el oral. En este aspecto, está más cerca de Platón que de Derrida.

[14] Véase mi análisis comparativo de las primeras obras de Puig en "The reader at the movies: Semiotic systems in Walker Percy's *The Moviegoer* and Manuel Puig's *Betrayed by Rita Hayworth*", en *American Journal of Semiotics*, 3, núm. 1, 1984, pp. 49-67.

Platón organiza sus escritos en forma de diálogo para sugerir que sólo en la comunicación oral, de intercambio flexible, en sus interacciones y revisiones simultáneas, es posible acercarse a la verdad (si no alcanzarla plenamente). En su diálogo con Fedro, Sócrates afirma que la "instrucción" sobre la naturaleza de "lo correcto, lo bello y lo bueno" sólo es posible entre hablantes:

> Que Lisias o cualquier otro escritor, pasado o futuro, que afirme que la verdad clara y permanentemente válida se encuentra en el lenguaje escrito, se ofrece al reproche. [...] La lucidez, la finalidad y la verdadera importancia se encuentran sólo en las palabras habladas por medio de la instrucción o, para utilizar una frase más verdadera, escritas en el alma del oyente para permitirle aprender sobre lo correcto, lo bello y lo bueno; finalmente, para darse cuenta de que esas verdades habladas deben considerarse las hijas legítimas de un hombre, en primer lugar si se originan dentro de sí mismo, pero en segundo término si lo que podemos llamar sus hijos y parientes nacen, como deberían, en las mentes de otros. Creer esto, digo yo, y rechazar todo lo demás es ser la clase de hombres, Fedro, en la que tú y yo rogaríamos convertirnos.[15]

En la relación entre Valentín y Molina, Puig pone en escena la afirmación de Sócrates de que el habla puede ser "escrita en el alma del oyente". Como en *Conversación en La Catedral*, de Vargas Llosa, Puig afirma la "metafísica de la presencia" denunciada por Derrida como una ilusión de la modernidad, y sus personajes la demuestran.

II

La guaracha del Macho Camacho, del novelista portorriqueño Luis Rafael Sánchez, está escrita con el tono y el ritmo de la guaracha, un ritmo de baile caribeño en compás de tres tiempos. Una guaracha en particular titulada "La vida es una cosa fenomenal", que tocan Macho Camacho y su banda, está arrasando en la isla. Se oye en todas las radios, y no queda ningún espacio inmune a sus ritmos frenéticos e hipnóticos. La música se transforma en metáfora del lenguaje de la novela misma; la guaracha de Macho Camacho palpita en el ambiente cuando entramos, por medio de una prosa igualmente palpitante, en las vidas de los diversos personajes: el arrogante, pomposo y desenfrenado senador Vicente Reinosa; su fría y aristocrática esposa y su hijo malcriado; su expansiva amante de clase baja, conocedora del mundo. El movimiento de la música y el lenguaje contrasta con el embotellamiento en el que se desarrolla gran parte de la novela y, según da a

[15] Platón, *Fedro*. [La autora cita la versión en inglés: *Phaedrus and the Seventh and Eighth Letters*, trad. Walter Hamilton, Nueva York, Penguin, 1973, pp. 100-101.]

entender Sánchez, también con las sólidas jerarquías culturales y de clase. Así como el cine es central en la novela de Puig, es la radio lo que le interesa a Sánchez; y así como el lenguaje hablado estructura *El beso de la mujer araña*, son los ritmos del lenguaje cantado los que impulsan *La guaracha del Macho Camacho*.

La novela de Sánchez, como la de Puig, pretende ser escuchada más que leída. Sánchez le pide a su audiencia (la palabra *audiencia* parece más apropiada que *lector*) que considere la naturaleza de la palabra impresa no sólo en su aspecto semántico, sino también acústico. Gracias a sus aliteraciones, su rima, sus repeticiones, su parataxis, sus anáforas y sus ritmos repetitivos, la energía estilística de Sánchez es auditiva. La musicalidad de la novela es lo que primero golpea el oído de la mente, creada tanto por la sintaxis quebrada y los ritmos vivos del fraseo como por expresiones fijas en particular. Parecería que la historia fuera improvisada en el estilo fluido, episódico de la poesía oral o el jazz, que carecen de un texto o una partitura fijos, en las que sólo importan el proceso y la ejecución.

La teoría del "automatismo" lingüístico de Yuri M. Lotman es más adecuada para la novela de Sánchez que la exposición de Shklovsky sobre la "desfamiliarización", porque Lotman se ocupa de la poesía y los recursos poéticos en sí. Él explora cómo el automatismo puede revertirse por medio de los recursos fónicos, y define el lenguaje poético en términos de su alejamiento de las normas del lenguaje ordinario. Si el lenguaje ordinario es percibido como carente de orden (más allá de las regularidades gramaticales de su construcción), entonces, el lenguaje poético se muestra ordenado en formas especiales. En el discurso poético, afirma Lotman, ciertos elementos de sonido aparecen con mayor frecuencia (o con menor frecuencia) que lo postulado por la norma lingüística, una norma difícil de formular pero que todo hablante nativo conoce intuitivamente. Esos elementos de sonido pueden ser unidades silábicas o sintácticas, esquemas acentuales, fenómenos fonéticos como la asonancia, la consonancia, la rima o la posición de estos elementos en el texto. La frecuencia inhabitual, el desplazamiento o la supresión de un elemento dado llamarán la atención sobre él, lo volverán estructuralmente activo; ese uso hace que el lector tome conciencia de la forma del enunciado, en resumen, lo desautomatiza. Lotman sostiene que el texto poético propone implícitamente las reglas por las que se aleja de la norma lingüística, de modo que resulta, al mismo tiempo, una realización y una ruptura del orden. La obra poética puede ser descrita "por medio de dos modalidades: el sistema de la realización de ciertas reglas y el sistema de su violación. [...] El texto no se puede identificar con ninguno de los dos aspectos tomados por separado. Sólo la relación entre ellos, sólo la tensión estructural, la mezcla de tendencias incompatibles, crea la realidad de la obra de arte".[16]

[16] Yuri M. Lotman, *Analysis of the Poetic Text*, ed. y trad. D. Barton Johnson, Ann Arbor, Ardis, 1976, p. 40.

(Recuérdese el requisito de Robert Scholes de que, para ser considerado literario, un texto debe ser "doble".) Para Lotman, la tarea del lector no consiste en "superar" estas tendencias incompatibles, sino en aprender cómo detectar sus mecanismos funcionalmente contradictorios.

Las normas lingüísticas y genéricas de las que se aleja la prosa poética de Sánchez están, por supuesto, implícitas en la novela. Desde el principio, la prosa es agramatical, fragmentada, y mucho más repetitiva, tanto rítmica como fonéticamente, que la mayor parte de la prosa novelística. En el primer párrafo de la novela, la escena y los personajes son descritos por medio de una dicción coloquial y de ritmos repetitivos:

> Si se vuelven ahora, recatadas la vuelta y la mirada, la verán esperar sentada, una calma o la sombra de una calma atravesándola. Cara de ausente tiene, cara de víveme y tócame, las piernas cruzadas en cruz. La verán esperar sentada en un sofá. [...] Cuerpo de desconcierto tiene cuerpo de ay deja eso, ¿ven?, cuerpo que ella sienta, tiende y amontona en un sofá. [...] También sudada, la verán esperar sudada, sudada y apelotonada en un sofá sudado y apelotonado, sofá sudado y apelotonado que se transforma en cama que se transforma en sofá, miembro pulcro el sofá de un elenco hogareño de travesti que hace de todo. Como hace el Ace.[17]

Las repeticiones de elementos de sonido, demasiado numerosas y obvias para analizarlas en detalle, no representan simplemente una serie de identidades auditivas, sino un sistema de diferencias. Tanto la mujer como el sofá están "sudados y apelotonados": en un nivel, la repetición implica identidad –la mujer es la amante del senador, y tanto ella como el sofá se utilizan para acostarse–; pero en otro nivel, la repetición revela el carácter falso y deshumanizador de esa identidad, y la corrupción moral y política en la que se basa esa identidad impuesta. Lejos de crear una cansadora sensación de mismidad, las repeticiones y los clichés que caracterizan cada página de esta novela insisten en las disparidades entre el lenguaje y la vida. La coincidencia en un nivel no hace más que subrayar la falta de coincidencia en otro; la repetición puede automatizar el texto sintáctica o acústicamente mientras lo desautomatiza semánticamente (la frase "sudado y apelotonado", repetida y por lo tanto esperada, aplicada a sustantivos inesperados y dispares). El lector se ve obligado a considerar cada palabra en relación con las palabras que la rodean (el sofá-cama "travesti", el "Ace" que "hace"). Así, Sánchez crea una compleja dialéctica de mecanismos funcionalmente contradictorios: la característica principal de las estructuras literarias, de acuerdo con Lotman.

[17] Luis Rafael Sánchez, *La guaracha del Macho Camacho*, Buenos Aires, Ediciones de La Flor, 1976, pp. 13-14.

El tiempo verbal en que está escrita la novela contribuye a sus contradicciones, ya que Sánchez inserta clichés en un continuo tiempo presente que parece negar su larga historia de uso excesivo y sugiere, en cambio, que se utilizan por primera vez en este texto. El lenguaje parece significar sólo lo que significa ahora, ya sea hablado o cantado. La idea de que un cliché puede revivir a través de la repetición independiente del recuerdo nos retrotrae al Pierre Menard de Borges, cuya versión idéntica de la obra de Cervantes alcanza el estatuto de original porque, se nos dice, Menard la ha *olvidado* para poder repetirla. La repetición *con* el recuerdo, parece, crea clichés; la repetición *sin* el recuerdo crea obras de arte. El cuento de Borges es profundamente irónico, por supuesto, pero no deja de ser una parábola de la angustia histórica: en América, uno debe revisar/repetir/reinventar las fuentes culturales. Sánchez, también, sugiere que la repetición creativa puede ser originaria/original.

Los breves segmentos narrativos de *La guaracha del Macho Camacho* constituyen otra estrategia sincrónica. Se proponen como una sucesión de instantes observados y registrados simultáneamente, cada uno de los cuales ocurre a las cinco de la tarde del miércoles; cada segmento concluye con la frase "a las cinco de la tarde". Es como si el tiempo se detuviera, para comenzar nuevamente a las cinco en punto en el segmento siguiente. El embotellamiento, como los círculos viciosos del Periférico de Muñiz-Huberman y la *accélération immobile* de las cataratas del Niágara de Butor, refuerza esta sensación de supensión histórica. Sin embargo, la frase misma –"a las cinco de la tarde"–, que parecería establecer la historicidad estática de la novela, también propone su relación con la historia actual de los textos literarios. El "Llanto por Ignacio Sánchez Mejías", de Federico García Lorca, repite la misma frase para transmitir la estasis trágica de la muerte del torero. Repetición textual/ecos intertextuales: Sánchez relaciona su novela irónicamente con su precursor español como el Pierre Menard de Borges relaciona su texto con el suyo.

Las tensiones estructurales se intensifican con la tematización que hace Sánchez de la divisoria referencial entre las palabras y el mundo. La vida es una cosa fenomenal, como afirma la letra de la guaracha, no una cosa verbal, y el lenguaje, ya sea hablado o escrito, es inadecuado para expresar la experiencia de los personajes. Salvo en una de las secciones de la novela, el discurso de los personajes no se pone entre comillas, sino que se mezcla con su ruidoso contexto narrativo, como para sugerir las confusiones de la conciencia, el discurso y los fenómenos. La ausencia de comillas también indica que los personajes no se escuchan unos a otros. Si *El beso de la mujer araña* está compuesta casi por completo de diálogo, esta novela, en cambio, no contiene casi ninguno. El discurso familiar se presenta como hablado no porque cree una comunidad de expresión compartida, sino porque, en el ruido del San Juan contemporáneo, los personajes necesitan hablar en voz alta para oír sus propios pensamientos. Cada uno tiene su fórmula, y cada uno comenta internamente en su estilo particular. El senador Reinosa es la clase gobernante personificada y petrificada, y su lenguaje encarna ese hecho. Contempla los discursos que ha dado ante los Leones, los Rotarios y las Hijas Católicas de América en un "vozarrón regulado para que combine con la fuerza bólida de mi bólida personalidad" (Sánchez, *La guaracha...*, *op. cit.*, p. 99). Contempla también la palabra *corteja* (amante) y las deformaciones que él hace de ella: los diversos eufemismos que le permiten incluirla en su cuenta de gastos senatoriales. En virtud de su uso por largos periodos en una multitud de contextos, los clichés –en este caso, etiquetas reduccionistas para las mujeres– son signos vacíos y, por lo tanto, repletos de significados. Aunque la manipulación que el senador hace de la palabra debe considerarse deplorable (él es incapaz de distinguir su manipulación de la palabra de su manipulación de las mujeres), sugiere, sin embargo, la receptividad de gran parte del lenguaje familiar hacia el significado asignado.

Con frecuencia, el lenguaje y el sexo aparecen unidos en esta novela. De un tirón, el senador se congratula con juegos de palabras por su virtuosismo sexual y lingüístico: "Corteja o ceremonias de ilícita mampostería donde reitero mi virilidad y el triunfo de ella: contradicción del idioma que una la sea tan él" (*ibid.*, p. 93). El senador se refiere al sustantivo femenino *virilidad*: el español hablado permite a la palabra *el* una ambivalencia absoluta (*el* y *él*) de un modo que no puede hacerlo el medio impreso; en la traducción al inglés, este juego verbal se pierde por completo. En cambio, la lujuria del senador *no* se pierde, sino que es impugnada por la estructura de la novela. Atrapado en un embotellamiento mientras va hacia la casa que su amante tiene en un barrio obrero de San Juan, el senador no llegará nunca. Así, el embotellamiento se transforma en una metáfora extendida para la impotencia de este hombre "poderoso" y abusivo.

En contrapunto con el discurso ampuloso del senador se oye el estilo verbal de su amante negra, una mujer que se conoce a sí misma y sabe cómo utilizar a hombres como el senador. Su prosa es un bello canto de jerga callejera, frases de canciones y clichés; su sensualidad, a diferencia de la del senador, combina el tacto, el gusto, la vista, el olfato y el sonido, proveyendo la base para su rebeldía contra el orden social. Como lo formula el narrador de Sánchez, ella celebra "rebajas de palabras" y "la idea de la brevedad estipulada por la conmovedora maestría de las clases bajas": a ella, Sánchez le atribuye los comentarios más explícitos sobre la naturaleza del lenguaje común. Ella dice: "Cosas hay que no llegan a saberse, el misterio del mundo es un mundo de misterio: cita citable [...], clicés seriados del gentuzo *a mí me importa todo un mojón de puta*: padre-nuestro suyo" (*ibid.*, p. 79). Los ritmos enérgicos del lenguaje de esta mujer, como el uso que ella hace de su cuerpo, están inspirados por una comprensión instintiva de cómo obtener una mejor respuesta de estos instrumentos. Pero ninguno es lo suficientemente poderoso como para alterar los hechos inalterables del retraso de su hijo y la posición subordinada en la que ella se halla. Concluye con añoranza: "Cuando quiero gozar yo gozo y a veces gozo sin querer" (*ibid.*, p. 80).

Los estilos idiomáticos de los personajes están encastrados en un relato que también es rítmico y repetitivo, pero con su propio matiz especial de autoironía. El narrador utiliza palabras como *hermenéutica* y *existencial*, y describe a uno de los personajes como un orteguiano que come de Unamuno, y a otro, como émulo de Proust. Dada su evidente simpatía por la "conmovedora maestría de las clases bajas", uno percibe la ambivalencia de Sánchez hacia las tradiciones literarias e intelectuales europeas que tales referencias evocan: tradiciones que son, obviamente, las suyas. En comparación con los ritmos de la cultura popular, el silencio de la biblioteca es un magro consuelo.

El refinamiento del narrador carece de la resonancia del lenguaje popular que su prosa celebra, pero aquí hay algo involuntario, porque el objetivo de Sánchez es, claramente, condenar (no celebrar) una cultura en la que el ruido de los jingles publicitarios, los eslóganes de campaña tontamente repetidos y los rumores ahogan cualquier pensamiento que no siga el ritmo. La subtrama implícita en este libro son las fuerzas deshumanizadoras de la cultura de masas contemporánea; no hay una celda que pueda filtrar el ruido ni un mundo privado que resista la agresión pública, como en la novela de Puig. Y aunque las radios que pasan la guaracha al unísono podrían sugerir la existencia de una conciencia social colectiva, esa posibilidad es destruida por el evidente aislamiento de los personajes aunque estén escuchando el mismo mensaje. La propaganda fundada en las tendencias de percepción del lenguaje propio es ambiental, invisible y, por lo tanto, indeciblemente insidiosa. Sánchez se las arregla para exponer este ambiente oculto usando el mismo lenguaje que lo produce y es producido por él. Al desplegar clichés para conseguir un efecto literario y político, invierte el peso acumulado de los estereotipos verbales, haciendo que los lenguajes familiares suenen en un nuevo registro.

III

Es instructivo ubicar el uso que Sánchez y Puig hacen de los clichés en un contexto americano comparativo. Comparemos sus novelas con una de Thomas Pynchon, en la que el autor utiliza explícitamente las fórmulas de la cultura popular estadunidense. El lenguaje y los sonidos de los medios masivos son el tema de *La subasta del lote 49* [*The Crying of Lot 49*], de Pynchon, pero a diferencia de los relatos de Puig y Sánchez, no son el medio de la novela misma. Por el contrario, la novela está escrita en una prosa discursiva convencional, con la intercalación de fragmentos de inglés vernáculo para ilustrar la declinación de la coherencia, tanto social como lingüística. Oedipa, la protagonista de Pynchon, intenta eludir la incoherencia, pero no puede hacerlo. Todos los personajes, excepto Oedipa, disponen de un conjunto de fórmulas verbales a las que suscriben y por las que están obviamente circunscritos. Al parecer, Pynchon no investiga seriamente la posibilidad de que el lenguaje idiomático contemporáneo pueda ser en sí mismo un medio de comunicación, ni alienta al lector a considerar esa posibilidad, tan enajenados están los personajes que rodean a Oedipa. Los lenguajes populares son sistemáticamente desacreditados al ser asignados a personajes que han sido completamente absorbidos por una cultura inundada por los medios de comunicación y que no pueden considerarse responsables, ni lingüísticamente ni en ningún otro sentido.

En cuanto a Oedipa, es sorprendentemente muda. Hace breves preguntas en un inglés estándar algo descolorido mientras rastrea claves; rara vez se extiende al hablar. Comprende los clichés que traquetean a su alrededor, pero sólo los utiliza cuando siente que debe hacerlo para ser comprendida. La ambivalencia de Pynchon hacia la cultura popular, encarnada en el curioso bilingüismo de Oedipa y en el estilo narrativo convencional de la novela, sugiere la vacilación del autor entre la convicción de que la seriedad debe expresarse en formas gramaticales estándares y la sospecha de que las formas estándares ya no son adecuadas. Finalmente, Oedipa y la novela misma parecen alejarse del lenguaje en dirección al silencio como la única posibilidad de comunicación que queda.

Aquí vemos huellas actuales de la asimetría histórica entre las tradiciones hispánica y anglosajona. Mientras que el romanticismo floreció en la literatura inglesa y estadunidense, no lo hizo, en cambio, en la española y latinoamericana: los escritores latinoamericanos contemporáneos no se reconocen en precursores románticos relativamente recientes, sino en sus precursores barrocos españoles: Góngora, Calderón de la Barca, Lope de Vega, Garcilaso de la Vega, en España y, en Nueva España, sor Juana Inés de la Cruz. Las cualidades barrocas de las novelas de Puig y de Sánchez –las intrincadas sonoridades y ritmos de Sánchez, las brillantes superficies de los argumentos cinematográficos de Puig– contrastan con la supuestamente inexpresiva interioridad (romántica) del personaje de Pynchon. El barroco español fue el producto de un contexto multicultural y sus formas descentradas, al ser trasplantadas a Nueva España, abarcaron las diversas relaciones del yo y el otro en una única comunidad: la católica. La cultura estadunidense contemporánea, por el contrario, hereda dos vertientes anticomunitarias del individualismo: la concepción puritana del yo solitario en comunión directa con Dios y la concepción romántica inglesa del yo solitario en comunión directa con la naturaleza y el espíritu. En ambas tradiciones, la comunidad es vista negativamente: la Iglesia institucional como obstáculo para la devoción puritana, el colectivo cultural como obstáculo a la expresión (original, artística) individual. La condición cómica de Oedipa deriva, en parte, de sus antecedentes: ella es una refugiada posromántica puritana que huye de la cultura de masas estadunidense contemporánea. En contraste con la inclusividad barroca de Puig y de Sánchez, la estructura literaria de Pynchon no le ofrece ningún lugar donde esconderse.

Pero quizás la cuestión está en otra parte: ¿es posible que Pynchon sea simplemente un moderno, que prefiere un orden inteligible, y que Puig y Sánchez sean posmodernos que se han rendido vigorosamente ante el desorden? Los análisis críticos recientes han tendido a construir la supuesta dicotomía entre posiciones modernas y posmodernas en torno a estos ejes: si se puede postular o no un significado; si los fragmentos se pueden unir en forma coherente o no; si "las viejas certezas han sido reemplazadas por nuevas inestabilidades".[18] Los contrastes entre los conceptos barroco y romántico del individualismo, fundados respectivamente en el catolicismo y el protestantismo, nos recuerdan cuán reduccionista sería enfrentar a Pynchon con Puig y Sánchez a partir de las escalas, pretendidamente opuestas, de la modernidad y la posmodernidad. La modernidad se ha desarrollado (y se está desarrollando) en forma dispareja en este hemisferio, y lo que se ha llamado posmoderno en la escritura del Nuevo Mundo no representa ni una ruptura radical con la modernidad ni una continuidad sin costura. Por cierto, su aspecto más reconocible –su intertextualidad incluyente– entraña un complejo equilibrio entre estas alternativas. Por medio de las diversas estrategias narrativas que he explorado, estos escritores habitan las estructuras modernas que desean subvertir *e* incluir al mismo tiempo. Estas estructuras (incluyendo la novela misma) pueden ser investidas de significados posmodernos en virtud de su *uso*. Tal es el proceso que condensa la desfamiliarización de clichés en *El beso de la mujer araña* y en *La guaracha del Macho Camacho*.

[18] La frase ha sido extraída del ensayo de Paul Julian Smith sobre Fuentes, Puig y Lyotard en *The Body Hispanic: Gender and Sexuality in Spanish and Spanish American Literature*, Oxford, Oxford University Press, 1989, p. 204. Aquí, Smith aplica la definición de la posmodernidad de Lyotard a las obras de estos escritores. En un ensayo útil en otros aspectos, Smith establece una dicotomía entre la modernidad y la posmodernidad, y caracteriza a Fuentes como moderno y a Puig como posmoderno sobre la base de que este último no percibe "un orden, una armonía o una estructura profunda en el texto plural" (p. 184, nota 11), mientras que el primero, supuestamente, lo hace. En su análisis de *La muerte de Artemio Cruz*, Smith retoma esta cuestión. Fuentes "confía en la capacidad de la novela para decir lo 'indecible'. Para Lyotard, esa posición seguiría siendo moderna a pesar de su negación de los discursos dominantes" (p. 204, nota 25). Por el contrario, de acuerdo con Smith, en *El beso de la mujer araña*, Puig no confía en lo "indecible" y, por lo tanto, es un posmoderno. Desde mi punto de vista, esas definiciones representan falsamente la compleja indeterminación de ambas obras, y ocultan las distinciones culturales y literarias con distinciones teóricas.

Si Puig y Sánchez se concentran en el proceso de la creación literaria a partir del ruido de la cultura de masas contemporánea, Pynchon utiliza fragmentos para ilustrar la radical inadecuación de la cultura de masas contemporánea. El personaje de Pynchon intenta armonizar el ruido, o al menos bajar el volumen; los personajes de Puig y de Sánchez, en cambio, intentan abarcarlo, comprender el mundo en sus propios términos. Ambas posiciones critican los supuestos de la modernidad: Pynchon, al oponerse a la cultura tecnológica de los Estados Unidos; Puig y Sánchez, al oponerse al elitismo de la literatura en América Latina. Sus novelas emergen de las interacciones entre las historias sentidas de sus personajes y la materia cruda de sus diferentes culturas. Puig y Sánchez desfamiliarizan abrazando el lenguaje familiar; Pynchon desfamiliariza rechazándolo.

Existen, por supuesto, otras actitudes hacia la inclusión de lenguajes populares en la literatura estadunidense contemporánea. A la angustia evidente de Pynchon por el hecho de que los Estados Unidos se han transformado en una cultura descartable y que nada dura más que los quince minutos definidos por Warhol, podemos yuxtaponer la aceptación de ese hecho expresada por Donald Barthelme. En su novela paródica, *Snow White*, Barthelme escribe:

> Nos gustan los libros que están llenos de *dreck* [basura], material que se presenta como no del todo pertinente (o, sin duda, en absoluto pertinente) pero que, si se le presta cuidadosa atención, puede proveer algún tipo de "sentido" sobre lo que está ocurriendo. Este "sentido" no debe obtenerse leyendo entre líneas (porque no hay nada allí, en esos espacios en blanco), sino leyendo las líneas mismas, mirándolas y alcanzando, así, un sentimiento no exactamente de satisfacción –eso es mucho pedir–, sino de haberlas leído, de haberlas "completado".[19]

El significado ya no está "entre líneas", sino en la materialidad del texto mismo, en su superficie verbal. La intertextualidad de Barthelme ha sido descrita como colage y su método, como "la fusión de contenido reciclado con un engrudo de estilo".[20] Las fórmulas populares son la materia cruda de sus obras de ficción; museos inventados salpican su paisaje literario.

Los escritores y críticos afroamericanos también son conscientes del potencial literario de los lenguajes populares y del potencial político de la mezcla de niveles del discurso. Las dicotomías entre lo público y lo privado y entre la elite y lo popular son rechazadas especialmente por "intelectuales públicos", como bell hooks, Derrick Bell, Michael Eric Dyson y Cornel West. En un ensayo titulado "Public academy", Michael Bérubé observa que estos críticos celebran (en térmi-

[19] Donald Barthelme, *Snow White*, Nueva York, Atheneum, 1967, p. 106.

[20] John M. Ditsky, "'With ingenuity and hard work, distracted': The narrative style of Donald Barthelme", en *Style*, 9, núm. 3, 1975, p. 393.

nos de West) "el carácter culturalmente híbrido de la vida negra".[21] Bérubé compara la clase intelectual judía de la posguerra –que también se dedicaba a repensar la tradición progresista de América– con este grupo; la primera necesitaba "un cordón sanitario que protegiera la 'verdadera' cultura de la contaminación por parte del *kitsch*, el *dreck*, el *schlock pop* y el *camp* que la rodeaba. No es posible imaginar [...] a la nueva intelectualidad negra adoptando la misma política cultural. Y no debería hacerlo" ("Public academy", *op. cit.*, p. 75).

La actitud de Toni Morrison hacia los clichés es consistente con la afirmación de Bérubé, sólo que ella subraya las relaciones históricas más que las actuales entre los lenguajes populares y la identidad cultural. Ella utiliza clichés para *conservar* las tradiciones comunitarias (en contra, da a entender, de la cultura estadunidense contemporánea del olvido), una estrategia que, evidentemente, la une a escritores latinoamericanos contemporáneos como Puig y Sánchez. Morrison sabe que los escritores deben conservar las historias familiares y las fórmulas lingüísticas, que esas fórmulas están entretejidas en la trama de las comunidades y son necesarias para su continuidad. En una entrevista de 1981, Morrison dijo que le gustaba

> trabajar con, gastar, el cliché, que es un cliché porque la experiencia que expresa es importante: un joven busca su fortuna; un par de amigos, uno bueno, el otro malo; la víctima perfectamente inocente. Conocemos miles de éstos en la literatura. Me gusta recuperar estos clichés, recuperar el lenguaje, hacerlos significar lo que hayan significado originalmente. Mi auténtica crítica de la mayor parte de los libros contemporáneos es que no son *acerca de* nada. La mayor parte de los libros que son acerca de algo –los libros que significan algo– tratan viejas ideas, viejas situaciones.[22]

Morrison continúa mencionando historias que eran contadas y recontadas en la comunidad de su niñez y que ella ha incluido en varias de sus obras literarias. Sin duda, tanto los escritores afroamericanos como sus críticos suelen discutir cómo se recibe una amplia gama de expresiones idiomáticas folclóricas y cómo se las incorpora a estructuras literarias escritas.[23]

[21] Michael Bérubé, "Public academy", en *The New Yorker*, 9 de enero de 1995, p. 76.

[22] Toni Morrison en una entrevista con Thomas LeClair, "The language must not sweat", en *The New Republic*, 21 de marzo de 1981, p. 26. En este contexto, véase también Deborah L. Clarke, "What there was before language: Preliteracy in Toni Morrison's *Song of Solomon*", en *Anxious Power: Reading, Writing, and Ambivalence in Narrative by Women*, ed. Carol J. Singley y Susan Elizabeth Sweeney, Albany, SUNY Press, 1993, pp. 265-278.

[23] Véase, por ejemplo, el volumen dedicado a este tema que lleva por título *Language and Literature in the African American Imagination*, ed. Carol Aisha Blackshire-Belay, Westport, (Conn.), Greenwood Press, 1992; y John F. Callahan, *In the African-American Grain: The Pursuit of Voice in Twentieth-Century Black Fiction*, Urbana, University of Illinois Press, 1988.

Para volver a la comparación de Bérubé entre las actitudes intelectuales de la posguerra y los intelectuales afroamericanos contemporáneos, quiero proponer un paralelo con América Latina. En novelas latinoamericanas de principios y mediados del siglo XX tales como *Doña Bárbara*, *La vorágine* y *Don Segundo Sombra*, el dialecto criollo es *popular* en el sentido español (y latino) de la palabra: perteneciente al pueblo. *Popular*, en español, significa étnico y/o de clase baja, a diferencia del uso inglés de la misma palabra con el sentido de amplia aceptación y aprecio. (*Populist* sería una traducción mejor de la palabra española *popular* que su cognado inglés *popular*.) Los personajes que hablan la lengua vernácula en estas novelas denotan (y refuerzan) el abismo cultural y social entre los lectores –letrados y, por lo tanto, partícipes de las estructuras del poder político– y esos personajes. El hecho de que hablen el idioma "popular" le indica al lector que tienen poco o ningún grado de escolarización y, por lo tanto, que pertenecen a culturas y a clases excluidas por definición de esas mismas estructuras de poder. Éste no es el mismo tipo de "cordón sanitario" creado por los intelectuales estadunidenses de la posguerra, pero tuvo el efecto similar de confirmar las jerarquías culturales, sociales y de género preexistentes.

Por el contrario, la literatura latinoamericana contemporánea, como la literatura y la crítica afroamericanas contemporáneas, pretende alcanzar el efecto opuesto de salvar el abismo entre lo literario y lo popular, y subvertir los sistemas sobre los que tradicionalmente se han basado las desigualdades culturales. El concepto "oralidad kinésica" de Cornel West, que él define como "los estilos retóricos dinámicos, repetitivos y vigorosos que forman las comunidades, por ejemplo, los estilos antifonales y las innovaciones lingüísticas que acentúan las identidades fluidas, improvisadas, y que promueven la supervivencia a casi cualquier costo", describe, por cierto, la oralidad tal como aparece en las obras de Puig y de Sánchez también.[24] Mientras que la estética antiburguesa de Flaubert lo llevó a impugnar los sistemas culturales que permitían la incursión de las fórmulas de la cultura de masas, su estética más democrática lleva a estos escritores y críticos contemporáneos a impugnar los sistemas que excluyen tales fórmulas. Su "oralidad kinésica" intensifica el problema de la textualidad y la intertextualidad y, por lo tanto, la cuestión de la audiencia. Nuevamente, el lector (oyente, espectador) se constituye para poner en primer plano el deseo del escritor del Nuevo Mundo de participar en tradiciones reales o imaginadas.

[24] Cornel West, "Black culture and postmodernism", en *Remaking History*, ed. Barbara Kruger y Phil Mariani, Seattle, Bay Press, 1989, p. 93.

CONCLUSIONES COMPARATIVAS: NUEVOS MUNDOS BARROCOS

> Detrás de cada idea, hay mil años de literatura. Creo que uno tiene que saber lo más posible sobre el lugar donde está y cómo lo está llevando más lejos.
>
> GABRIEL GARCÍA MÁRQUEZ[1]

En su ensayo "Against the weather" ["Contra el tiempo"], ya en 1939, William Carlos Williams llamó la atención sobre la tendencia americana a crear estructuras incluyentes. He citado ya su afirmación sobre el "poder de mutación" que necesitan los escritores del Nuevo Mundo para hacer lugar a sus múltiples tradiciones. Williams habría comprendido esta necesidad de estructuras incluyentes mejor que la mayoría. Su nombre es una cifra literal de la convergencia de sus patrimonios culturales hispánico y angloamericano (su madre era portorriqueña; su padre, angloamericano). Sin duda, su conciencia de ambas tradiciones explica su ferviente interés por las interacciones entre las culturas y las historias del Nuevo Mundo.[2] Acerca de los europeos inmigrantes al Nuevo Mundo, Williams escribió: "Era libertad lo que necesitaban, no tanto libertad para actuar, sino libertad para ser parte de, para ser incluidos y para conservar. Libertad, en este sentido, tiene el significado de inclusión más que de fuga".[3] Aquí describe la angustia americana de los orígenes como un apetito de inclusión, y al artista, como el agente de su expresión. Para Williams, "el significado de la inclusión" no es la homogeneización o la unificación, sino la aceptación de historias múltiples, coexistentes, conflictivas, inconclusas. No la paz sino la posibilidad.

En 1918, Williams escribió sobre Ezra Pound (cuya partida a Europa no podía concebir ni perdonar): "Los acuerdos cuyas partes y colores, pero no su terminación, tienen los americanos ante sí van más allá de los esfuerzos de su pensamien-

[1] Gabriel García Márquez, entrevista con Marlise Simmons, "García Márquez on love, plagues, and politics", en *New York Times Book Review*, 21 de febrero de 1988, p. 23.

[2] *En la esencia americana* (1925) [*In the American Grain*] parte del supuesto de la definición hemisférica de América; véase también Julio Marzán, *The Spanish-American Roots of William Carlos Williams*, Austin, University of Texas Press, 1994.

[3] William Carlos Williams, "Against the weather: A study of the artist" (1939), en *Selected Essays*, 1954; reeditado en Nueva York, New Directions, 1969, p. 208.

to".[4] El escritor americano genuino (Williams excluye enfáticamente a Pound) contempla las "partes y los colores, pero no la completitud". A causa de su extensión y su variedad, el escritor americano sólo puede oler lo que Williams llama "el aroma de la totalidad":

> Siendo un artista, puedo producir, si soy capaz, universales de aplicabilidad general. Si logro mantenerme lo suficientemente objetivo, lo suficientemente sensual, puedo producir las concreciones del material por las cuales otros entenderán y llegarán a usar –podrán, con suerte, ver, tocar, probar, disfrutar– su propio mundo *tan diferente como sea posible* del mío. Por el mío, se podrá descubrir que ellos, diferentes, son lo mismo que yo y, arrojados al contraste, verán las consecuencias de un disfrute general a través de mí. [...]
>
> Ésta es la generosidad [...] del arte. Cierra las filas de la comprensión. [Williams, "Against the Weather", *op. cit.*, pp. 197-198; las cursivas son del autor.]

Los artistas americanos pueden reunir muchas historias "sin destruir sus características particulares; [el arte] las reunirá porque, en su disparidad, descubre una identidad" (*ibid.*, p. 199). Para Williams, descubrir la identidad reconociendo la diferencia es la *naturaleza* del arte: "Toda obra maestra libera al mismo tiempo que acerca al mundo en la comprensión y la tolerancia mutua. Éste es su aroma de la totalidad" (*idem*).

Este "aroma de la totalidad" flota temática y estructuralmente a través de la literatura americana que he comentado. Williams se anticipa en décadas a los críticos contemporáneos que hablan de "la identidad en la diferencia" y que condenan con razón los metarrelatos "totalizadores" de la modernidad occidental. Sin embargo, algunos teóricos recientes utilizan la palabra "totalizador/a" para referirse a estructuras hegemónicas y jerárquicas, mientras que Williams la utiliza para describir las relativas, fluidas, abiertas, incluyentes. Considérese esta afirmación de Homi K. Bhabha sobre las cuestiones de los orígenes y la inclusión: "El objetivo de la diferencia cultural es rearticular la suma del conocimiento desde la perspectiva de la *singularidad* significante del 'otro' que se resiste a la totalización: la repetición que no volverá en la misma forma, la deficiencia de origen que da como resultado estrategias políticas y discursivas en las que agregar no suma, sino que sirve para perturbar el cálculo del poder y el conocimiento".[5] En la carga negativa que le atribuye a la "totalización", Bhabha se incluye en la crítica postestructuralista de las historias coercitivas; pero oímos claros ecos de Williams cuando Bhabha habla de una "suma

[4] Williams, *Kora in Hell* (1918), en *Imaginations*, Nueva York, New Directions, 1970, p. 26. Williams ya no consideraba a Pound ni a Eliot escritores americanos, aunque debería haberlo hecho; ellos son, por supuesto, ejemplos principales de su tesis.

[5] Homi K. Bhabha, "DissemiNation: time, narrative, and the margins of the modern nation", en *Nation and Narration*, ed. Homi K. Bhabha, Londres, Routledge, 1990, p. 312.

del conocimiento" que incluye la diferencia. Bhabha argumenta a favor de una conciencia de la diferencia dentro de una totalidad descentrada; da a entender que esas estructuras de suma del conocimiento permiten que las historias divergentes desestabilicen las ideologías dominantes, es decir, lo que Robert Young denomina "mitologías blancas".[6] Las "partes y los colores, pero no la terminación" de Williams, como la "agregación" de Bhabha, posibilitan la comprensión histórica porque lo que es incluyente es también in*con*cluyente. Esto es lo que pretendía decir al final del primer capítulo, cuando sugerí que la "historia modesta" fragmentaria de Borges podía ser el pasado más utilizable de todos.

Hemos visto esta historia modesta –esta "agregación" desorganizadora– puesta en acto de diversas maneras en la literatura americana de sur a norte. El hecho de que el barroco haya sido el principal estilo europeo importado a América Latina y que continúe funcionando como cifra de la inclusividad cultural latinoamericana es paralelo a la intuición pluralista de Williams de que la libertad en América no consiste en la falta de obstáculos históricos, sino más bien en la oportunidad para elegirlos e incluirlos. El debate sobre el multiculturalismo producido en los Estados Unidos ha revitalizado (y revisado) la concepción de la inclusión de Williams, y es comparable a debates anteriores sobre la inclusividad cultural producidos en América Latina, especialmente los movimientos indigenistas que se desarrollaron a través de América Latina en la primera mitad del siglo XX. En los Estados Unidos, como en América Latina, escribir políticamente hoy es escribir sobre las interacciones entre las culturas y las formas culturales. Me he ocupado repetidas veces de escritores que son políticos en este sentido: los ejemplos que he tomado dan testimonio de su deseo compartido de crear y/o incluir fuentes aceptables de autoridad cultural.

La energía literaria generada por este proyecto del Nuevo Mundo ha sido dirigida primero hacia los imperativos de la autodefinición comunitaria y, luego, hacia la urgencia de expresión individual. Por supuesto, los reclamos comunitarios son inseparables de las historias individuales, y el énfasis sobre unos u otras puede desplazarse rápidamente dentro de una cultura dada (como ha ocurrido en los Estados Unidos en las últimas tres décadas a medida que ha ido evolucionando la conciencia colectiva de las diferencias étnicas, raciales y de género).[7] Las obras que he comentado en los capítulos anteriores comparten el supuesto de que si se pueden identificar (o crear) pasados comunitarios utilizables, serán

[6] Véase el trabajo de Robert Young sobre la historiografía europea desde Hegel hasta Bhabha y Spivak: *White Mythologies: Writing History and the West*, Londres, Routledge, 1990.

[7] Thomas MacFarland desarrolla este punto: "Los reclamos rara vez están en equilibrio. Algunas veces, la voz social se volverá históricamente más insistente, como en la ideología marxista, y otras veces, el llamado del individuo, como en las *Confesiones* de Rousseau, parecerá de una importancia abrumadora" (*Originality and Imagination*, Baltimore, Johns Hopkins University Press, 1985, p. 31).

posibles las historias individualizadas. La primera tarea establece las bases para la segunda: la representación psicológica depende de la historiografía creativa del novelista.

Como hemos visto, esta prioridad de los reclamos comunitarios toma forma literaria en una variedad de modos: en un giro palpable que se aleja de los recursos narrativos de la literatura psicológica para acercarse a los personajes arquetípicos impulsados por historias colectivas más que por la personalidad individual; en estructuras sincrónicas compuestas para un coro de voces más que para un solista; en la frecuente puesta en relieve no tanto de la competencia entre individuos como de la competencia entre sistemas semióticos (periódicos, novelas, los clichés del cine y de la música popular); en el énfasis sobre las operaciones intertextuales de las tradiciones más que sobre las particularidades del talento individual. Los escritores que he comentado privilegian la construcción de historias comunitarias en las que pueden funcionar individuos representativos. *Cien años de soledad* puede servir como alegoría de este proceso. Macondo (una América Latina metonímica) es fundada para que puedan existir y operar arquetipos como los Buendía. Así también "La biblioteca de Babel", de Borges, cuento en el que se privilegia el registro de la historia acumulado en la biblioteca, no el único "viajero eterno" que la recorre. Los modelos históricos suelen robarles la escena a los personajes históricos a medida que estos escritores trazan los ritmos de un sujeto colectivo.

Alejo Carpentier es el precursor esencial de los escritores latinoamericanos contemporáneos en este aspecto. Carlos Fuentes ha dicho de Carpentier que él hizo "un intento consciente y concertado de abarcar la experiencia latinoamericana como un todo, sin dejar de preocuparse por las diferencias creadas por las fronteras regionales o nacionales".[8] Carpentier liberó a los escritores latinoamericanos de lo local insistiendo en las historias múltiples y coexistentes de cada lugar. Como resultado del incansable esfuerzo de Carpentier "para sintetizar la historia y el yo individual en una forma de escritura latinoamericana", argumenta Roberto González Echevarría, este autor inspiró "novelas totales" (menciona *Cien años de soledad* y *La muerte de Artemio Cruz*).[9] También Borges es totalizador en este sentido: no puede elogiar a Juan Moreira sin recordar la filosofía platónica, o describir una casa rosada en los suburbios de Buenos Aires sin evocar los jardines colgantes de Babilonia. Podemos comprender que Whitman y Faulkner apelen constantemente a los escritores latinoamericanos precisamente en función de su propia compulsión a construir estructuras literarias fabulosamente inclu-

[8] Luis Harss y Barbara Dohmann, *Into the Mainstream: Conversations with Latin American Writers*, Nueva York, Harper and Row, 1966, p. 38.

[9] Roberto González Echevarría, *Alejo Carpentier: el peregrino en su patria*, México, Universidad Autónoma de México, 1993.

yentes para describir su parte del Nuevo Mundo barroco.[10] El "limitado catálogo de cosas infinitas" de Whitman, los "trece modos de mirar a un mirlo" de Faulkner, el "palimpsesto" de Borges, "lo real maravilloso americano" y "lo barroco" de Carpentier, la "tradición de la ruptura" de Paz, el "aroma de la totalidad" de Williams, los simbólicos "mil años de literatura" de García Márquez que cito en el epígrafe: estos constructos americanos codifican las operaciones simultáneas de los orígenes y las influencias en conflicto, y las relativizan en sus concepciones dinámicas, descentradas de la tradición como tal.

Esta energía americana para la ampliación y la inclusión proviene de una conciencia de los procesos de transmisión cultural en contextos colonizados o aparentemente marginados. Red Cloud/Moonstone, Brooklyn, Patterson, Oxford/Jefferson, La Habana, Buenos Aires, Aracataca/Macondo: la localidad americana se concibe y se describe en relación con estructuras geográficas y culturales más amplias con el objetivo de (tal como lo formula Bhabha) "rearticular la suma del conocimiento desde la perspectiva de la *singularidad* significante del 'otro'". La ubicación siempre es, en algún sentido, *des*ubicación, *re*ubicación, *trans*ubicación: las relaciones fluidas de las partes locales con las totalidades (proyectadas). Hemos visto estas totalidades descentradas *temáticamente* representadas como comunidades, culturas e historias (Panther Canyon, Xochicalco, Canudos, Charity, Comala, San Juan). También las hemos visto *estructuralmente* modeladas por medio de metáforas intertextuales y sincrónicas (la música, un modelo para armar, un milagro). Y las hemos visto *formalmente* codificadas en las tendencias convergentes del antirrealismo al que ahora denominamos realismo mágico, en la mezcla genérica de textos periodísticos y novelas, y en la mezcla de niveles discursivos: argumentos de películas y notas al pie académicas, canciones populares y alusiones eruditas. Convergencia, divergencia, fusión con/fusión: ¿qué conclusiones comparativas podemos extraer de estas estructuras y estrategias incluyentes?

Derek Walcott menciona el concepto europeo de tradición que debe revisarse para que pueda ser utilizado en América: el "arco intacto" [*unbroken arc*] de T. S. Eliot es un modelo salvajemente improbable de "la educación de los negros en el mundo occidental", donde "una sensibilidad [...] ha sido destruida y recreada".[11]

[10] La descripción que hace Cleanth Brooks de Faulkner como un "gongorino sureño" no deja de llamar la atención de Fuentes, quien celebra el apelativo como signo de sus visiones del mundo compartidas. Fuentes escribe en su ensayo sobre Faulkner: "No es fortuito, por ello, que el lenguaje de Faulkner, despectivamente llamado 'dixie gongorism' por algún crítico norteamericano, sea el lenguaje barroco de nuestra gran tradición literaria" ("La novela como tragedia: William Faulkner", en *Casa con dos puertas*, México, Joaquín Mortiz, 1970, p. 66).

[11] Walcott hizo estas afirmaciones en una entrevista con Sharon Ciccarelli publicada en *Chant of Saints*, ed. Michael Harper y Robert Stepto, Urbana, University of Illinois Press, 1979, p. 303. David Mikics comenta la concepción de Walcott sobre la relación "fracturada o mediada" del Nuevo Mun-

Walcott rechaza la noción de tradición de Eliot sobre la base de que es "totalizadora" en el sentido negativo de la palabra: hegemónica, determinada, determinante. Sin embargo, la obra misma de Walcott es profundamente totalizadora en el sentido incluyente, cultural y textual, que le doy al término. Sus obras de teatro, poemas y ensayos reflejan su vasto conocimiento y su estima de la tradición europea clásica de Eliot; sin duda, gran parte de su efecto poético depende de su inclusión de esa tradición en un escenario caribeño. Así, Walcott ostenta su paradójica ubicación cultural: sus tradiciones están, a la vez, profundamente vinculadas a las tradiciones europeas y profundamente no vinculadas. Su obra se caracteriza por la antinomia, por la coexistencia de elementos contradictorios que son igualmente necesarios y están inextricablemente entrelazados. Evidentemente, las concepciones de la tradición cultural basadas en las ideas europeas sobre la singularidad y la sustitución no pueden dar cuenta de la imaginación historizante incluyente de la literatura del Nuevo Mundo, ya sea hispánica o angloamericana.

Cito a Walcott en parte para complejizar este último dualismo (hispánico y angloamericano). Este poeta y dramaturgo caribeño ha hecho comentarios sobre su afinidad cultural y literaria con los escritores americanos que escriben en español, a pesar de que su propia educación y sus actitudes literarias británicas, aun ironizadas, son evidentes en toda su obra. Y la referencia de Walcott a Eliot complejiza otro dualismo: Europa frente a América. Eliot abandona América para ir a Europa, pero su preocupación por la naturaleza de la tradición (como la de Walcott) es reconociblemente americana; su "arco intacto" es, seguramente, una versión más del deseo histórico americano de estructuras incluyentes de significación.[12] De cualquier modo, las estrategias de Eliot decididamente no son ni utilizables ni

---

do con las tradiciones europeas y el rechazo que expresa respecto de "la alternativa estéril, limitante, entre unirse a la tradición europea y reaccionar contra ella. [...] Walcott identifica a Whitman, Neruda, Borges y St. John Perse como los escritores del Nuevo Mundo que superan este dualismo restrictivo" (David Mikics, "Derek Walcott and Alejo Carpentier: Nature, history and the caribbean writer", en *Magic Realism: Theory, History, Community*, ed. Lois Parkinson Zamora y Wendy B. Faris, Durham, Duke University Press, 1995, p. 381).

[12] La preocupación de Eliot por la dialéctica entre la tradición y el talento individual es una consecuencia de este reconocimiento, además de ser una característica americana. Octavio Paz ha dicho de Eliot y Pound: "Van a Europa, no como desterrados sino en búsqueda del origen; su viaje no es un exilio, sino un regreso a las fuentes. Es un movimiento en dirección opuesta al de Whitman: no la exploración de los espacios desconocidos, el más allá americano, sino la vuelta a Inglaterra. Pero Inglaterra, separada de Europa desde la Reforma, no es más que un eslabón de la cadena rota. El anglicismo de Eliot fue un europeísmo; Pound, más extremado, saltó de Inglaterra a Francia y de Francia a Italia". (*Los hijos del limo*, *op. cit.*, p. 184.)

Al comparar a Eliot y a Paz desde una posición feminista, Adriana Méndez Rodenas muestra cómo ambas concepciones de la tradición impiden el acceso y la entrada de las mujeres a la tradición. No obstante, hay diferencias relativas entre ambos: Paz es bastante más abierto a la diferencia útiles en el Caribe de Walcott, y su denuncia del "arco intacto" de Eliot está en consonancia con mis conclusiones: los escritores del Nuevo Mundo necesitan estructuras dinámicas y descentradas, no arcos intactos, para modelar las múltiples tradiciones coexistentes que incorporan y extienden.

La "tradición de la ruptura" de Octavio Paz proporciona una interpretación alternativa de la tradición del Nuevo Mundo como tal. Su frase en forma de oxímoron sirve como título del primer capítulo de *Los hijos del limo* (1974), una historia comparativa de las tradiciones poéticas europeas y americanas. La frase –desafortunadamente traducida en la versión publicada como *tradition against itself* ["la tradición contra sí misma"]– evoca la "tradición de lo nuevo" de Baudelaire, pero el proyecto de Paz es, predeciblemente, más incluyente. En la palabra *tradición*, Paz reconoce la continuidad cultural, pero *continuidad* involucra las operaciones simultáneas de tradiciones múltiples y formas expresivas heterogéneas. Así, en el primer párrafo, Paz se ve obligado a cuestionar su propia metáfora:

> ¿Puede llamarse tradición a aquello que rompe el vínculo e interrumpe la continuidad? Y hay más: inclusive si se aceptase que la negación de la tradición a la larga podría, por la repetición del acto a través de generaciones de iconoclastas, constituir una tradición, ¿cómo llegaría a serlo realmente sin negarse a sí misma, quiero decir, sin afirmar en un momento dado, no la interrupción, sino la continuidad?[13]

La continuidad supera a la interrupción, pero, aquí, la continuidad implica un proceso de acumulación y adaptación cultural, no un movimiento lineal en el que el pasado es suplantado por el futuro: así, inmediatamente Paz comienza a ironizar sobre el romance de la modernidad con lo nuevo, lo original, la "interrupción".

Paz concluye este primer párrafo con otra versión de la misma pregunta: "¿Cómo puede lo moderno ser tradicional? Si tradición significa continuidad del pasado en el presente, ¿cómo puede hablarse de una tradición sin pasado y que consiste en la exaltación de aquello que lo niega: la pura actualidad?" (Paz, *Los hijos del lomo*, *op. cit.*, pp. 17-18).

---

cultural que Eliot. Véase "Tradition and Women's Writing: Toward a Poetics of Difference", en *Engendering the Word: Feminist Essays in Psychosexual Poetics*, ed. Temma F. Berg, Urbana, University of Illinois Press, 1989, pp. 29-50.

[13] Octavio Paz, *Los hijos del limo: del romanticismo a la vanguardia*, Barcelona, Seix Barral, 1974, p. 17. La versión inglesa de *Los hijos del limo* fue presentada por primera vez como *The Charles Eliot Norton lectures at Harvard University*. El texto de estas conferencias en inglés difiere ligeramente del texto que fue publicado posteriormente en español. De hecho, este primer párrafo aparece completo sólo en la versión en español.

Paz admite que responderá a su propia pregunta desde un punto de vista necesariamente "sesgado", "el de un hispanoamericano".

> La modernidad es una tradición polémica y que desaloja a la tradición imperante, cualquiera que ésta sea; pero la desaloja sólo para, un instante después, ceder el sitio a otra tradición que, a su vez, es otra manifestación momentánea de la actualidad. La modernidad nunca es ella misma: siempre es *otra*. Lo moderno no se caracteriza únicamente por su novedad, sino por su heterogeneidad. Tradición heterogénea o de lo heterogéneo, la modernidad está condenada a la pluralidad: la antigua tradición era siempre la misma, la moderna es siempre distinta. La primera postula la unidad entre el pasado y el hoy; la segunda, no contenta con subrayar las diferencias entre ambos, afirma que ese pasado no es uno sino plural. Tradición de lo moderno: heterogeneidad, pluralidad de pasados, extrañeza radical. [*Ibid.*, p. 18; las cursivas son del autor.]

Éste no es un "arco intacto", una versión unitaria de la modernidad: por el contrario, utilizando el mismo verbo que Walcott, Paz emprende un extenso análisis histórico de "la ruptura de la tradición central de Occidente [que] provocó la aparición de muchas tradiciones" (*ibid.*, p. 183). Comenta las concepciones del tiempo y los modelos de la historia ("la relación entre los tres tiempos –pasado, presente y futuro– es distinta en cada civilización"; *ibid.*, p. 27), la persistencia del pasado en el presente ("el hecho más notable sobre el México contemporáneo es la persistencia de modos de pensar y sentir que pertenecen a la época colonial, o incluso al mundo prehispánico") y el desarrollo asimétrico de la "modernidad" de España y el resto de Europa.

Si Paz concibe la cultura como acumulación, adaptación, intersección, ascenso y caída –como las interacciones asimétricas e incluyentes entre tradiciones heterogéneas–, entonces debería rechazar la concepción moderna de la tradición como progresiva y, por extensión, el significado mismo de la palabra *moderno*. Para Paz, más que "nuevo", *moderno* significa una relación compleja con la tradición; así recupera la significación premoderna (shakespereana) de *moderno*: lo que es familiar, conocido, un lugar común. El antropólogo cultural argentino-mexicano Néstor García Canclini también observa la relación contradictoria de Paz con la modernidad, y se pregunta "por qué a uno de los promotores más sutiles de la modernidad en la literatura y el arte latinoamericanos le fascina retornar a lo premoderno". Observa que, en la obra de Paz, "la exaltación simultánea del modernismo estético y la premodernidad social se muestran compatibles".[14] García Canclini concluye que ésta es una "versión liberal del tradicionalismo" reconocible en América Latina, e incluye a Borges y a Paz como modernistas que se nie-

[14] Néstor García Canclini, *Culturas híbridas: Estrategias para entrar y salir del modernismo*, México, Grijalbo, 1989, p. 98.

gan a abrazar lo nuevo sin respeto por lo conocido. Podría haber incluido también a Julio Cortázar y a Alejo Carpentier, ya que ambos cuestionan explícitamente el significado moderno de *moderno*.[15] Podemos pensar que estos escritores son revolucionarios en el sentido original de la palabra: un proceso histórico que se repite, una renovación que no destruye ni invalida las formas pasadas, sino que vuelve a ellas y las revitaliza.

Un concepto final –revolucionario en este viejo sentido– será suficiente para concluir mi análisis. El término *barroco*, como descripción de una estética y una ideología cultural propia del Nuevo Mundo, fue introducido por Carpentier en los años cuarenta y desarrollado a continuación por Paz, Sarduy, Lezama Lima, Fuentes y otros. Entre los escritores y los críticos latinoamericanos contemporáneos, el barroco del Nuevo Mundo se ha convertido en una metáfora esencial de las interacciones incluyentes entre culturas e historias en América.

El análisis de lo barroco que hace Paz en *Los hijos del limo* comienza en Europa, por supuesto, y es comparativo. Su argumento es éste: en la literatura y la cultura hispánicas, la tradición del barroco es primordial, mientras que en la literatura y la cultura inglesas, alemanas y francesas, lo romántico es lo primordial. De acuerdo con Paz, el romanticismo surgió como reacción contra la Ilustración, como una "tentativa de la imaginación poética por repoblar las almas que había despoblado la razón crítica" *(ibid.*, p. 405). En España, por su parte, no floreció un movimiento romántico porque no se habían establecido los paradigmas racionalistas del Iluminismo: "En España no podía producirse esta reacción contra la modernidad porque España no tuvo propiamente modernidad: ni razón crítica ni revolución burguesa. Ni Kant ni Robespierre".[16] Por supuesto, hubo escritores españoles y latinoamericanos románticos, pero, en comparación con los del período barroco, fueron escritores menores ("altisonantes y derivativos", dice Paz).[17] Históricamente, entonces, el barroco tiene en la historia literaria hispánica una

[15] En *Rayuela*, de Cortázar, su personaje Morelli argumenta que diferentes períodos históricos "coinciden" sincrónicamente; se refiere a "pintores y escritores que rehúsan apoyarse en la circunstancia, ser 'modernos' en el sentido en que lo entienden los contemporáneos, lo que no significa que opten por ser anacrónicos; sencillamente están al margen del tiempo superficial de su época" (*Rayuela*, Buenos Aires, Sudamericana, 1963, p. 545).

De manera similar, escribe Carpentier: "Me apasiono por los temas históricos [...]. Para mí no existe la modernidad en el sentido que se le otorga; el hombre es, a veces, el mismo en diferentes edades, y situarlo en su pasado puede ser también situarlo en su presente" (citado en la cubierta de *Guerra del tiempo y otros cuentos*, Madrid, Alfaguara, 1963).

[16] En *Obras completas*, t. I: "La casa de la presencia", México, FCE, 1994, p. 406.

[17] Luiz Costa Lima analiza el romanticismo latinoamericano y subraya su mayor objetividad en comparación con otras concepciones europeas de la subjetividad romántica: "La observación no encontró su fundamento, por así decirlo, en un sujeto que convertiría la naturaleza en un medio de estimular y ordenar la lectura de sí mismo; su fundamento residía, en cambio, en el objeto observado, en la tierra que sería reemplazada en la página escrita" (*The Control of the Imaginary: Reason and*

importancia análoga a la del romanticismo en el resto de Europa. Los escritores contemporáneos en lengua inglesa miran a sus precursores románticos, mientras que los escritores contemporáneos en lengua española miran a sus precursores barrocos. El mismo Paz tiene su precursora barroca: la gran poeta mexicana sor Juana Inés de la Cruz. El magistral estudio de Paz sobre la vida y la obra de esta escritora es íntegramente un estudio de las manifestaciones del barroco en Europa y el Nuevo Mundo.[18]

Alejo Carpentier precedió a Paz en la teorización de un barroco del Nuevo Mundo. Motivado por la misma necesidad de definición histórica y cultural que luego motivó a Paz, Carpentier creó una estética y una ideología de la diferencia específicas para América Latina. Insistió en la continuidad de las tradiciones indígenas latinoamericanas y barrocas, argumentando que el barroco no es una mera categoría de la historia del arte europea, sino el signo del sincretismo cultural, la simbiosis, el mestizaje.

> ¿Y por qué es América Latina la tierra de elección del barroco? Porque toda simbiosis, todo mestizaje, engendra un barroquismo. El barroquismo americano se acrece con [...] la conciencia de ser otra cosa, de ser una cosa nueva, de ser una simbiosis, de ser un criollo; y el espíritu criollo de por sí es un espíritu barroco.[19]

Los escritores y críticos latinoamericanos contemporáneos han seguido a Carpentier en la consideración del barroco del Nuevo Mundo, o neobarroco, como una categoría histórica y cultural incluyente.[20]

Imagination in Modern Times, trad. Ronald W. Sousa, Minneapolis, University of Minnesota Press, 1988, pp. 162-163).

[18] Octavio Paz, *Sor Juana Inés de la Cruz o las trampas de la fe*, México, FCE, 1982; véase también la "Introducción a la historia de la poesía mexicana" de Paz, en *Las peras del olmo*, México, UNAM, 1957, pp. 11-48.

[19] Alejo Carpentier, "Lo barroco y lo real maravilloso", en *La novela latinoamericana en vísperas de un nuevo siglo*, México, Siglo XXI, 1981, p. 126.

[20] Entre los textos más importantes de novelistas que reflexionan sobre esta categoría se cuentan las siguientes: José Lezama Lima, *La expresión americana*, Santiago, Editorial Universitaria, 1969; Severo Sarduy, "El barroco y el neobarroco", en *América Latina en su literatura*, ed. César Fernández Moreno, México, Siglo XXI, 1972, pp. 167-184; Carlos Fuentes, "La violenta identidad de José Luis Cuevas", en *Casa con dos puertas*, México, Joaquín Mortiz, 1970, pp. 239-279 (véase la edición bilingüe de este ensayo, *El mundo de José Luis Cuevas*, trad. Consuelo de Aerenlund, Nueva York, Tudor, 1969); Fuentes, "The baroque culture of the New World", en *The Buried Mirror: Reflections on Spain and the New World*, Nueva York, Houghton Mifflin, 1992, pp. 194-213.

Se pueden encontrar útiles definiciones críticas del barroco del Nuevo Mundo en los siguientes textos: Julio Ortega, *La estética neobarroca en la narrativa hispanoamericana*, Madrid, José Porrúa Turanzas, 1984; Ortega, "El Inca Garcilaso y el discurso de la abundancia", en *Revista Chilena de Literatura*, 32, 1988, pp. 31-43; Georgina Sabat-Rivers, "El barroco de la contraconquista: primicias de conciencia criolla en Balbuena y Domínguez Camargo", en *Relecturas del barroco de Indias*, Hanover,

En los Estados Unidos y en Europa, las concepciones de Carpentier de "lo barroco" y "lo real maravilloso americano" han sido absorbidas (a veces, en forma indiscriminada) por los análisis sobre el realismo mágico, pero los escritores latinoamericanos son muy conscientes de la distinción. García Márquez, por ejemplo, objeta el término *realismo mágico* al que recurren los críticos para caracterizar su obra, que no duda, en cambio, en calificar de "barroca". En una entrevista que concedió en 1969, rinde homenaje a los "orígenes maravillosos" del barroco español, y menciona las novelas de caballerías, el *Quijote*, y el teatro y la poesía del Siglo de Oro: "No se les ha hecho justicia aún al estilo, la elegancia, el lujo y el exceso total. Los jóvenes novelistas latinoamericanos han sabido ser imaginativos en la mejor tradición del barroco español y, al mismo tiempo, comprometerse con la crítica social que no por ser colorida es menos eficaz".[21] En 1969, García Márquez seguramente se habría incluido entre los "jóvenes novelistas latinoamericanos" que combinan la fantasía barroca con la crítica social. El rechazo del artista barroco de la oposición entre apariencia y realidad (oposición de la que dependen el racionalismo y el realismo) es el modelo para la práctica antirrealista de García Márquez. En *Cien años de soledad*, escenas alucinatorias como la masacre de la compañía bananera o el asesinato en serie de los diecisiete Aurelianos son escenificaciones contemporáneas del tropo esencial del barroco: la vida es sueño.

Otros escritores y críticos latinoamericanos han subrayado otros aspectos del barroco del Nuevo Mundo, pero siempre dentro del marco del sincretismo cultural establecido por Carpentier y la tradición de la ruptura elaborada por Paz. Severo Sarduy habla de la intertextualidad incluyente del barroco del Nuevo Mundo en términos de los conceptos bajtinianos de dialogismo y heteroglosia; entre los subtítulos de Sarduy que indican estas estrategias incluyentes figuran "la sustitución", "la cita", "la proliferación", "la condensación", "la parodia" y (por supuesto) "la intertextualidad".[22] En referencia a América Latina, Carlos Fuentes

---

(N. H.), Ediciones del Norte, 1994, pp. 59-95; Roberto González Echevarría, "Guillén as baroque: Meaning in *Motivos de son*", en *Calaloo*, 10, núm. 2, 1987, pp. 302-317, reeditado en González Echevarría, *Celestina's Brood*, Durham, Duke University Press, 1993, pp. 194-211; y mi propio ensayo, "Alejo Carpentier, François de Nomé, and the New World baroque", en *Poetics of the Americas*, ed. Jefferson Humphries y Bainard Cowan, Baton Rouge, Louisiana State University Press, 1997.

Un número especial de la *Revista de Crítica Literaria Latinoamericana* (núm. 28, 1988) presenta varios ensayos que consideran el barroco como una categoría del Nuevo Mundo. Véase John Beverley, "Nuevas vacilaciones sobre el Barroco", pp. 215-227; Mabel Moraña, "Barroco y conciencia criolla en Hispanoamérica", pp. 229-251; Julio Ortega, "Para una teoría del texto latinoamericano: Colón, Garcilaso y el discurso de la abundancia", pp. 101-125.

[21] Citado en Miguel Fernández-Brazo, *Gabriel García Márquez: una conversación infinita*, Madrid, Azur, 1969, p. 75. En otro lugar de la entrevista, García Márquez se vuelve a referir a la tradición barroca de la que se sirven los novelistas latinoamericanos contemporáneos y que, al mismo tiempo, extienden: "Nosotros arrancamos, estamos muy fundados en el Siglo de Oro español" p. 78).

[22] Severo Sarduy, "El barroco y el neobarroco", *passim*.

ha descrito los volátiles cambios y realineamientos de las formas barrocas como la "cultura de lo incompleto, de lo voraz, de lo intertextual que es el Barroco".[23] Luego, de un modo barroco, amplía su afirmación: "La presencia de la nueva cultura universal es de signo barroco".[24]

¿Se puede sostener esto? ¿Hasta qué punto el barroco es una metáfora utilizable de las interacciones históricas en las culturas del resto de América? El término *voraz*, podríamos pensar, describe bastante bien las actitudes y el comportamiento de los Estados Unidos en este siglo, pero Fuentes no se refiere a la política ni a la economía, sino al necesario mestizaje de las formas poscoloniales de expresión. El realismo mágico es un desarrollo reciente del barroco en la literatura latinoamericana contemporánea y está floreciendo en todo el mundo, especialmente en las periferias de la cultura occidental, presumiblemente, la "nueva cultura universal" a la que se refiere Fuentes. Pero mi interés comparativo se centra en la literatura estadunidense contemporánea. ¿Puede este modelo latinoamericano de inclusividad barroca –con su ideal de totalidades no hegelianas, heterogéneas, descentradas– relacionarse con las estructuras posrománticas de inclusión de la literatura estadunidense?

Por supuesto, Paz tiene razón en marcar un estricto contraste entre las formas románticas y barrocas del pensamiento y la expresión, y en atribuir notables diferencias a estos distintos patrimonios culturales en los Estados Unidos y en América Latina. La concepción romántica del yo unitario se aleja diametralmente de la ideología más institucional y colectiva del barroco. En América Latina, las formas barrocas definieron colectividades políticas y sociales, eclesiásticas, y todavía lo hacen. Esto explicaría parcialmente la preferencia por las obras comunitarias sobre las psicológicas que he observado en la literatura latinoamericana contemporánea. El barroco privilegia la inclusión de las diferencias individuales dentro de un sistema centralizado, mientras que el romanticismo privilegia la autonomía individual dentro de un sistema pluralista. De modo que, a partir de mediados del siglo XIX, los escritores estadunidenses que estaban interesados en imaginar comunidades coherentes e historias utilizables tuvieron que diluir las nociones del individualismo heredadas del romanticismo por medio de estrategias míticas. El trascendentalismo fue a la vez un fruto americano del romanticismo europeo y un antídoto contra este movimiento, en su preferencia por imaginar rasgos humanos *compartidos* y, por lo tanto, posibilidades comunitarias y cósmicas. Como resultado, la novela estadunidense del siglo XIX difiere claramente de su contraparte inglesa por sus

[23] Carlos Fuentes, entrevista con Alfred MacAdam y Charles Ruas, *Paris Review* 23, núm. 82, 1981, p. 153.

[24] Fuentes, *Casa con dos puertas*, *op. cit.*, p. 273; *El mundo de José Luis Cuevas*, *op. cit.*, p. 39.

personajes arquetípicos y sus bases míticas. Alcanza con pensar en el personaje de Thoreau en Walden Pond, en el Ahab de Melville y en el Wakefield de Hawthorne para reconocer una reubicación americana de la subjetividad romántica europea. Estos personajes y sus autores desplazan el sentimiento idiosincrásico con estructuras idealizadas del yo y la sociedad. Por esta y otras razones, la tradición del *romance* estadunidense puede compararse con algunos exponentes contemporáneos del realismo mágico latinoamericano, a diferencia de la mayor parte de las novelas europeas del siglo XIX.

El "arco intacto" de T. S. Eliot también debe interpretarse como una reacción contra el yo idiosincrásico, aislado, del romanticismo. Reconocemos el uso intertextual que hace Eliot de innumerables tradiciones y textos precursores como una manera americana de abordar su angustia histórica de los orígenes. Esta intertextualidad también le proporcionó los medios de teorizar un arte "impersonal" que destaca el objeto de arte sobre la sensibilidad singular del artista. En "Tradition and the individual talent", Eliot escribe: "La poesía no es una liberación de la emoción. [...] No es la expresión de la personalidad, sino una huida de la personalidad".[25] Elogia a los poetas metafísicos del siglo XVII (Donne, Crashaw, Marvell), bautizados así por Samuel Johnson, quien, en el siglo XVIII, criticó su intrincada "unción violenta" de "las ideas más heterogéneas". Pero es precisamente esta unción de la diferencia, este abarcamiento metafórico de la antinomia, lo que Eliot admira y revaloriza para los lectores del siglo XX. El poeta, de acuerdo con Eliot, "está continuamente amalgamando las experiencias dispares; la experiencia del hombre común es caótica, irregular, fragmentaria; [...] en la mente del poeta, estas experiencias siempre están formando nuevas totalidades". (Eliot, *Selected Essays, op. cit.*, p. 247). Para Eliot, los metafísicos eran modelos de este proceso. En su reacción contra el romanticismo (y los poetas románticos ingleses), Eliot resucita el barroco inglés, aunque no por las mismas razones de inclusividad cultural por las que Carpentier y Paz resucitaron el barroco en América Latina.[26] El objetivo de Eliot, al elaborar lo que siguió siendo la teoría angloamericana de la tradición más influyente en el siglo XX, era mostrar la presión

[25] T. S. Eliot, *Selected Essays: 1917-1932*, Nueva York, Harcourt, Brace, 1932, p. 10.

[26] En su ensayo seminal, "The concept of baroque in literary scholarship", René Wellek observa que el término *barroco* llegó tarde al análisis crítico de la literatura inglesa y estadunidense; "mucho más tarde que la renovación del interés [de Eliot] por Donne y los metafísicos [...]. Grierson y T. S. Eliot no lo utilizan, aunque Eliot, aparentemente, habló de un período barroco en las conferencias inéditas sobre los poetas metafísicos que pronunció en Clark" ("The concept of baroque in literary scholarship", en *Concepts of Criticism*, New Haven, Yale University Press, 1963, pp. 85-86).

El término *barroco* sigue virtualmente sin ser utilizado en la historia literaria inglesa, detalle que explica, en parte, la escasez de estudios comparativos de las literaturas inglesa y española de este período. Una excepción admirable es L. Elaine Hooper, *John Donne and Francisco de Quevedo: Poets of Love and Death*, Chapel Hill, University of North Carolina Press, 1978.

de la totalidad de las tradiciones sobre la obra de arte individual. Él no se centra en la originalidad del poeta, sino en la inclusividad del poema.

La teoría de la tradición de Eliot, entonces, es transindividual y transcultural, pero, como he dicho, él no se ocupa de las interacciones históricas entre tradiciones culturales específicas. No obstante, el acento que pone en la dialéctica entre la tradición y el talento individual (aunque reconociéndole mayor poder a la tradición) no se diferencia de la afirmación que hace Paz al principio de *Los hijos del limo* ni del personaje autobiográfico de Cather en Panther Canyon, que intenta (re)ingresar a una historia "más amplia que la propia", ni de la ubicación histórica que Williams hace de la experiencia individual "en la esencia americana", ni, más recientemente, de la protagonista de "Never marry a mexican" ["Nunca te cases con un mexicano"], de Cisneros, que desea fervientemente tanto recordar como olvidar su ascendencia mexicana. Lo que sí es diferente, como he dicho, es la ceguera de Eliot hacia la diferencia cultural como tal.

Pero no todos los escritores estadunidenses sufren esta limitación. Cather incluye culturas de Europa central recientemente transplantadas en sus novelas de las llanuras, así como vestigios de culturas indígenas antiguas; Williams incluye fuentes culturales hispánicas y anglosajonas, del mismo modo que Cisneros en su obra de ficción. Y, por cierto, los escritores actualmente más influyentes en los Estados Unidos son los que exploran y cultivan las zonas de incertidumbre creadas por el contacto cultural.[27] Nuestra creciente conciencia de la diversidad cultural –lo que Christopher Hitchens ha llamado "el principio de la unión con guion"–[28] ha alentado a los escritores, que ponen en primer plano las formas culturales múltiples y coexistentes, y, al mismo tiempo, ha sido alentada por ellos. Por supuesto, siempre han existido diferencias culturales en los Estados Unidos,

[27] Esta exploración refleja la "nación etnocultural" en que se han convertido los Estados Unidos: una sociedad multicultural que se acerca a la diversidad de contextos culturales latinoamericanos tales como los de México y el Caribe. El término ha sido tomado del estudio de Michael Lind: *The Next American Nation: The New Nationalism and the Fourth American Revolution*, Nueva York, The Free Press, 1995. Las distinciones planteadas por Lind entre los estadios de las estructuras demográficas estadunidenses resultan útiles; él propone Angloamérica (1789-1861), Euroamérica (1875-1957) y América multicultural (1972-la actualidad). También distingue entre multiculturalistas y pluralistas culturales, en función de sus actitudes hacia la diferencia. Las afirmaciones comparativas de Lind son particularmente sugestivas en mi propio contexto literario comparativo. Por ejemplo: "Los estadunidenses somos más como nuestros vecinos mexicanos –una nación cultural racialmente diversificada– que como nuestros vecinos canadienses: un conjunto de dos o más nacionalidades carentes de una cultura o una identidad canadiense común que pudiera sobrevivir a la desintegración de Canadá en varios Estados. Los estadunidenses [...] nos definimos por una lengua y una cultura comunes; y mientras ambas nos unan, constituiremos una nación etnocultural" (p. 259).

[28] Hitchens define este principio como la preferencia de las viejas y las nuevas minorías "por enfatizar sus microdiversidades, mientras muchos pertenecientes a la mayoría consideran ese mismo énfasis como no estadunidense" (*New York Times Book Review*, 25 de junio de 1995, p. 7).

pero es innegable que han sido opacadas por la inversión ideológica de la cultura dominante en una corriente de opinión "ciega a los colores".

Por razones obvias, los escritores de comunidades raciales y étnicas marginadas se ven impulsados a recuperar las diferencias culturales e históricas y a crear estructuras incluyentes que las expresen. Y muchos de estos escritores son mujeres. Eliana Ortega y Nancy Saporta Sternbach argumentan que la cuestión central de la identidad en la literatura de las escritoras latinas estadunidenses contemporáneas, incluyendo a Cisneros, "surge como resultado de la negación, la marginación y el silenciamiento de la historia de las latinas por parte del discurso oficial, es decir, la versión de la historia impuesta por la cultura dominante".[29] Walter Shear dice prácticamente lo mismo acerca de los escritores asiático-americanos contemporáneos. Observa que *El club de la buena estrella* [*The Joy Luck Club*], de Amy Tan, "como otros libros chino-americanos, [...] articula 'la urgencia por encontrar un pasado utilizable'; está formado por una secuencia de intensos encuentros en una especie de 'objetos perdidos' culturales".[30] Nancy J. Peterson sostiene lo mismo en su comentario de *Huellas* de Louise Erdrich y de la escritura de los nativos americanos en general: "Escritores como Erdrich [...] se enfrentan a un conjunto irritante de cuestiones: no representados o mal representados en los relatos históricos tradicionales, escriben sus propias historias sobre el pasado sólo para descubrir que deben buscar un nuevo modo de hacer historia, un modo de 'forjar una nueva historicidad'".[31] Y Mary O'Connor se refiere a la relación de las escritoras afroamericanas con su historia no representada citando una afirmación de la novela *El color púrpura* [*The Color Purple*], de Alice Walker: "Tú, negra, tú, pobre, tú, fea, tú, mujer. Maldita, dijo él, tú nada de nada".[32] Continúa O'Connor: "*Esta inexistencia* –constituida por todos los valores negativos de la sociedad en cuanto a la raza, la clase y el género– *puede verse como un lugar de origen* no sólo para *El color púrpura*, de Alice Walker, sino para gran parte de la escritura feminista

[29] Eliana Ortega y Nancy Saporta Sternbach, "At the threshold of the unnamed: latina literary discourse in the eighties", en Asunción Horno-Delgado y otros, *Breaking Boundaries*, Amherst, University of Massachusetts Press, 1989, p. 3. Prácticamente todos los críticos que escriben sobre literatura chicana están de acuerdo en este punto. Véase especialmente el análisis de Yvonne Yarbro-Bejarano de la construcción de un sujeto múltiple e incluyente a partir de las tradiciones europeas e indígenas quebradas en "Gloria Anzaldúa's *Borderlands/La Frontera*: cultural studies, 'difference', and the non-unitary subject", en *Cultural Critique*, 28, otoño de 1994, pp. 5-28.

[30] Walter Shear, "Generational differences and the diaspora in *The Joy Luck Club*", en *Critique*, 34, núm. 3, 1993, p. 193. Shear cita "Twelve asian american writers in search of definition", de Shirley Geok-lin Lim, en MELUS, 13, 1986, p. 57.

[31] Nancy J. Peterson, "History, postmodernism, and Louise Erdrich's *Tracks*", en PMLA, 109, núm. 5, 1994, pp. 982-994. La frase citada al final es de Diana Fuss, "Getting into History", en *Arizona Quarterly*, 45, núm. 4, 1989, p. 95.

[32] Alice Walker, *The Color Purple*, Nueva York, Pocket Books, 1982, p. 187 [trad. esp.: por ejemplo, *El color púrpura*, Barcelona, Plaza y Janés, 1987].

negra. Es una inexistencia impuesta desde afuera, una entidad definida por el mundo patriarcal y blanco del poder y la riqueza".[33]

Toni Morrison amplía este punto, lamentando la falta de conciencia histórica en los Estados Unidos en general:

> Vivimos en una tierra donde siempre se borra el pasado y América es el futuro inocente al que pueden venir los inmigrantes y empezar de nuevo, donde no hay antecedentes. El pasado está ausente o se lo romantiza. Esta cultura no estimula la reflexión sobre la verdad acerca del pasado, para no hablar de llegar a un acuerdo con ella. La memoria corre mucho más peligro ahora que hace treinta años.[34]

La ausencia de un pasado utilizable, sugiere Morrison, es causada por la amnesia generalizada de la cultura estadunidense contemporánea. Pero su sensibilidad hacia esa ausencia está condicionada, seguramente, por su experiencia como afroamericana y como mujer.

En su ensayo "Unspeakable things unspoken: The afro-american presence in american literature", Morrison reclama una teoría incluyente de los textos y las tradiciones "que dé un verdadero lugar a la literatura afroamericana: que esté basada en su cultura, su historia y en las estrategias artísticas que emplean las obras para negociar el mundo que habita".[35] Con este objetivo en la mira, ofrece una lectura de *Moby Dick* como ejemplo de esa inclusividad. Su elección es sorprendente en superficie, pero es lo que yace debajo de la superficie de la novela de Melville lo que llama la atención de Morrison. Ella analiza su significado "no dicho, indecible", su "recorrido oculto", que es el cuestionamiento que Melville hace de la blancura como "significado idealizado" en la cultura angloamericana. Morrison no establece una oposición binaria entre lo dicho y lo no dicho, porque lo indecible puede no ser dicho por un escritor y, no obstante, ser escuchado. Morrison oye muchas formas de silencio y caracteriza el silencio de Melville como una estrategia incluyente mediante la cita del capítulo 42 de *Moby Dick*, "La blancura de la ballena", en el que Melville afirma su deseo de encontrar una "forma comprensiva" (Morrison, "Unspeakable...", *op. cit.*, p. 17). Morrison celebra el "texto profundo, desordenado, esforzado, complejo" (*ibid.*, p. 18) que resulta de

[33] Mary O'Connor, "Subject, voice, and women in some contemporary black american women's writing", en *Feminism, Bakhtin and the Dialogic*, ed. Dale M. Bauer y S. Jaret McKinstry, Albany, SUNY Press, 1991, pp. 199-217 (la cursivas son mías).

[34] Toni Morrison, "Living Memory", en *City Limits*, 31 de marzo - 7 de abril de 1988, pp. 10-11; ...se también su otro ensayo, "Rootedness: The ancestor as foundation", en *Black Women Writers*, ...ari Evans, Nueva York, Anchor, 1984, pp. 339-345.

...orrison, "Unspeakable things unspoken: The afro-american presence in american literature", ...n *Quarterly Review*, 28, núm. 1, 1989, p. 11.

ello por su capacidad de incluir y alojar a la otredad. La inclusividad de Melville no es expresada; sin embargo, condiciona su novela.

Morrison no describe explícitamente *Moby Dick* en términos del barroco del Nuevo Mundo, pero su interpretación de los objetivos incluyentes y perturbadores de la novela corresponde claramente a la revalorización que los escritores latinoamericanos hacen de la estética barroca de la diferencia.[36] Las similitudes son evidentes en el ensayo de Carlos Fuentes sobre el Faulkner "gongorino del Sur", en el que se ocupa explícitamente de la ironía que Morrison también encuentra en *Moby Dick*, es decir, que la abundancia verbal puede significar el silencio colectivo:

> El barroco, me decía alguna vez Alejo Carpentier, es el lenguaje de los pueblos que, desconociendo la verdad, la buscan afanosamente. Góngora, como Picasso, Buñuel, Carpentier o Faulkner, no sabían: encontraban. El barroco, lenguaje de la abundancia, es también el lenguaje de la insuficiencia: sólo lo incluyen todo quienes nada poseen. Su horror al vacío no es gratuito; se debe al hecho cierto de que se está en el vacío, de que se carece de seguridad; la abundancia verbal, en *El reino de este mundo* o en *¡Absalón, Absalón!* significa la desesperada invocación de un lenguaje que llene las ausencias de la razón y la fe. No de otra manera acudió el arte barroco posrenacentista a llenar los abismos abiertos por la revolución copernicana. [Fuentes, "La novela como tragedia…", *op. cit.*, p. 67.]

Más allá del antirracionalismo y el antipositivismo del barroco, Fuentes se concentra en la paradoja inherente a la forma barroca: su in*con*clusividad incluyente, su abundante "insuficiencia". Las obras barrocas no proporcionan relatos definitivos; son modos contingentes del descubrimiento histórico, formas provisorias de "llenar el vacío".

En su propia tradición utilizable, Fuentes incluye a Góngora, a Carpentier, a Buñuel y a Faulkner, así como Morrison incluye a Melville y, en su ensayo crítico

[36] Morrison cita la comparación que hace Terence Rafferty entre Kundera y Fuentes (como hago yo al final del capítulo 4 de este libro) y se identifica con lo que Rafferty describe como la necesidad, propia del Nuevo Mundo, de inventar valores culturales, manifestada por Fuentes:

"Me sentí reanimada por los comentarios de Rafferty. Si se reemplazan algunas frases, los escritores afroamericanos podrían apropiarse por completo de sus observaciones y del justificable resentimiento que expresa [con respecto a la exclusión de la literatura norteamericana por parte de Kundera] con respecto a su propia exclusión de la 'idea trascendente de la novela'.

Pues no parece que la actual turbulencia se refiera a la flexibilidad de un canon, su extensión por y entre los países occidentales, sino a su mestizaje [*miscegenation*]. Aquí, la palabra es informativa y la uso intencionalmente. Un ingrediente poderoso de este debate concierne a la incursión de la literatura del Tercer Mundo, llamada de minorías, a una fortaleza eurocéntrica" (p. 6).

Como la utilización de Carpentier de la palabra *mestizaje*, el término *miscegenation* de Morrison celebra la interacción entre tradiciones heterogéneas y también llama la atención sobre la injusticia racial que habitualmente la acompañó en América.

posterior *Playing in the Dark*, a Poe, a Cather y a Hemingway. En situaciones de discontinuidad histórica, Morrison aboga por lo que ella llama "este proceso de ingresar al lugar del que uno es excluido".[37] Así se crean los precursores y se (re)constituyen las tradiciones americanas.

La teoría posmoderna reproduce ciertos aspectos del barroco del Nuevo Mundo: su énfasis en la ruptura histórica y las culturas híbridas, la fragmentación del pasado cultural en los artefactos contemporáneos, la mezcla de niveles culturales y formas genéricas. A pesar de estas similitudes, las categorías posmodernas deben adaptarse al uso local. El problema es que los teóricos han tendido a nivelar las diferencias históricas y culturales, rechazando los significados constituidos históricamente como totalizadores (hegemónicos).[38] Por el contrario, los escritores del Nuevo Mundo crean estructuras totalizadoras (incluyentes) sobre el supuesto de que los textos literarios todavía pueden imaginar pasados utilizables, y que éstos pueden ser constituidos en/por las tradiciones literarias; su obra pone en escena la posibilidad de relacionar las posiciones parciales con las totalidades contingentes. Estos escritores tematizan una angustia de los orígenes, pero también tematizan una respuesta del Nuevo Mundo: el deseo de participar en historias y comunidades significativas, y los riesgos que esto supone. Lo que quiero decir es que lo que comenzó en Europa como un saludable cuestionamiento "posmoderno" de las estructuras modernas de dominación, en la práctica se ha transformado, con demasiada frecuencia, en una identificación acrítica de la tradición con el totalitarismo, de la historia con la hegemonía. Los escritores que he analizado en este trabajo se insertan en el proceso inverso de recuperar historias y tradiciones: "este proceso de ingresar al lugar del que uno es excluido" (Morrison, *Playing in the Dark, op. cit.*, p. 4).

La necesidad de especificidad cultural al aplicar las posiciones posmodernas está implícita en la crítica de la teoría y los teóricos que hace García Márquez: "Pienso mucho en la cultura, pero en la cultura popular. Y yo soy el producto de una cultura de problemas inmediatos y candentes. Los franceses se mueven en una esfera totalmente glacial de ideas puras. Y no sucumben fácilmente. Se los educa y se los forma en torneos académicos. A mí no me gusta teorizar".[39] En

[37] Morrison, *Playing in the Dark: Whiteness and the Literary Imagination*, Nueva York, Vintage, 1993, p. 4.

[38] En cualquier caso, como ha señalado Robert Young, la totalización siempre será metafórica: "Hemos visto las maneras en que la *Crítica* de Sartre muestra cómo la totalización no puede funcionar sin un movimiento de autotrascendencia, una interpolación repetida de un exceso más allá de la totalidad que, paradójicamente, entonces, significa que la totalidad ya no puede ser una totalidad" *White Mythologies, op. cit.*, p. 84).

[39] Entrevista con Marlise Simmons, "García Márquez on love, plagues, and politics", *op. cit.*, p. "cultura popular" de García Márquez es probablemente una traducción literal de *lo popular* es decir, las culturas indígenas y de clase baja, y no la cultura de masas, que es el significado *culture* en inglés.

realidad, a la mayor parte de los escritores del Nuevo Mundo (García Márquez incluido) sí les gusta teorizar, pero sus teorías emergen de contextos históricos particulares y se refieren a condiciones culturales particulares.[40] He intentado hacer lo mismo y, por lo tanto, he limitado intencionalmente mi análisis de la posmodernidad a tres aspectos de la práctica literaria americana reciente:

1. Las estrategias del realismo mágico que revisan y amplían las concepciones modernas/modernistas de la razón, la racionalidad y el individualismo: la confluencia latinoamericana particular de las formas culturales americanas indígenas, góticas, surrealistas y las propias del *romance* es posmoderna en el sentido de que admite ontologías excluidas de la novela moderna/modernista.
2. Las estrategias sincrónicas e intertextuales que responden a una angustia histórica americana por medio de la revisión y la ampliación de los modelos positivistas del progreso y la lógica causal: la mezcla de géneros, la apertura a la experimentación genérica y la intertextualidad incluyente que vincula culturas e historias dispares en modos posmodernos imposibles dentro de las convenciones modernas/modernistas de la mímesis.
3. Las reconstrucciones conceptuales de la tradición que se niegan a privilegiar lo nuevo y requieren, en cambio, que la novedad (la unicidad, la creatividad) resida en algo más que lo más reciente. Esas reconstrucciones pueden considerarse posmodernas en la medida en que cuestionan las nociones modernas/modernistas de la originalidad y subrayan, en cambio, la necesidad del escritor del Nuevo Mundo de volver a los orígenes para recuperarse y renovarse.

En la medida en que las teorías de la posmodernidad privilegian las estructuras incluyentes de la diferencia y cuestionan las estructuras europeas del racionalismo y el positivismo en contextos culturales específicos, son utilizables en América.

[40] A diferencia de la mayor parte de las aplicaciones de la *teoría crítica literaria* posmoderna, el análisis de las *formaciones sociales* posmodernas en América Latina ha alcanzado un nivel productivo de especificidad. Véanse, por ejemplo, los ensayos incluidos en *The Postmodernism Debate in Latin America*, ed. John Beverley, José Oviedo y Michael Aronna, Durham, Duke University Press, 1995; igualmente útil es George Yúdice, "Postmodernity and trasnational capitalism in Latin America", en *On Edge: The Crisis of Contemporary Latin American Culture*, ed. George Yúdice, Jean Franco y Juan Flores, Minneapolis, University of Minnesota Press, 1992, pp. 1-28. Yúdice comienza su ensayo observando el reciente "intento de dotar a las formaciones heterogéneas [latinoamericanas] del prestigio de la retórica posmoderna dominante" (p. 1). Mi impresión (al menos en los estudios literarios) es la opuesta: la aplicación indiscriminada de las categorías posmodernas a la literatura latinoamericana contemporánea es un intento de dotar a "la retórica posmoderna dominante" del prestigio de escritores como Borges, Puig o Vargas Llosa.

Valdría la pena explorar la posibilidad de que las teorías posmodernas sean por sí mismas una respuesta reciente a la angustia histórica y, por lo tanto, que estén en consonancia con las respuestas literarias americanas que he rastreado aquí. Del mismo modo, la intuición de que los relatos y los símbolos pueden articular las posiciones posmodernas de un modo que no puede hacerlo la teoría en sí. Explorar estas posibilidades implicaría historizar la teoría posmoderna de un modo que la hiciera útil para los contextos comparativos americanos. Por el momento, los críticos y los lectores harán bien en prestar atención a los teóricos que relacionan la estética y la ideología barrocas con su consideración de la posmodernidad en América.[41] El barroco ha tenido una historia larga y complicada en el Nuevo Mundo, que la teoría posmoderna (aún, en cualquier caso) no ha tenido; establecer una relación entre ambos le permitirá al crítico hablar de culturas sin hablar necesariamente de naciones, hablar de historia sin hablar necesariamente de progreso, sucesión o sustitución.

Éstos son los comienzos de un modelo flexible para la crítica cultural comparativa americana. Los teóricos y los escritores del barroco del Nuevo Mundo saben que la "suma del conocimiento" está en proceso, y que se acumula de acuerdo con las múltiples interacciones de mundos imaginados e históricos. También reconocen su obligación compartida de vincular esos mundos. Los pasados utilizables dependen de tales vínculos, y tales vínculos pueden ser alcanzados sólo luchando por incluir las culturas y las comunidades, las historias y los mitos, los individuos y los grupos, los géneros y los medios. La naturaleza inconclusa del proyecto es evidente.

[41] Además de las fuentes latinoamericanas que he citado, véase la elaboración sociológica del barroco como una metáfora de la cultura contemporánea que presenta Boaventura de Sousa Santos, *Toward a New Common Sense: Law, Science and Politics in the Paradigmatic Transition*, Nueva York, utledge, 1995. Para una aplicación filosófica del barroco como metáfora, véase Gilles Deleuze, *Fold: Leibniz and the Baroque* (1988), trad. Tom Conley, Minneapolis, University of Minnesota 1993. Ambos estudiosos subrayan la "multiplicidad [barroca] que contribuye a la inclusión" *op. cit.*, p. 31) y sus formas suspendidas, que "impiden la clausura y la completitud" (De os, *op. cit.*, p. 501).

ÍNDICE ANALÍTICO

ÍNDICE GENERAL

Este libro se terminó de imprimir y encuadernar en el mes de junio de 2004 en los talleres de Impresora y Encuadernadora Progreso, S. A. de C. V. (IEPSA), Calz. de San Lorenzo, 244; 09830 México, D. F. En su composición se usaron tipos Goudy de 12.5:15, 10.5:12.5, 9.5:11.5 y 8.5:10 puntos. La edición consta de 2 000 ejemplares.